Ludomanie im Strafrecht

Bielefelder Rechtsstudien

Schriftenreihe für Gesetzgebungswissenschaft, Rechtstatsachenforschung und Rechtspolitik

Band 29

Zur Qualitätssicherung und Peer Review der vorliegenden Publikation

Die Qualität der in dieser Reihe erscheinenden Arbeiten wird vor der
Publikation durch Herausgeber der Reihe geprüft.

Notes on the quality assurance and peer review of this publication

Prior to publication, the quality of the work published in this series is reviewed by editors of the series.

Melanie Rüter

Ludomanie im Strafrecht

Auswirkungen des Pathologischen Glücksspielens auf die Schuldfähigkeit gemäß §§ 20, 21 StGB

PETER LANG

Bibliografische Information der Deutschen Nationalbibliothek
Die Deutsche Nationalbibliothek verzeichnet diese Publikation in der Deutschen Nationalbibliografie; detaillierte bibliografische Daten sind im Internet über http://dnb.d-nb.de abrufbar.

Zugl.: Bielefeld, Univ., Diss., 2022.

D 361
ISSN 0937-0641
ISBN 978-3-631-86673-3 (Print)
E-ISBN 978-3-631-88631-1 (E-Book)
E-ISBN 978-3-631-88632-8 (E-PUB)
DOI 10.3726/b20040

Peter Lang – Berlin · Bern · Bruxelles · New York · Oxford · Warszawa · Wien

Diese Publikation wurde begutachtet.

www.peterlang.com

Für Paul Rose

Vorwort

Die vorliegende Arbeit wurde von der Fakultät für Rechtswissenschaft der Universität Bielefeld im Sommersemester 2021 als Dissertation angenommen. Sie wurde bis zur Drucklegung anhand der Anregungen aus den Gutachten, die ich einverständig eingearbeitet habe, und aufgrund einer Gesetzesänderung des § 20 StGB überarbeitet.

Meinem Doktorvater, Prof. Dr. Stephan Barton, gebührt an erster Stelle mein ganz besonderer Dank. Er gab mir nicht nur die Möglichkeit, diese Arbeit zu verfassen; er förderte zudem stets geduldig die Fertigstellung mit vielen wertvollen Gesprächen, durch die er mich mit bereichernden Denkanstößen lenkte. Darüber hinaus danke ich ihm herzlich, dass er mich seinerzeit an seinem Lehrstuhl aufnahm und mir so die Türen in die Universität Bielefeld öffnete sowie für jedwede seither gewährte Unterstützung.

Zudem möchte ich mich bei Prof. Dr. Michael Lindemann für die Erstellung des Zweitgutachtens und die wertvollen Anregungen bedanken. Prof. Dr. Johannes Hellermann danke ich für die Übernahme des Vorsitzes und die sehr angenehme Gestaltung der Disputation.

Des Weiteren bedanke ich mich bei Prof. Dr. Susanne Hähnchen, welche mir neben der Tätigkeit an ihrem Lehrstuhl in der finalen Fertigstellung dieser Arbeit sowohl den erforderlichen Freiraum hierfür schaffte als aber auch in freundschaftlicher Verbundenheit den nötigen Ansporn gab.

Und dann gibt es noch die nahezu unsichtbaren Pfeiler, die hinter so einer Arbeit stehen, ohne die eine Erstellung allerdings nicht möglich gewesen wäre. Namentlich können nicht alle sichtbar gemacht werden, hervorheben möchte ich an dieser Stelle jedoch Marco Birkholz und Jan Hockenholz. Ich bin Ihnen ewig dankbar für die emotionale Unterstützung und das „laut denken"-Dürfen, welches besonders wertvoll und unersetzbar für mich war.

Ganz herzlich möchte ich meinem Onkel Dr. Wolfgang Rose danken, der mir einst erste Einblicke in das Leben und das wissenschaftliche Arbeiten an der Universität Salzburg gewährte und mir überdies im Rahmen der Ausarbeitung des psychowissenschaftlichen Teils wegweisende Anregungen gab.

Selbstverständlich gebührt auch meiner Mutter und meinem Bruder ein aufrichtiger Dank für die immerwährende Unterstützung und das Verständnis für die aufgebrachte Zeit, die eine solche Arbeit fordert.

An herausragender Stelle möchte ich jedoch meinem Mann Alexander für die grenzenlose Unterstützung, seine unermüdliche Geduld und das Vertrauen in mich danken. Keines der von mir gewählten Worte kann jedoch seiner Bedeutung während der gesamten Zeit – vom ersten Gedanken bis hin zur Drucklegung – wahrlich gerecht werden.

Gewidmet ist diese Arbeit letztlich meinem Opa, der mich von Kindheit an in die Juristerei erträumte und demgemäß auf seine Art lenkte.

Melanie Rüter
Bielefeld, im Juni 2022

Inhaltsübersicht

Inhaltsverzeichnis

A. Einleitung

> *„Wenn ich spiele, bin ich in einer anderen Welt. Ich muss mit niemandem reden, es weiß keiner, dass ich Straftäter bin, ich bin dann einfach frei. Ich saß immer Stunden am Automaten, Zeitgefühl hatte ich nicht wirklich mehr. Ich hab' mich wohl gefühlt, es war dunkel in der Zockerbude, ich habe mich quasi verstecken können und hab' mich sicher gefühlt. Ich hab' Kette geraucht, nichts gegessen und nur Kaffee getrunken. Wenn ich eine Fünferreihe Diamanten hatte, bin ich ausgeflippt vor Glück. Ich habe gedacht, ich bin ein Held und besiege die Maschinen. Aber wehe, ich hab' verloren. Da kam Scham auf, es war mir so peinlich, ich habe Schweißausbrüche bekommen und hab' am ganzen Körper gezittert. Wie im Rausch habe ich dann einfach weitergespielt und gedacht, dir zahl' ich es heim. Die Kohle hol' ich mir wieder.“*[1]

I. Problemstellung

Der Pathologische Spieler ist lediglich Marionette seiner Sucht und richtet seinen kompletten Tagesablauf darauf aus, spielen zu können. Er beschäftigt sich einzig und allein mit den Gedanken rund um das Glücksspiel und um die Beschaffung der hierfür erforderlichen finanziellen Mittel. Infolge eines solchen Spielrausches vernachlässigt der Betroffene seinen Job, belügt Freunde sowie Familie und überschreitet damit gesellschaftliche und darüber hinaus auch rechtliche Grenzen. Ein derartiger Suchtdruck kann bis hin zu der Begehung von Straftaten führen, nur um das Weiterspielen zu ermöglichen. Glücksspielsucht beinhaltet also häufig eine kriminogene Komponente. Es stellt sich die Frage nach der strafrechtlichen Ahndung eines solchen Verhaltens. Ist ein von der Sucht getriebener Spieler bei Begehung der Tat überhaupt für die inkriminierte Handlung verantwortlich, mithin schuldfähig im Sinne der §§ 20, 21 Strafgesetzbuch?[2]

---

1 Zitat eines Ludomanen, Herrn *D.* (anonymisiert), i.R.d. Befragung; siehe: E. III. 4.

2 Fortan: StGB.

Im Fokus dieser Ausarbeitung steht die Ludomanie (Pathologische Glücksspielsucht) und ihre Bedeutung im Strafrecht. Vornehmlich werden die damit verbundenen rechtlich relevanten Auswirkungen auf die Schuldfähigkeit gemäß §§ 20, 21 StGB des Delinquenten behandelt.[3]

In den Entscheidungen des Bundesgerichtshofs heißt es stets, „Pathologisches Spielen stellt […] für sich genommen keine die Schuldfähigkeit erheblich einschränkende oder ausschließende krankhafte seelische Störung oder schwere andere seelische Abartigkeit[4] dar".[5]

Im Zusammenhang mit den Strafbarkeitsfeststellungen bei Delinquenten hingegen, die im Zustand des Drogen- oder Alkoholrausches ihre Taten begangen haben, ist allseits anerkannt, dass dieser toxische Zustand Auswirkungen auf die Schuldfähigkeit gemäß §§ 20, 21 StGB haben kann.[6] Dieser Zustand wird durch die Zufuhr von Substanzen in Form von Rauschmitteln, Medikamenten oder sonstigen Giften hervorgerufen.[7] Der Einfluss einer substanzbezogenen Sucht auf die intellektuelle und voluntative Willensbildung des Konsumenten steht außer Frage, ist mithin hinreichend belegt und wird von der Rechtsprechung im Sinne der §§ 20, 21 StGB berücksichtigt.[8] Die Ludomanie, welche

---

3 Aus Gründen einer besseren Lesbarkeit wurde darauf verzichtet, immer die männliche und die weibliche Form zu verwenden. Leserinnen und Leser mögen sich bitte abwechselnd eine weibliche und eine männliche Person vorstellen, wenn von Spielern oder Patienten o.ä. die Rede ist.

4 Während der Anfertigung der Arbeit erfolgte eine Gesetzesänderung des § 20 StGB mit Wirkung vom 01.01.2021 hinsichtlich der Begrifflichkeit des 4. Merkmals von schwerer anderen seelischen „Abartigkeit" zu „Störung". Im folgenden Text wird u.a. noch die obsolete Begrifflichkeit der „Abartigkeit" gemäß § 20 StGB a.F. verwendet, um Missverständnisse mit der im Zeitpunkt der Veröffentlichung genutzten Begrifflichkeit in der Rechtsprechung und Literatur vorzubeugen. Inhaltlich ist diese mit der „Störung" nach § 20 StGB n.F. konsistent; siehe auch: S. 73 f.

5 BGH, Urt. v. 07.11.2013, Az.: 5 StR 377/13, BGHR StGB § 21 Seelische Abartigkeit 42, JR 2014, 307–308, NStZ 2014, 80–81, ZfWG 2014, 205–206; beispielhaft ferner: BGH, Urt. v. 13.03.2019, Az.: 424/18, BeckRS 2019, 8407; BGH, Urt. v. 17.09.2013, Az.: 3 StR 209/13, NStZ-RR 14, 28–29.

6 BGH, Urt. v. 19.09.2000, Az.: 1 StR 310/00, StV 2001, 564 f.; NStZ 2001, 81 f.; RuP 2002, 36; BGH, Urt. v. 05.05.1999, Az.: 2 StR 529/98; BGH, NJW 1981, 1221; BGH, JR 1987, 206; BGHR StGB § 21 BtM, Auswirkungen 2; MüKo-StGB-*Streng*, § 20 Rn. 105; *Fischer*, StGB, § 20 Rn. 11 a; *Theune*, NStZ-RR 2003, 225 f.; siehe auch: *Müller*, Schuldfähigkeit und Sanktionierung, S. 173 ff.

7 *Barth*, Sucht und Komorbidität, S. 40.

8 Vgl. BGH, Urt. v. 07.11.2013, Az.: 5 StR 377/13; BGH NStZ 2004, 31 f.; BGHR StGB § 21 seelische Abartigkeit 7, 8, 17; BGHR StGB § 21 BtM, Auswirkungen 2; BGH,

nicht an Substanzen gebunden ist, erfährt hingegen als Verhaltenssucht bislang eine eher zurückhaltende bis gar keine Berücksichtigung im Rahmen der Bestimmung der Schuldfähigkeit.

Es stellt sich die Frage, ob eine Pathologische Glücksspielsucht hinsichtlich ihrer Auswirkungen auf die Schuldfähigkeit mit einer substanzbezogenen Sucht vergleichbar ist. Sind der Pathologischen Spielsucht ebenso schuldmindernde oder gar schuldausschließende Wirkungen im Sinne der §§ 20, 21 StGB auf die Willensbildung des Betroffenen zuzusprechen?

II. Schuldstrafrecht

Bevor das Konzept dieser Arbeit dargestellt wird, soll zunächst die zur Untersuchung stehende Frage der Schuldfähigkeit als solche im Geflecht des deutschen Strafrechtssystems – dem sogenannten Schuldstrafrecht – genauer positioniert werden. Beginnend werden demgemäß summarisch die Grundlagen des strafrechtlichen Verständnisses der Schuld dargestellt.

1. Schuldbegriff

Das Strafrecht basiert auf dem Schuldprinzip „nulla poena sine culpa" (Keine Strafe ohne Schuld).[9] In der Verfassung findet diese Maxime ihre Verankerung in der Würde und Eigenverantwortlichkeit des Menschen gemäß Art. 1 Abs. 1 und Art. 2 Abs. 1 GG sowie im Rechtsstaatsprinzip des Art. 20 Abs. 3 GG und dem allgemeinen Persönlichkeitsrecht aus Art. 2 Abs. 1 in Verbindung mit Art. 1 Abs. 1 GG.[10] Hiernach scheidet eine Bestrafung eines Menschen allein wegen der Begehung von Unrecht oder wegen der persönlichen Gefährlichkeit aus. Das geltende Strafrecht ist weder Erfolgsstrafrecht noch bloßes Gefährlichkeitsstrafrecht, sondern Schuldstrafrecht.

Zunächst ist zu klären, was unter dem Begriff „Schuld"[11] zu verstehen ist. Das Strafgesetzbuch bestimmt den Begriff der Schuld nicht. Vom Grundsatz

---

Beschl. v. 22.04.2003, Az.: 4 StR 199/03; BGH, Urt. v. 08.11.1988, Az.: 1 StR 544/88; BGH, NJW 81, 1221; BGH, JR 1987, 206; BGH, Urt. v. 18.01.2017, Az.: 2 StR 436/16.

9 Schönke/Schröder/*Perron*/*Weißer*, *StGB*, § 20, Rn. 1; LK-StGB-*Schöch*, § 20 Rn. 1.

10 BVerfGE 95, 96, 140; BGHSt 50, 40, 49; vgl. LK-StGB-*Schöch*, § 20 Rn. 4.

11 Auf die unterschiedlichen Ansatzpunkte zur Bestimmung des Schuldbegriffs („normativer", „psychologischer", „diskursiver", „funktionaler" Schuldbegriff) und dem Streit zwischen Indeterminismus und Determinismus wird an dieser Stelle bewusst verzichtet. Zur tiefgreifenden Diskussion siehe: Schönke/Schröder-*Eisele*, StGB, Vorbem. §§ 13 ff. Rn. 113; *Lackner*/*Kühl*, StGB, Vor § 13 Rn. 23 ff.; *Roxin*, Strafrecht AT I,

her wird hier fortan der von *Frank*[12] begründete „normative Schuldbegriff" verwendet, welcher von Rechtsprechung[13] und herrschender Lehre[14] vertreten wird. Das Wesen der Schuld wird hiernach in der individuellen Vorwerfbarkeit der Willensbildung und -betätigung gesehen.[15] Der normative Schuldbegriff bedarf allerdings für seine Verwendung einer Vervollständigung. Die bloße Gleichsetzung der Schuld mit Vorwerfbarkeit ohne etwaige gegenständliche Richtlinien führt zu einem unbestimmten und als Folge dessen zu einem nicht zufriedenstellenden Ergebnis. Es liegen damit zunächst keine konkreten Maßstäbe vor, von welchen inhaltlichen Voraussetzungen die Vorwerfbarkeit abhängt. Für den Versuch der Beantwortung gibt es ebenfalls umstrittene Herangehensweisen.[16] *Roxin* jedenfalls versteht unter Schuld ein unrechtes Handeln trotz normativer Ansprechbarkeit.[17] Die Schuld eines Täters ist danach zu bejahen, „wenn er bei der Tat seiner geistigen und seelischen Verfassung nach für den Anruf der Norm disponiert war, wenn ihm Entscheidungsmöglichkeiten zu norm-orientiertem Verhalten psychisch (noch) zugänglich waren, wenn die (sei es freie, sei es determinierte) psychische Steuerungsmöglichkeit, die dem gesunden Erwachsenen in den meisten Situationen gegeben ist, im konkreten Fall vorhanden war"[18]. Wenn diese normative Ansprechbarkeit vorliegt, kann grundsätzlich davon ausgegangen werden, dass der Täter auch die Fähigkeit hat, sich normgemäß zu verhalten, und sich schuldig macht, wenn er keine der ihm psychisch prinzipiell zugänglichen Handlungsalternativen ergreift.[19]

---

§ 19 Rn. 10 ff.; *Jeschek/Weigend*, AT, S. 437; *Krey/Esser*, Deutsches Strafrecht AT, § 20 Rn. 688 f.; Kindhäuser/Neumann/Paeffgen-*Schild*, StGB, § 20 Rn. 16 f.; *Frister*, JuS 2013, 1057 ff.; *Koriath*, GA 2011, 618 ff.; *Grasnick*, Über Schuld, Strafe und Sprache, S. 59 ff.; *Kindhäuser/Hilgendorf*, Strafgesetzbuch, § 21 Rn 6 ff.; *Frank*, Aufbau des Schuldbegriffs, S. 3 ff.; *Jakobs*, AT, S. 467 ff.

12 *Frank* in: FS für die Juristische Fakultät der Universität Gießen, S. 521 ff.

13 Statt aller: BGHSt 2, 194, 200.

14 Beispielhaft: Lackner/Kühl, StGB, Vorbem. § 13 Rn. 23; Schönke/Schröder-*Eisele*, StGB, Vorbem. §§ 13 Rn. 113; Jeschek/Weigend, AT, S. 437.

15 *Hoch* in: Gebhardt/Grüsser-Sinopoli, Glücksspiel, Ökonomie, Recht und Sucht, S. 160 m.w.N.; *Krey/Esser*, Deutsches Strafrecht AT, § 20 Rn. 689; siehe auch: *Müller*, Schuldfähigkeit und Sanktionierung, S. 127 f., 272.

16 Näheres hierzu: Schönke/Schröder-*Eisele*, StGB, Vorbem. §§ 13 ff. Rn. 113 ff.; *Roxin*, Strafrecht AT I, § 19 Rn. 18 ff.; *Schiemann*, ZJS 2012, 774 ff.

17 *Roxin*, Strafrecht AT I, § 19 Rn. 36.

18 *Roxin*, Strafrecht AT I, § 19 Rn. 36; basierend auf BGHSt 2, 194, 200.

19 *Roxin*, Strafrecht AT I, § 19 Rn. 36; ähnlich: *Lackner/Kühl*, StGB, Vorbem. § 13 Rn. 23.

2. Schuldfähigkeit

Wesentliche Voraussetzung der Schuld ist demnach die Schuldfähigkeit des Täters.[20] Dem Strafgesetzbuch ist auch für die Schuldfähigkeit keine Legaldefinition zu entnehmen. Diese Frage wird in den Strafrechtsnormen nur negativ geregelt. Die Bestimmung der Schuldfähigkeit wird an §§ 20, 21 StGB angelehnt.

§ 20 StGB normiert Fälle der Schuldunfähigkeit; es werden hierzu vier psychopathologische Eingangsmerkmale – krankhafte seelische Störung (1. Merkmal), tiefgreifende Bewusstseinsstörung (2. Merkmal), Schwachsinn (3. Merkmal) und eine schwere andere seelische Störung (4. Merkmal) – aufgezählt. § 20 StGB ist als Strafausschließungsgrund zu charakterisieren.

Ein besonderes Augenmerk ist nachfolgend auf das 4. Merkmal der schweren anderen seelischen Störung[21] zu legen. Hierunter sollen seelische Störungen ohne organische Grundlage – also ohne medizinischen Krankheitswert – gefasst werden können.[22] Vorweggenommen sei schon an dieser Stelle, dass es im Folgenden vorrangig auf dieses Merkmal ankommen wird.

Vermindert schuldfähig im Sinne des § 21 StGB sind Personen, deren Einsichts- oder Steuerungsfähigkeit bei Tatbegehung aus einem in § 20 StGB genannten Grund erheblich vermindert ist. Die Rechtsfolgen des § 21 StGB wirken sich im Rahmen der Strafzumessung, in der Gestalt eines fakultativen Strafmilderungsgrund gemäß §§ 21, 49 Abs. 1 StGB, aus.

Das StGB bringt damit zum Ausdruck, dass es grundsätzlich von der Schuld eines Täters ausgeht. § 20 StGB fordert keine positive Feststellung der Schuld eines Menschen. Die Schuldfähigkeit bedarf nur einer expliziten Überprüfung, wenn Modalitäten behauptet werden oder erkennbar sind, die ihre Verminderung oder ihren Ausschluss möglich erscheinen lassen.[23] Bei einem Erwachsenen geht das StGB generell von der Möglichkeit aus, eine Norm zu befolgen,

---

20 *Schöch* in: Dudeck/Kaspar/Lindemann, Verantwortung und Zurechnung im Spiegel von Strafrecht und Psychiatrie, S. 11, 14.

21 Auf die problematische Begrifflichkeit der „schweren anderen seelischen Abartigkeit" als solche wird im Weiteren unter C. I. noch eingegangen.

22 Bestätigt durch BGH, Beschl. v. 24.01.1991, Az.: 4 StR 580/90. Der BGH verweist darauf, dass das LG Münster, Urt. v. 29.08.1990, Az.: 3 KLs 38 Js 1082/89 40/90 38 Js 1082/89 von einem zu engen Verständnis des Merkmals der schweren anderen seelischen Abartigkeit ausgegangen sei. Denn hiervon werden auch solche Veränderungen der Persönlichkeit erfasst, die nicht pathologisch bedingt seien, im medizinischen Sinne also keine Krankheit darstellen würden.

23 LK-StGB-*Schöch*, § 20 Rn. 31.

und sich im daraus resultierenden Maße handlungs- und motivationsfähig zu geben.[24]

Für die Bestimmung der Schuldfähigkeit kann entweder im Wege der richterlichen Aufklärungspflicht gemäß § 244 Abs. 2 StPO oder aus dem Beweisantragsrecht gemäß § 244 Abs. 4 StPO ein Sachverständiger im Sinne der §§ 72 ff. StPO hinzugezogen werden.[25]

III. Wortbedeutung und Prävalenz des Glücksspiels

Weiterhin bedarf es einer Definition und der genauen Eingrenzung des Begriffs „Glücksspiel". Sodann wird die Bedeutung der Thematik anhand der Prävalenz der Glücksspielsüchtigen in Deutschland aufgezeigt.

1. Begrifflichkeit

Spielen als solches ist ein menschliches Grundbedürfnis. Jeder Mensch benötigt neben den alltäglichen, ernsthaften Verpflichtungen einen unbeschwerten quasi „spielerischen" Ausgleich, um existieren zu können.

„...der Mensch spielt nur, wo er in voller Bedeutung des Wortes Mensch ist, und er ist nur da ganz Mensch, wo er spielt."[26]

Der Begriff des Spielens (von althochdeutsch: spil für „Tanzbewegung") meint stets eine geistige und/oder körperliche Tätigkeit, die ohne bewussten Zweck zum Vergnügen, zur Entspannung, aus Freude an ihr selbst und an ihrem Resultat ausgeübt wird.[27] Spiel ist eine Tätigkeit, die nach ganz bestimmten, von allen Teilnehmern anerkannten Regeln und Gesetzen verläuft, nach Spielregeln, die ein Gelingen ebenso möglich machen, wie ein Versagen, einen Gewinn ebenso, wie einen Verlust.[28] Die Redewendung „Der Mensch braucht Brot und Spiele" enthält bereits die Aussage, dass neben dem existentiell Notwendigen (Brot), das Spiel als Erholung, Lernmittel oder Entwicklungsmöglichkeit für die menschliche Existenz seine Bedeutung hat.[29]

Eine Definition für „Spiel" stammt von dem Kulturhistoriker *Johan Huizinga*. In seinem Hauptwerk „Homo ludens" schreibt er: „Spiel ist eine freiwillige Handlung oder Beschäftigung, die innerhalb gewisser festgesetzter Grenzen

---

24 BGHSt 14, 30, 32.

25 *Schneider/Frister/Olzen*, Begutachtung psychischer Störungen, S. 15.

26 *Schiller*, Über die ästhetische Erziehung des Menschen, 15. Brief, S. 106.

27 *Zollinger*, Geschichte des Glücksspiels, S. 10.

28 *Brockhaus* Enzyklopädie, S. 3171; *Meyers* Konversationslexikon, Band 18, S. 736.

29 *Bühringer/Türk*, Geldspielautomaten, S. 20.

von Zeit und Raum nach freiwillig angenommenen, aber unbedingt bindenden Regeln verrichtet wird, ihr Ziel in sich selber hat und begleitet wird von einem Gefühl der Spannung und Freude und einem Bewusstsein des ‚Andersseins' als das ‚gewöhnliche Leben'."[30]

Strafrechtlich relevant wird jedoch lediglich das Glücksspiel[31] als ein Teilbereich des Spielens.

Das Glücksspiel ist als Unterart des Spiels zu betrachten und nicht als Spiel im ursprünglichen Sinne zu charakterisieren.[32] Das Glücksspiel – früher auch als Hazardspiel (frz. Hazard: Zufall) bezeichnet – ist zweckgebunden und dient der Gewinnerzielung.[33]

Das Strafgesetzbuch enthält keine Legaldefinition des Glücksspiels. Als einschlägige Strafvorschriften im Zusammenhang mit dem Glücksspiel werden § 284 StGB (Unerlaubte Handlung eines Glücksspiels) sowie § 287 StGB (Unerlaubte Veranstaltung einer Lotterie oder einer Ausspielung) aufgeführt. Das deutsche Recht unterscheidet zwischen dem „gewerblichen Spiel" als einer grundsätzlich erlaubten Tätigkeit, die lediglich bestimmten gesetzlichen Regelungen aus der Gewerbeordnung (GewO) und der Spielverordnung (SpielV) unterliegt, sowie dem „Glücksspiel", das grundsätzlich verboten ist (§ 284 StGB), dem Recht der Sicherheit und Ordnung unterliegt, aber im Rahmen einer behördlichen Erlaubnis im Einzelfall zugelassen werden kann.[34] Es unterfällt dem sogenannten staatlichen Glücksspielmonopol und wird daher staatlich lizenziert. Glücksspiele dürfen nur unter staatlicher Kontrolle und Aufsicht durchgeführt werden. Als Begründung wird auf die Notwendigkeit der Eindämmung des illegalen Glückspielens und der Bekämpfung der Glücksspielsucht verwiesen.[35]

Beschreibende Charakteristika des Glücksspiels sind aus dem Glücksspielstaatsvertrag[36] zu entnehmen. § 3 Abs. 1 GlüStV führt aus: „Ein Glücksspiel liegt vor, wenn im Rahmen eines Spiels für den Erwerb einer Gewinnchance

---

30 *Huizinga*, Homo ludens, S. 37.

31 Zur Historie des Glücksspiels siehe: *Müller*, Schuldfähigkeit und Sanktionierung, S. 65 ff.

32 Schönke/Schröder-*Hecker*, StGB, § 284 Rn. 6.

33 *Barth*, Sucht und Komorbidität, S. 59.

34 *Bühringer/Türk*, Geldspielautomaten, S. 11; ebenso zur Begrifflichkeit: *Müller*, Schuldfähigkeit und Sanktionierung, S. 33 ff.

35 *Petry* u.a., Pathologisches Glücksspielen, S. 13.

36 Staatsvertrag zum Glücksspielwesen in Deutschland (Glücksspielstaatsvertrag – GlüStV); Fortan: GlüStV.

ein Entgelt verlangt wird und die Entscheidung über den Gewinn ganz oder überwiegend vom Zufall abhängt. Die Entscheidung über den Gewinn hängt in jedem Fall vom Zufall ab, wenn dafür der ungewisse Eintritt oder Ausgang eines zukünftigen Ereignisses maßgeblich ist. Wetten gegen Entgelt auf den Eintritt oder Ausgang eines zukünftigen Ereignisses sind Glücksspiele."[37] Der Gesetzgeber legt seiner Definition drei Kriterien zugrunde: (1) Entgeltlichkeit, (2) Gewinnmöglichkeit und (3) überwiegender Einfluss des Zufalls auf das Spielergebnis.[38] Als Glücksspiel wird demnach ein Spiel bezeichnet, wenn nach den Spielbedingungen die Entscheidung über Gewinn und Verlust, dem ein Vermögenswert zukommen muss, allein oder hauptsächlich vom Zufall abhängt[39] und – im Gegensatz zum Geschicklichkeitsspiel – nicht wesentlich von den Kenntnissen und Fähigkeiten der Spieler oder von dem Grad ihrer Aufmerksamkeit beeinflusst wird.[40] Es wird beim Glücksspiel ein finanzieller Einsatz gefordert und ein solcher Gewinn erwartet. In der Hoffnung auf einen Gewinn, geht der Spieler bewusst und unbeeinflussbar ein Risiko ein.[41] Der Ausgang des Spiels ist nicht vom Können oder einer bestimmten Spielstrategie abhängig, sondern vom Drehen der Lostrommel, dem Fall der Würfel, dem Lauf einer Roulette-Kugel, dem Kauf eines Loses oder dem Mischen und Verteilen der Karten. Über Gewinn oder Verlust entscheidet also das „Glück" und nicht der „Verstand".[42] Hierin liegt auch das unterscheidende Merkmal zum bloßen Geschicklichkeits- oder Unterhaltungsspiel. Bei ersterem kommt es maßgeblich auf Geschicklichkeit und Fähigkeiten des Spielers an. Ein Geschicklichkeitsspiel ist ein Spiel, bei dem die Entscheidung über Gewinn oder Verlust des Spiels wesentlich von den geistigen oder körperlichen Fähigkeiten, den Kenntnissen, der Aufmerksamkeit und der Übung des Spielers abhängt.[43]

---

37 *Creifelds*, Spielrecht, S. 4.

38 Dietlein/Hecker/Ruttig-*Dietlein/Hüseken*, Glücksspielrecht, § 3 Rn. 2; *Fiedler*, Glücksspiele, S. 8.

39 *Belz*, Das Glücksspiel im Strafrecht, S. 17.

40 Vgl. *Kräplin/Bühringer* in: Wittchen/Hoyer, Klinische Psychologie & Psychotherapie, S. 783, 784; *Barth*, Sucht und Komorbidität, S. 59; *Lauer*, Staat und Spielbanken, S. 7; *Willenberg*, Das große Spiel, S. 20; *Diegmann/Hoffmann/Ohlmann*, Praxishandbuch für das gesamte Spielrecht, S. 4 f.

41 *Grüsser/Thalemann*, Verhaltenssucht, S. 113.

42 *Creifelds*, Rechtswörterbuch, S. 577; *Brockhaus* Enzyklopädie, S. 3171; *Fischer*, StGB, § 284 Rn. 9; *Lauer*, Staat und Spielbanken, S. 7; *Köbler*, Juristisches Wörterbuch, S. 190.

43 *Fiedler*, Glücksspiele, S. 9; *Diegmann/Hoffmann/Ohlmann*, Praxishandbuch für das gesamte Spielrecht, S. 4.

Beim Glücksspiel bedarf es außerdem eines äußeren Anreizes in Form eines ausgesetzten Gewinns sowie eines Einsatzes, der mit der Gewinnerwartung und dem Verlustrisiko verbunden ist. In der Regel wird mit und um Geld gespielt. Entfällt bei einem Spiel die Möglichkeit eines geldwerten Gewinns gänzlich, liegt ein Unterhaltungsspiel vor, welches nicht den glücksspielrechtlichen Vorschriften unterliegt.[44]

Des Weiteren sind Spiel und Wette zu unterscheiden. Gemeinsam haben sie, dass Gewinn und Verlust von streitigen oder ungewissen Ereignissen abhängig gemacht werden. Das maßgebliche Unterscheidungsmerkmal ist allerdings die Zielrichtung. Zweck des Spiels ist Unterhaltung oder Gewinn. Zweck der Wette ist hingegen die Bekräftigung eines ernsthaften Meinungsstreites. Die Wette ist in glücksspielrechtlicher Hinsicht straffrei.[45]

Was unter „Pathologischem Glücksspiel“[46] zu subsumieren ist, wird im weiteren Verlauf der Arbeit detailliert ausgeführt.

2. Prävalenz der Glücksspielsucht

Nach einer von der Bundeszentrale für gesundheitliche Aufklärung (BZgA) durchgeführten Repräsentativbefragung im Jahr 2019 sind in Deutschland 0,39 % der 16- bis 70-Jährigen der bundesdeutschen Bevölkerung Problemspieler/-innen (229.000 Personen).[47] 0,34 % zeigen ein Pathologisches Spielverhalten (200.000 Personen), also eine Glücksspielsucht auf.[48] Auf dem legalen Glücksspielmarkt in Deutschland wurden 2018 rund 46,3 Mrd. Euro Umsätze (Spieleinsätze) erzielt.[49]

Im Zuge der COVID-19-Pandemie und der damit einhergehenden Konsequenzen wie Casino- und Spielhallenschließungen[50] sowie Kontaktsperren

---

44 Dietlein/Hecker/Ruttig-*Dietlein/Hüseken*, Glücksspielrecht, § 3 Rn. 5.

45 Anders: Mögliche Strafbarkeit beim Glücksspiel besteht nach § 284 StGB.

46 Definition siehe: B. II. 1.

47 Zu Studien und Instrumenten für die Erstellung der Prävalenz: *Müller*, Schuldfähigkeit und Sanktionierung, S. 80 ff.

48 Online einsehbar unter: https://www.bzga.de/forschung/studien/abgeschlossene-studien/studien-ab-1997/gluecksspiel/gluecksspielverhalten-und-gluecksspielsucht-in-deutschland-2019-1/; https://www.dhs.de/fileadmin/user_up-load/pdf/news/PM_Daten_Fakten_2020.pdf (letzter Abruf: 04.06.2022).

49 Ebenda.

50 Online einsehbar unter: https://www.ndr.de/nachrichten/info/Online-Casinos-und-Corona-Fragwuerdige-Gluecksspiel-Werbung,gluecksspiel326.html (letzter Abruf: 04.06.2022).

wird von Experten ein Anstieg dieser Zahlen erwartet. Hierdurch könnte die Suchtentwicklung unter Betroffenen in einem nie zuvor erlebten Maße gefördert werden.[51] Auf Grund der virusbedingten Beschränkung des öffentlichen Lebens wird schon nach nur kurzer Zeit weltweit ein immenser Anstieg der online-Glücksspielangebote befürchtet.[52]

Parallel zu den aktuell stetig wachsenden Angeboten des Glücksspielmarktes – losgelöst von den Einflüssen der sogenannten „Corona-Krise" – und der damit einhergehenden steigenden Anzahl von Spielern ist ein gesteigertes Aufkommen von interdisziplinären Forschungsprojekten zu verzeichnen. Projekte und aktuelle Entwicklungen sind bei der Universität Hohenheim – *Forschungsstelle Glücksspiel*[53], bei der *Deutschen Hauptstelle für Suchtfragen e.V.*[54], *beim Fachverband Glücksspielsucht e.V.*[55], beim *Institut für Glücksspiel und Gesellschaft* (GLÜG)[56] und bei dem *Arbeitsbereich Glücksspielforschung*[57] an der Universität Hamburg zu verfolgen. Eine verhaltens- und gesundheitsökonomische Analyse von Glücksspielen aus gesamtgesellschaftlicher Perspektive – insbesondere im Hinblick auf das Ungleichgewicht zwischen den Kosten und Nutzen aus dem Angebot von Glücksspielen – wurde aktuell von *Fiedler* vorgenommen.[58] Es wäre wünschenswert, dem Thema der Ludomanie auch in dem

51 Abrufbar unter: https://www.smh.com.au/national/alarming-rise-in-online-gambling-has-experts-worried-20200408-p54ics.html; https://www.addiction.de/corona-krise-und-gluecksspiel-der-nie-erwartete-shut-down-der-gluecksspielhallen/; https://www.openpr.de/news/1081499/Hohes-Suchtpotenzial-bei-Online-Gluecksspiel-Beratung-waehrend-der-Corona-Krise.html (letzter Abruf: 04.06.2022).

52 Online einsehbar unter: https://www.gluecksspielsucht.de/index.php?article_id=1#; https://www.pressetext.com/news/briten-politiker-fordern-limit-fuer-web-gluecksspiel.html; https://www.repubblica.it/cronaca/2020/04/06/news/il_coronavirus_spegne_slot_e_videolotterie_e_allarme_per_i_malati_d_azzardo-253244051/; (letzter Abruf: 04.06.2022) https://www.ndr.de/nachrichten/niedersachsen/Corona-Pfeiffer-befuerchtet-Zunahme-von-Spielsucht,spielsucht122.html (letzter Abruf: 08.07.2020).

53 Abrufbar unter: https://gluecksspiel.uni-hohenheim.de. (letzter Abruf: 04.06.2022).

54 Online einsehbar unter: https://www.dhs.de/ (letzter Abruf: 04.06.2022).

55 Abrufbar unter: https://www.gluecksspielsucht.de/ (letzter Abruf: 04.06.2022).

56 Online einsehbar unter: https://glueg.org (letzter Abruf: 04.06.2022).

57 Online einsehbar unter: https://www.wiso.uni-hamburg.de/fachbereich-sozoek/forschung/gluecksspielforschung/medien/aktuelles/kolloquium.html (letzter Abruf: 04.06.2022).

58 Nähere Informationen hierzu bei *Fiedler*, Glücksspiele.

juristischen Diskurs eine – der in der Gesellschaft steigenden Begeisterung – angepasste Aufmerksamkeit entgegen zu bringen.

IV. Erkenntnisinteressen dieser Arbeit

Es wird der Frage nachgegangen, anhand welcher Erwägungen die Schuldfähigkeit von straffälligen Ludomanen gemäß §§ 20, 21 StGB bestimmt wird. Von besonderem Interesse ist hierbei, welche Kriterien zu diesem Zweck in der Rechtswissenschaft herangezogen werden und welche Maßstäbe hierfür aus forensischer Betrachtungsweise gefordert werden. Mit der Problematik der Straffälligkeit von Glücksspielsüchtigen hat sich bereits im Jahr 2015 *Müller*[59] beschäftigt.[60]

Bevor nachfolgend auf die Frage der Schuldfähigkeit von Ludomanen eingegangen wird, ist zunächst zu klären, was sich hinter dem Störungsbild der Ludomanie verbirgt; hierfür wird auf psychowissenschaftliche Erkenntnisse (hierzu gehören beispielhaft die Psychiatrie, Neurologie und Psychologie) zurückgegriffen. Für die untersuchungsleitende Fragestellung ist es unerlässlich, ein grundlegendes Verständnis über das Pathologische Glücksspielen vorweisen zu können. Ziel ist es, anhand dieses Wissensstandes die Argumentation der verschiedenen Disziplinen für die Bestimmung der Schuldfähigkeit eines Ludomanen besser verstehen zu können. Demgemäß ist zu untersuchen, ob die Ludomanie überhaupt eine Sucht darstellt und ob aus ihr suchtähnliche Charakteristika zu bestimmen sind. Welche Kriterien müssen vorliegen, damit jemand als spielsüchtig diagnostiziert werden kann?

Das Ziel der Ausarbeitung ist es, die normativen Voraussetzungen gemäß §§ 20, 21 StGB im Fall der Ludomanie zu interpretieren. Im Vordergrund steht hierbei die Frage, wie die obergerichtliche Rechtsprechung[61] die Ludomanie materiell unter die §§ 20, 21 StGB subsumiert. Vorab ist zu klären, ob für diese das Störungsbild der Ludomanie überhaupt ein taugliches Eingangsmerkmal für die Eröffnung der Prüfung der §§ 20, 21 StGB darstellt. Welche zusätzlichen Faktoren müssen neben der Diagnose der Spielsucht für eine schuldmindernde (§ 21 StGB) oder gar schuldausschließende (§ 20 StGB) Wirkung vorliegen? Weiterhin ist die Rolle des Sachverständigen im Sinne der §§ 72 ff. StGB im

59 *Müller*, Schuldfähigkeit und Sanktionierung, 2015.

60 Vgl. auch A. V. Bisheriger Stand der Forschung.

61 Das Datenmaterial der obergerichtlichen Rechtsprechung bezieht sich auf 28 Entscheidungen; siehe: C. II.

Rahmen der Schuldfähigkeitsfeststellung im Zusammenhang mit Pathologischer Glücksspielsucht zu beleuchten.

Ungeachtet dessen, dass Strafe Schuld voraussetzt, können bei Vorliegen der §§ 20, 21 StGB rein spezialpräventiv ausgestaltete Rechtsfolgen – wie die der Maßregeln der Besserung und Sicherung gemäß §§ 63 ff. StGB – an die bloße rechtswidrige Tat anknüpfen. Demgemäß ist zu überprüfen, ob diese im Hinblick auf die normativen Voraussetzungen für einen Pathologischen Spieler angeordnet werden können.

Aus der Perspektive der Rechtswissenschaft sind darüber hinaus die Stellungnahmen aus dem juristischen Schrifttum zu analysieren. Anhand welcher Kriterien werden hiernach die §§ 20, 21 StGB im Fall der Glücksspielsucht für einschlägig gehalten?

Sodann ist von Interesse, wie die forensischen Wissenschaften das Störungsbild der Pathologischen Spielsucht und seine Auswirkungen auf die Schuldfähigkeit beschreiben. Räumen die Psychowissenschaften der Ludomanie eine andere Bedeutung im Hinblick auf die Schuldfähigkeit nach §§ 20, 21 StGB ein?

Der Blick in die Jurisprudenz beschränkt sich bisher lediglich auf die höchstrichterliche Rechtsprechung. Wie allerdings gehen die Tatgerichte mit der Bestimmung der Schuldfähigkeit nach §§ 20, 21 StGB bei Ludomanen um? Was ist den Begründungen der tatgerichtlichen Urteile fernab der durch die Revisionsinstanz gefilterten Sicht tatsächlich zu entnehmen?

Zur Klärung dieser Überlegungen wird im Wege empirischer Sozialforschung eine Inhaltsanalyse der tatgerichtlichen Urteile[62] vorgenommen. Herausgearbeitet wird hierbei, wie die Realität Pathologischer Spielsucht im tatgerichtlichen Strafverfahren aussieht. Mithin ist der im Fokus der empirischen Untersuchung stehenden Frage nachzugehen, anhand welcher Erwägungen die Tatgerichte die Schuldfähigkeit nach §§ 20, 21 StGB eines Ludomanen beurteilen.

Schließlich ist zu beleuchten, wie sich das Pathologische Glücksspielen und die damit einhergehenden Einbußen aus der Perspektive der Betroffenen selbst darstellt.

Unter Berücksichtigung der im empirischen Teil gewonnenen Ergebnisse und den zuvor bereits festgestellten Erkenntnissen aus der Untersuchung der obergerichtlichen Rechtsprechung und denen aus den Psychowissenschaften ist schlussendlich der Frage nachzugehen, anhand welcher Kriterien die

62 Die tatgerichtlichen Entscheidungen erstrecken sich insgesamt auf eine Anzahl von 24 Fällen; siehe: E. II. 1.

Schuldfähigkeit eines Ludomanen gemäß §§ 20, 21 StGB fortan festzustellen ist. Wie sind die §§ 20, 21 StGB dahingehend anzuwenden, dass sie den Anforderungen der verschiedenen Betrachtungsweisen gerecht werden?

Weiter sind aus den Erkenntnissen der vorliegenden Untersuchung praktische Konsequenzen auf Seiten der Prozessbeteiligten, vornehmlich der Strafverteidigung, anzuregen. Was sollte hieraus für das Verhalten der Beteiligten im Strafprozess folgen?

Ziel dieser Arbeit ist sowohl eine instanzenübergreifende Untersuchung der Schuldfähigkeitsfeststellung bei Ludomanen gemäß §§ 20, 21 StGB von der tatgerichtlichen Ebene bis hin zum BGH vorzunehmen als auch einen interdisziplinären Blick diesbezüglich in die Psychowissenschaften zu werfen. Basierend auf der Norminterpretation und den empirischen Erkenntnissen ist zu beleuchten, ob die obergerichtliche Rechtsprechung für die Bestimmung der Schuldfähigkeit gemäß §§ 20, 21 StGB von Ludomanen hinsichtlich der praktizierten Anwendung einer Veränderung bedarf.

V. Bisheriger Stand der Forschung

Die Anzahl der bislang veröffentlichten juristischen Arbeiten zum Thema der Schuldfähigkeit nach §§ 20, 21 StGB in Fällen der Ludomanie ist sehr rar. Zu betonen ist, dass ausschließlich juristisches Schrifttum von Relevanz ist. Alle bisher vorliegenden Arbeiten gehen methodisch so vor, dass sie auf die in Fachzeitschriften veröffentlichten ausschließlich obergerichtlichen Entscheidungen zurückgreifen und diese dann unter rechtsdogmatischen Gesichtspunkten darstellen. Derartige deskriptive Darstellungen sind sicher sehr verdienstvoll, nur beleuchten sie ausschließlich die dogmatische Seite der untersuchungsleitenden Thematik, ohne dabei die alltägliche Rechtswirklichkeit mit einzubeziehen oder gar die herangezogenen Urteilsgründe detailliert aufzuarbeiten oder zu hinterfragen. Insbesondere bleibt die Hinzuziehung der tatgerichtlichen Urteile offen, welche für eine ganzheitliche Bewertung der Fragestellung unerlässlich sind. Zudem fehlt in dem überwiegenden Teil der Arbeiten ein interdisziplinärer Blick auf die Ludomanie im Strafverfahren. Aufgrund der Erforderlichkeit eines psychowissenschaftlichen Sachverständigen für die Feststellung der Schuldfähigkeit, kann hiervon mitnichten abgesehen werden.

Mergen[63] beschäftigt sich in seinem Beitrag „Spielsucht“ Anfang der 1980er Jahre vorwiegend mit dem Krankheitswert der Ludomanie als mögliche

63 *Mergen* in: FS Sarstedt, S. 189 ff.

Suchtform. Rückblickend auf die ältere Literatur ist zudem auf *Fechner*[64] zu verweisen, welcher das Ziel verfolgte, dass der Gesetzgeber sich künftig der Spielsucht wie der Drogen- und Alkoholsucht annehme und die Möglichkeit der Therapie statt Strafe in Erwägung ziehe. Nach *Fechner* sollte das Bewusstsein und die Kenntnis der Spielsucht geschärft werden.

Stoll äußert sich in der Anmerkung zu dem Urteil vom LG München vom 23.10.1995, Az.: 15 Ns 1129 Ds 465 Js 173881/91 mit der Befürchtung, dass ein derartig extensiver Gebrauch behavioristischer Entschuldigungslogik infolge von Schuldunfähigkeit gemäß § 20 StGB, wie es das AG München in seinem Urteil vom 21.11.1994 nach Auffassung von *Stoll* angewendet hat, unser Strafrechtssystem aus den Angeln heben würde. Es sei aus generalpräventiven Gründen wenig hilfreich, den Täter ohne Not von der Verantwortung völlig frei zusprechen.[65]

Zum Urteil des BGH vom 25.11.2004, Az.: 5 StR 411 gibt es mehrere Anmerkungen. Der Kommentar von *Schöch*[66] enthält eine deskriptive und zudem komprimierte Darstellung der bisherigen Rechtsprechung in Fällen der Ludomanie nebst der forensischen Behandlung extremer Spielleidenschaft in der psychiatrisch-psychologischen Literatur.[67] *Schöch* regt an, dass die Rechtsprechung in Anlehnung an die Erkenntnisse aus den Psychowissenschaften überdacht werden sollte. „Dies wäre nicht nur verfahrensökonomischer, sondern auch sachlich zu begründen, denn die vom BGH geforderte Gleichwertigkeit mit dem Schweregrad einer krankhaften seelischen Störung ist praktisch nur in den Fällen der Komorbidität zu erreichen."[68] Dies fordert *Schöch* zum einen im Hinblick auf den vom BGH geforderten Schweregrad und zum anderen hinsichtlich des Merkmals der Entzugserscheinungen. Weiterhin stimmt *Schöch* dem 5. Senat hinsichtlich der Ablehnung der Unterbringung nach § 64 StGB bei Vorliegen von Spielsucht zu. Der Beitrag kann als impulsgebend gewertet werden und ist grundsätzlich zu begrüßen. Überdies lässt dieser allerdings – durchaus gerechtfertigt durch die Art des Beitrags – eine gewisse Tiefe vermissen.

Das benannte Urteil wird weiterhin von *Schramm* besprochen, welcher der restriktiven Rechtsprechung weitestgehend zustimmt.[69] Darüber hinaus weist

---

64 *Fechner* in: Füchtenschnieder/Hurrelmann, Glücksspiel in Europa, S. 53 ff.

65 *Stoll*, NStZ 1997, 282, 283.

66 *Schöch*, JR 2005, 296 f.; ebenso in: LK-StGB-*Schöch*, § 20 Rn. 160 ff.

67 Hervorhebend die Erkenntnisse von *Rasch*, vgl. *Rasch*, StV 1991, 129; *Rasch/Konrad*, Forensische Psychiatrie, S. 301.

68 *Schöch*, JR 2005, 296 f.

69 *Schramm*, JZ 2005, 416 ff.

er allerdings auf den Fall, der den umgekehrten pathologischen Verlauf aufweist, hin, der seiner Meinung nach vom BGH außer Acht gelassen bleibt. „Bei zahlreichen Spielern ist die Glücksspielsucht nicht die Ursache, sondern vielmehr die Folge, Ausprägung oder zumindest Begleiterscheinung eines psychischen Störungsbildes."[70] Darüber hinaus betont *Schramm*, dass das Gericht selbst die für die Abhängigkeit sprechenden Umstände ermitteln müsse und sich nicht auf die von den beiden Sachverständigen als realistisch eingestuften Angaben des Angeklagten verlassen dürfe. Dies sei vom Tatgericht mehr zu hinterfragen gewesen. Die Entscheidung der unterbliebenen Anordnung der Maßregel gemäß § 64 StGB unterstützt *Schramm* im Ergebnis, kritisiert hierbei jedoch die Argumentation des BGH.[71]

Bottke stimmt dem Urteil des 5. Senats hinsichtlich der Feststellungen zu §§ 20, 21 StGB und der mangelnden Unterbringungsanordnung nach § 64 StGB ebenfalls grundlegend zu.[72] Er merkt dazu ausdrücklich an, dass die Einlassung des Angeklagten nicht ohne weitere Anknüpfungstatsachen angenommen werden könne. Weiter betont dieser, dass das Vorliegen der Voraussetzungen gemäß §§ 20, 21 StGB allein der gerichtlichen Feststellung bedürfe und nicht der des Sachverständigen. Die Anmerkungen von *Schramm* und *Bottke* ähneln sich und untermauern die bekannten Grundsätze. Darüber hinaus liefern sie keine neuen Erkenntnisse für die Schuldfähigkeitsfeststellung nach §§ 20, 21 StGB.

Streng[73] kritisiert grundlegend „eine derart restriktive Konzeption" im Hinblick auf die Schuldfähigkeitsfeststellung. Dem Beitrag fehlt es ebenfalls an einer tiefergreifenden Betrachtung und Herleitung der Problematik.

Lammel[74] beleuchtet in seinem Aufsatz das Pathologische Spielen im Spiegel der höchstrichterlichen Rechtsprechung. Er stellt dabei ebenso die aktuelle Rechtsprechung des BGH dar und stellt dabei eine grundlegende Diskrepanz zwischen der tatrichterlichen Praxis und höchstrichterlicher Rechtsprechung, sowie zwischen den Psychowissenschaften fest. Die Arbeit liefert einen geeigneten Überblick über das untersuchungsleitende Thema, ohne dabei allerdings ins Detail zu gehen oder hieraus Konsequenzen zu ziehen.

---

70 *Schramm*, JZ 2005, 416, 418.
71 Siehe: C. III. 2. b) aa) (2) (b).
72 *Bottke*, NStZ 2005, 327; siehe: C. III. 2. b) aa) (1) (a).
73 *Streng*, Strafrechtliche Sanktionen, XI. Rn. 912, 914.
74 *Lammel*/Felber/Sutarski/Lau, Die forensische Relevanz „abnormer Gewohnheiten", S. 87 ff.

Schneider beschäftigt sich in Anlehnung an das oben genannte Urteil in ihrem Beitrag „Wohin mit spielsüchtigen Straftätern?“[75] neben den strafrechtlichen Aspekten der Spielsucht zudem mit psychologischen und psychiatrischen Gesichtspunkten. Über die deskriptive Darstellung der angewandten Rechtsprechung der Schuldfähigkeit bei exzessivem Glücksspiel als mittlerweile anerkannt eigenständiges Krankheitsbild hinaus, beinhaltet der Aufsatz vornehmlich die Begutachtung der Anordnungen der Maßregeln der §§ 63 ff. StGB bei Ludomanen. Im Fokus stehen hierbei die „de lege lata“ verschiedenen rechtlichen Ansatzpunkte und die nachhaltige und suchttherapeutische Effizienz der jeweiligen Maßnahme.

Die Problematik der Spielsucht wird zudem von *Tondorf/Tondorf*[76] thematisiert, welche die angewandte Rechtsprechung nebst den psychowissenschaftlichen Erkenntnissen deskriptiv darstellen, ohne weitergehende Ausführungen vorzunehmen. Der Fokus dieser Arbeit liegt bei der Hinzuziehung eines Sachverständigen für die Beurteilung der Schuldfähigkeit nach §§ 20, 21 StGB. Eine ähnliche zusammenfassende Darstellung erfolgte zuvor bereits von *Hoch*.[77]

Die bereits erwähnte Arbeit[78] von *Müller* beschäftigt sich ebenfalls grundlegend mit der Frage der Straffälligkeit von Glücksspielsüchtigen. *Müller* arbeitete die Fragestellung einerseits theoretisch-dogmatisch sowie andererseits schwerpunktmäßig rechtsvergleichend[79] aus. Der Autor stellt die Glücksspielsucht als solche vor und legt den Zusammenhang zwischen dieser und der daraus resultierenden Delinquenz[80] dar. Die Störung wird unter die §§ 20, 21 StGB, nebst möglicher Rechtsfolgen gemäß §§ 63 ff. StGB, subsumiert. Es wird hierfür anhand einzelner Urteile auf die höchstrichterliche Rechtsprechung abgestellt. Die Begutachtung der Rechtsprechung beschränkt sich hierbei auf neun höchstrichterliche[81] und drei tatgerichtliche[82] Urteile ohne dabei die getroffene Auswahl zu begründen. Zudem gibt der Autor einen Einblick in die Maßstäbe der Psychowissenschaften, welche für die Schuldfähigkeitsbestimmung herangezogen werden. In einem Rechtsvergleich stellt *Müller* die Sanktionierung

75 *Schneider* in: FS Tolksdorf, S. 413 ff.; *dies.* in: FPPK 2016, 164 ff.

76 *Tondorf/Tondorf*, Psychologische und psychiatrische Sachverständige im Strafverfahren, Rn. 41.

77 *Hoch* in: Gebhardt/Grüsser-Sinopoli, Glücksspiel in Deutschland, S. 158, 163.

78 Siehe: A. IV. Erkenntnisinteressen dieser Arbeit.

79 *Müller*, Schuldfähigkeit und Sanktionierung, S. 235 ff.

80 *Müller*, a.a.O., S. 104 ff., 271 f.

81 Siehe: Fn. 270.

82 Siehe: Fn. 552.

glücksspielsüchtiger Täter in ausgewählten Nachbarländern und den USA dar.[83] Über die Inhalte der Arbeit von *Müller* hinaus, zielen die Erkenntnisinteressen vorliegender Untersuchung neben der rechtlich-dogmatischen Betrachtung vor allem auf empirische und praxisorientierte Erkenntnisse ab. Zudem wird in vorliegender Arbeit ein umfangreiches Spektrum an Literatur und Rechtsprechung – sowohl obergerichtlicher wie im Besonderen auch tatgerichtlicher Urteile – herangezogen.

Zu antizipieren ist, dass der überwiegende Teil des juristischen Schrifttums dem engen Konzept der Rechtsprechung des BGH bezüglich der Schuldfähigkeitsfeststellungen bei Pathologischer Spielsucht folgt, ohne näher hierauf einzugehen oder eigene Maßstäbe zu formulieren.[84]

Folglich mangelt es an einer interdisziplinären Arbeit, welche sowohl eine Gegenüberstellung der verschiedenen Anforderungen enthält, die von den unterschiedlichen Disziplinen für die Bestimmung der Schuldfähigkeit eines Ludomanen gefordert werden, als auch in diesem Zusammenhang eine umfassende Betrachtung der erst- und zweitinstanzlichen Rechtsprechung vornimmt. Es besteht demgemäß eine große Diskrepanz zwischen der Bedeutung der aufgeworfenen zu beantwortenden Fragen und dem grundlegend dafür zur Verfügung stehenden Wissen. Insbesondere wird dies im Hinblick auf eine harmonische Zusammenarbeit der verschiedenen Disziplinen deutlich, welche bei der Beantwortung der Schuldfähigkeitsfeststellung eines Ludomanen unerlässlich ist. Diesen Beitrag soll diese Arbeit leisten.

VI. Gang der Darstellung

Als Einstieg in die Untersuchung werden grundlegende Einblicke zum Begriff der Sucht und ihren Phänomen im Allgemeinen geliefert. Im weiteren Verlauf wird anhand psychowissenschaftlicher Erkenntnisse erläutert, was unter dem Störungsbild der Ludomanie zu verstehen ist.

Sodann wird der Fokus auf die rechtliche Bestimmung der Schuldfähigkeit von straffälligen Ludomanen nach §§ 20, 21 StGB gerichtet. Im Rahmen der von den untersuchungsleitenden Regelungen normierten Voraussetzungen erfolgt hierfür eine Gegenüberstellung zwischen den Anforderungen der

83 *Müller*, a.a.O., S. 235 ff.

84 Siehe: C. II. 2. a) cc).

obergerichtlichen Rechtsprechung[85], denen des juristischen Schrifttums und den Erkenntnissen aus den Psychowissenschaften[86]. Zudem werden die primären und sekundären Rechtsfolgen gemäß §§ 21, 49 Abs. 1; § 46; §§ 63 ff. StGB erörtert. Überdies wird in komprimierter Form die Aufgabe des Sachverständigen nach §§ 72 ff. StGB im Rahmen der Schuldfähigkeitsfeststellung vorgestellt.

Im Anschluss daran, wird ein vorläufiges Resümee gezogen. Aus diesem werden sodann konkrete Fragen formuliert, welche – soweit möglich – anschließend im Rahmen einer empirischen Untersuchung anhand von tatgerichtlichen Urteilen[87] und eigens durchgeführten Interviews durchleuchtet werden sollen. Hierzu wurden die tatgerichtlichen Urteile ausdrücklich vom erstinstanzlichen Gericht bzw. der Staatsanwaltschaft angefordert. Die Interviews mit den Betroffenen in den jeweiligen Vollzugseinrichtungen wurden mittels eines hierfür erstellten Leitfadens durchgeführt. Schließlich werden die Ergebnisse der verschiedenen Untersuchungen zusammengeführt, kritisiert und aus deren Zusammenschau Lösungswege für die Schuldfähigkeitsbestimmung eines Ludomanen nach §§ 20, 21 StGB entwickelt. Schlussendlich werden hieraus Konsequenzen für die gerichtliche Praxis angedacht.

---

85 Im Rahmen der Untersuchung sind alle Entscheidungen der Obergerichtsbarkeit in einem Zeitraum von 1987 bis Juli 2020 zum Thema Schuldfähigkeit und Spielsucht herangezogen worden.

86 Die Erkenntnisse aus den Psychowissenschaften zu derartigen Süchten und ihren Folgen reichen bis in die 1950er Jahre zurück.

87 Der Untersuchungszeitraum für die verwandten tatgerichtlichen Urteile ist von 1987 bis Juli 2020 gesteckt.

B. Psychowissenschaftliche Grundlagen der Ludomanie

Bevor auf die juristische Problemstellung eingegangen wird, werden zuvor psychowissenschaftliche Grundlagen der Ludomanie dargestellt. Es ist für die Beurteilung der Schuldfähigkeit von delinquenten Spielsüchtigen unverzichtbar, dass ein wesentlicher Wissensstand über die Störung des Pathologischen Glücksspielens besteht. Diese fachübergreifende Herangehensweise zur Beantwortung einer juristischen Fragestellung wird auch von *Grünberger* unterstützt, der die Rechtstheorie als „Grenzpostendisziplin“ versteht. *Grünberger* plädiert dafür, die Rechtsdogmatik – sprich: den „strictly legal point of view“ – zu verlassen und die Normanwendung um die interdisziplinäre Perspektive anzureichern.[88] Nur mit dieser Sichtweise kann die Argumentation der Rechtsprechung und Psychowissenschaften besser verstanden und verglichen werden. Zu diesem Zwecke soll grundlegend aufgezeigt werden, was überhaupt unter Pathologischem Glücksspielen zu verstehen ist. Basierend auf den Ausführungen in der aktuellen fachspezifischen Literatur sind hierfür psychowissenschaftliche Erkenntnisse heranzuziehen.

I. Im Geflecht der Welt der Süchte

Die Beschäftigung mit dem Thema „Pathologisches Glücksspiel“ im Geflecht der Welt der Süchte erfordert zuerst eine Vorbemerkung zum Begriff der Sucht, dessen Bedeutungswandel und dem Phänomen der Sucht im Allgemeinen. Hiermit sollen die Grundvoraussetzungen zum Verständnis der Ludomanie geschaffen werden.

1. Begriff und Bedeutungswandel der Sucht

Der Begriff „Sucht“ hat eine jahrhundertelange, wandelnde Bedeutungsentwicklung hinter sich.[89] Sucht ist ein veralteter Begriff[90], der eigentlich nur noch in der

---

88 Vgl. *Grünberger* in: Hähnchen, Eine Methodenlehre oder viele Methoden?, S. 79, 92 f.

89 Zum Bedeutungswandel sei lediglich verwiesen auf: *Zedler*, Universallexikon, S. 1712; *Trübners*, Deutsches Wörterbuch, S. 679; *Meyers* Konversationslexikon, S. 558; *Duden*, S. 836; *Poppelreuther*, Arbeitssucht, S. 20 f.

90 Eingehender zur Etymologie des Begriffs „Sucht“ siehe: *Zedler*, Universallexikon, S. 1712; *Tewes/Wildgrube*, Psychologie-Lexikon, S. 385 f.; *Dorsch*, Psychologisches Wörterbuch, S. 922; *Schneider*, Die Suchtfibel, S. 1; *Bluhme*, Etymologisches

Umgangssprache Verwendung findet und nicht mehr als diagnostischer Begriff auftritt.[91] Dort wird der Ausdruck äußerst vielseitig für verschiedenste Krankheitsbilder und Verfassungen menschlichen Daseins angewandt. Vielfältig erscheint das Wort Sucht in zusammengesetzten Substantiven, die Leiden, Laster oder Fehlverhalten charakterisieren, wie beispielsweise Habsucht, Eifersucht, Sehnsucht, Trunksucht, Geltungssucht, Prahlsucht, Drogensucht und eben Spielsucht.[92]

Nach einem Bedeutungswandel des Wortes Sucht von dem eigentlichen Ausdruck für das Leiden an einer Krankheit[93], über den Sinn von Sünde und Leidenschaft[94] entstand im 20. Jahrhundert der heutige Suchtbegriff. Hiernach bezeichnet Sucht im engeren Sinn einen Zustand periodischer oder chronischer Intoxikation mit Substanzen, der für das Individuum und/oder die Gesellschaft schädlich ist.[95] Im weiteren Sinne werden exzessiv häufig ausgeführte Verhaltensweisen ebenfalls hierunter subsumiert.[96] Typische Merkmale sind der übermächtige Wunsch, das Suchtmittel zu beschaffen, die Tendenz zur Dosissteigerung, die schädliche Wirkung auf das Individuum und/oder die Gesellschaft und die Abhängigkeit, die sich im Auftreten eines Entziehungssyndroms bei Abstinenz äußern kann.[97]

Suchtverhalten oder suchthaftes Verhalten nach diesem Verständnis kann durch folgende vier Merkmale definiert werden:[98]

- Das Verlangen, ein als unwiderstehlich erlebter Drang (Wiederholungszwang),
- der (teilweise oder vollständige) Verlust der Selbstkontrolle (Kontrollverlust),
- die notwendig werdende Dosissteigerung (Toleranzentwicklung),
- das Auftreten von Entzugserscheinungen (Entzugserscheinungen).

Wörterbuch des deutschen Grundwortschatzes, S. 583; Duden, S. 836; *Paul*, Deutsches Wörterbuch, S. 984; *Jordan/Wendt*, Lexikon Psychologie, S. 307.

91 *Paul*, Deutsches Wörterbuch, S. 984.

92 *Jordan/Wendt*, Lexikon Psychologie, S. 307.

93 *Zedler*, Universallexikon, S. 1712.

94 *Trübners*, Deutsches Wörterbuch, S. 679.

95 *Tewes/Wildgrube*, Psychologie-Lexikon, S. 385; *Dorsch*, Lexikon der Psychologie, S. 922.

96 Näher zu den Formen der Süchte siehe: B. I. 2.

97 *Peters*, Lexikon, S. 538; ergänzend *Müller* sog. „juristischer" Schuldbegriff, Siehe: *Müller*, Schuldfähigkeit und Sanktionierung, S. 36 ff.

98 Vgl. Füchtenschnieder/*Hurrelmann*, Glücksspiel in Europa, S. 17 ff.; *Tretter/Müller*, Psychologische Therapie der Sucht, S. 23; *Raab* in: Poppelreuter/Gross, Nicht nur Drogen machen süchtig, S. 147 f.

Diese vier Merkmale werden ausdrücklich auch auf die Verhaltenssüchte bezogen, wobei Merkmale wie Toleranzbildung oder Entzugserscheinungen jeweils suchtspezifisch ausgelegt werden müssen.

Im offiziellen Sprachgebrauch der Weltgesundheitsorganisation (WHO) existierte der Begriff „Sucht" lediglich von 1957–1964. Die WHO hat den Begriff der Sucht später als wissenschaftlich nicht sinnvollen Terminus abgelehnt und empfohlen, stattdessen die Bezeichnungen des „Missbrauchs" und der „Abhängigkeit" von einer Substanz oder einem Verhalten als alternative Begrifflichkeiten zu verwenden.[99] Die Sucht als solche war demzufolge nicht in den internationalen Klassifikationssystemen[100], dem Diagnostischen und Statistischen Manual Psychischer Störungen (DSM-IV) und der Internationalen Klassifikation psychischer Störungen[101] (ICD-10), zu finden. Die Vermeidung des Begriffs „Sucht" zielte darauf ab, dass die Stigmatisierung Erkrankter vermieden werden sollte.[102] Hiermit wurde verdeutlicht, dass es sich bei dem Abhängigkeitssyndrom als solchem um eine Krankheit handelt, welche die unterschiedlichen Symptome und Ausmaße präziser operationalisiert.[103]

Im Zuge der Vermeidung der Begrifflichkeit „Sucht" wurden zwei andere diagnostische Kriterien entwickelt: „Abhängigkeit" und „Missbrauch".[104] Vom Abhängigkeitsbegriff wird der Begriff des „Missbrauchs" (DSM-IV) bzw. des „schädlichen Gebrauchs" (ICD-10) abgegrenzt.

Missbrauch umschreibt den Umstand, etwas in übermäßigem, sich schädlich auswirkendem Maß zu sich zu nehmen und/oder anzuwenden.[105] Nach dem „DSM-III-R"[106] wird der Missbrauch einer psychotropen Substanz dann diagnostiziert, wenn es sich um ein unangepasstes Muster des Substanzkonsums

99 Vgl. hierzu: *Tewes/Wildgrube*, Psychologie-Lexikon, S. 385; *Poppelreuther*, Arbeitssucht, S. 20 ff.; *Dorsch*, Psychologisches Wörterbuch, S. 974; Schilling/Haase/*Bönner*, Spielen an Automaten, S. 85; in diesem Sinne auch: *Müller*, Schuldfähigkeit und Sanktionierung, S. 36.

100 Nähere Erläuterungen siehe: B. I. 3.

101 In Hinblick auf die ICD-11 zeichnet sich eine Veränderung ab. Dort wird der Suchtbegriff wieder in die Kategorien mit aufgenommen.

102 Vgl. *Wöhr/Wuketich* in: FS Becker, S. 68, 71 f.; *Heinz/Friedel*, Nervenarzt 2014, 571.

103 *Heinz/Friedel*, Nervenarzt 2014, 571 f.

104 Vgl. *Zaudig*, Therapielexikon, S. 756; *Jordan/Wendt*, Lexikon Psychologie, S. 307; *Schneider*, Die Suchtfibel, S. 11.

105 *Tewes/Wildgrube*, Psychologie-Lexikon, S. 385; siehe auch: *Tretter/Müller*, Psychologische Therapie der Sucht, S. 257; *Grüsser/Thalemann*, Verhaltenssucht, S. 17 f.

106 Gültigkeit der DSM-III-R: 1987–1994.

handelt, das in klinisch bedeutsamer Weise zu Beeinträchtigungen oder Leiden führt. Weitere Voraussetzung ist, dass die Symptome niemals die Kriterien der Abhängigkeit erfüllt haben.[107] In der „Internationalen Klassifikation psychischer Störungen" findet sich anstelle des Begriffes „Missbrauch" die Bezeichnung „schädlicher Gebrauch".[108] Nach der ICD-10 ist die tatsächliche Schädigung der psychischen oder physischen Gesundheit des Konsumenten ausschlaggebend.

Abhängigkeit definiert die WHO als einen seelischen, eventuell auch körperlichen Zustand, der dadurch charakterisiert ist, dass ein Mensch trotz körperlicher, seelischer oder sozialer Nachteile ein unüberwindbares Verlangen nach einer bestimmten Substanz oder einem bestimmten Verhalten empfindet, das er nicht mehr steuern kann und von dem er beherrscht wird.[109] Im klinischen Bereich findet der Abhängigkeitsbegriff nach der ICD-10 auch gegenwärtig noch seine Verwendung.

Entgegen den Stimmen und Erwartungen in der Literatur[110], welche mit Ausblick auf die fünfte Ausgabe des Diagnostic and Statistical Manual of Mental Disorders (DSM; englisch für: Diagnostisches und Statistisches Manual psychischer Störungen) herrschten, wurde der Begriff Sucht nicht wieder in die offizielle diagnostische DSM-5-Terminologie aufgenommen.[111] In der klinischen Diagnostik wird nun die Begrifflichkeit „Störungen im Zusammenhang mit psychotropen Substanzen und abhängigen Verhaltensweisen" als aktuelle Kategorisierung verwandt.[112]

Ungeachtet dessen, ist es weiterhin im Rahmen des interdisziplinären Diskurses gebräuchlich, dass diese Art der Störung fernab des diagnostischen

---

107 Es wird an dieser Stelle bewusst darauf verzichtet, die Kriterien eingehender darzustellen. Die Erwähnung dient lediglich der vollständigen Etymologie.

108 Ergänzend: *Dilling/Mombour/Schmidt*, ICD-10, S. 98 f.; *Grüsser/Thalemann*, Verhaltenssucht, S. 17 ff.; *Zaudig*, Therapielexikon, S. 754; *Grüsser/Albrecht*, Rien ne va plus, S. 20; *Barth*, Sucht und Komorbidität, S. 38; *Poppelreuther*, Arbeitssucht, S. 26.

109 Näheres hierzu: Vgl. *Fröhlich*, Wörterbuch Psychologie, S. 694 f.; *Tretter/Müller*, Psychologische Therapie der Sucht, S. 26; *Kleinemeier* in: Krausz, Kompendium Sucht, S. 12; *Tewes/Wildgrube*, Psychologie-Lexikon, S. 385 ff.

110 Siehe: Psychotherapeutenkammer NRW, Veränderungen im DSM-V, Der neue Suchtbegriff, S. 1 ff., online verfügbar unter: https://www.ptk-nrw.de/de/mitglieder/publikationen/ptk-newsletter/archiv/ptk-newsletter-sucht/veraenderungen-im-dsmv-der-neue-suchtbegriff.html (letzter Abruf: 08.07.2020).

111 Vgl. American Psychiatric Association, DSM-5, S. 481 ff.; *Rumpf/Kiefer*, Sucht 2011, 45 ff.; *Saß* u.a., DSM-IV, S. 233 ff.; *Peters*, Lexikon, S. 538.

112 Anders in der 11. Ausgabe der ICD; siehe: B. I. 3. b).

Begriffes als Sucht bezeichnet werden kann und in vielen Ländern zur Beschreibung schwerer Probleme bei zwanghaftem und gewohnheitsmäßigem Konsum von Substanzen oder zwanghaften Verhaltensweisen üblich ist.[113] Demgemäß wird im Folgenden der Begriff Sucht weiterhin zur Beschreibung einer derartigen Störung verwandt.

2. Formen der Sucht

Generell werden stoffgebundene Süchte von stoffungebundenen Süchten unterschieden.[114] In der zweiten Hälfte des 20. Jahrhunderts wurde der Abhängigkeitsbegriff auf „andere zwanghafte Ersatzhandlungen" erweitert, wodurch auch stoffungebundene Süchte erfasst sind.[115] Unter den Suchtbegriff können damit alle Verhaltensweisen subsumiert werden, die mit der Befriedigung des Verlangens in Verbindung stehen. Eine suchtähnliche Entwicklung kann fast alle menschlichen Aktivitäten erfassen. Das ist in erster Linie das Konsumieren der Substanz oder bei stoffungebundener Sucht das Ausleben einer entsprechenden Verhaltensweise.[116] Der Begriff „süchtig" wird aber meistens erst dann für ein Verhalten verwendet, wenn damit ein Verlust von persönlicher Freiheit verbunden ist, wenn man sich in bestimmter Hinsicht nicht mehr ausgewogen entscheiden kann. Auf Grund des Verlustes der persönlichen Freiheit verändern sich auch Persönlichkeitszüge.[117] Dies geschieht allerdings meist schleichend und bleibt lange Zeit unbemerkt. Beispielsweise übt süchtiges Verhalten einen Zwang zum Selbstbetrug oder zur Lüge aus.

Der Ausdruck „stoffgebundene Süchte" bezeichnet eine Abhängigkeit von psychotropen Substanzen und führt zu körperlichen, wie psychischen Abhängigkeiten.[118] Die psychische Abhängigkeit meint das unbezwingbare, gierige, seelische Verlangen, mit der Einnahme der Droge fortzufahren und sich diese um jeden Preis zu beschaffen. Die physische Abhängigkeit hingegen ist der Einbau einer Droge in den Organismus durch Stoffwechselanpassung.[119] Hierzu gehören beispielhaft der Missbrauch und die Abhängigkeit von Alkohol,

---

113 *Falkai/Wittchen* u.a., DSM-5, S. 668.
114 *Stumm* u.a., Wörterbuch der Psychotherapie, S. 677; *Zaudig*, Therapielexikon, S. 756.
115 *Zaudig*, Therapielexikon, S. 756; vgl. *Barth*, Sucht und Komorbidität, S. 40.
116 *Fröhlich*, Wörterbuch Psychologie, S. 466; *Barth*, Sucht und Komorbidität, S. 36.
117 *Tretter/Müller*, Psychologische Therapie der Sucht, S. 26.
118 *Barth*, Sucht und Komorbidität, S. 45; *Peters*, Lexikon, S. 538; *Grüsser* u.a., Nervenarzt 2007, 997; *Poppelreuther*, Arbeitssucht, S. 23 ff.
119 *Barth*, Sucht und Komorbidität, S. 40.

Nikotin, Kokain, Cannabis oder Medikamenten. Der Gebrauch von psychotropen Substanzen ist in unserer Gesellschaft allgegenwärtig.

Nichtstoffgebundene Süchte, sogenannte „Verhaltenssüchte", beziehen sich auf keine spezielle Substanz.[120] Es werden keine Stoffe von außen zugeführt, sondern die Sucht entsteht durch körpereigene biochemische Veränderungen, die durch bestimmte exzessive belohnende Verhaltensweisen ausgelöst werden.[121] Die Abhängigen sind damit nicht süchtig nach einer bestimmten Substanz, sondern nach Verhaltensweisen, die nicht mehr kontrolliert werden können.[122] Grundsätzlich geht es darum, dass von den Betroffenen durch exzessives belohnendes Verhalten in einer pathologischen Form schnell und effektiv Gefühle im Zusammenhang mit Frustrationen, Ängsten und Unsicherheiten reguliert bzw. verdrängt werden können.[123] Unter einer Störung ohne Substanzbezug lässt sich der Zwang verstehen, eine bestimmte Tätigkeit auszuüben und immer wieder den erneuten Versuch zu machen, eine Situation herzustellen, in der diese Tätigkeit praktiziert werden kann.[124] Das entscheidende diagnostische Kriterium liegt hierbei im subjektiv erlebten inneren Spannungszustand vor der Handlung und in der Entlastung nach der Handlung. Nach der Handlung können eventuell Reue, Selbstvorwürfe oder Schuldgefühle auftreten.[125]

Zu den Verhaltenssüchten zählen beispielhaft die Arbeits-, Kauf-, Ess-, Sex-, Spielsucht, wie auch die Sucht nach Anerkennung und der nach Macht. Glücksspielsucht stellt hierbei die am häufigsten nicht substanzbezogene Suchtform dar.[126]

Bezugnehmend auf die im Kern dieser Arbeit thematisierte Ludomanie soll im weiteren Verlauf ausführlicher auf die Verhaltenssüchte eingegangen werden. Der Mensch kann Süchten auf fast allen Gebieten des Erlebens und

---

120 *Kellermann*, Glücksspielsucht als typische Suchtform, online abrufbar über: Fachverband Glücksspielsucht e.V.: https://www.gluecksspielsucht.de/index.php?article_id=27. (letzter Abruf: 04.06.2022).

121 *Tewes/Wildgrube*, Psychologie-Lexikon, S. 385 f.; *Grüsser/Albrecht*, S. 27; *Grüsser* u.a., Nervenarzt 2007, 997 ff.

122 Zum Suchtpotential von Glücksspielen siehe: *Müller*, Schuldfähigkeit und Sanktionierung, S. 57 ff.

123 *Grüsser/Thalemann*, Verhaltenssüchte, S. 14; *Mann* u.a., Nervenarzt 2013, 548.

124 Füchtenschieder/*Hurrelmann*, Glücksspiel in Europa, S. 17.

125 *Grüsser* u.a., Nervenarzt 2007, 998.

126 Vgl. Schilling/Haase/*Bönner*, Spielen an Automaten, S. 83; *Barth*, Sucht und Komorbidität, S. 58 ff.; *Kellermann* in: Füchtenschnieder/Witt, Sehnsucht nach dem Glück, S. 93.

Verhaltens begegnen, sie können dabei ihrem zwanghaften Verhalten ähnlich ausgeliefert sein wie Substanzabhängige. Jeder Mensch kann süchtig werden, nicht nur wenn er potentielle Suchtmittel, d.h. psychisch wirkende Substanzen konsumiert, sondern eben auch Tätigkeiten mit einem Suchtpotential übermäßig betreibt. Fast jede Form der Beschäftigung kann zu einer Abhängigkeitserkrankung führen, sobald sie exzessiv und maßlos ausgeführt wird.[127] Diese Verhaltensweisen können zu einer Art Rauschzustand entgleisen. Dieser Rauschzustand wird durch körpereigene Stoffe hergestellt, welche Endorphine genannt werden.[128] Sie sind chemisch verwandt mit den Morphinen. Normalerweise werden diese Endorphine hergestellt, wenn ein Mensch übernatürliche Leistungen erbringen muss, zum Beispiel um Angst zu bewältigen, Schmerzen zu ertragen, erfolgreich zu flüchten. Endorphine haben entwicklungsgeschichtlich eine lebenserhaltende Schutzfunktion. Ihre Ausschüttung kann man herbeiführen, indem man den Körper in eine Situation bringt, in der er sich nicht mehr anders zu helfen weiß.[129] Der Rausch kann die Funktion des Löschens der aktuellen Befindlichkeit haben, man „dröhnt sich zu" bzw. „schaltet ab".[130] Aus psychologischer Sicht kann die jeweilige Rauschqualität als die Gesamtheit der einzelnen Funktionsveränderungen wie Wahrnehmung, Denken, Gefühle, Antrieb und Motorik in ihrem Verhältnis zueinander und zum Nüchternzustand verstanden werden.[131] Der Rausch verführt dann zur Wiederholung und dieser Drang zur Wiederholung nach dem „mehr und mehr" und „nochmals und nochmals" ist die Essenz der Sucht.[132]

Der Betroffene leidet zunächst vor allem unter den psychischen Folgen der Abhängigkeit. Diese sind vor allem, dem ständigen Verlangen der jeweiligen Handlung nachzugehen. Das Positive an der Ausweitung des Suchtbegriffs auch auf den stoffungebundenen Verhaltenszwang liegt in der Verdeutlichung der Erkenntnis, dass die Droge nur ein Mittel, aber nicht das Wesen der Sucht ist.[133] Bei allen Suchtformen ist die jeweils als Suchtmittel verwendete Substanz oder Tätigkeit nur Mittel zum Zweck. Es geht einem süchtig gewordenen Menschen

---

127 *Fröhlich*, Wörterbuch Psychologie, S. 466; *Jordan/Wendt*, Lexikon Psychologie, S. 307; *Dorsch*, Psychologisches Wörterbuch, S. 403; *Schneider*, Die Suchtfibel, S. 13; *Tewes/Wildgrube*, Psychologie-Lexikon, S. 387.

128 *Knecht*, Kriminalistik 1992, 661 f.

129 *Grüsser/Thalemann*, Verhaltenssucht, S. 19.

130 *Tretter/Müller*, Psychologische Therapie der Sucht, S. 18.

131 *Kellermann* in: Füchtenschnieder/Witt, Sehnsucht nach dem Glück, S. 91 ff.

132 Siehe auch: *Kellermann*, häb, 2004, 462, 463.

133 *Schneider*, Die Suchtfibel, S. 13.

eigentlich gar nicht um sein Suchtmittel, sondern um die durch diese erzeugte psychische Wirkung, also um den bestimmten psychischen Zustand.[134] Derartige Verhaltensweisen können Analogien zu den stoffgebundenen Abhängigkeiten aufweisen. Sie können für das Individuum und/oder die Gesellschaft schädlich sein und bei Abstinenz können Entzugsphänomene in Form von vegetativen Symptomen auftreten.[135]

Allgemein muss jedoch vor einem inflationären Gebrauch des Begriffes Verhaltenssucht gewarnt werden, womit dann unter Umständen auch „ausufernde“ Verhaltensweisen entschuldigt werden. Nicht bei jeder exzessiv von der Norm abweichend durchgeführten Verhaltensweise handelt es sich um ein süchtiges Verhalten.[136]

3. Diagnostische Manuale

Nachdem nunmehr der Begriff der Sucht und die verschiedenen Suchtformen dargestellt worden sind, bedarf es weiterhin eines knappen Einblicks in die Diagnostik. Das Gericht kann sich zur Beurteilung der Schuldfähigkeit eines Sachverständigen bedienen, der wiederum bei der psychologisch-psychiatrischen Begutachtung des Angeklagten auf Diagnosemanuale zurückgreift. Da die Ergebnisse des Sachverständigen durchaus Einfluss auf die Urteilsfindung haben können, sind grundlegende Kenntnisse für alle prozessbeteiligten Juristen unabdingbar.

Einen operationalisierten Einblick in das Phänomen „Sucht“ geben die international verwendeten diagnostischen Manuale wie das von der Amerikanischen Psychiatrischen Vereinigung (APA) „Diagnostische und Statische Manual Psychischer Störungen (DSM-5)“ und die von der WHO veröffentlichte „Internationale statistische Klassifikation der Krankheiten und verwandter Gesundheitsprobleme (ICD-10)“.[137]

Die Klassifikationssysteme sind Zusammenstellungen von Krankheitsbildern, die auf Grund gemeinsamer Merkmale bestimmten Kategorien zugeordnet werden.[138] Diese „Klaviaturen“ regeln, welche Merkmale erfüllt sein

---

134 *Kellermann* in: Füchtenschnieder/Witt, Sehnsucht nach dem Glück, S. 94.

135 *Grüsser/Thalemann*, Verhaltenssucht, S. 20 f.; *Tewes/Wildgrube*, Psychologie-Lexikon, S. 387.

136 *Mann* u.a., Nervenarzt 2013, 548, 554; *Grüsser/Thalemann*, Verhaltenssucht, S. 16; *Grüsser* u.a., Nervenarzt 2007, 1002.

137 Vgl. auch: *Müller*, Schuldfähigkeit und Sanktionierung, S. 39 ff.

138 *Zaudig*, Therapielexikon, S. 389.

müssen, um jemanden als psychisch krank zu diagnostizieren.[139] Manuale sind als eine Art Handwerkszeug für forensische Gutachten zu sehen. Sie bieten für behandelnde Ärzte eine gemeinsame Sprache, um über ihre Patienten zu kommunizieren, und stellen konsistente und zuverlässige Diagnosen, die in der Erforschung von psychischen Störungen eingesetzt werden können. Der Inhalt wird von Experten festgelegt, um Diagnosen reproduzierbar zu machen. Es soll dadurch sowohl die Diagnose als auch die Heilung erleichtert werden. Infolgedessen ist die Nomenklatur heute in Kliniken und Versicherungsgesellschaften gebräuchlich.[140]

Es ist darauf hinzuweisen, dass sich die vorstehenden Klassifikationssysteme vornehmlich auf die stoffgebundenen Süchte beziehen. Als Ausnahme hiervon ist die Verhaltenssucht des Pathologischen Spielens zu benennen. Diese ist bereits in DSM-IV[141] und ICD-10 als eigenständiges Krankheitsbild aufgeführt und wurde dort unter „Störungen der Impulskontrolle, nicht Andernorts" eingeordnet.[142] Infolge der Neueinführung des DSM-5 ist aktuell hinsichtlich der Nosologie im Rahmen der verschiedenen Klassifikationssysteme zu differenzieren. Dort wird die Verhaltenssucht fortan in der Kategorisierung „Störungen ohne Substanzbezug" aufgestellt. In der künftigen ICD-11 wird das Pathologische Spielen als Verhaltenssucht unter „Störungen auf Grund von Suchtverhalten" eingeordnet.

a) Kategorisierung in DSM-5

Derzeit gilt die 5. Auflage des DSM, die im Mai 2013 nach mehr als zehnjähriger Forschungsarbeit veröffentlicht worden ist. Hiervon liegt seit Herbst 2014 eine deutsche Übersetzung vor.[143] Die fünfte Ausgabe des DSM brachte zahlreiche Neuerungen und Veränderungen mit sich. Entgegen den Erwartungen[144], dass aus der Kategorisierung „Störungen durch psychotrope Substanzen" der

---

139 *Gebhardt/Grüsser-Sinopoli*, Glücksspiel in Deutschland, S. 535.

140 *Barth*, Sucht und Komorbidität, S. 41.

141 Gültigkeit der DSM-IV von 1994–2000 (DSM-IV TR), bzw. 2013 (sodann DSM-5).

142 *Meyer* in: Poppelreuter/Gross, Nicht nur Drogen machen süchtig, S. 2; *Barth*, Sucht und Komorbidität, S. 36 f., 56.

143 *Rumpf/Kiefer*, Sucht 2011, 45 ff.; Psychotherapeutenkammer NRW, Veränderungen im DSM-V Der neue Suchtbegriff, S. 1 ff. online einsehbar unter: https://www.ptk-nrw.de/de/mitglieder/publikationen/ptk-newsletter/archiv/ptk-newsletter-sucht/veraenderungen-im-dsmv-der-neue-suchtbegriff.html (letzter Abruf: 08.07.2020).

144 Vgl. zu den Erwartungen in der Literatur: *Heinz/Friedel*, Nervenarzt 2014, 571 ff.; *Thomasius* u.a., Zeitschrift für Kinder- und Jugendpsychiatrie und Psychotherapie 2014, 115, 118 ff.; *Bauer* u.a., Nervenarzt 2014, 531 ff.; vgl. American, Psychiatric Association, DSM-5, S. 481 ff.; *Wiesbeck*, Der neue Suchtbegriff nach DSM-5, S. 11 ff.,

Oberbegriff der neuen Kategorie „Sucht und zugehörige Entscheidungen" entstehen sollte, wurde nun durch die Übersetzung des DSM-5 die neue Klassifikation der „Störungen im Zusammenhang mit psychotropen Substanzen und abhängigen Verhaltensweisen" eingeführt. Im Wege des deutschen Übersetzungsprozesses haben sich andere Diagnosebezeichnungen als die wortgetreue, englische Übertragung als praktikabler erwiesen.[145] So lautet die amerikanische Originalfassung „Addiction and Related Disorders".

Unter dieser Kategorisierung werden sowohl die stoffgebundenen Störungen als auch die stoffungebundenen Verhaltensweisen subsumiert. Grund dafür ist, dass für diese Störungen Evidenz vorliegt. Das Glücksspielen aktiviert ähnliche neuronale Belohnungssysteme im Gehirn wie psychotrope Substanzen, welche auch an der Verstärkung von Verhaltensmustern sowie an der Konsolidierung von Gedächtnisspuren beteiligt sind.[146] Daneben werden auch einige verhaltensbezogene Symptome hervorgerufen, die mit denen einer Substanzkonsumstörung vergleichbar sind. Wiederum wird bewusst darauf verzichtet, ausgiebig das Merkmal der Substanzkonsumstörungen darzustellen.

In diese neue Kategorie der Störungen ohne Substanzbezug ist als erste nicht stoffgebundene Störung die „Störung durch Glücksspielen" aufgenommen worden.[147] Erstmalig führt das DSM-5 eine Verhaltenssucht in die neue Kategorie der „Störungen im Zusammenhang mit psychotropen Substanzen und ohne Substanzbezug" offiziell ein.[148] Hinsichtlich der oben genannten Kriterien ist der Konsum mit einer exzessiv betriebenen Verhaltensweise gleichzusetzen.

Andere Verhaltenssüchte bleiben jedoch außen vor. Die „Internetspielstörung" wurde bereits als Forschungskategorie in den Anhang aufgenommen, da sie klinisch besonders relevant erscheint.[149]

Vortrag auf der atf-Fachtagung, Abhängigkeitserkrankungen am 18. November 2011 in Zürich. Online verfügbar unter: atf-schweiz.ch/file/download/26/Wiesbeck_DSM-5.pdf, (letzter Abruf: 04.06.2022); *Rumpf/Kiefer*, Sucht 2011, 45 ff.; *Mann* u.a., Nervenarzt 2013, 548, 554; *Schmidt*, Psychische Krankheit als soziales Problem, S. 48 ff.; *Ehret/Berking*, Verhaltenstherapie 2013, S. 258 ff.; *Wiesbeck*, Sucht, 2011, 56 f.

145 *Wöhr/Wuketich* in: FS Becker, S. 68, 71 f.; *Heinz/Friedel*, Nervenarzt 2014, 571.

146 *Mann* u.a., Nervenarzt 2013, 548, 550.

147 Beifügend zu den Kriterien des DSM-5 vgl. *Falkai/Wittchen* u.a., DSM-5, S. 661 ff.

148 Vgl. *Heinz/Friedel*, Nervenarzt 2014, 572.

149 Zur Vorausschau: *Wölfing* u.a., Nervenarzt 2009, 1030; *Fleischmann* u.a., Sucht 2011, S. 49 ff.; *Konrad/Rasch*, Forensische Psychiatrie, S. 110 f.; *Mann* u.a., Nervenarzt 2013, 548 f.

Es sei darüber hinaus vorab bemerkt, dass der forensische Gebrauch des DSM-5 vor Gericht nicht unreflektiert zu übernehmen ist, um die forensischen Auswirkungen von psychischen Störungen einzuschätzen.[150] Das Vorhandensein einer klinischen Diagnose einer psychischen Störung gemäß DSM-5, wie beispielsweise Pathologisches Spielen, bedeutet nicht notwendigerweise, dass die betreffende Person auch die rechtlichen Kriterien für eine psychische Beeinträchtigung oder für eine bestimmte Einschränkung im juristischen Sinne erfüllt.[151] Hierfür sind Informationen erforderlich, die über den Inhalt einer DSM-5 Diagnose hinausgehen, wie zum Beispiel die funktionellen Beeinträchtigungen einer Person und darüber, wie diese Beeinträchtigung die relevanten Fähigkeiten der Person beeinflussen.

b) Klassifikation in ICD-11 (derzeit ICD-10)

Im Mai 2019 ist die 11. Auflage der ICD beschlossen worden, welche am 01.01.2022 in Kraft getreten ist. Im Juni 2018 hat die WHO den Entwurf für die elfte Version ihres Klassifikationssystems für medizinische Diagnosen vorgestellt. Im Mai 2019 wurde diese durch die 72. Weltgesundheitsversammlung (Word Health Assembly, WHA) in Genf verabschiedet, und ist am 1. Januar 2022 in Kraft getreten. Die neue technische Struktur der ICD-11 ist an die Maßstäbe des 21. Jahrhunderts angepasst worden, vor allem vor dem Hintergrund der neuen Kategorisierung der abhängigen Verhaltensweisen.[152] Die ICD-11 beinhaltet ferner fünf neue Kapitel. Hervorzuheben ist, dass das Pathologische Spielen (6C50 Gambling disorder) den Verhaltenssüchten („Disorders due to addictive behaviours")[153] zugeordnet wird und nunmehr unter Störungen auf Grund von Substanzgebrauch oder Suchtverhalten eingeordnet wird.[154] Das Krankheitsbild als solches wird als Spielstörung – und nicht als Spielsucht – bezeichnet, soll allerdings wohl unter die Kategorie Störungen durch Suchtverhalten operationalisiert werden. Zudem wird erstmals die Computerspielsucht als eigene Störung als Abhängigkeitserkrankung anerkannt. Im Hinblick auf

---

150 Hierzu: Falkai/*Wittchen* u.a., DSM-5, S. 33 ff.

151 Auf diese Problematik wird im weiteren Verlauf der Arbeit C. II. 2. a) noch detaillierter eingegangen.

152 *Jakob*, BuGBl 2018, S. 771, 773.

153 Online einsehbar unter: https://icd.who.int/browse11/l-m/en#/http%3a%2f%2fid.who.int%2ficd%2fentity%2f1602669465 (letzter Abruf: 04.06.2022).

154 Bislang wurde das Pathologische Spielen in der ICD-10 immer noch als Störung der Impulskontrolle geführt.

die neue ICD-11 wird voraussichtlich nicht daran festgehalten, dass der Begriff Sucht im diagnostischen Bereich vermieden werden soll. Im Rückblick auf die Erfahrungen mit der Übersetzung des DSM-5 bleibt auch an dieser Stelle abzuwarten, welche Übersetzung gewählt wird und Einzug in die deutsche Ausgabe der ICD-11 erhalten wird. Über den Zeitpunkt einer möglichen Einführung der ICD-11 in Deutschland sind noch keine Aussagen möglich.[155] Daher bedienen sich die Psychowissenschaften derzeit der noch aktuellen ICD-10, auf die im weiteren Verlauf der Arbeit eingegangen wird.

II. LUDOMANIE – das Pathologische Glücksspiel

Diese Arbeit untersucht die Schuldfähigkeit eines Ludomanen. Für deren Bestimmung bedarf es, wie bereits einleitend erwähnt, eines grundlegenden Verständnisses des Pathologischen Glücksspiels. Zunächst wird daher auf die Begrifflichkeit und das Störungsbild an sich eingegangen, um sodann die Modalitäten der Diagnosestellung sowie die Ursachen einer Glücksspielsucht herauszuarbeiten. Anschließend geht dieser Abschnitt auf die Frage der äußeren Erkennbarkeit ein. Hierdurch werden grundlegende Kenntnisse zur Beurteilung der Ludomanie als mögliches Eingangskriterium in Form eines psychiatrischen Krankheitsbildes für die Schuldfähigkeit gemäß §§ 20, 21 StGB geschaffen.

1. Störungsbild des Pathologischen Glücksspiels

Vorab ist eine klare Begriffsbestimmung der Ludomanie in Abgrenzung zum Glücksspiel als „bedenkenlose" Freizeitbeschäftigung erforderlich. Das Spiel, auch das Glücksspiel, ist als solches nichts Schlechtes, solange es gelegentlich zum Zeitvertreib ausgeübt wird. Aber oft mündet dieses Verhalten in eine Abhängigkeit, die unter keiner Kontrolle mehr steht. Unabhängig von der Glücksspielform kann sich im Zuge des menschlichen Spieltriebs aus dem zwanglosen, lustbetonten Spielen eine Sucht entwickeln.

Bereits 1561 schildert der flämische Arzt *Iustus Pascasius* als erster die Gefahr der Spielsucht. In seiner Schrift „Über das Würfelspiel" beschreibt er

155 Interessant ist weiterhin, dass die Entscheidung der WHO in Südkorea für Kontroversen sorgt. 56 Verbände und 33 relevante Hochschulabteilungen wollen gemeinsam verhindern, dass Online-Spielen gebrandmarkt wird. Begründet wird dies damit, dass Spielen eine wertvolle Kultur sei. Online abrufbar unter: http://world.kbs.co.kr/service/news_view.htm?lang=g&Seq_Code=76077 (letzter Abruf: 04.06.2022).

detailliert den Übergang vom harmlosen Freizeitvergnügen zur alles beherrschenden Sucht, zeigt Symptome und Ursachen der pathologischen Entwicklung auf. „Ich glaube, daß das Würfelspiel genau dieselbe Wirkung hat wie der Wein … Die sichtbarsten und schlimmsten Auswirkungen sind folgende: ständige geistige Ruhelosigkeit, Pflichtvergessenheit, Armut, Verfluchung, Diebstahl und Verzweiflung."[156]

Von Ludomanie (lat. ludus: Spiel; alt-gr. mania: Raserei, Leidenschaft), einer exzessiven Spielleidenschaft, wird in dem Fall gesprochen, wenn der zentrale Lebensinhalt des Betroffenen das Glücksspiel ist und dieser keine Kontrolle mehr über seine Spiellust hat, auch wenn dies gravierende Folgen im persönlichen, familiären oder beruflichen Umfeld nach sich zu ziehen droht oder diese schon nach sich gezogen hat.[157]

In der psychowissenschaftlichen Fachliteratur findet man für diese Störung häufig auch den Terminus „Glücksspielsucht". Das Hauptmerkmal dieser Störung ist beharrliches, wiederholtes Glücksspiel, das anhält und sich oft noch trotz negativer sozialer Konsequenzen steigert. Der Kranke kann dem Drang zum Glücksspiel nicht widerstehen.[158]

International ist diese Art der Störung unter dem Begriff „compulsive gambling", „pathelogical gambling" oder „addictive gambling" bekannt.[159]

Das Wesen der Glücksspielsucht wird sehr plastisch von *Dostojewski* in seinem Roman „Der Spieler" beschrieben.[160] Er schildert dramatisch, wie Personen immer stärker in den Bann des Spieltriebs gezogen werden und aus eigener Kraft eine Befriedigung nicht mehr möglich ist. Er spricht von einer alles verzehrenden ungestümen Leidenschaft, einer Elementargewalt. Spielen bedeutet für *Dostojewski*, an die Tür des Schicksals zu klopfen. Es ging ihm um den Moment, in dem die Roulette-Kugel zwischen zwei Möglichkeiten zögert – Gewinn oder Verderben. „Da hätte ich gehen sollen, aber in mir regte sich irgendein merkwürdiges Gefühl einer Herausforderung an das Schicksal,

---

156 *Pascasius*, ALEA, sive de curanda ludendi in pecuniam cupiditate, Libri II. (Doktor der Philosophie und der Medizin verfasste zwei Bücher, über das Würfelspiel oder die Heilung der Leidenschaft, um Geld zu spielen.). Online einsehbar unter: https://digital.slub-dresden.de/werkansicht/dlf/12755/1 (letzter Abruf: 04.06.2022); siehe auch: *Kellermann*, häb, 2004, 462.

157 *Creifelds*, Rechtswörterbuch, S. 1107.

158 *Tretter*/Müller, Psychologische Therapie der Sucht, S. 259 f.

159 *Petry*, Psychotherapeut 1998, 53.

160 *Dostojewski*, Der Spieler, S. 2, 36.

der Wunsch, ihm einen Nasenstüber zu geben und ihm die Zunge raus zu strecken."[161]

Auch *Zedler* widmet in seinem Universallexikon (1732) der Spielsucht einen Artikel und beschreibt sie als eine „unordentliche Begierde, welche verursacht, dass man beständig an den Spielen hängt. Man hat dieselbe sonderlich an den alten Deutschen getadelt, indem sie dem Spiel dergestalt ergeben gewesen, daß viele durch den Fall der Würfel Haab und Gut verloren, und wenn alles weg gewesen, sie endlich sogar ihre Freiheit aufgesetzt, und sich darüber zu Knechten und Sklaven machen lassen."[162]

Die Glücksspielsucht weist, wie auch andere Formen der Störungen in dieser Kategorie, zwei Merkmale auf:

- Der immer wiederkehrende Wunsch nach kurzfristiger Bedürfnisbefriedigung ohne eine wirkliche Bewältigung von Problemen und Spannungen sowie
- der zunehmende Verlust der Kontrolle über das eigene Verhalten.[163]

Bei der Spielsucht handelt es sich um die drittälteste Suchtform in Europa.[164] Obwohl die Experten schon Ende des 19. Jahrhunderts „Trunksucht" (heutige Alkoholabhängigkeit), „Morphinsucht" (entspricht der Heroinabhängigkeit) und die „Spielsucht" in einen engen Zusammenhang hinsichtlich ihrer diagnostischen Kriterien stellten, wurden substanzungebundene Suchtformen bis zum Anfang der 1980er Jahre in Deutschland eher selten erkannt und wurden in den Wissenschaften neben der substanzgebundenen Suchtform vernachlässigt. Erst auf Grund der Arbeit „Geldspielautomaten und Gewinnmöglichkeiten" von dem deutschen Psychologen *Gerhard Meyer* aus dem Jahr 1982 ist die Problematik in Deutschland ins Blickfeld geraten.[165] In den USA war das Thema bereits seit den 60er Jahren des 20. Jahrhunderts Bestandteil der wissenschaftlichen Forschung. Dabei wurden sowohl psychologische als auch soziologische Aspekte durchleuchtet. Mittlerweile hat sich daraus ein eigenständiges

161 *Dostojewski*, Der Spieler, S. 36.

162 *Zedler*, Universallexikon, S. 1638.

163 *Kellermann* in: Füchtenschnieder/Witt, Sehnsucht nach dem Glück, S. 92; Füchtenschnieder/*Hurrelmann*, Glücksspiel in Europa, S. 18.

164 Zur historischen Entwicklung der Suchtform siehe auch: *Grüsser/Albrecht*, Rien ne va plus, S. 9, 27; *Grüsser* u.a., Nervenarzt 2007, 997; *Kellermann* in: Füchtenschnieder/Witt, Sehnsucht nach dem Glück, S. 90 ff.; *Schütte*, Glücksspiel und Narzißmus, S. 1; *Zollinger*, Geschichte des Glücksspiels, S. 21 ff.

165 *Meyer*, Geldspielautomaten und Gewinnmöglichkeiten, 1982.

interdisziplinäres Forschungsgebiet entwickelt. Gegenwärtig steht die Thematik, wie bereits bekannt, immer mehr im wissenschaftlichen Fokus.[166]

Nachdem der Begriff abgegrenzt wurde, stehen nunmehr die diagnostischen Aspekte im Vordergrund. Im folgenden Abschnitt werden neben den klinischen Merkmalen der Diagnosemanuale (a) die Differentialdiagnosen (b) erläutert, komorbide Störungen (c) vorgestellt und die Parallelen zwischen stoffgebundener und stoffungebundener Sucht (d) dargestellt.

a) Diagnostische Kriterien

Die offizielle Definition des Pathologischen Glücksspielens aus klinischer Sicht ist bereits seit 1980 in den international gebräuchlichen, verbindlichen psychiatrischen Diagnosemanualen erfasst. Mittlerweile ist das Pathologische Glücksspielen als eigenständiges psychisches Störungsbild[167] zu charakterisieren.[168]

aa) Nosologie

Im Zuge des sogenannten Schulenstreits[169] wird die Nosologie der Ludomanie heftig diskutiert.[170] Nosologie meint die Krankheitslehre und versucht eine eindeutige Systematisierung definierter Krankheiten nach einheitlichen Gesichtspunkten zu erreichen.[171] Zu diesen Gesichtspunkten zählen neben der

---

166 Siehe beispielhaft: A. III. 2.

167 Auf die Problematik des eigenständigen Krankheitsbilds wird unter C. II. 1. a) noch tiefgreifender eingegangen.

168 *Petry* u.a., Pathologisches Glücksspielen, S. 10; *Schramm,* JZ 2005, 416; *Fechner* in: Füchtenschnieder/Hurrelmann, Glücksspiel in Europa, S. 59; *Petry,* Glücksspielsucht, S. 13; *Meyer* in: Poppelreuter/Gross, Nicht nur Drogen machen süchtig, S. 2 ff.

169 Der psychowissenschaftliche „Schulenstreit“, welcher eine beträchtliche historische Entwicklung aufweist, kann heutzutage nahezu als obsolet qualifiziert werden. Dieser umfasst die strittige Kompetenzzuschreibung zwischen den verschiedenen Sachverständigentätigkeiten im Zusammenhang mit der Schuldfähigkeitsbegutachtung. Hierauf soll an dieser Stelle lediglich verwiesen werden. Beispielhaft: *Barton,* Der psychowissenschaftliche Sachverständige im Strafverfahren, S. 2 ff., 100; *ders.*, StV 1983, 73; *Konrad,* Psychiatrische Richtungen und Schuldfähigkeit, S. 49 ff.; *Sarstedt,* NJW 1968, 178.

170 Vertiefend zur Nosologie: *Müller,* Schuldfähigkeit und Sanktionierung, S. 44 ff., 193, 271.

171 *Fröhlich,* Wörterbuch Psychologie, S. 345.

Syndromatik vor allem die Ätiologie, der Verlauf, die Prognose und die therapeutische Ansprechbarkeit.[172]

Die diagnostische Zuordnung der Pathologischen Spielsucht in der Krankheitslehre wird von der herrschenden Literatur, wonach die Spielsucht als eine Art der Verhaltenssucht verstanden wird, dem Suchtmodell zugeordnet.[173]

Die Thematik, dass süchtige Verhaltensweisen ähnliche Auswirkungen mit sich bringen, wie stoffgebundene Abhängigkeiten, hat seinerzeit *Giese*[174] mit seinem Begriff des süchtigen Sexualverhaltens angestoßen. Kriminelles Verhalten, das den Charakter des Dranghaften trägt und daher eine gewisse Triebähnlichkeit oder Triebnähe aufweist, könne als süchtige Verhaltensweise eingestuft werden. Es sei darauf hingewiesen, dass die durch *Giese* vorgenommene Ausweitung auf die Ausführungen *von Gebsattel*[175] und *Bürger-Prinz*[176] zum Thema Sucht aus psychiatrisch-anthropologischer Sicht und deren Leitsymptome erfolgten. Der Betroffene ist hiernach als verhaltensabhängig zu kategorisieren.

Andere verstehen das exzessive Spielen eher als eine Art Zwangsstörung, eine Form der neurotischen Störung, als sogenanntes Neurosenmodell.[177] Es wird von den Betroffenen eine selbst- oder fremdschädigende Handlung ausgeführt, angetrieben durch eine stetig zunehmende Anspannung, die

---

172 *Schneider/Frister/Olzen*, Begutachtung psychischer Störungen, S. 48.

173 Vertreter des Suchtmodells: *von Gebsattel*, Prolegomena einer medizinischen Anthropologie, S. 220 ff.; *Rasch* in: FS Bürger-Prinz, S. 173 ff.; *v. Hippel*, ZRP 2001, 558; *Meyer* in: Psychol Psychopath, 140 ff.; *ders.*, MschrKrim 1988, 213 ff.; *ders.* in: Meyer/Bachmann, Spielsucht, S. 57; *Grüssser/Albrecht*, Rien ne va plus, S. 28 f.; *Grüsser/Plöntzke/Albrecht*, Nervenarzt 2005, 592 f.; *Grüsser/Poppelreuter/Heinz/Albrecht/Saß*, Nervenarzt 2007, 997, 1000; *Grüsser/Thalemann*, Verhaltenssucht, Diagnostik, Therapie, Forschung, S. 19; *Petry*, Glücksspielsucht, S. 13 ff.; *ders.*, Psychotherapeut 1998, 53; *Kröber*, FPPK 2009, 94 f.; *ders.*, Nervenarzt 1985, 593 f.; *Romanczuk/Seiferth/Mörsen/Heinz*, FPPK 2016, 155; Alberti/*Kellermann*, Psychosoziale Aspekte der Glücksspielsucht, S. 51, 56; *ders.*, StV 2005, 291; *Musalek/Mechtcheriakov/Yazdi*, Neuropsychiatr 2014, 218; so auch: *Müller*, Schuldfähigkeit und Sanktionierung, S. 173, 193, 271.

174 Vgl. *Giese*, Psychopathologie der Sexualität, S. 420 ff.

175 *von Gebsattel*, Prolegomena einer medizinischen Anthropologie, S. 220 ff.

176 *Bürger-Prinz*, Nervenarzt 1944, 1 ff.

177 Anhänger des Neurosenmodells: *Hand*, Verhaltenstherapie 2004, 133, 135 ff.; *ders.* in: Payk, Dissozialität – Psychiatrische und forensische Aspekte, S. 97 ff.; LK-StGB-*Schöch*, § 20 Rn. 164; *Schöch*, JR 2005, 296 f.; *Mergen* in: FS für Sarstedt, S. 189, 190; *Schumacher* in: FS für Sarstedt, S. 361, 366; *te Wildt* in: Fortschr Neurol Psychiatr 2004, 574, 576.

während der Handlung gelöst wird. Der Betroffene ist als impulskontrollgestört einzustufen.

Innerhalb der Klassifikationssysteme zählt das Pathologische Spielen demgemäß nach dem DSM-5 zu der Kategorie „Störungen im Zusammenhang mit psychotropen Substanzen und abhängigen Verhaltensweisen" und nach der ICD-10 zu den „Störungen der Impulskontrolle".[178]

Im weiteren Verlauf erfolgt eine Darstellung beider Konzepte, sowohl des Störungsmodells als auch des Neurosenmodells. Welchem Konzept man folgt, ist für die Wahl der therapeutischen Methode von Bedeutung, ob der Patient als „verhaltensabhängig" oder „impulskontrollgestört" diagnostiziert wird, und bedarf keiner weiteren Ausführung. Antizipiert sei an dieser Stelle bereits, dass die diagnostisch-nosologische Klassifikation einer Störung nicht allein von rechtlicher Relevanz für die Schuldfähigkeitsbestimmung ist.[179]

bb) Klinische Merkmale nach DSM-5

In dem DSM-5 wird das „gestörte Spielen", wie bereits bemerkt, unter der Klassifikation „Störungen im Zusammenhang mit psychotropen Substanzen und abhängigen Verhaltensweisen" aufgeführt.

Diagnostische Kriterien der Störung durch Glücksspielen nach DSM-5 (F63.0)[180] sind:[181]

- Starkes Eingenommensein vom Glücksspiel (zentraler Lebensinhalt).
  Das Glücksspiel strukturiert und dominiert das Leben der Betroffenen, das durch zunehmende Häufigkeit und Intensität der Glücksspielteilnahme geprägt ist, z.B. gedankliches Nacherleben vergangener Spielerfahrungen,

178 Vgl. *Meyer* in: Meyer/Bachmann, Spielsucht, S. 55; *Falkai/Wittchen* u.a., DSM-5, S. 661 ff.

179 Vgl. *Lammel*/Felber/Sutarski/Lau, Die forensische Relevanz abnormer Gewohnheiten, S. 87 f.; *Hoch* in: Gebhardt/Grüsser-Sinopoli, Glücksspiel in Deutschland, S. 157, 159; *Bork/Foerster*, Sucht 2004, 368, 369 f.; Venzlaff/*Foerster*/*Bork*, Psychiatrische Begutachtung, S. 376, 377, 379.

180 *Falkai/Wittchen* u.a., DSM-5, S. 700 f.

181 Zur Ergänzung der kategorisierten Ausführungen aus den Diagnosemanualen können ferner – neben der bereits vorgenommenen Literaturanalyse – Interviewpassagen aus den getätigten Befragungen von spielsüchtigen Straffälligen in den verschiedensten Einrichtungen herangezogen werden, mit der Absicht die Theorien zu verlebendigen. Die Darstellung der Ergebnisse erfolgt im empirischen Teil (E. III. 4.).

Planen der nächsten Spielunternehmungen oder Nachdenken über Wege, Geld für das Spiel zu beschaffen.

- Immer höhere Einsätze, um die gewünschte Wirkung zu erreichen (Toleranzerwerb).
  Die meisten Personen suchen eher „action", den erregten, euphorischen Zustand, als das Geld. Hierzu verdeutlichend werden immer höhere Wetteinsätze oder Risiken notwendig, um fortlaufend das erwünschte Ausmaß an Erregung herzustellen.
- Wiederholt erfolglose Versuche das Spiel zu kontrollieren, zu verringern oder zu stoppen (Kontrollverlust/Abstinenzunfähigkeit)
- Unruhe oder Gereiztheit beim Versuch, das Spiel einzuschränken oder aufzugeben (entzugsähnliche Symptome, obwohl kein Stoff konsumiert wird)
- Spielen, um Problemen oder negativen Gefühlen zu entkommen (Fluchtverhalten) oder eine dysphorische Stimmung, wie z.B. Gefühle von Hilflosigkeit, Schuld, Angst oder Depression zu erleichtern.
- Spielen, um Verluste auszugleichen („hinterherjagen"); sogenanntes chasing. Es kann sich ein Verhaltensmuster entwickeln, mit dem den Verlusten „hinterhergejagt" wird, wobei das dringende Bedürfnis zum Weiterspielen entsteht (oft mit höheren Wetteinsätzen oder dem Eingehen höherer Risiken), um einen Verlust oder eine Verlustserie auszugleichen. Der Betroffene kann dabei seine bisherigen Spielstrategien aufgeben und versuchen, alle seine Verluste auf einen Streich wettzumachen.
- Belügen von Angehörigen, Therapeuten oder anderen; Vertuschen des Spielens.
  Zu diesen Täuschungsfällen gehört auch, ohne darauf beschränkt zu sein, illegales Verhalten wie beispielsweise Fälschung, Betrug, Diebstahl oder Unterschlagung, um Geld für das Glücksspiel zu beschaffen.
- Wichtige Beziehungen oder der Arbeitsplatz werden wegen des Spielens gefährdet oder gehen verloren.
- Ein sich darauf verlassen, dass von anderen Geld bereitgestellt wird.
  Die Betroffenen können auch ein Verhalten des „Ausnutzens" entwickeln, indem sie ihre Familie oder andere bitten, ihnen aus ihrer verzweifelten finanziellen Lage, die durch das Spiel entstanden ist, herauszuhelfen.

Die Auswertung wird folgendermaßen vorgenommen: Dauerhaftes und häufig auftretendes problematisches Glücksspielen führt nach Angaben der betroffenen Person in klinisch bedeutsamer Weise zu Beeinträchtigungen oder Leiden, wobei mindestens vier der nachstehenden Kriterien innerhalb eines Zeitraums von zwölf Monaten vorliegen.[182] Der Schweregrad der Störung basiert auf der Anzahl der erfüllten Kriterien:

- Vorliegen von 4 bis 5 Kriterien: leichtgradig
- Vorliegen von 6 bis 7 Kriterien: mittelgradig
- Vorliegen von 8 bis 9 Kriterien: schwer

Der Vollständigkeit halber ist zu verdeutlichen, welche Veränderungen in dem neu herausgegebenen DSM-5 im Vergleich zum vorangegangenen DSM-IV zu verzeichnen sind:[183]

- Aus „Pathologischem Spielen" (DSM-IV) wird „Störung durch Glücksspielen" (DSM-5).
- Das Kriterium „Illegale Handlungen, um das Spiel zu finanzieren" wurde ersatzlos gestrichen mit der Begründung, dass das Kriterium die geringste Zustimmung in der Bevölkerung gefunden hat. Des Weiteren zeigen Studien, dass es durch den Wegfall des Kriteriums zu keiner Veränderung im Rahmen der Diagnostik kommt. Ungeachtet dessen, ist die Beschaffungskriminalität im Zusammenhang mit dieser Störung vorhanden und zudem beachtlich.[184]
- Das „Pathologische Spielen", das von dem DSM-IV noch zu den „Impulskontrollstörungen, nicht Andernorts" gerechnet worden ist, wird nun als „Störung durch Glücksspielen" in der diagnostischen Kategorie „Störungen im Zusammenhang mit psychotropen Substanzen und abhängigen Verhaltensweisen" zugeordnet.

cc) Kriterien nach ICD-10

In der ICD-10 ist das Pathologische Spielen im Rahmen der Persönlichkeits- und Verhaltensstörungen (F63.0) unter der Kategorie „abnorme Gewohnheiten und Störungen der Impulskontrolle" eingeordnet.[185] In dieser Kategorie sind verschiedene, nicht an anderer Stelle klassifizierbare Verhaltensstörungen zusammengefasst. Als Störungen der Impulskontrolle werden bestimmte

---

182 Siehe auch: Dietlein/Hecker/Ruttig-*Dietlein/Hüseken*, Glücksspielrecht, § 6 Rn. 1.

183 Vgl. *Rumpf/Kiefer*, Sucht 2011, 45 ff.

184 *Thomasius* u.a., Zeitschrift für Kinder- und Jugendpsychiatrie und Psychotherapie 2014, 115, 116; vertiefend dazu: *Müller*, Schuldfähigkeit und Sanktionierung, S. 104 ff., 271 f.

185 Ergänzend zu den Kriterien des ICD-10: *Dilling/Mombour/Schmidt*, ICD-10, S. 98 f., 259.

Verhaltensweisen bezeichnet, bei denen der Betroffene nicht in der Lage ist, dem Impuls, dem Trieb oder der Versuchung zu widerstehen, eine Handlung auszuführen, die für die Person selbst oder andere schädlich ist.[186] Meistens fühlt der Betroffene eine zunehmende Spannung oder Erregung, bevor er die Handlung durchführt, und erlebt dann Vergnügen, Befriedigung oder ein Gefühl der Entspannung während der Durchführung der Handlung.[187] Sie sind durch wiederholte Handlungen ohne vernünftige Motivation gekennzeichnet, die nicht kontrolliert werden können und die meist die Interessen der betroffenen Person oder anderer Menschen schädigen. Die betroffene Person berichtet von dranghaften Impulsen zum Handeln.[188]

Bei dem Pathologischen Spielen liegt die Störung in häufigem und wiederholtem episodenhaften Glücksspiel, das die Lebensführung der betroffenen Person beherrscht und zum Verfall der sozialen, beruflichen, materiellen und familiären Werte und Verpflichtungen führt.[189] Die Betroffenen setzen ihren Beruf und ihre Anstellung aufs Spiel, machen hohe Schulden und lügen oder handeln ungesetzlich, um an Geld zu kommen oder die Bezahlung von Schulden zu umgehen. Es wird ein intensiver, kaum kontrollierbarer Spieldrang beschrieben. Die Versuchung einem Impuls nachzugeben, wird demnach ähnlich empfunden wie das Craving (Verlangen) bei einer substanzbezogenen Sucht. Daneben steht die gedankliche und bildliche Vorstellung des Spielvorgangs und seiner Begleitumstände im Vordergrund. Die gedankliche Beschäftigung und die Drangzustände verstärken sich häufig in belastenden Situationen.[190]

Diagnostische Hauptkriterien des Pathologischen Glücksspielens nach ICD-10 (F63.0) sind:[191]

- Dauerndes, wiederholtes Spielen,
- anhaltendes und oft noch gesteigertes Spielen trotz negativer sozialer Konsequenzen, wie Verarmung, gestörter Familienbeziehungen und Zerrüttung der persönlichen Verhältnisse.

---

186 *Creifelds*, Rechtswörterbuch, S. 1107.

187 *Grüsser/Thalemann*, Verhaltenssucht, S. 21; *Fröhlich*, Wörterbuch Psychologie, S. 256.

188 *Bühringer/Türk*, Geldspielautomaten, S. 45; *Petry*, Psychotherapie der Glücksspielsucht, S. 62 f.; *Grüsser/Albrecht*, Rien ne va plus, S. 30.

189 *Dilling/Mombour/Schmidt*, ICD-10, S. 98 f.

190 *Dilling/Mombour/Schmidt*, a.a.O.

191 *Dilling*, Taschenführer zur ICD-10, S. 255 f.

Hervorzuheben ist, dass das krankhafte Glücksspiel hier (noch) nicht unter den Abhängigkeitserkrankungen zugeordnet ist.

b) Differenzialdiagnose

Für eine abschließende Diagnosestellung ist neben dem Vorliegen der dargestellten diagnostischen Kriterien die Erstellung einer Differenzialdiagnose unerlässlich. Als Differenzialdiagnosen bezeichnet man Erkrankungen mit ähnlicher bzw. nahezu identischer Symptomatik, die vom Arzt neben der eigentlichen Verdachtsdiagnose ebenfalls als mögliche Ursachen der Patientenbeschwerden in Betracht gezogen werden müssen.[192]

Nachfolgende Erscheinungen sind bezüglich einer Differenzialdiagnose bedeutsam. Beide Diagnosemanuale nennen als differenzialdiagnostisches Störungsbild das exzessive Spielen im Rahmen einer manischen Episode. Das krankhafte Glücksspiel kann auch als Symptom einer anderen bestehenden psychiatrischen Erkrankung auftreten. Wenn dies der Fall ist, wird kein Pathologisches Glücksspielen diagnostiziert.[193] Ebenso, wenn andere medizinische Krankheitsfaktoren vorliegen, zum Beispiel bei Patienten unter dopaminerger Medikation, welche den Drang zum Glücksspielen auf Grund der Indikation als Folgeerscheinung verspüren.

Als weitere Alternativdiagnose ist das „gewohnheitsmäßige Spielen“ zu benennen. Es tritt in der Gestalt des „sozialen oder professionellen Glücksspielens“ auf. Von einem „sozialen Spielen“ geht man aus, wenn das Spielen typischerweise mit Freunden oder Kollegen in einem zeitlich beschränkten Rahmen mit vorher festgelegten, annehmbaren Verlusten stattfindet.[194] Das Spiel dient dem Zeitvertreib. Bei schweren Verlusten oder anderen negativen Auswirkungen geben allerdings diese Spieler ihre Gewohnheit auf oder schränken diese zumindest ein. Der „professionelle Spieler“ verdient seinen Lebensunterhalt mit dem Spiel. Für ihn bietet das Spiel ansonsten keinen Anreiz, es ist zum Beruf geworden.[195] Die Risiken sind begrenzt, er tätigt seine Einsätze kontrolliert, kühl und berechnend. Die Disziplin steht im Vordergrund. Negative Konsequenzen können bei den Gewohnheitsspielern von vornherein ausgeschlossen werden.

---

192 *Meili* in: Arnold u.a., Lexikon der Psychologie, S. 365; *Pschyrembel*, Klinisches Wörterbuch, S. 247.

193 *Petry*, Glücksspielsucht, S. 18 f.

194 *Grüsser/Albrecht*, Rien ne va plus, S. 32 f.

195 *Saß* u.a., DSM-IV, S. 700 f.; *Meyer/Fabian/Wetzels*, StV 1990, 465.

Weitere Besonderheiten bringt das Spielen bei Personen mit „antisozialer Persönlichkeitsstörung“ mit sich. Anzeichen hierfür sind unter anderem fehlende Empathie und impulsives Handeln. Der „antisoziale Spieler“ ist ein Typus des Glücksspielers, für den das Spiel nur eine Form der Geldbeschaffung im Rahmen auch ansonsten gegebener krimineller Aktivitäten ist.[196] Dieser Spieler versucht um jeden Preis zu gewinnen, spielt beispielhaft auch falsch und betrügt. Es ist umstritten, inwiefern sich dies für die Diagnosestellung des Pathologischen Spielens auswirkt. Nach der ICD-10 schließt das Vorliegen einer „antisozialen Persönlichkeitsstörung“ die Diagnose des „Pathologischen Spielens“ aus.[197] In der Konsequenz entfaltet das Pathologische Spielen keinerlei Gewichtung. Nach dem DSM-5 können sie nebeneinander bestehen bleiben mit der Folge einer komorbiden Störung.[198]

c) Komorbidität

Die Ludomanie weist oft immer wieder vorkommende dazugehörige Merkmale auf, wie auch andere komorbide Störungen.[199] Komorbidität ist das gemeinsame Auftreten verschiedener psychischer Krankheiten.[200] Das gleichzeitige Auftreten von mehr als einer diagnostizierbaren psychischen Erkrankung bei einer Person in einem definierten Zeitintervall (Lebenszeit- oder 12-Monats-Perspektive) wird demgemäß als Komorbidität bezeichnet.[201] Hiermit besteht die Möglichkeit, gemeinsam auftretende verschiedene psychische Störungen bei einer Person auch getrennt zu dia gnostizieren und zu kodieren.[202]

Zu den dazugehörigen Merkmalen gehören sogenannte Deformierungen des Denkens, wie zum Beispiel Verleugnen, Misstrauen, übertriebene Zuversichtlichkeit oder das Vorliegen eines Gefühls von Macht und Kontrolle. Das Wesen des Pathologischen Spielers ist häufig als sehr konkurrenzbewusst, energisch, ruhelos und leicht zu langweilen zu bezeichnen. Betroffene können

---

196 *Petry*, Glücksspielsucht, S. 18.

197 *Falkai/Wittchen* u.a., DSM-5, S. 808 ff.; *Schütte*, Glücksspiel und Narzißmus, S. 18; *Petry*, Psychotherapie der Glücksspielsucht, S. 62 f.

198 *Meyer* in: Meyer/Bachmann, Spielsucht, S. 118.

199 Detaillierte Darstellung der Komorbidität bei Glücksspielsucht und deren rechtliche Relevanz, siehe: *Müller*, Schuldfähigkeit und Sanktionierung, S. 229 ff.

200 *Dorsch*, Lexikon der Psychologie, S. 902; *Fröhlich*, Wörterbuch der Psychologie, S. 282.

201 *Barth*, Sucht und Komorbidität, S. 90.

202 *Schneider/Frister/Olzen*, Begutachtung psychischer Störungen, S. 52.

übermäßig besorgt um die Zustimmung anderer sein und dabei großzügig bis hin zur Extravaganz.[203]

Neben der Ludomanie treten häufig weitere Abhängigkeitserkrankungen auf.[204] *Premper* und *Schulz* untersuchten die Komorbidität beim Pathologischen Glücksspiel und stellten die typischen komorbide Störungen fest.[205] Bei den substanzbezogenen Störungen, primär der Nikotin- und Alkoholabhängigkeit, ist die höchste Komorbiditätsrate zum Pathologischen Spielen zu verzeichnen.[206] Der Konsum von derartigen Stoffen kann sowohl als Frühindikator der Spielsucht auftreten, wie auch als deren Folgeerscheinung.

Zudem besteht bei Pathologischen Glücksspielern ein erhöhtes Auftreten von depressiven Störungen, Substanzmissbrauch oder -abhängigkeiten unterschiedlicher Art, Aufmerksamkeitsdefizit/Hyperaktivitätsstörungen sowie antisozialen, narzisstischen Persönlichkeitsstörungen und Borderline.[207] 20% der wegen Pathologischen Spielens Diagnostizierten haben schon einen Selbstmordversuch unternommen.

Die Komorbidität ist nicht nur für die Diagnosestellung, sondern auch für die Behandlung von Bedeutung, worauf hier allerdings nicht näher eingegangen werden muss.

d) Parallelen zwischen stoffgebundener und stoffungebundener Störung

Bei Verhaltenssüchten werden analog zur Substanzabhängigkeit, wie bereits bekannt, ähnliche Phänomene festgestellt.[208] Die Leitkriterien der Diagnosestellung einer substanzungebundenen Störung – wie der des Pathologischen Glücksspiels – im Sinne der Toleranzentwicklung, der Entzugssymptomatik bei Fortfall des Glücksspiels, der Kontrollminderung und der starken

---

203 *Petry* u.a., Pathologisches Glücksspielen, S. 64.

204 *Fiedler*, Glücksspiele, S. 98 f.; *Zurhold/Kalke/Verthein*, Glücksspielbezogene Probleme unter den Gefangenen im Hamburger Justizvollzug, S. 26 f.; *Premper/Schulz*, Sucht 2008, 131, 137 ff.

205 *Premper/Schulz*, Sucht 2008, 131 ff.

206 *Kräplin/Bühringer* in: Wittchen/Hoyer, Klinische Psychologie & Psychotherapie, S. 783, 787.

207 *Zanki/Fischer* in: Batthyány/Pritz, Rausch ohne Drogen, S. 72; *Petry*, Glücksspielsucht, S. 20.

208 Vgl. *Mann* u.a., Nervenarzt 2013, 548, 550 ff.

„Eingenommenheit" vom Glücksspiel entspricht denen typischer Substanzkonsumstörungen.[209]

Ein weiteres Indiz für die Ähnlichkeit zwischen den substanzgebundenen und substanzungebundenen Störungen liefert ein Blick in die Diagnosemanuale und eine Gegenüberstellung der diagnostischen Merkmale für Pathologisches Spielen und Substanzkonsumstörung:[210]

Tabelle 1: Gegenüberstellung der diagnostischen Merkmale für Pathologisches Spielen und Substanzkonsumstörung[211]

Pathologisches Spielen	**Substanzkonsumstörung**
– Drang zu Spielen/Eingenommen Sein	– Begierde, die Substanz zu konsumieren
– Toleranzentwicklung (z.B. höhere Einsätze)	– Toleranzentwicklung (vgl. Dosissteigerung)
– Wiederholte Versuche, das Spiel zu kontrollieren, einzuschränken oder ganz aufzugeben, zumeist erfolglos	– Kontrollverlust über Umfang des Konsums, seines Beginns und Endes; erfolglose / Abstinenzversuche
– Entzugssymptome (z.B. Gereiztheit, Unruhe)	– körperliche Entzugssymptome
– Spielen als Flucht vor Problemen oder negativen Stimmungen, Jagd nach Verlusten vom Vortag	
– Gefährdung sozialer Beziehungen/ des Arbeitsplatzes, Lügen, illegale Handlungen, Finanzierung des Spielens durch Andere, Fortführung des Spielens nach finanziellen Verlusten	– Vernachlässigung anderer Aktivitäten oder Interessen
	– Fortgesetzter Konsum wider besseres Wissen und trotz psychischer und physischer Folgeschäden

209 *Heinz/Friedel*, Nervenarzt 2014, 571 ff. Zu den Parallelen siehe auch: *Grüsser* u.a., Nervenarzt 2007, 1000; *Kellermann* in: Füchtenschnieder/Witt, Sehnsucht nach dem Glück, S. 95; *Böning* in: Alberti/Kellermann, Psychosoziale Aspekte der Glücksspielsucht, S. 40; *Kiefer* u.a., Nervenarzt 2013, 557; *Thomasius* u.a., Zeitschrift für Kinder- und Jugendpsychiatrie und Psychotherapie 2014, 115, 118 ff.; Psychotherapeutenkammer NRW, Veränderungen im DSM-5 – Der neue Suchtbegriff, S. 1 ff., online verfügbar unter: https://www.ptk-nrw.de/de/mitglieder/publikationen/ptk-newsletter/archiv/ptk-newsletter-sucht/veraenderungen-im-dsmv-der-neue-sucht begriff.html (letzter Abruf: 08.07.2020); *Zanki/Fischer* in: Batthyány/Pritz, Rausch ohne Drogen, S. 69; *Kiefer* u.a., Nervenarzt 2013, 558 f.

210 Vgl. *Mann* u.a., Nervenarzt 2013, 548-550; *Grüsser* u.a., Nervenarzt 2007, 1000.

211 Vgl. *Mann* u.a., Nervenarzt 2013, 549. .

Diesem anschaulichen Vergleich ist zu entnehmen, dass die typischen diagnostischen Merkmale eines Pathologischen Spielers mit denen eines Substanzabhängigen übereinstimmen.[212]

Die Wesensgleichheit zwischen den stoffgebundenen Störungen und den stoffungebundenen Störungen zeigt sich vor allem in dem nicht mehr steuerbaren Verhalten.[213] Die Betroffenen sind in einem Zustand, in welchem sie sich nicht mehr frei entscheiden können. Das Handeln ist allein auf die Störung zurückzuführen und von dieser bestimmt. Vergleichbar mit dem Effekt beim Gebrauch von psychotropen Substanzen kann das Verhalten die Funktion erhalten, das Leben für den Betroffenen erträglich zu gestalten.[214] Eine aktive Auseinandersetzung mit den Problemen wird dabei verlernt. Dies gilt übergreifend für schwere Toxikomanien wie für extreme nichtstoffgebundene Verhaltenssüchte.[215]

Beiden Störungen liegen ähnliche Vorgänge im Gehirn zugrunde, so zum Beispiel eine geschwächte Impulskontrolle oder die Beteiligung von Hirnzentren für Belohnungsreaktionen und Aggressionen.[216] Diese Ähnlichkeiten beziehen sich auf klinische Merkmale, Ätiologie, Komorbidität, Physiologie und Behandlung.[217] Es liegen spezifische Befunde zu Veränderungen neurophysiologischer Prozesse bei Pathologischen Glücksspielern mittels funktioneller Bildgebung, d.h. funktioneller Magnetresonanztomographie (fMRT), vor.[218] Der Schwerpunkt liegt dabei auf Veränderungen neurobiologischer Prozesse wie Reiz-Reaktivität, Verarbeitung von Belohnung und Bestrafung sowie Verhaltenskontrolle.[219]

2. Entstehung von Ludomanie

Nachstehend werden mögliche Ursachen und Entwicklungen dargestellt, wie sich aus einer harmlosen Freizeitbeschäftigung, dem Glücksspielen, eine

212 Vgl. *Saß* u.a., DSM-IV, S. 700 f.; *Dilling/Mombour/Schmidt*, ICD-10, S. 98 f.; vgl. auch: *Müller*, Schuldfähigkeit und Sanktionierung, S. 47 ff.

213 Vgl. auch: *Böning* in: Alberti/Kellermann, Psychologische Aspekte der Glücksspielsucht, S. 40.

214 *Grüsser* u.a., Nervenarzt 2007, 997.

215 *Böning*, in: Alberti/Kellermann, Psychologische Aspekte der Glücksspielsucht, S. 40.

216 *Kiefer* u.a., Nervenarzt 2013, 557.

217 *Thomasius* u.a., Zeitschrift für Kinder- und Jugendpsychiatrie und Psychotherapie 2014, 118 ff.

218 *Zanki/Fischer* in: Batthyány/Pritz, Rausch ohne Drogen, S. 67, 69.

219 *Kiefer* u.a., Nervenarzt 2013, 558 f.

folgenträchtige, pathologische Störung manifestieren kann. Bei der späteren rechtlichen Einordnung der Ludomanie unter die Eingangsmerkmale der §§ 20, 21 StGB wird ersichtlich, dass es wesentlich auf die Entstehung der Spielsucht ankommt.[220]

a) Ätiologie

Ätiologie ist die Beschäftigung mit den Ursachen für das Entstehen einer Krankheit.[221] Abhängig von der wissenschaftlichen Betrachtungsweise lässt sich die Entstehung der Spielsucht anhand unterschiedlicher Bedingungen herleiten; bislang liegt noch kein einheitliches übergeordnetes Störungsbild vor.[222] Es werden zahlreiche Ursachen, Bedingungen, Prädispositionen, Auslöser und Risikofaktoren für die Entwicklung und Aufrechterhaltung des Pathologischen Spielens als relevant betrachtet.[223] Nachstehend folgt hierzu eine komprimierte Übersicht aus Sicht der verschiedenen Disziplinen. Dieser kurze Einblick ist für das Schaffen eines Gesamtbildes zwingend.

Vorab ist festzuhalten, dass es kein typisches Charakteristikum für den Typ „Spieler" gibt.[224] Eine Spielsucht kann sich auf Grund unterschiedlichster individueller Faktoren entwickeln. Grundsätzlich kann man festhalten, dass jüngere Spieler wegen einer höheren Risikobereitschaft und eines gesteigerten Selbstbehauptungs- und Selbstfindungsprozesses eher gefährdet sind als ältere Personen. Heutzutage stellt das Geschlecht im Vergleich zu früher einen nicht mehr relevanten Indikator dar. Sowohl männliche als auch weibliche Personen, können der Spielsucht verfallen.

Die genetische Forschung liefert einige Studien für die Entwicklung von Spielsucht, welche Hinweise auf eine familiäre Häufung von Suchterkrankungen liefern.[225] Dieses Phänomen ist in der Wissenschaft schon lange bekannt.

---

220 Siehe: C. II. 2. a) aa).

221 *Dorsch*, Lexikon der Psychologie, S. 207.

222 Vgl. *Kräplin/Bühringer* in: Wittchen/Hoyer, Klinische Psychologie & Psychotherapie, S. 783, 788; *Bühringer/Türk*, Geldspielautomaten, S. 54.

223 *Petry*, Glücksspielsucht, S. 36 f.; *Knecht*, Kriminalistik 1992, 661 ff.; *Grüsser* u.a., Nervenarzt 2007, 1001; vgl. auch: *Müller*, Schuldfähigkeit und Sanktionierung, S. 53 ff.

224 *Kräplin/Bühringer* in: Wittchen/Hoyer, Klinische Psychologie & Psychotherapie, S. 783, 789; *Meyer* in: Meyer/Bachmann, Spielsucht, S. 100, 112.

225 *Fiedler*, Glücksspiele, S. 96; *Barth*, Sucht und Komorbidität, S. 83; Online einsehbar unter: https://www.online-casino.de/nachrichten/ist-gluecksspielsucht-genetisch-veranlagt-30901/ (letzter Abruf: 04.06.2022).

Der genetische Aspekt muss für die Entwicklung der Spielsucht als Vulnerabilitätsfaktor verstanden werden, also als Bedingung bzw. Ereignis, welche/s verletzlich macht und in der Vorgeschichte psychisch Erkrankter häufig gefunden wird, wie beispielhaft eine Suchterkrankung.[226] Zu den vererbbaren Faktoren müssen allerdings Persönlichkeitsmerkmale, wie auch Einflüsse aus dem sozialen Umfeld hinzukommen.[227]

Die psychoanalytischen Theorien gehen auf *Freud* zurück, der in dem Pathologischen Spielen einen Masturbationsersatz gesehen hat. Die Spielwut sei ein Äquivalent des alten Onaniezwangs.[228] An der Betätigung der leidenschaftlichen Handbewegungen beim Spiel macht *Freud* dieses Äquivalent fest. Der Penis (die Masturbation) könne als Symbol für die Hand (das Spielen) betrachtet werden.[229] Heutzutage werden seitens der Psychoanalyse eher das magische Denken und die Allmachtsfiktionen des Spielers in den Fokus gestellt. Chronische Spieler seien in kindlichen Alltagsphantasien stecken geblieben und glauben noch immer an magische Kräfte zur beliebigen Kontrolle des Schicksals. Es wird unter anderem eine Art Selbstbestrafungsdrang des letztlich doch immer verlierenden Ludomanen angenommen.[230]

Nach den Ansätzen der Lerntheorie wird das Pathologische Spielen als ein erlerntes Fehlverhalten gesehen. Die Entstehung und die Aufrechterhaltung erfolgt nach allgemeinen Lernprinzipien.[231] Ein Lernprozess ist die „klassische Konditionierung", das sogenannte Reiz-Reaktions-Lernen.[232] Das Glücksspiel ist mit verschiedenen äußeren Reizen verbunden, zum Beispiel der akustischen und visuellen Reize an den Glücksspielautomaten, der Atmosphäre im Casino und der Anwesenheit von Mitspielern. Daneben bestehen innere, also in der Person selbst liegende Reize, wie Langeweile oder Probleme bei der Arbeit. Die Reize stehen unmittelbar mit dem Glücksspielen in Verbindung und werden diesem zugeordnet.[233] Sie werden zu sogenannten „Auslösereizen" für ein erneutes Glücksspiel. Der Lernerfolg ist darin zu sehen, dass bei dem Spieler,

226 *Dorsch*, Lexikon der Psychologie, S. 862.
227 *Petry* u.a., Pathologisches Glückspielen, S. 34 f.; *Schramm*, JZ 2005, 34 f.
228 *Freud*, Gesammelte Werke Band XIV, S. 82 f.
229 *Schmidt*, Glücksspiele, S. 24.
230 *Knecht*, Kriminalistik 1992, 661.
231 *Grüsser/Thalemann*, Verhaltenssucht, S. 126 f.
232 *Grüsser/Plöntzke/Albrecht*, Nervenarzt 2005, 592 f.
233 *Kräplin/Bühringer* in: Wittchen/Hoyer, Klinische Psychologie & Psychotherapie, S. 783, 789 f.

sobald einer dieser gelernten Reize auftritt, der Drang zu erneutem Glücksspielen ausgelöst wird.

Ein weiterer Lernprozess ist die „operante Konditionierung".[234] Hiernach wird das Lernen darin gesehen, dass, nachdem das zwanghafte Verhalten ausgeführt worden ist, der angenehme Suchtmitteleffekt belohnend wirkt (Wohlbefinden/Befriedigung), also verstärkend auf das Verhalten.[235] Wenn durch das zwanghafte Verhalten nun Anspannungszustände oder Entzugserscheinungen vermieden oder beseitigt werden können, wirkt dies ebenfalls verstärkend. Diese Verstärkungsvorgänge tragen dazu bei, dass konditionierte Verhaltensmuster, also das zwanghafte Verhalten, stetig wiederholt werden.

Daneben besteht zudem die Möglichkeit des „Modelllernens". Der Spieler erlebt die positive Wirkung des Spiels am Modell von Familie und Freundeskreis. Er nutzt es künftig, um die positive Wirkung des Glücksspielens für sich zu erzielen, allerdings nur dann, wenn ihm keine Alternativen zur Verfügung stehen.[236]

Die Erkenntnisse der Hirnforschung beziehen sich auf die hirnphysiologischen Vorgänge, die während der Entstehung und Aufrechterhaltung von Suchtverhalten ablaufen. Maßgeblich ist das Belohnungssystem im Gehirn, das bei der Entwicklung der Glücksspielstörung von Bedeutung ist.[237] Das Belohnungssystem ist für die Regulierung von Emotionen und Antrieb sowie insbesondere für Befindlichkeitsverstärkungen durch den Konsum von Suchtmitteln, wie auch abhängige Verhaltensweisen, bedeutsam. Suchtmittel stimulieren die Systeme im Gehirn – hervorstechend das limbische System. Dieses ist eine Funktionseinheit des Gehirns, die der Verarbeitung von Emotionen und der Modellierung von Handlungsbereitschaft dient.[238] Es bewertet alles, was Menschen tun oder tun wollen, nach dem Lustprinzip. Dieses System wird über die Aktivierung von bestimmten Botenstoffen, wie beispielsweise dem Dopamin, Serotin und Neuroadrenalin als Neurotransmitter stimuliert und reguliert affektive Zustände und ruft Lustempfinden hervor.[239] Durch das Glücksspielen als abhängige Verhaltensweise erfolgt eine Aktivierung derartiger Prozesse im Gehirn. In der Konsequenz wird das psychische Wohlbefinden hierdurch beeinflusst und befriedigt.

---

234 *Grüsser/Albrecht*, Rien ne va plus, S. 23.

235 *Böning/Grüsser-Sinopoli*, Neurobiologie der Glücksspielsucht, S. 51.

236 *Grüsser/Thalemann*, Verhaltenssucht, S. 30 ff.

237 *Kiefer* u.a., Nervenarzt 2013, 558.

238 *Grüsser/Albrecht*, Rien ne va plus, S. 24.

239 *Barth*, Sucht und Komorbidität, S. 80 f.

Aus Sicht der soziologischen Wissenschaft wird das gestörte Spielverhalten in Verbindung mit den Bedingungen des sozialen Umfeldes gestellt, die als Risikofaktoren gelten.[240] Das Glücksspielen dient zum Beispiel der gesellschaftlichen Integration. Der Spieler sieht darin die Möglichkeit einer Form der Selbstdarstellung. Er demonstriert eine Art finanzielle und geistige Macht und empfindet ein Gefühl der Zugehörigkeit zu einer privilegierten Gruppe. Er erfährt durch die Spieltätigkeit eine achtbare Stellung in der Gesellschaft und fühlt sich integriert. Die Zugehörigkeit zu dieser Gruppe beinhaltet allerdings im Umkehrschluss ebenso die Verpflichtung zur Fortführung des Spiels.

Abschließend kann gesagt werden, dass eine Störung durch ein Gefüge der unterschiedlichsten Faktoren entstehen kann. Einen allgemeingültigen Erklärungsansatz für diese Problematik gibt es bislang noch nicht.[241] Vorwegzunehmen ist, dass dieser Punkt im Rahmen der juristischen Merkmalszuordnung gemäß den §§ 20, 21 StGB bedeutsam werden kann.[242]

b) Verlauf der Spielerkarriere

Derjenige, der als Spieler zu bezeichnen ist, durchläuft einen typischen Prozess. Vergleichbar dem Phasenmodell der Alkoholabhängigkeit ist auch bei den Verhaltenssüchten im fortgeschrittenen Stadium der Störung eine typische abhängigkeitsdynamische Entwicklung zu verzeichnen. So wurde für die Glücksspielstörung ebenfalls ein Phasenmodell formuliert.[243] Der Verlauf einer Spielerkarriere bzw. wie sich eine Glücksspielstörung aufbaut, wird in der Literatur in drei Stufen aufgeteilt: (1) Positives Anfangsstadium, (2) Kritische Gewöhnungsphase und (3) Suchtphase.[244]

Im positiven Anfangsstadium, sogenannte Gewinnphase, werden erste Erfahrungen mit Glücksspielen gemacht. Meist geschieht dies im Familien- und Freundeskreis. Zunächst sind die eingesetzten Beträge klein und häufig kommt es zu einigen kleineren Gewinnen, welche zu einem gesteigerten Selbstwertgefühl führen.[245] In dieser Phase steigt die Bereitschaft Risiken einzugehen. Beim Eintritt von Verlusten beenden die Spieler oft das Glücksspielen.

---

240 *Meyer* in: Meyer/Bachmann, Spielsucht, S. 118.

241 *Fiedler*, Glücksspiele, S. 91.

242 Siehe: C. II. 2. a) aa).

243 *Meyer* in: Meyer/Bachmann, Spielsucht, S. 45 ff.; *ders.*, MschrKrim 1988, 213, 216; vgl. auch: *Müller*, Schuldfähigkeit und Sanktionierung, S. 62 ff.

244 *Grüsser/Thalemann*, Verhaltenssucht, S. 23.

245 *Barth*, Sucht und Komorbidität, S. 59.

Petry vergleicht die erste Gewinnerfahrung („big win“) mit der Zündung einer Rakete, die den Glücksspieler von den Gravitationskräften der Vernunft und Realität löst und auf den schwerelosen Flug der Illusion und Fantasie schickt, auf dem es keine Grenzen des Tuns gibt.[246] Hierdurch erwächst das Merkmal des Pathologischen Spielers, welcher eine Spielerkarriere, die mit Gewinnen gestartet hat, vorzuweisen hat. Der Roman von *Dostojewskij* schildert ebenso, wie sich bei jemandem eine Glücksspielsucht entwickeln kann, typischerweise durch einen faszinierenden Anfangserfolg. In der Regel berichtet die Mehrzahl der süchtig gewordenen Glücksspieler von mitreißenden Anfangsgewinnen. Die Spieler bilden sich dann ein, besonders talentierte Glücksspieler zu sein, übernatürliche Fähigkeiten zu haben, von Fortuna auserkoren zu sein.[247]

Es folgt das kritische Gewöhnungsstadium (auch Verlustphase genannt). In diesem Stadium nimmt die Spielintensität zu. Das sogenannte „chasing“ gewinnt zu diesem Zeitpunkt an Bedeutung.[248] Der Spieler setzt immer mehr Geld ein, um zunehmende Verluste auszugleichen.[249] Es werden Lügensysteme aufgebaut, um sich vor der Familie und Bekannten zu rechtfertigen, sowohl hinsichtlich der Zeit, die für das Spiel aufgebracht wird, als auch für die Beschaffung von finanziellen Mitteln.[250]

Im Suchtstadium, der Verzweiflungsphase, hat der Spieler jegliche Kontrolle über sein Spielverhalten verloren. Das Glücksspiel beherrscht nun das Leben des Spielers. Sobald dieser Geld zur Verfügung hat, wird dies umgehend zum Weiterspielen verwendet. In dieser Phase überschreitet der Betroffene jegliche Hemmschwellen und begeht kriminelle Handlungen, um an Geld zu kommen.[251] Etwaige Abstinenzversuche scheitern, der soziale Abstieg wird sichtbar, da der Spieler seinen alltäglichen Verpflichtungen nicht mehr gerecht wird. Es kommt zu ersten Zügen von Persönlichkeitsveränderungen. Genau bei diesem Spielertypus müssen Gerichte die Schuldfähigkeit bedenken.

---

246 *Petry* u.a., Pathologisches Glücksspielen, S. 40 f.

247 *Kellermann*, Dostojewski – seine Sucht und seine Frau. Vortrag im Arbeitskreis Flensburg-Schleswig der Deutschen Dostojewski-Gesellschaft. Abrufbar über Glücksspiel Fachverband e.V.: https://www.gluecksspielsucht.de/materialien/dostojewskis_gluecksspielsucht.pdf. (letzter Abruf: 04.06.2022).

248 *Grüsser/Thalemann*, Verhaltenssucht, S. 114.

249 *Fiedler*, Glücksspiele, S. 89.

250 *Grüsser/Albrecht*, Rien ne va plus, S. 34.

251 *Meyer* in: Meyer/Bachmann, Spielsucht, S. 47 f.

3. Äußere Kennzeichen

Der Spieler ist nicht eindeutig erkennbar. Rein äußerlich weist dieser am Anfang seiner Störungserkrankung keine bestimmten sichtbaren Anzeichen auf, weder an Kleidung, noch an Verhaltensweisen. Als gegenteiliges Beispiel kann hier der Vergleich zu einem Alkoholkranken herangezogen werden, dem man unmittelbar die Störung anmerkt/-sieht und auch riecht.

Auffällig erscheinende Merkmale sind, dass ein Spieler nie Zeit und Geld hat und sich immer in einem Konstrukt von Ausreden bewegt, um zum Beispiel von Verpflichtungen frei zu kommen. Viele Familienmitglieder von Betroffenen berichten von Stimmungsschwankungen und einer gewissen Gereiztheit und Aggressivität bei diesen.

Zur ersten Überprüfung des Spielverhaltens zum Zwecke der Diagnose, vor allem aber auch der Selbstdiagnose, um sein eigenes Spielverhalten zu kontrollieren, kann Hilfe über den Fachverband Glücksspielsucht (fags) e.V. gesucht werden.[252] Hier kann der 20-Fragen-Test der „Gambler Anonymous" herangezogen werden:[253]

„20-Fragen-Test" – Sind Sie bereits ein/e Problemspieler/in?

1. *Hast Du jemals Deine Arbeit versäumt, um spielen zu können?*
2. *Hat Dir das Spielen schon häusliche Missstimmungen gebracht?*
3. *Hat Dein guter Ruf durch das Spielen gelitten?*
4. *Hast Du schon einmal Gewissensbisse nach dem Spielen verspürt?*
5. *Hast Du schon einmal gespielt, in der Erwartung mit dem Spielgewinn Schulden zu bezahlen oder andere finanzielle Probleme zu lösen?*
6. *Haben Dein Ehrgeiz und Deine Leistungsfähigkeit durch das Spielen gelitten?*
7. *Willst Du einen Spielverlust so schnell wie möglich zurückgewinnen?*
8. *Hast Du nach einem Spielgewinn den starken Drang weiterzuspielen, um noch mehr zu gewinnen?*
9. *Hast Du schon oft Deinen letzten Cent verspielt?*
10. *Hast Du Dir schon einmal Geld geliehen, um spielen zu können?*
11. *Hast Du schon einmal etwas verkauft, um spielen zu können?*
12. *Hast Du nur widerstrebend „Spielgeld" für alltägliche Ausgaben verwendet?*
13. *Hast Du Dein eigenes Wohlergehen und das Deiner Familie durch das Spielen vernachlässigt?*

---

252 Einsehbar unter: https://www.gluecksspielsucht.de/index.php?article_id=13 (letzter Abruf: 04.06.2022).

253 Online verfügbar unter: https://www.anonyme-spieler.org/ueber-uns/20-fragen (letzter Abruf: 04.06.2022); siehe auch: *Müller*, Schuldfähigkeit und Sanktionierung, S. 283.

14. *Hast Du schon einmal länger gespielt, als Du eigentlich wolltest?*
15. *Hast Du im Spiel schon einmal Sorgen und Ärger vergessen wollen?*
16. *Hast Du schon einmal auf ungesetzliche Weise Dein Spiel finanziert oder schon an eine solche Möglichkeit gedacht?*
17. *Hat das Spielen bei Dir Schlafstörungen verursacht?*
18. *Entsteht nach Auseinandersetzungen, Streit, Enttäuschungen oder Frustrationen bei Dir der starke Wunsch, spielen zu gehen?*
19. *Hast Du schon einmal das Verlangen gehabt, anlässlich glücklicher Ereignisse in Deinem Leben „zur Feier des Tages" ein paar Stunden spielen zu gehen?*
20. *Ist Dir schon einmal bewusst geworden, dass Du Dich mit dem Spielen selbst zerstörst?*

Die Auswertung des Tests wird folgendermaßen bestimmt: Wenn drei oder mehr Fragen mit „ja" beantwortet wurden, ist es möglich, dass eine Gefährdung vorliegt. Das Spielen beginnt zu einem Problem zu werden. Das Spielverhalten und die derzeitige Lebenssituation sollte überdacht werden.

Wenn mehr als sieben Fragen mit „ja" beantwortet wurden, ist die Wahrscheinlichkeit, dass der Befragte glücksspielsüchtig ist, fast hundertprozentig.

Dass das gelegentliche Spielen in einer Störung endet, erfordert meist mehrere Jahre. Die Auswirkungen auf das äußere Erscheinungsbild des Spielers sind, wie bereits beschrieben, erst verhältnismäßig spät zu verzeichnen und zudem schwer zu erkennen.

III. Ausklang

Die Ludomanie ist derzeit ein eigenständiges psychiatrisches Störungsbild, welches in den Diagnosemanualen des DSM-5 und der ICD-10 operationalisiert wird. Es handelt sich hierbei um eine stoffungebundene Sucht, welche beträchtliche Parallelen zu einer stofflichen Sucht aufweist. Die Nosologie der Störung ist weiterhin umstritten. Bislang besteht kein ätiologisch allgemeingültiger Erklärungsansatz für das Pathologische Spielen.[254] Es ist festzuhalten, dass die Ludomanie eine Störung ist, welche über einen sehr langen Zeitraum im gesellschaftlichen Umfeld geheim gehalten werden kann. Für eine klinische Diagnose der Ludomanie ist eine psychiatrische Begutachtung unerlässlich; insbesondere im Hinblick auf differentialdiagnostische und komorbide Aspekte.

254 Siehe: B. II. 2 a).

C. Bestimmung der Schuldfähigkeit delinquenter Ludomanen

Nachdem nun das Störungsbild der Ludomanie vorgestellt wurde, wird nachfolgend die rechtliche Bestimmung der Schuldfähigkeit von straffälligen Ludomanen in den Fokus genommen. Hierzu werden sowohl die rechtlichen Voraussetzungen der §§ 20, 21 StGB betrachtet als auch die Maßstäbe der forensischen Erkenntnisse herangezogen. Des Weiteren werden die Rechtsfolgenseite im Falle der diagnostizierten Ludomanie betrachtet und abschließend relevante Aspekte der Hinzuziehung eines Sachverständigen angeführt.

I. Grundlegende Voraussetzungen der §§ 20, 21 StGB

Bevor jedoch konkret auf die spezifische Störung des Pathologischen Spielens eingegangen wird, sind in komprimierter Form grundlegende Voraussetzungen der Feststellungen der Schuldfähigkeit nach §§ 20, 21 StGB darzustellen. Diese ist, wie bereits eingangs[255] erwähnt, zwingend für die Schuld des Täters im Sinne der §§ 20, 21 StGB.

Die Schuldunfähigkeit ist in § 20 StGB normiert und wird anhand eines zweistufigen Verfahrens bestimmt.[256] Der Tatrichter muss positive Feststellungen auf zwei Ebenen treffen: Erstens muss eine der im Gesetz genannten Störungen vorliegen (psychologische Betrachtung). Zweitens muss die Störung im Zeitpunkt der Tat eine der beiden für die Willensbildung des Menschen entscheidenden Fähigkeiten (Einsichts-/Steuerungsfähigkeit) tiefgreifend beeinträchtigen (normativen Erwägungen).[257] Bei den in § 20 StGB aufgezählten vier psychopathologischen Befunden handelt es sich um Rechtsbegriffe, denen sich empirisch (psychiatrisch und psychologisch) diagnostizierbare Zustände zuordnen lassen. Den angewandten Klassifikationssystemen der Psychiatrie ist keine zwingende Verbindlichkeit für die rechtliche Beurteilung zuzusprechen.[258] Es ist zu betonen, dass die bloße Feststellung einer psychischen Störung nach den Kriterien des DSM-5 oder der ICD-10 noch keine Aussage über

---

255 Siehe: A. II. 2.

256 *Roxin*, Strafrecht AT I, § 20 Rn. 1; Kritik am 2-Phasenmodell: *Müller*, Schuldfähigkeit und Sanktionierung, S. 139 ff., 194 f., 272 f.

257 Schönke/Schröder-*Perron/Weißer*, StGB, § 20 Rn. 1.

258 *Fischer*, StGB, § 20 Rn. 7.

das Ausmaß der Einschränkung der Verhaltensmöglichkeiten des Täters in der konkreten Tatsituation beinhaltet oder diese gar präjudiziert.[259] Eine vom Sachverständigen diagnostizierte psychische Störung entspricht nicht zugleich der Beurteilung, ob sie „schwer" im Sinne des § 20 StGB ist. Die Beantwortung der Schuldfähigkeit ist eine vom Tatrichter zu bewertende Rechtsfrage.[260]

Für das Verständnis der nachfolgend behandelten Probleme ist an dieser Stelle knapp die Gesetzgebungsgeschichte[261] der vier psychopathologischen Merkmale des § 20 StGB darzustellen. Hervorzuheben ist, dass der heutige – im Jahr 1975 in Kraft getretene – § 20 StGB und die damit derzeit einhergehenden vier psychopathologischen Merkmale Ergebnis eines Streits zwischen „psychiatrischem" und „juristischem" Krankheitsbegriff sind. Auf Grund dessen, dass es nach damaligem Verständnis, welches auf dem „psychiatrischen" Krankheitsbegriff fußte, für die Subsumtion unter diese Norm erforderlich war, dass die Ausfallerscheinungen auf körperlich-organischen Ursachen beruhten, umfasste der einst geltende § 51 StGB (a.F.) lediglich drei psychopathologische Merkmale. Alle anderen Anomalitäten, welche nicht auf physische Defekte zurückzuführen waren, führten zu keiner Exkulpation. Derartige Anomalitäten galten als „abnorme Spielart menschlichen Wesens"[262] und sollten demgemäß nicht von einer Schuld befreien. Die Rechtsprechung hat seinerzeit über das damalige Verständnis des Begriffes hinaus den „juristischen" Krankheitsbegriff konzipiert, wonach auch psychopathologische Erscheinungen nicht-organischer Art unter die „krankhafte Störung der Geistestätigkeit" fallen sollten. „Hierunter fallen nicht nur Geisteskrankheiten im

---

259 BGHSt 37, 397, 401; BGH, NStZ 1995, 176; BGH, StV 2001, 564 f.; MüKo-StGB-*Streng*, § 20 Rn. 41; *Kröber*, Forensia 1987, 122; *Fischer*, StGB, § 20 Rn. 7.

260 BGHSt 8, 124; BGH, Urt. v. 12.07.1960, Az.: 5 StR 239/60; *Fischer*, StGB, § 20 Rn. 2; Kindhäuser/Neumann/Paeffgen-*Schild*, StGB, § 20 Rn. 34; *Lackner/Kühl*, StGB, § 20 Rn. 20; Dölling/Duttke/König/Rössner-*Verrel/Linke*, Gesamtes Strafrecht, § 20 Rn. 5; *Rasch/Konrad*, Forensische Psychiatrie, S. 67; *Venzlaff/Foerster*, Psychiatrische Begutachtung, S. 107.

261 Zum Hintergrund der Gesetzgebungsgeschichte: E 1962, BT-Drucks. IV/650, 137 ff.; *Roxin*, Strafrecht AT I, § 20 Rn. 3 f.; *Rasch* in: Praxis der forensischen Psychiatrie 2, S. 26 ff.; *Rasch*, Forensische Psychiatrie, S. 63 f.; *Schreiber*, NStZ 1981, 46 ff.; *Krümpelmann*, ZStW 1976, 6 ff.; *Venzlaff*, ZStW 1988, 57; *Leferenz*, ZStW 1988, 40 ff.; *Meyer*, ZStW 1988, 46 ff.; siehe auch: *Müller*, Schuldfähigkeit und Sanktionierung, S. 133 ff.

262 *Schneider*, Klinische Psychopathologie, S. 1; NK-StGB-*Schild*, § 20 Rn. 102; *Schmidt*, Psychologische Schuldfähigkeitsbegutachtung bei sogenannter schwerer anderer seelischen Abartigkeit, S. 11.

klinisch-psychiatrischen Sinne, sondern alle Arten von Störungen der Verstandestätigkeit sowie des Willens-, Gefühls-, oder Trieblebens, die bei einem normalen und geistig reifen Menschen vorhandenen, zur Willensbildung befähigenden Vorstellungen und Gefühle beeinträchtigen."[263]

Im Rahmen der Novellierung des § 51 StGB (a.F.) im Jahr 1975 zum § 20 StGB (a.F.) ist es nach vielen kontroversen Beratungen durch den Sonderausschuss für die Strafrechtsreform zu einem weiteren Terminus „schwere andere seelische Abartigkeit"[264] gekommen, worunter fortan seelische Störungen ohne organische Grundlage – also ohne medizinischen Krankheitswert – gefasst werden können.[265] Die gewählte Terminologie des Begriffs „Abartigkeit" wurde stets kritisiert und als unglücklich bezeichnet. Diese habe einen zu abwertenden Charakter inne und wirke stigmatisierend. Im Juli 2021 erfolgte eine weitere Gesetzesänderung zum aktuellen § 20 StGB (n.F.), die dem entgegenwirkte. Die kritisierte Begrifflichkeit der „Abartigkeit" wurde durch den Begriff „Störung" ersetzt.[266]

Die ständige Rechtsprechung verlangt indes, eine seelische Störung müsse so gravierend sein, dass sie in ihrer belastenden Wirkung für den Betroffenen und damit auch im Hinblick auf seine Fähigkeit zu normgemäßem Verhalten, das Gewicht „krankhafter seelischer Störungen" im Sinne der §§ 20, 21 StGB erreicht.[267] Durch das Epitheton „schwer" soll erreicht werden, dass das immense Ausmaß und die damit drohende Gefahr eines Dammbruchs[268], welches diese Erweiterung mit sich bringen könnte, eingeschränkt wird. Hiermit soll eine erhebliche Ausweitung der Exkulpierungen im Vergleich zum

---

263 BGHSt 14, 32.

264 Hierauf soll an dieser Stelle lediglich verwiesen werden; siehe beispielhaft: MüKo-StGB-*Streng*, § 20 Rn. 40; Schönke/Schröder-*Perron/Weißer*, StGB, § 20 Rn. 19.

265 Bestätigt durch BGH, Beschl. v. 24.01.1991, Az.: 4 StR 580/90; Der BGH verweist darauf, dass das LG Münster, Urt. v. 29.08.1990, Az.: 3 KLs 38 Js 1082/89 40/90 38 Js 1082/89 von einem zu engen Verständnis des Merkmals der schweren anderen seelischen Abartigkeit ausgegangen sei. Denn hiervon werden auch solche Veränderungen der Persönlichkeit erfasst, die nicht pathologisch bedingt seien, im medizinischen Sinne also keine Krankheit darstellen würden.

266 Siehe: „Sechzigstes Gesetz zur Änderung des Strafgesetzbuches – Modernisierung des Schriftenbegriffs und anderer Begriffe sowie Erweiterung der Strafbarkeit nach §§ 86, 86a, 111 und 130 des Strafgesetzbuches bei Handlungen im Ausland", v. 30.11.2020 BGBl. I S. 2600 Art. 1; vgl. dazu auch Fn. 4.

267 BGH, Beschl. v. 21.07.2015, Az.: 2 StR 163/15; ähnlich bereits BGHSt 34, 22, 28, 37, 397, 401.

268 Vgl. *Rasch/Volbert*, MschrKrim 1985, 137.

bisherigen Recht vermieden werden. Ergebnis der Reform war somit eine Entmedizinalisierung der Schuldunfähigkeitsnorm. Wie bereits erwähnt, sind folgerichtig hierunter psychopathologische Störungen nicht organischer Art, wie zum Beispiel die untersuchungsleitende Ludomanie, zu subsumieren. Dieses Problem wird vertiefend bei der Einordnung der Ludomanie unter die Merkmale der §§ 20, 21 StGB thematisiert.

Der Prüfung der verminderten Schuldfähigkeit nach § 21 StGB liegt ebenso wie der des § 20 StGB ein zweistufiges Verfahren zugrunde. Die psychopathologischen Gründe sind dieselben wie in § 20 StGB.[269] Der Unterschied liegt in den Merkmalen der Einsichts- und Steuerungsfähigkeit, welche infolge der psychischen Störung im Zeitpunkt der Tat zwar nicht ausgeschlossen, aber doch „erheblich" vermindert sind. Die Beurteilung, wann eine derartige Störung vorliegt, lässt sich nicht empirisch bestimmen, da es sich um keine psychologische/psychiatrische Diagnose handelt. „Erheblichkeit" ist ein Rechtsbegriff, für dessen Feststellung es einer Gesamtwürdigung des Gerichtes bedarf. Der Tatrichter hat ohne Bindung an die Äußerung des Sachverständigen in eigener Verantwortung zu entscheiden.

II. Normative und psychowissenschaftliche Anforderungen

Es wird die untersuchungsleitende Frage der materiellen Voraussetzungen der §§ 20, 21 StGB im Hinblick auf die Bestimmung der Schuldfähigkeit von straffälligen Ludomanen beleuchtet. Im Rahmen der von den Normen bestimmten Voraussetzungen erfolgt eine Gegenüberstellung zwischen den Anforderungen der obergerichtlichen Rechtsprechung, denen des juristischen Schrifttums und den Erkenntnissen aus den Psychowissenschaften.

Das verwendete Datenmaterial der obergerichtlichen Rechtsprechung besteht aus insgesamt 28 Entscheidungen in einem Entscheidungszeitraum von 1988 bis Juli 2020.[270] Was den Umfang der verwendeten Urteile angeht, ist darauf hinzuweisen, dass es sich um alle obergerichtlichen Entscheidungen

269 *Wessels/Beulke*, Strafrecht AT, Rn. 631.

270 *Müller* verwendet an der Stelle 9 obergerichtliche Urteile: BGH, Urt. v. 08.11.1988, 1 StR 544/88; BGH, Urt. v. 25.10.1988, Az.: 1 StR 552/88; BGH, Urt. v. 07.01.1993, Az.: 5 StR 78/94; BGH, Beschl. v. 22.07.2003, Az.: 4 StR 199/03; BGH, Urt. v. 25.11.2004, Az.: 5 StR 411/04: BGH, Urt. v. 16.06.2005, Az.: 5 StR 140/05; BGH, Urt. v. 09.10.2012, Az.: 2 StR 297/12; BGH, Urt. v. 06.03.2013, Az.: 5 StR 597/12; BGH, Urt. v. 07.11.2013, Az.: 5 StR 377/13. Siehe: Müller, Schuldfähigkeit und Sanktionierung, S. 159–182.

der Strafgerichte in dem benannten Zeitraum handelt, die sich unter den Stichworten „Schuldfähigkeit und Spielsucht" bzw. „pathologisches Glückspiel" in den üblichen Rechtsprechungsdatenbanken (bsp.: Juris, Beck online, Jurion, Justizportal NRW, Entscheidungsdatenbank des BGH) finden ließen und im juristischen Schrifttum (namentlich in den Fachzeitschriften, wie bspw. Neue Zeitschrift für Strafrecht (NStZ), Kriminalistik, Strafverteidiger (StV) oder Monatsschrift für Kriminologie und Strafrechtsreform (MschKrim)), Kommentaren zum StGB (Bsp. Münchener Kommentar (MüKo), Leipziger Kommentar (LK), *Fischer*) wie auch psychowissenschaftlicher Literatur (sowohl Fachzeitschriften: bspw. Nervenarzt, Sucht, wie auch Beiträge z.B. von *Meyer*, *Füchtenschnieder* und *Petry*) Erwähnung gefunden haben.

Tabelle 2: Datenmaterial der obergerichtlichen Rechtsprechung

Entscheidungszeitraum	**Anzahl der Verfahren insgesamt**
von 1988 bis 1989[271]	3
von 1990 bis 1999[272]	6
von 2000 bis 2009[273]	9
von 2010 bis Juli 2020[274]	10

271 BGH, Urt. v. 08.11.1988, 1 StR 544/88; BGH, Urt. v. 25.10.1988, Az.: 1 StR 552/88; BGH, Urt. v. 28.04.1988, Az.: 4 StR 33/88.

272 BGH, Urt. v. 24.01.1991, Az.: 4 StR 580/90; BGH, Urt. v. 07.01.1993, Az.: 5 StR 78/94; BGH, Urt. v. 03.11.1994, Az.: 1 StR 423/94; BGH, Urt. v. 05.05.1999, Az.: 2 StR 529/98; BGH, Urt. v. 10.03.1999, Az.: 3 StR 1/99; OLG Hamm, Beschl. v. 21.04.1998, Az.: Ss 412/98.

273 BGH, Urt. v. 04.07.2002, Az.: 4 StR 192/02; BGH, Urt. v. 21.08.2003, Az.: 3 StR 234/03; BGH, Beschl. v. 22.07.2003, Az.: 4 StR 199/03; BGH, Beschl. v. 24.04.2003, Az.: 4 StR 94/03; BGH, Urt. v. 25.11.2004, Az.: 5 StR 411/04; BGH, Urt. v. 15.09.2005, Az.: 3 StR 299/05; BGH, Urt. v. 16.06.2005, Az.: 5 StR 140/05; BGH, Urt. v. 12.01.2005, Az.: 2 StR 138/04; BGH, Urt. v. 22.04.2009, Az.: 2 StR 43/09.

274 BGH, Urt. v. 08.06.2011, Az.: 1 StR 122/11; BGH, Urt. v. 23.02.2012, Az.: 1 StR 586/11; BGH, Urt. v. 09.10.2012, Az.: 2 StR 297/12; BGH, Urt. v. 17.09.2013, Az.: 3 StR 209/13; BGH, Urt. v. 06.03.2013, Az.: 5 StR 597/12; BGH, Urt. v. 07.11.2013, Az.: 5 StR 377/13; BGH, Urt. v. 09.01.2014, Az.: 5 StR 557/13; BGH, Urt. v. 14.10.2015, Az.: 5 StR 273/15; BGH, Urt. v. 09.08.2016, Az.: 1 StR 121/16; BGH, Urt. v. 13.03.2019, Az.: 1 StR 424/18.

1. Ludomanie als Eingangsmerkmal

Die Ludomanie muss zunächst einen psychopathologischen Befund darstellen, der als taugliches Eingangsmerkmal im Sinne der §§ 20, 21 StGB gewertet werden kann. Hierfür ist nachfolgend davon auszugehen, dass die forensisch-psychologische Begutachtung des Delinquenten die Diagnose des Pathologischen Glücksspiels ergeben hat.[275]

a) Eigenständige psychiatrische Erkrankung

Rückblickend sind die Kontroversen in Psychiatrie und Psychologie hinsichtlich des psychopathologischen Krankheitswertes des exzessiven Glücksspielens darzustellen.

Teile der Literatur vertraten die Auffassung – und halten hieran fest – dass die Ludomanie als „eine einheitliche eigene psychische Störung" angesehen werden kann.[276] Begründet wird das unter anderem mit der Vergleichbarkeit von Pathologischem Glücksspiel zu den substanzgebundenen Abhängigkeiten hinsichtlich der klinischen Charakteristika (wie Phänomenologie, Verlauf und Komorbidität) als auch im Hinblick auf genetische und neurobiologische Variablen.[277]

Andere Stimmen sehen die Spielsucht lediglich als Symptom einer anderen psychologischen Auffälligkeit und nicht als eigenständige Krankheit an.[278] Exzessives Glücksspielen ist im Rahmen divergierender psychischer und sozialer Voraussetzungen zu beobachten. Die Glücksspielsucht ist nicht die Ursache, sondern vielmehr die Folge, Ausprägung oder zumindest Begleiterscheinung eines psychischen Störungsbildes. Als Beispiel ist exzessives Spielen im Rahmen manischer Krankheitsphasen genannt, sowie häufig bei

---

275 Zur Thematik der Diagnosestellung des Pathologischen Glücksspiels sei an dieser Stelle auf das bereits Dargestellte verwiesen; siehe: B. II. 1. a).

276 Vgl. *Meyer*, MschrKrim 1988, 213 f.; *Schumacher* in: FS für Sarstedt, S. 361 ff.: *Böning*, Nervenarzt 1991, 706 ff.; *Leygraf*, FPPK 2016, 153 f.; *Kellermann*, NStZ 1996, 335 f.; *Schneider*, FPPK 2016, 164, 165; *Petry*, Psychotherapeut 1998, 53; siehe auch: *Müller*, Schuldfähigkeit und Sanktionierung, S. 193.

277 Siehe: *Mann* u.a., Nervenarzt 2013, 548, 550; *Grüsser* u.a., Nervenarzt 2007, 1000.

278 Vgl. *Kröber*, Forensia 1987, 112, 117; *ders.*, JR 1989, 380, 381; *ders.*, JR 1989, 389 f.; *ders.*, FPPK 2009, 90; *Saß/Wiegand*, Nervenarzt 1990, 435 ff.; *Nedopil*, Prognosen in der Forensischen Psychiatrie, S. 161 f.; *Bresser*, Versicherungsmedizin 1989, 186, 187 f.; *Schramm*, JZ 2005, 418, 419; LK-StGB-*Schöch*, § 20 Rn. 165.

antisozialen Persönlichkeiten feststellbar. Die Spielsucht erweist sich als erlerntes Verhalten und geht auf ganz unterschiedliche Ursachen zurück.[279]

Einige ältere Entscheidungen des Bundesgerichtshofs wiesen auf diesen Streit hin und hinterfragten – basierend auf dieser Diskrepanz in den Rängen der Seinswissenschaft – „ob es überhaupt eine eigene einheitliche psychische Störung ‚Spielsucht' oder ‚Spielleidenschaft' gibt"[280] und damit den eigenständigen Krankheitswert des Pathologischen Spielens.

Bereits seit 1980 wird die Spielsucht im „Diagnostic and Statistical Manual of Mental Disorders" und seit 1992 auch im psychiatrischen Klassifikationssystem der WHO beschrieben.[281] Seitens der Spitzenverbände der Krankenkassen und Rentenversicherungsträger ist im Jahr 2001 die Ludomanie als eigenständiges Krankheitsbild eingestuft worden, so auch von der Deutschen Hauptstelle für Suchtfragen (DHS).[282] Es sollte daher nicht mehr mit veralteten empirischen Auffassungen im Rahmen der Sachverständigengutachten zu rechnen sein.

Ungeachtet dessen, dass der BGH bislang den wissenschaftlichen Diskurs offen gelassen hat, ob Pathologisches Spielen eine eigenständige psychische Störung darstellt und auf die normative Betrachtung des im Einzelfall von Gutachtern unterbreiteten Sachverhaltes abstellt[283], ist die Diagnose des Pathologischen Spielens grundsätzlich ein Verhalten, dass ein taugliches Eingangsmerkmal im Sinne der §§ 20, 21 StGB begründen kann. Seitens des BGH wird allerdings gefordert, dass das entscheidende Gericht mitteile, was es genau unter Pathologischem Spielen verstehe.[284]

279 Vgl. *Grüsser/Thalemann*, Verhaltenssucht, S. 126 f.

280 Vgl. auch. BGH, Urt. v. 25.10.1988, Az.: 1 StR 552/88 (Siehe: E. II. 4. e) bb) (8) (b)), BGHR StGB § 21 seelische Abartigkeit 7, BGHR StGB § 250 Abs. 2 Schuldfähigkeit 1, NStE Nr. 21 zu § 20 StGB, JR 1989, 380, NStZ 1989, 113 und BGH, Beschl. v. 08.11.1988, Az.: 1 StR 544/88, BGHR StGB § 21 seelische Abartigkeit 8, BGHR StGB § 239a Abs. 1 Ausnutzen 1, BGHR StPO § 244 Abs. 3 S. 1 Unzulässigkeit 3, NStE Nr. 22 zu § 20, StV 1989, 141, NStZ 1989, 113, JZ 1989, 155, 156, JR 1989, 379, 380, Kriminalistik 1990, 101, vgl. auch: *Müller*, Schuldfähigkeit und Sanktionierung, S. 160 f.

281 Dietlein/Hecker/Ruttig-*Dietlein/Hüseken,* Glücksspielrecht, § 6 Rn. 1.

282 Einzusehen unter: https://www.gluecksspielsucht.de/materialien/EMPFEH1D.pdf (letzter Abruf: 04.06.2022); https://www.dhs.de/fileadmin/user_upload/pdf/Broschueren/Empfehlungsvereinbarung_Gluecksspiel.pdf (letzter Abruf: 04.06.2022).

283 *Hoch* in: Gebhardt/Grüsser-Sinopoli, Glücksspiel in Deutschland, S. 158, 163.

284 Siehe hierzu: BGH, Urt. v. 22.07.2003, Az.: 4 StR 199/03, StV 2004, 265, NStZ 2004, 31, 32, NStZ-RR 2004, 165, wistra 2003, 419, 420, StraFo 2004, 24.

b) Nosologie der Spielsucht

Die Nosologie ist für die Bestimmung der Schuldfähigkeit des Ludomanen gänzlich irrelevant, daher sind nähere Ausführungen dazu verzichtbar.[285] Der BGH enthält sich einer nosologischen Zuordnung.[286] Ausschlaggebend ist, dass überhaupt eine Diagnose vorliegt, der psychopathologischer Krankheitswert im Sinne der §§ 20, 21 StGB zuzusprechen ist. Aus rechtlicher Sicht ist irrelevant, unter welche Art der Erkrankung diese systematisch einzuordnen ist. Allerdings kann die systematische Einordnung der Erkrankung bei der Auswahl des Sachverständigen faktisch von Bedeutung sein und muss deswegen bekannt sein.[287]

2. Einordnung der Spielsucht unter die Merkmalskategorien

Grundlegend kann die Ludomanie als Eingangsmerkmal im Sinne der §§ 20, 21 StGB subsumiert werden.[288] Zu betrachten ist des Weiteren, ob die Ludomanie unter das erste Merkmal des § 20 StGB der „krankhaften seelischen Störung" eingeordnet werden kann oder als ein Merkmal der vierten Gruppe der „schweren anderen seelischen Störung" zu verstehen ist.

a) Rechtliche Kriterien

Zunächst wird die Ludomanie anhand der normativen Voraussetzungen des § 20 StGB beleuchtet, bevor auf die Einordnung der Merkmalskategorien durch die obergerichtliche Rechtsprechung und das juristische Schrifttum eingegangen wird.

aa) Normative Voraussetzungen

Die im Falle der diagnostizierten Ludomanie in Betracht kommenden psychopathologischen Eingangsmerkmale des § 20 StGB werden nachfolgend dargestellt.

---

285 Siehe: B. II. 1. a) aa).

286 Siehe beispielhaft: BGH, Urt. v. 25.10. 1988, Az.: 1 StR 552/88, BGHR StGB § 21 seelische Abartigkeit 7, BGHR StGB § 250 Abs. 2 Schuldfähigkeit 1, NStE Nr. 21 zu § 20 StGB.

287 Siehe: C. IV.; G. III.

288 Zum Problem des Vorliegens komorbider Störungen neben der Glücksspielsucht bei der Bestimmung des Eingangsmerkmals siehe: *Müller*, Schuldfähigkeit und Sanktionierung, S. 233 f.

(1) Merkmal „krankhafte seelische Störung" § 20 Alt. 1 StGB

Der Begriff der krankhaften seelischen Störung im Sinne der Norm § 20 Alt. 1 StGB ist weit auszulegen. Sie umfasst nicht nur nachträglich erworbene Anomalien, sondern auch angeborene. Maßgebend ist an der Stelle ein „Durchschnittsnormaler".[289] „Seelisch" ist im Sinne von psychisch zu verstehen und umfasst sowohl den emotionalen als auch intellektuellen Bereich.[290] „Krankhaft" ist die seelische Störung, wenn sie organisch bedingt ist.[291] Ausreichend ist hierbei bereits eine solche organische Ursache, welche aus psychiatrischer Erkenntnis nur postuliert, aber noch nicht nachgewiesen werden kann. Fest steht, dass bislang noch nicht zu allen psychiatrischen Krankheiten körperliche Ursachen gefunden wurden, aber eben vermutet werden.[292] Beispielhaft ist hier der Fall zu benennen, in dem Auslöser der Spielsucht die Vergabe von Dopamin-Agonisten oder L-Dopa-medikation bei einer Parkinson-Erkrankung sein könnte. Wissenschaftlich wird dies bislang lediglich diskutiert.[293] Bestimmte Medikamente, die bei Parkinson zum Einsatz kommen, erhöhen langfristig das Risiko für eine gestörte Impulskontrolle. Bei der Parkinson-Krankheit geht im Gehirn der Botenstoff Dopamin, der unter anderem Bewegungen reguliert, nach und nach zurück. Wie der französische Forscher *Jean-Christophe Corvol* von der Sorbonne Universität in Paris gemeinsam mit Kollegen in der Fachzeitschrift „Neurology" berichtet, trat in der Studie ein deutlicher Zusammenhang zwischen Zwangsstörungen und der Einnahme dieser Parkinson-Arzneimittel zutage.[294]

Nach derzeitigem Verständnis basiert eine psychologische Störung auf einer deskriptiven Diagnose und nicht mehr auf einer ätiologisch definierten Krankheitsdiagnose. Dieser deskriptive Ansatz bedient sich bei den forensischen Begutachtungen unter anderem der Hinzuziehung der Klassifikationssysteme DSM und ICD. Die bloßen Kriterien aus den Diagnosemanualen dienen nicht der Beantwortung forensischer Fragestellungen. Es bedarf zudem unerlässlich

---

289 Vgl. Schönke/Schröder-*Perron/Weißer*, StGB, § 20 Rn. 19; *Fischer*, StGB, § 20 Rn. 8.

290 *Lackner/Kühl*, StGB, § 20 Rn. 3.

291 *Lackner/Kühl*, a.a.O.

292 So auch: Schönke/Schröder-*Perron/Weißer*, StGB, § 20 Rn. 9.

293 Einsehbar unter: https://www.aerzteblatt.de/treffer?mode=s&wo=1&s=Alkohol&typ=1&nid=27497 (letzter Abruf: 04.06.2022).

294 Online einsehbar unter: https://www.pharmazeutische-zeitung.de/index.php?id=77148; https://www.gesundheitsstadt-berlin.de/parkinson-verhaltensstoerung-durch-dopaminagonisten-tritt-haeufig-auf-12453/ (letzter Abruf: 04.06.2022).

konkreter Feststellungen zu Symptomatik und Ausmaß der Störung zum Tatzeitpunkt.

Der Begriff „krankhaft" bei der „krankhaften seelischen Störung" hat für die praktische Anwendung die Funktion eines Schweremaßstabes.[295] Dem ist zu entnehmen, dass die bloße festgestellte psychiatrische Diagnose nicht allein ausreichend ist, um von einer krankhaften seelischen Störung zu sprechen, die zu einer Schuldunfähigkeit oder verminderten Schuldfähigkeit führen kann. Dieser Störung muss zudem eine gewisse Schwere zugesprochen werden, damit sie als krankhaft gewertet werden kann.[296] Für die Bestimmung der Schwere sind konkrete Feststellungen zur Tat und der Täterpersönlichkeit zu treffen.[297] Die Kriterien für eine mögliche Beeinträchtigung der Schuldfähigkeit sind in der Rechtsprechung grundsätzlich sehr straff gehalten und sind spezifisch am Störungsbild ausgerichtet.

Die Spielsucht basiert auf keiner allgemein anerkannten organischen Ursache. Jedoch kann die Ludomanie als psychische Störung verstanden werden, deren Ursache zumindest körperlich postuliert werden kann. Infolgedessen kann die Ludomanie begrifflich gesehen grundlegend als „krankhafte seelische Störung" im Sinne der § 20 Alt. 1 StGB kategorisiert werden. Auf den unerlässlich geforderten Krankheitswert wird im weiteren Verlauf der Ausarbeitung näher eingegangen.

(2) Merkmal „schwere andere seelische Störung" § 20 Alt. 4 StGB

Das Merkmal der „schweren anderen seelischen Störung" gemäß § 20 Alt. 4 StGB umfasst alle psychischen Auffälligkeiten, die nicht einem der sonstigen Merkmale zuzuordnen sind, insbesondere nicht pathologisch bedingt sind. Hierunter können zudem psychopathologische Entwicklungen auf Grund von stoffungebundenen Süchten gefasst werden.[298] Die Spielsucht als stoffungebundene Sucht kann demzufolge rein begrifflich grundlegend hierunter subsumiert werden.

In Anbetracht des Schutzes vor ausufernden Exkulpationen durch die Einführung der vierten Alternative des § 20 StGB bedarf dieser unbestimmte Rest abnormer psychischer Störungen einer Einschränkung. Die seelische Störung

295 *Fischer*, StGB, § 2 Rn. 8.

296 Dölling/Duttke/König/Rössner-*Verrel/Linke*, Gesamtes Strafrecht, § 20 Rn. 12; so auch: *Müller*, Schuldfähigkeit und Sanktionierung, S. 192 f.

297 Schönke/Schröder-*Perron/Weißer*, StGB, § 20 Rn. 22.

298 Satzger/Schluckebier/Widmaier-*Kaspar*, StGB, § 20 Rn. 77.

muss infolgedessen zusätzlich „schwer" sein.[299] Für die Bestimmung des Schweregrades ist auf den Krankheitswert der Störung abzustellen. Für das Vorliegen des Krankheitswertes im Sinne der vierten Alternative des § 20 StGB muss die „schwere andere seelische Störung" in ihrem Schweregrad der „krankhaften seelischen Störung" gemäß dem ersten Merkmal des § 20 StGB ebenbürtig sein.[300] Damit ist nicht gemeint, dass die Störungen pathologisch bedingt sein müssen, sondern vielmehr, dass die Auswirkungen der Störung als vergleichbar schwer zu qualifizieren sind. Es gehe daher allein um die Auswirkungen der Störung im Sinne eines Schweregrads.[301] Schwer ist demgemäß nicht als Eigenschaft der Störung zu verstehen, sondern eher als rechtliche Anforderung.[302] Der Tatrichter hat zu beurteilen, ob zur Tatzeit eine Störung im Sinne einer schuldausschließenden oder schuldvermindernden Bedeutung vorliegt. Dies erfolgt regelmäßig unter Zuziehung eines Sachverständigen[303], wenn Besonderheiten der Täterpersönlichkeit oder der Tatumstände hierzu Anlass geben. Es ist darauf abzustellen, ob die Störung in ihrer den Betroffenen belastenden Wirkung und im Hinblick auf seine Fähigkeit zu normgerechtem Verhalten von solchem Gewicht ist, dass sie insoweit den krankhaften seelischen Störungen gleichwertig ist.[304] Insbesondere ist maßgebend, ob es im Alltag außerhalb des angeklagten Deliktes zu Einschränkungen des beruflichen und sozialen Handlungsvermögens gekommen ist. Für die Bestimmung des Schweregrades müssen unter Berücksichtigung der spezifischen Störung sowohl die Täterpersönlichkeit als auch ihre Entwicklung ganzheitlich betrachtet werden.[305] Es sei an dieser Stelle bereits zu betonen, dass in Anlehnung an die Entstehungsgeschichte des vierten Merkmals grundsätzlich nur seltene Ausnahmefälle unter die schwere andere seelische Störung subsumiert werden können. Auf die konkreten Anforderungen im Zusammenhang mit der Ludomanie wird im Folgenden weiter eingegangen.

---

299 *Lackner/Kühl*, StGB, § 20 Rn. 11a.

300 BGHSt 34, 22, 28; MüKo-StGB-*Streng*, § 20 Rn. 106.

301 *Fischer*, StGB, § 20 Rn. 38.

302 *Streng*, Strafrechtliche Sanktionen, XI. Rn. 443.

303 Hierauf wird noch eingegangen; siehe: C. IV.

304 *Schreiber* in: Boor, Der Krankheitsbegriff und seine strafrechtlichen Folgen, S. 14.

305 *Lackner/Kühl*, StGB, § 20 Rn. 11a; Schönke/Schröder-*Perron/Weißer, StGB*, § 20 Rn. 22.

(3) *Begriffliche Einordnung*

Die Ludomanie kann infolgedessen rein begrifflich sowohl unter die erste Alternative der „krankhaften seelischen Störung“ als auch unter die vierte Alternative der „schweren anderen seelischen Störung“ des § 20 StGB subsumiert werden.[306] Die Feststellung der Ursache der Spielsucht, also ob sie auf einem organischen oder nicht-organischen Grund beruht, stellt eine nicht vom Tatrichter zu beantwortende Frage dar und ist nur von einem Sachverständigen zu klären. Daher kann dieser Punkt nicht der juristischen Beurteilung auferlegt werden.

Aus der diagnostizierten Störung allein kann grundsätzlich nicht auf eine im Sinne der §§ 20, 21 StGB relevante Aufhebung oder Verminderung der Schuldfähigkeit geschlossen werden.[307] Ob die vom hinzugezogenen Sachverständigen diagnostizierte Ludomanie die Voraussetzungen einer Schuldunfähigkeit oder verminderten Schuldfähigkeit erfüllt, ist eine Rechtsfrage und obliegt dem Tatrichter.[308]

bb) Rechtsprechung des BGH

Wie bereits in der Einleitung erwähnt, heißt es in den Entscheidungen des BGH stets: „Pathologisches Spielen stellt für sich genommen keine die Schuldfähigkeit erheblich einschränkende oder ausschließende krankhafte seelische Störung oder schwere andere seelische Abartigkeit dar“.[309] Von Interesse ist nun,

---

306 *Müller* stellt grundlegend alle 4 Merkmale des § 20 StGB vor. Siehe: *Müller*, Schuldfähigkeit und Sanktionierung, S. 145 ff.

307 Vgl. *Rasch*, Praxis der Forensischen Psychologie, S. 25, 33; *Meyer* in: Meyer/Bachmann, Spielsucht, S. 166.

308 BGHSt 8, 124; BGH, Urt. v. 12.07.1960, Az.: 5 StR 239/60; *Fischer*, StGB, § 20 Rn. 2; Kindhäuser/Neumann/Paeffgen-*Schild*, StGB, § 20 Rn. 34; *Lackner/Kühl*, StGB, § 20 Rn. 20; Dölling/Duttke/König/Rössner-*Verrel/Linke*, Gesamtes Strafrecht, § 20 Rn. 17; *Rasch/Konrad*, Forensische Psychiatrie, S. 67; *Venzlaff/Foerster*, Psychiatrische Begutachtung, S. 107; *Müller*, Schuldfähigkeit und Sanktionierung, S. 195.

309 BGH, Urt. v. 13.03.2019, Az.: 424/18, juris, BeckRS 2019, 8407; BGH, Urt. v. 07.11.2013, Az.: 5 StR 377/13, dazu: *Müller*, Schuldfähigkeit und Sanktionierung, S. 171 f., BGHR StGB § 21 Seelische Abartigkeit 42, JR 2014, 307–308, NStZ 2014, 80–81, ZfWG 2014, 205–206; BGH, Urt. v. 17.09.2013, Az.: 3 StR 209/13, NStZ-RR 14, 28–29; BGH, Urt. v. 06.03.2013, Az.: 5 StR 597/12, dazu: *Müller*, Schuldfähigkeit und Sanktionierung, S. 169 f., BGHSt 58, 192–197, StRR 13, 267–268, NJW 2013, 1462–1463, StV 2013, 560–562, NStZ 2013, 334–336, StraFo 13, 297–289, RuP 2013, 166–168, ZfWG 2013, 172–174; BGH, Beschl. v. 9.10.2012, Az.: 2 StR 297/12, dazu: *Müller*, Schuldfähigkeit und Sanktionierung, S. 168 f.; BGH, Urt. v. 16.06.2005, Az.: 5 StR 140/05, dazu: *Müller*, Schuldfähigkeit und Sanktionierung,

welche weiteren Kriterien nach Ansicht des BGH vorliegen müssen, um dem Pathologischen Spielen den erforderlichen Krankheitswert zuzusprechen. Darüber hinaus wird erörtert, unter welche Merkmalskategorie dieser die Spielsucht subsumiert.

Zunächst ist den jeweiligen Urteilssprüchen inzident zu entnehmen, dass das Pathologische Spielen grundsätzlich vom BGH als eine psychische Störung angesehen wird, die als Eingangsmerkmal der §§ 20, 21 StGB gewertet werden kann. Der BGH lässt allerdings die konkrete Merkmalszuordnung zunächst offen und liefert lediglich eine mögliche Alternative zwischen erstem oder viertem Merkmal. Eine solche Entscheidung wird damit im weiteren Verlauf als „konkret offen" bezeichnet. Die Frage, ob die Spielsucht des Angeklagten auf einer organischen oder einer nicht-organischen Ursache basiert oder eine solche postuliert wird, ist eine für den Tatrichter nicht zu leistende Entscheidung. Hierfür muss er sich, wie bereits bekannt, an einen Sachverständigen wenden.

Maßgebend für die Beurteilung der Schuldfähigkeit eines Ludomanen ist nach der Rechtsprechung des BGH, inwieweit das gesamte Erscheinungsbild des Täters bei Zugrundelegung der in der Fachliteratur aufgezeigten Beurteilungskriterien durch die diagnostizierte Spielsucht „schwerste" psychische Veränderungen der Persönlichkeit aufweist oder der Täter bei Beschaffungstaten unter starken Entzugserscheinungen gelitten hat. Für den Fall, dass die Persönlichkeitsveränderungen nicht pathologisch bedingt sind, muss jene als andere seelische Abartigkeit in ihrem Schweregrad den krankhaften seelischen

---

S. 167 f.; BGH, Urt. v. 12.01.2005, Az.: 2 StR 138/04, BGHR § 21 seelische Abartigkeit 7, 8, 17, BGHR StPO § 274 Beweiskraft 29, NJW-Spezial 2005, 234, NStZ 2005, 281–282, wistra 2005, 184–186, StraFo 2005, 205–206; BGH, Urt. v. 25.11.2004, Az.: 5 StR 411/04, dazu: *Müller*, Schuldfähigkeit und Sanktionierung, S. 165 f., BGHSt 49, 365–371, BGHR StGB § 64 Anordnung 5, NJW 2005, 230–232, JZ 2005, 416–418, JR 2005, 294–296, NStZ 2005, 207–208, NStZ 2005, 327–329, StV 2005, 127–129, Kriminalistik 2006, 97; BGH, Urt. v. 22.07.2003, Az.: 4 StR 199/03, dazu: *Müller*, Schuldfähigkeit und Sanktionierung, S. 164 f., StV 2004, 265–266, NStZ 2004, 31–32, NStZ-RR 2004, 165, wistra 2003, 419–420, StraFo 2004, 24; BGH, Urt. v. 05.05.1999, Az.: 2 StR 529/98, StV 1999, 598–599, NStZ 1999, 448–449, wistra 1999, 297; BGH, Urt. v. 03.11.1994, Az.: 1 StR 423/94, wistra 1995, 102–103; BGH, Urt. v. 07.01.1993, Az.: 4 StR 597/92, BGHR StGB § 21 Erheblichkeit 1, StV 1993, 241, dazu: *Müller*, Schuldfähigkeit und Sanktionierung, S. 161; BGH, Urt. v. 03.12.1991, Az.: 1 StR 528/91; BGH, Beschl. v. 08.11.1988, Az.: 1 StR 544/88, dazu: *Müller*, Schuldfähigkeit und Sanktionierung, S. 160 f.; BGH, Urt. v. 25.10.1988, Az.: 1 StR 552/88; BGHR § 21 seelische Abartigkeit 7; dazu: *Müller*, Schuldfähigkeit und Sanktionierung, S. 159 f.

Störungen gleichwertig sein.[310] Damit knüpft der BGH ausdrücklich an seine Rechtsprechung zu Delikten von Drogenabhängigen[311] an: Auch bei diesen wird nur ausnahmsweise dann eine Schuldminderung angenommen, wenn die Drogensucht zu schwersten Persönlichkeitsveränderungen[312] führte oder der Täter bei Beschaffungsdelikten unter starken Entzugserscheinungen[313] gehandelt hat. Dadurch wird verdeutlicht, dass im Zuge des immensen Anwendungsbereiches der anderen seelischen Störung, die Intensität der Störung gegenüber der bloßen Diagnose zunehmende Gewichtung hinsichtlich der forensischen Relevanz erfährt.

Die soeben genannten Kriterien müssen sowohl im Sinne der ersten Alternative des § 20 StGB als auch gemäß dem vierten Merkmal der Norm vorliegen. Der Anwendungsbereich für die §§ 20, 21 StGB bei einen Ludomanen ist demgemäß sehr eng.

Nachstehend erfolgt eine Darstellung der Urteile, die vom BGH im Zusammenhang mit dem Pathologischen Spielen gemäß §§ 20, 21 StGB entschieden wurden. Die Aufzählung untergliedert sich in Fälle, in denen sowohl das Merkmal der schweren Persönlichkeitsveränderung (C. II. 2. a) bb) (1)) als auch das der Entzugserscheinungen (C. II. 2. a) bb) (2)) thematisiert wird. Sodann schließt sich eine aufzählende Zusammenschau von Urteilen an, in denen der BGH die erstinstanzlichen Feststellungen zu § 21 StGB kritisiert (C. II. 2. a) bb) (3)). Im weiteren Verlauf folgt eine Darlegung von Fällen, in denen der BGH die tatgerichtlichen Feststellungen gemäß § 21 StGB dahingehend bestätigt, dass zwar Pathologisches Spielen als solches angenommen werden kann, aber einer Verminderung nach § 21 StGB verneint wird (C. II. 2. a) bb) (4)). Danach werden Urteile dargestellt, in denen der BGH die Feststellungen der Tatgerichte hinsichtlich mangelnder Anknüpfungstatsachen für das Vorliegen einer

---

310 Vgl. BGH, Urt. v. 07.11.2013, Az.: 5 StR 377/13; BGH, Urt. v. 06.03.2013, Az.: 5 StR 597/12; BGH, Beschl. v. 09.10.2012, Az.: 2 StR 297/12; BGH, Urt. v. 16.06.2005, Az.: 5 StR 140/05; BGH, Urt. v. 12.01.2005, Az.: 2 StR 138/04; BGH, Urt. v. 22.07.2003, Az.: 4 StR 199/03; BGH, Beschl. v. 22.04.2003, Az.: 4 StR 199/03; BGH, Urt. v. 08.11.1988, Az.: 1 StR 544/88.

311 Tiefgreifend hierzu: *Müller*, Schuldfähigkeit und Sanktionierung, S. 173 ff.

312 Beispielhaft: BGH, Urt. v. 19.09.2000, Az.: 1 StR 310/00: Schwere i.S.v. Realitätsverlust, Halluzinationen oder Wahnvorstellungen, StV 2001, 564–565; NStZ 2001, 83–84; RuP 2002, 36.

313 Vgl. BGH, Urt. v. 05.05.1999, Az.: 2 StR 529/98; siehe auch: BGH, NJW 1981, 1221; BGH, JR 1987, 206; BGHR StGB § 21 BtM, Auswirkungen 2; MüKo-StGB-Streng, § 20 Rn. 105; *Fischer*, StGB, § 20 Rn. 11a; siehe auch: *Theune*, NStZ-RR 2003, 225 f.

Pathologischen Spielsucht bestätigt (C. II. 2. a) bb) (5)). Schlussendlich werden Fälle aufgeführt, in den der BGH lediglich Hinweise für das nachstehende Verfahren erteilt (C. II. 2. a) bb) (6)).

(1) Schwere Persönlichkeitsveränderungen

Die obergerichtliche Rechtsprechung fordert, dass infolge des Pathologischen Spielens eine „schwere Persönlichkeitsveränderung" eingetreten sein muss. An das tatsächliche Vorliegen dieses Merkmals werden hohe Anforderungen gestellt. Vorauszuschicken ist, dass bislang keine Entscheidung des BGH[314] vorliegt, wonach der Ludomanie auf Grund einer schweren Persönlichkeitsveränderung ein exkulpierender bzw. dekulpierender Charakter im Sinne der §§ 20, 21 StGB beigemessen wurde.[315] Infolgedessen musste sich der BGH in keinem zu entscheidenden Fall hinsichtlich der Zuordnung einer Merkmalskategorie der §§ 20, 21 StGB abschließend festlegen.

Folgend sind Fälle aufgeführt, in denen der BGH[316] die von ihm gesetzten Maßstäbe als nicht erfüllt ansieht. In der Darstellung wird die vom BGH geübte Kritik gefolgt von den Feststellungen des erstinstanzlichen Gerichts aufgezeigt. Abschließend wird jeweils ein Blick auf die Merkmalszuordnung gemäß § 20, 21 StGB des BGH geworfen.

(a) BGH Urt. v. 07.11.2013, Az.: 5 StR 377/13[317]

Der BGH kritisierte in seiner Entscheidung, dass es höchst zweifelhaft sei, ob die im Urteil des LG Berlin[318] wiedergegebenen von der Schwurgerichtskammer im Einklang mit dem Sachverständigen als Anhaltspunkte für gravierende Persönlichkeitsveränderungen genannten Verhaltensweisen des Angeklagten derartige überhaupt belegen. Es seien darüber hinaus keinerlei Ausführungen dazu gemacht worden, ob die angenommenen Veränderungen als andere seelische Abartigkeit in ihrem Schweregrad den krankhaften seelischen Störungen

314 Entscheidungszeitraum von 1988 bis Juli 2020.

315 Anders BGH, Urt. v. 06.03.2013: BGH bestätigt § 21 StGB auf Grund von Entzugserscheinungen.

316 Antizipiert sei an dieser Stelle, dass diese Beurteilung zu den tatgerichtlichen Entscheidungen divergiert, wonach in besonderen Fällen der Ludomanie, insbesondere im Zusammenhang mit der Begehung von Beschaffungskriminalität, der § 21 StGB bejaht wird.

317 BGHR StGB § 21 Seelische Abartigkeit 42; JR 2014, 307–308; NStZ 2014, 80–81; ZfWG 2014, 205 f.; *Müller*, Schuldfähigkeit und Sanktionierung, S. 171 f.

318 LG Berlin, Urt. v. 12. Dezember 2012, Az.: (532) 234 Js 143/12 KLs (15/12).

gleichwertig seien. Das erstinstanzliche Urteil werde damit den erforderlichen Maßstäben nicht gerecht.

Das LG Berlin[319] hatte seiner Strafzumessung den gemäß §§ 21, 49 Abs. 1 StGB gemilderten Strafrahmen zugrunde gelegt. Sachverständig beraten kam es zu dem Ergebnis, dass die Schuldfähigkeit des Angeklagten auf Grund seiner Pathologischen Spielsucht nicht ausschließbar erheblich vermindert gewesen sei. Seine Spielsucht habe mittlerweile zu gravierenden Persönlichkeitsveränderungen geführt. So bewahre er „fast abergläubisch erfolgreiche Wettscheine an bestimmten Orten" auf. Sein alltägliches Denken beschäftige sich mit dem Wetten und den Möglichkeiten, das dafür erforderliche Geld zu beschaffen. Der Angeklagte könne seine Wettleidenschaft nicht mehr adäquat steuern. Um seine Wettchancen zu erhöhen, lese er entsprechende Literatur.

Den Ausführungen der Urteilsgründe ist zu entnehmen, dass der BGH in diesem Urteil die Ludomanie ausschließlich dem vierten Merkmal der §§ 21, 21 StGB zuordnet.

(b) BGH Beschl. v. 09.10.2012, Az.: 2 StR 297/12[320]

Der BGH widerspricht den Begründungen des LG Aachen zur Schuldfähigkeit.[321] Hierfür fehlen ausreichende Tatsachen. Die erforderlichen Voraussetzungen für § 21 StGB seien mit den festgestellten Tatsachen nicht erfüllt. Diese Bewertung erfolgt ohne nähere Erklärung.

Nach den Feststellungen des LG Aachen[322] leide der Angeklagte unter einer Spielsucht. Er habe Zwangsvorstellungen entwickelt, über ein sicheres Spielsystem zu verfügen, das nur versage, wenn er es nicht richtig anwende. Er sei

---

319 Das LG hat den Angeklagten (fortan: A.) wegen Mordes in Tateinheit mit Diebstahl und wegen Computerbetruges in vier Fällen zu einer Gesamtfreiheitsstrafe von zehn Jahren und drei Monaten verurteilt. Seiner Strafzumessung hat es den gemäß §§ 21, 49 Abs. 1 StGB gemilderten Strafrahmen der §§ 211 Abs. 1, 263a Abs. 1 StGB zugrunde gelegt; siehe auch: E. II. 4. e) bb) (1).

320 NJW 2013, 181 f.; NJW-Spezial 2013, 25; NStZ 2013, 155 f.; StRR 2013, 72; wistra 2013, 62 f.; RuP 2013, 50; *Müller*, Schuldfähigkeit und Sanktionierung, S. 168 f.

321 LG Aachen, Urt. v. 04.04.2012, Az.: 61 KLs 33/11 – 804 Js 558/11.

322 Das LG Aachen hat den A. wegen Betruges in 21 Fällen unter Einziehung von Einzelstrafen aus einem früheren Urteil zu einer Gesamtfreiheitsstrafe von sechs Jahren und sechs Monaten verurteilt und seine Unterbringung in einem psychiatrischen Krankenhaus angeordnet. Die auf die Sachrüge gestützte Revision des A. war hinsichtlich des Maßregelausspruchs erfolgreich; insoweit wurde das angegriffene Urteil aufgehoben und die Sache an eine andere Strafkammer des LG zurückverwiesen.

abstinenzunfähig gewesen und das Spielen habe sich letztlich zu einem schwer kontrollierbaren Zwang entwickelt. Mit dem Zunehmen der Spieltätigkeit seien Verlust von Freizeitaktivitäten, das Entstehen von Verleugnungstendenzen, eine Bagatellisierung von Spielverlusten sowie das Erleben von Spannungs- und Erregungsgefühlen einhergegangen. Ein übermäßiges Selbstwertgefühl, pathologisches Lügen und manipulatives Verhalten sowie ein parasitärer Lebensstil seien zudem Symptome der Störung. Dieser Befund spreche für eine schwere andere seelische Abartigkeit.

Darüber hinaus äußert sich der BGH bezüglich der Zuordnung der Spielsucht unter die Eingangsmerkmale der §§ 20, 21 StGB. Die diesbezügliche rechtliche Würdigung des LG treffe auf Bedenken. Es hätte detaillierter geprüft werden müssen, ob eine „schwere" seelische Abartigkeit als Eingangsmerkmal im Sinne der §§ 20, 21 StGB vorliege, „zumal vom Sachverständigen einerseits der Schweregrad einer ‚krankhaften seelischen Störung' verneint, andererseits derjenige einer ‚schweren anderen seelischen Abartigkeit' bejaht wurde". Dabei werde verkannt, dass die gesetzlichen Eingangsmerkmale für eine Annahme von Schuldunfähigkeit oder erheblich verminderter Schuldfähigkeit auf unterschiedliche Ursachen des Störungsbildes hinweisen, aber nicht verschiedene Schweregrade der Beeinträchtigung des Täters bei Begehung der jeweiligen Tat anzeigen. Als „schwer" könne vielmehr nur eine solche seelische Abartigkeit gelten, bei der die Störung auch das Gewicht krankhafter seelischer Störungen erreiche. Bei der Gewichtung der Störung bliebe unklar, weshalb das LG einerseits nach seinem persönlichen Eindruck vom Erscheinungsbild in der Hauptverhandlung eine schwere Persönlichkeitsstörung ausgeschlossen habe und zur Ablehnung eines Falles des § 20 StGB auch angenommen habe, der Angeklagte habe durchaus realitätsbezogen handeln und sich in verschiedenen sozialen Situationen rasch anpassen können, während es andererseits die Wertung des Sachverständigen hingenommen habe, der Angeklagte habe bei Aufkommen entsprechender Spielimpulse kaum entgegensteuern können. Die Annahme des LG, dass die Voraussetzungen des § 21 StGB vorgelegen hätten, sei demzufolge nicht rechtsfehlerfrei.

Die Einordnung der Ludomanie in die Eingangsmerkmale lässt der BGH eher offen, es ist den Ausführungen lediglich eine Tendenz in Richtung des vierten Merkmals zu entnehmen. Es heißt hierzu: „Maßgeblich ist insoweit vielmehr, ob der Betroffene durch seine Spielsucht gravierende Änderungen in seiner Persönlichkeit erfährt, die in ihrem Schweregrad einer krankhaften seelischen Störung gleichwertig sind." Jedoch kritisiert der BGH im Fortgang eher die falsche rechtliche Würdigung des Tatgerichtes ohne sich selbst konkret zu positionieren.

(c) BGH Urt. v. 12.01.2005, Az.: 2 StR 138/04[323]

Der BGH bemängelt, dass die knappen Feststellungen des LG Frankfurt am Main[324] nicht ausreichen, um die Voraussetzungen des § 21 StGB wegen Spielsucht zu belegen. Insbesondere habe das LG keinerlei Feststellungen dazu getroffen, ob die Sucht des Angeklagten zu schwersten Persönlichkeitsveränderungen geführt habe. Die Zeugen aus der Spielbank haben nur das Auftreten des Angeklagten beim Spielen beobachten können, aber keine Angaben über sein Leben außerhalb der Spielhalle machen können. Das LG habe daher rechtsfehlerhaft beim Angeklagten die Voraussetzungen des § 21 StGB angenommen.

Das LG Frankfurt am Main[325] hat dem Angeklagten wegen seiner Spielsucht eine erhebliche Verminderung der Steuerungsfähigkeit gemäß § 21 StGB zugebilligt, „obgleich seine Einlassung hierzu keinerlei Anknüpfungstatsachen lieferte". Begründet wurde das anhand der Zeugen aus der Spielbank, die „den Angeklagten als fanatischen, leidenschaftlichen Spieler bezeichneten, als einen ‚Zocker' der nicht aufhören kann".

Bezüglich der Zuordnung zu der Merkmalskategorie gemäß §§ 20, 21 StGB heißt es: „Maßgebend ist vielmehr, inwieweit das gesamte Erscheinungsbild des Täters psychische Veränderungen der Persönlichkeit aufweist, die, wenn sie nicht pathologisch bedingt sind, als andere seelische Abartigkeit in ihrem Schweregrad den krankhaften seelischen Störungen gleichwertig sind." Hieraus ist zu entnehmen, dass der BGH die Zuordnung konkret offen lässt, ob das erste oder vierte Merkmal vorliegt.

(d) BGH Urt. v. 22.07.2003, Az.: 4 StR 199/03[326]

Der BGH beanstandet das Urteil des LG Siegen[327] dahingehend, dass das LG weder nachvollziehbare Feststellungen zum Verlauf der Sucht getroffen habe, noch dass es dargelegt habe, welche schwerwiegenden Persönlichkeitsveränderungen beim Angeklagten auf seine Spielleidenschaft zurückzuführen seien.

---

323 BGHR § 21 seelische Abartigkeit 7, 8, 17; BGHR StPO § 274 Beweiskraft 29; NJW-Spezial 2005, 234; StV 2005, 256 f.; NStZ 2005, 281 f.; wistra 2005, 184–186; StraFo 2005, 205 f.

324 LG Frankfurt, Urt. v. 10.12.2003, Az.: 3390 Js 2330 25/00.

325 Das LG hat den A. wegen Betruges und wegen Vortäuschens einer Straftat zu einer Gesamtfreiheitsstrafe von vier Jahren und einem Monat verurteilt. Es hat ihn weiter verurteilt, an den Adhäsionsantragssteller […] € zu zahlen; siehe auch: E. II. 4. e) bb) (5).

326 StV 2004, 265 f.; NStZ 2004, 31 f.; NStZ-RR 2004, 165; wistra 2003, 419 f.; StraFo 2004, 24; *Müller*, Schuldfähigkeit und Sanktionierung, S. 164 f.

327 LG Siegen, Urt. v. 05.02.2003, Az.: KLs 112 Js 921/00 W 2/02.

Durch diese Feststellungen habe das LG die restriktiven Anforderungen im Zusammenhang der §§ 20, 21 StGB im Falle eines Ludomanen nicht dargetan und die Annahme des § 21 StGB sei rechtsfehlerhaft. Der BGH kritisiert in dem Urteil lediglich, dass die Feststellungen des LG nicht hinreichend seien, ohne darüber hinausgehende konkrete Kriterien zu benennen.

Das LG Siegen[328] hatte dem Gutachten des forensisch-psychiatrischen Sachverständigen folgend angenommen, die Steuerungsfähigkeit des Angeklagten sei bei Begehung der Tat im Sinne des § 21 StGB erheblich vermindert gewesen, da bei ihm „das psychiatrische Krankheitsbild des pathologischen Spielens" vorliege.

Die Merkmalszuordnung, ob das erste oder vierte Merkmal vorliegt, lässt der BGH in der bereits vorgestellten Modalität konkret offen.[329]

(e) BGH Urt. v. 28.04.1988, Az.: 4 StR 33/88[330]

Der BGH rügt in der Entscheidung des LG Hannover[331] die Annahme der Strafkammer dahingehend, dass „bei dem Angeklagten eine ‚schwere andere seelische Abartigkeit' in Form der Spielsucht, die als Ausdruck eines Ödipuskomplexes zu werten sei, vorläge." Später erkläre die Kammer hingegen, es sei bei dem Angeklagten eine „schwere neurotische Störung" gegeben; es handele sich um eine Störung mit Krankheitswert, auf die eine Spielsucht aufgepropft sei. Diese Ausführungen seien laut BGH nicht ohne weiteres miteinander vereinbar, weil danach zweifelhaft bliebe, ob die schwere neurotische Störung oder die festgestellte Spielsucht die eingeschränkte Schuldfähigkeit des Angeklagten begründe. Durch den vom LG verwendeten Zusatz „mit Krankheitswert" könne die pathologische Bedingtheit der Störung des Angeklagten zum Ausdruck gebracht worden sein. Dann müssten sie aber den krankhaft seelischen Störungen zugeordnet werden. Läge eine nicht pathologisch bedingte Störung vor, müsse festgestellt werden, dass sie in ihrem Gewicht den krankhaften seelischen Störungen entspreche. Da die Ausführungen des LG Hannover hinsichtlich der Anordnung des § 63 StGB nicht frei von Widersprüchen und lückenhaft seien, kann diese demzufolge nicht getroffen werden.

---

328 Das LG hat eine Unterbringung des A. in einem psychiatrischen Krankenhaus angeordnet; siehe auch: E. II. 4. e) bb) (6).

329 Vgl. Formulierung in BGH, Urt. v. 12.01.2005, Az.: 2 StR 138/04.

330 BGHSt 35, 267 f.; BGHR JGG § 47a Zurückverweisung 1; BGHR StGB § 63 Gefährlichkeit 4; BGHR StPO § 354 Abs. 2 Jugendkammer 1; NJW 1888, 3216 f.; JZ 1988, 780 f.; MDR 1988, 692 f.; StV 1989, 295.

331 LG Hannover, Urt. v. 11.09.1987, Az.: 45 Js 3000/87.

Das LG Hannover[332] hat für den Angeklagten basierend auf einer festgestellten verminderten Schuldfähigkeit gemäß § 21 StGB eine Unterbringung in einem psychiatrischen Krankenhaus angeordnet.

Ausweislich der Urteilsbegründung legt sich der BGH für eine Zuordnung der Spielsucht unter das erste Merkmal der krankhaften seelischen Störung für den Fall fest, dass durch die Tatsacheninstanz für die pathologische Spielsucht ein „organischer" Krankheitswert festgestellt worden ist.

(2) Entzugserscheinungen

Nach den Maßstäben der Rechtsprechung des BGH kann neben dem Vorliegen einer schweren Persönlichkeitsveränderung ausnahmsweise auch dann eine erhebliche Verminderung der Schuldfähigkeit angenommen werden, wenn der Täter bei Beschaffungstaten unter starken Entzugserscheinungen gelitten hat.[333] Diese Maßstäbe hat der BGH in Anlehnung an die Schuldfähigkeitsbestimmung bei Substanzabhängigkeit aufgestellt.

In dem Urteil des BGH vom 06.03.2013[334] wird das Urteil vom LG Göttingen[335] dahingehend bestätigt, dass der Angeklagte auf Grund gravierender Entzugserscheinungen in seiner Steuerungsfähigkeit eingeschränkt war. Das LG sei davon ausgegangen, dass die Schuldfähigkeit des Angeklagten bei dem Überfall auf die Spielothek sicher und bei den übrigen Taten nicht ausschließbar erheblich vermindert gewesen sei. Der Angeklagte habe unter extremen Entzugserscheinungen gelitten. Er habe den immer stärker werdenden Drang verspürt, sich Geld zur Befriedigung seines Spieldrucks zu besorgen. Der BGH bestätigte diese Feststellung. Der „intensive, kaum kontrollierbare Drang zum Glücksspiel habe bei ihm einen erheblichen Motivationsdruck zur Begehung seiner Tat ausgelöst und den spontanen Tatentschluss unter bewusster

---

332 Das LG hat den A. wegen schweren Raubes und (vorsätzlicher) Trunkenheit im Verkehr zu einer Gesamtfreiheitsstrafe von zwei Jahren und sieben Monaten verurteilt, seine Unterbringung in einem psychiatrischen Krankenhaus angeordnet und eine Maßregel nach §§ 69, 69a StGB verhängt; siehe auch: E. II. 4. e) bb) (9).

333 Vgl. BGH, Urt. v. 18.01.2017, Az.: 2 StR 436/16; BGH, Urt. v. 07.11.2013, Az.: 5 StR 377/13; BGH NStZ 2004, 31 f.; BGHR § 21 seelische Abartigkeit 7, 8, 17; BGHR StGB § 21 BtM, Auswirkungen 2; BGH, Beschl. v. 22.04.2003, Az.: 4 StR 199/03; BGH, Urt. v. 08.11.1988, Az.: 1 StR 544/88; BGH, NJW 1981, 1221; BGH, JR 1987, 206.

334 BGH, Urt. v. 06.03.2013, Az.: 5 StR 597/12, BGHSt 58, 192 ff., StRR 2013, 267 f., NJW 2013, 1462 f., StV 2013, 560 f., NStZ 2013, 334 ff., StraFo 2013, 297 f., RuP 2013, 166 f., ZfWG 2013, 172 ff., *Müller*, Schuldfähigkeit und Sanktionierung, S. 169 f.

335 LG Göttingen, Urt. v. 05.09.2012, Az.: 1 KLs 15/12; siehe auch: E. II. 4. e) bb) (2).

Eingehung eines erheblichen Entdeckungsrisikos begründet (Videoüberwachung der Spielhalle, Fingerabdrücke und Lichtbild des Angeklagten waren bereits bei der Polizei bekannt)". Das LG gehe rechtsfehlerfrei davon aus, dass die gravierenden Entzugserscheinungen des Angeklagten zu einer erheblichen Verminderung der Schuldfähigkeit führten.

Trotz einer Bejahung des § 21 StGB wegen Vorliegens von Entzugserscheinungen, unterlässt der BGH es, eine konkrete abschließende Zuordnung unter die Merkmalskategorie zu treffen. Der Wortlaut des Urteils beschränkt sich lediglich darauf, von einer erheblichen Verminderung der Steuerungsfähigkeit zu sprechen, ohne diese mit einer exakten Norm zu belegen.

(3) Ablehnung durch BGH

Im Folgenden wird auf Fälle verwiesen, bei denen der BGH die erstinstanzlichen Feststellungen gemäß § 21 StGB basierend auf der Spielleidenschaft als unzureichend getroffen bemisst. Entweder seien entsprechende Feststellungen zu einer schweren Persönlichkeitsveränderung bzw. zu starken Entzugserscheinungen seitens des entscheidenden Gerichts gar nicht[336] oder unzureichend getroffen[337]

---

336 BGH, Urt. v. 05.05. 1999, Az.: 2 StR 529/98: Das LG Hanau (Urt. v. 12.05.1998, Az.: 2 Js 16231/97 KLs) hat für den A. S. die Unterbringung in einer Entziehungsanstalt angeordnet. Die Strafkammer hat die Voraussetzungen erheblich verminderter Schuldfähigkeit wegen Spielsucht bejaht und den Strafrahmen nach §§ 21, 49 Abs. 1 StGB gemildert.

337 BGH, Beschl. v. 07.01.1993, Az.: 4 StR 597/92: Das Bezirksgericht Magdeburg (Urt. v. 08.05.1992) hat die A. wg. gemeinschaftlichen schweren Raubes zu Freiheitsstrafen von jeweils 3 Jahren und 6 Monaten verurteilt. Das Gericht hat eine verminderte Schuldfähigkeit angenommen (Siehe auch: *Müller*, Schuldfähigkeit und Sanktionierung, S. 161); BGH Urt. v. 16.06.2005 (Siehe: E. III. 4. e) bb) (4) (b)), Az.: 5 StR 140/05: Das LG Berlin, Urt. v. 09.09.2004, Az.: 34 Js 5199/03 (503) hat den A. wg. Wohnungseinbruchsdiebstahls in 9 Fällen zu einer Gesamtfreiheitsstrafe von 4 Jahren und 6 Monaten verurteilt und seine Unterbringung nach § 64 StGB angeordnet. Das LG hat nicht ausschließen können, dass die Steuerungsfähigkeit bei den Taten erheblich vermindert gewesen sei. (Siehe auch: *Müller*, Schuldfähigkeit und Sanktionierung, S. 167 f.) Und BGH, Urt. v. 25.11.2004, Az.: 5 StR 411/04: Das LG Berlin, Urt. v. 16.03.2004, Az.: (505) 56 Js 832/03 KLs (31/03) hat den A. wg. Betruges in 13 Fällen, versuchten Betruges in 4 Fällen und Computerbetrugs in 2 Fällen zu einer Gesamtfreiheitsstrafe von 4 Jahren und 6 Monaten verurteilt und eine Unterbringung nach § 64 StGB angeordnet. Das LG ist davon ausgegangen, dass die Steuerungsfähigkeit infolge seiner Spielsucht bei Tatbegehung jeweils erheblich eingeschränkt gewesen sei (Siehe auch: *Müller*, Schuldfähigkeit und Sanktionierung, S. 165 f.). Auch: BGHR StGB § 266 Mindestfeststellung 1, StV 1993, 520, wistra 1993,

und damit der erforderliche Schweregrad nicht zu Genüge bestimmt. Darüber hinaus werden seitens des BGH keine triftigen Ausführungen geliefert, woran es bei den Feststellungen zur Bejahung des § 21 StGB fehlt.

Die Zuordnung unter die Merkmale erfolgte in den BGH-Urteilen vom 05.05.1999 und 25.11.2004 ausschließlich unter das vierte Merkmal. In den Urteilen des BGH vom 16.06.2005, 07.01.1993 und 21.04.1993 ist die Merkmalszuordnung offen gelassen worden. Es werden lediglich die erforderlichen Anforderungen (schwere Persönlichkeitsveränderung und starke Entzugserscheinungen) aufgestellt.

Äußerst beachtlich sind zudem die folgenden Entscheidungen des BGH, in denen dieser durch einen bloßen Verweis seine Begründung zu „ersetzen" versucht. Im BGH-Urteil vom 09.01.2014[338] heißt es: „Die Verfahrensrüge ist zulässig, aber unbegründet. Zur Beurteilung der Schuldfähigkeit bei Spielsucht verweist der Senat ergänzend auf *U. Schneider* in FS für *Tolksdorf*, 2014, S. 407, 410 ff." Das Urteil beschränkt sich ausschließlich auf diese zwei Sätze ohne darüberhinausgehende Ausführungen. Einen ebenso inhaltsleeren Verweis beinhaltet das BGH-Urteil vom 15.02.2005[339]: „Zur ‚Spielsucht' weist der Senat auf die Entscheidung des 5. Strafsenats, Urteil vom 25. November 2004 – 5 StR 411/04 –, NJW 2005, 230 hin."

(4) Bestätigung durch BGH

Fälle, in denen die tatgerichtlichen Urteile zwar Pathologisches Spielen als solches angenommen haben, aber darüber hinaus die Verminderung der Schuldfähigkeit wegen Spielsucht anhand der entscheidenden Maßstäbe verneint haben, werden vom BGH bestätigt.[340] Dies erfolgt ausgenommen nachfolgender Fälle ohne konkrete Ausführungen und Begründungen in den Urteilsgründen.

---

262. Ebenso: BGH, Urt. v. 21.04.1993: Das LG Frankfurt (Urt. v. 31.08.1992, Az.: 76 Js 40072/885/15 KLs) hat die A. wg. Untreue in Tateinheit mit Urkundenfälschung zu einer Freiheitsstrafe von 2 Jahren verurteilt und diese Strafe zur Bewährung ausgesetzt. Zudem wurde eine erhebliche verminderte Schuldfähigkeit wg. Spielsucht angenommen.

338 BGH, Urt. v. 09.01.2014, Az.: 5 StR 557/13.

339 BGH, Urt. v. 09.01.2014, Az.: 1 StR 562/04.

340 Vgl. hierzu: BGH, Urt. v. 09.08.2016, Az.: 1 StR 121/16; wistra 2016, 486 ff.; BGH, Urt. v. 14.10.2015, Az.: 5 StR 273/15; StV 2016, 633 ff.; BGH, Urt. v. 06.03.2013, Az.: 5 StR 597/12; BGH, Urt. v. 13.02.2007, Az.: 5 StR 534/06; BGH, Beschl. v. 15.09.2005, Az.: 3 StR 299/05; BGH, Urt. v. 25.10.1988, Az.: 1 StR 522/88; BGHR StGB § 21 seelische Abartigkeit 7; BGHR StGB § 250 Abs. 2 Schuldfähigkeit 1; NStE Nr. 21 zu § 20 StGB; JR 1989, 380; NStZ 1989, 113.

Im Urteil des BGH vom 25.10.1988[341] heißt es, dass die gesamten Umstände von vornherein kaum Anhalt böten, dass das Spielen auf verminderte Schuldfähigkeit hindeute. Die Merkmalszuordnung hat der BGH in diesem Fall offen gelassen. Lediglich im BGH-Urteil vom 06.03.2013[342] bestätigt dieser das tatgerichtliche Urteil des LG Göttingen[343] und die darin festgestellte fehlende schwerste Persönlichkeitsveränderung anhand konkret benannter Kriterien. Nach den Feststellungen liege lediglich eine mittelgradige kombinierte Persönlichkeitsstörung vor, die zum Suchtverhalten geführt habe. Darüber hinaus spreche der in den Urteilsgründen dargestellte Lebensweg des noch im Wesentlichen sozial eingeordneten Angeklagten gegen einen derartigen Persönlichkeitsverfall, der sich in einer schweren Persönlichkeitsveränderung manifestiere.

Die Merkmalszuordnung in den Urteilen ohne konkrete Ausführungen stellt sich folgendermaßen dar: Im Beschluss des BGH vom 15.09.2005[344] erfolgt überhaupt keine Merkmalszuordnung[345], den Urteilen des BGH vom 14.10.2015 und 09.08.2016 ist den Ausführungen eine Zuordnung unter das vierte Merkmal zu entnehmen.

(5) Kein Vorliegen von Ludomanie

Es ist der Fall aufzuführen, in dem der BGH die Feststellung des Tatgerichts, welches psychopathologische Spielleidenschaft abgelehnt hat, dahingehend bestätigt, dass keinerlei Anknüpfungstatsachen im Rahmen der Feststellungen

---

341 BGH, Urt. v. 25.10.1988, Az.: 1 StR 552/88: Das LG München (Urt. v. 09.06.1988, Az.: 1 KLs 114 Js 4123/87) hat den A. wegen schweren Raubs und wegen schwerer räuberischer Erpressung in vier Fällen, davon in zwei Fällen in Tateinheit mit erpresserischem Menschenraub, zu neun Jahren Freiheitsstrafe verurteilt. Siehe auch: BGHR StGB § 21 seelische Abartigkeit 7, BGHR StGB § 250 Abs. 2 Schuldfähigkeit 1, NStE Nr. 21 zu § 20 StGB, siehe auch: *Müller*, Schuldfähigkeit und Sanktionierung, S. 159 f.

342 BGH, Urt. v. 06.03.2013, Az.: 5 StR 597/12; BGHSt 58, 192 ff.; StRR 2013, 267 f.; NJW 2013, 1462 f.; StV 2013, 560 ff.; NStZ 2013, 334 ff.; StraFo 2013, 297 f.; RuP 2013, 166 ff.; ZfWG 2013, 172 ff.

343 LG Göttingen, Urt. v. 05.09.2012, Az.: 1 KLs 15/12.

344 BGH, Beschl. v. 15.09.2005, Az.: 3 StR 299/05.

345 Zu erwähnen ist an dieser Stelle, dass es dem tatgerichtlichen Urteil ebenso an einer Merkmalszuordnung mangelt, so dass dem knappen BGH-Urteil, dass die Strafkammer habe die Frage einer erheblichen Verminderung der Steuerungsfähigkeit wegen Spielsucht ohne Rechtsfehler verneint, zudem keine nähere Positionierung zu entnehmen ist.

zu verzeichnen gewesen seien.[346] Hinsichtlich der Merkmalszuordnung hat der BGH lediglich die schwere andere seelische Abartigkeit thematisiert. Die Subsumtion unter das erste Merkmal hat dieser nicht in Betracht gezogen.

Ebenso stimmt der BGH im Urteil vom 10.03.1999[347] der Entscheidung des Tatgerichtes zu und verwirft die Revision des Angeklagten, in der er unter anderem rügt, dass er wegen der Spielsucht erheblich vermindert schuldfähig gewesen sei. In sachlich rechtlicher Hinsicht seien die in der Antragsschrift angeführten Gründe[348] im Sinne der § 349 Abs. 2 StPO unbegründet. Die Gründe bleiben allerdings unbenannt. Hinsichtlich einer möglichen Merkmalszuordnung werden keinerlei Angaben gemacht.

Desgleichen bestätigte der BGH im Urteil am 17.09.2013[349] das tatgerichtliche Urteil des LG Krefeld. Die entscheidenden Besonderheiten in der Persönlichkeit des Angeklagten, die ihre Ursachen in der Spielsucht hätten, seien nach den Urteilsfeststellungen des tatgerichtlichen Urteils ausgeschlossen. Zwar

346 BGH, Urt. v. 03.11.1994, Az.: 1 StR 423/94: Das LG Stuttgart, Urt. v. 23.12.1993, Az.: 167 Js 6346/90 6 KLs 79/93 hat die A. wegen fortgesetzten Betruges zu Freiheitsstrafen bei Strafaussetzung zur Bewährung verurteilt. Im Hinblick auf die beim A. festgestellte „Lust am Spiel" hat das LG nicht seine Schuldfähigkeit durch einen Sachverständigen untersuchen lassen. Siehe auch: wistra 1995, 102 f.

347 BGH, Urt. v. 10.03.1999; Az.: 3 StR 1/99: Das LG Hannover (Urt. v. 01.09.1998 Az.: StK 13/39 a 11/98 230 Js 262/98/98) hat den A. wegen Mordes, wegen versuchten Mordes und schwerer räuberischer Erpressung in zwei Fällen zu lebenslanger Freiheitsstrafe als Gesamtstrafe verurteilt und die besondere Schwere der Schuld des A. festgestellt. A. wurde keine verminderte Schuldfähigkeit wegen einer Spielsucht zugesprochen. Siehe auch: BGHR StGB § 211 Abs. 2 Habgier 5; BGHR StGB § 211 Abs. 2 Niedrige Beweggründe 38; NStZ-RR 1999, 235 f.

348 Zu bemerken sei an dieser Stelle, dass das Urteil nach Rücksprache mit dem LG Hannover nicht mehr archiviert ist. Infolgedessen ist in die jeweiligen Argumente keine Einsicht zu nehmen, so dass dem BGH Urteil ebenso eine inhaltsleere Begründung zuzusprechen ist.

349 BGH, Urt. v. 17.09.2013, Az.: 3 StR 209/13: Das LG Krefeld (Urt. v. 20.12.2012, Az.: 4 Js 265/12 21 KLs 35/12) hat der A. wegen erpresserischen Menschenraubes in Tateinheit mit schwerem Raub und mit Computerbetrug, wegen schwerer räuberischer Erpressung und Raubes in Tateinheit mit gefährlicher Körperverletzung zu der Gesamtfreiheitsstrafe von acht Jahren verurteilt. Nach den Feststellungen des LG ist auszuschließen, dass der A. auf Grund seiner Spielsucht in seiner Einsichts- oder Steuerungsfähigkeit erheblich eingeschränkt gewesen sei. Siehe auch: BGH, Urt. v. 06.03.2013, Az.: 5 StR 597/12; BGHSt 58, 192 ff.; StRR 2013, 267 f.; NJW 2013, 1462 f.; StV 2013, 560 ff.; NStZ 2013, 334 ff.; StraFo 2013, 297 ff.; RuP 2013, 166 ff.; ZfWG 2013, 172 ff.

habe der Angeklagte ab Februar 2012 wieder verstärkt begonnen Spielhallen zu besuchen, wo er auch erhebliche Summen verspielte, das Spielen habe sich allerdings nicht wesentlich auf den durch das Praktikum strukturierten Tagesablauf oder sein sonstiges Verhalten ausgewirkt. Auf Grund dessen sei von keiner schweren Persönlichkeitsveränderung auszugehen. Der BGH hat in diesem Fall die Spielsucht ausschließlich dem vierten Merkmal zugeordnet.

Ebenso wenig lege die Tatsache, dass ein Täter seine Einkünfte aus gewerbsmäßigem Falschspiel erziele, die Annahme einer Spielsucht nahe.[350]

(6) Hinweise des BGH

Teils erteilt der BGH in seinen Entscheidungen lediglich Hinweise für das weitere Verfahren und verweist auf seine restriktiven Anforderungen im Zusammenhang mit der Beurteilung der Schuldfähigkeit von Ludomanen.[351] Maßgebend sei vielmehr, inwieweit das gesamte Erscheinungsbild des Täters psychische Veränderungen der Persönlichkeit aufweise, die, wenn sie nicht pathologisch bedingt seien, als schwere andere seelische Abartigkeit in ihrem Schweregrad den krankhaften seelischen Störungen gleichwertig seien, wodurch er die Merkmalszuordnung erneut offen gelassen hat.

cc) Einordnung seitens des juristischen Schrifttums

Nach dem überwiegenden juristischen Schrifttums wird das Pathologische Glücksspielen – in Anlehnung an das Verständnis des juristischen Krankheitsbegriffes – unter das vierte Merkmal der „schweren anderen seelischen Abartigkeit" subsumiert.[352] Die herrschende Lehre im Schrifttum schließt sich

---

350 BGH, Urt. v. 17.04.1996, Az.: 3 StR 34/96; BGHR StPO § 338 Nr. 6 Öffentlichkeit 2; NJW 19 96, 2382 f.; MDR 1996, 951 f.; NStZ 1996, 398 f.; wistra 1996, 304 f.

351 Siehe hierzu: BGH, Urt. v. 16.06.2005, Az.: 5 StR 140/05; BGH, Urt. v. 21.04.1993, Az.: 2 StR 54/93, BGHR StGB § 266 Mindestfeststellung 1; StV 1993, 520; wistra 1993, 262; BGH, Urt. v. 08.11.1988, Az.: 1 StR 544/88.

352 *Fischer*, StGB, § 20 Rn. 40 f.; NK-StGB-*Schild*, § 20 Rn. 103.; Schönke/Schröder-*Perron/Weißer*, StGB, § 20 Rn. 23.; Dölling/Duttge/König/Rössner-*Verrel/Linke*, Gesamtes Strafrecht, § 20 Rn 13; Satzger/Schluckebier/Widmaier-*Kaspar*, StGB, § 20 Rn. 77; *Lackner/Kühl*, StGB, § 20 Rn. 11; BGH, Urt. v. 25.11.2004, Az.: 5 StR 411/04, *Schramm*, JR 2005, 294, JZ 2005, 418; *Bottke*, NStZ 2005, 327, 329 und *Schöch*, JR 2005, 296 f.; BGH, Urt. v. 12.01.2005, Az.: 2 StR 138/04, *Kellermann*, NStZ 2005, 281, StV 2005, 257; *Tondorf/Tondorf*, Psychologische und psychiatrische Sachverständige im Strafverfahren, S. 30, 41; BeckOK-StGB-*Eschelbach*, § 20 Rn. 60; SK-StGB-*Rogall*, § 20 Rn. 50; *Frister*, Strafrecht AT, 18. Kap., Rn. 6; *Jakobs*, Strafrecht AT, 18. Abschn., Rn. 23; *Krey/Esser*, Deutsches Strafrecht AT, § 20 Rn. 700; *Roxin*, Strafrecht AT I,

hinsichtlich der Anforderungen und des damit einhergehenden erforderlichen Schweregrades weitestgehend der obergerichtlichen Rechtsprechung an, ohne eine eigene tiefgreifende Darlegung hinsichtlich der Beurteilungskriterien aufzustellen.[353] Für sich allein biete die Störung keinen Anhaltspunkt für die Beurteilung im Einzelfall. Es komme zwingend auf eine tatsächliche und rechtliche Würdigung im Einzelfall an. Die Diagnose habe nicht aus sich heraus die Anwendung der §§ 20, 21 StGB zur Folge. Der Schweregrad der anderen seelischen Abartigkeit im Falle der Spielleidenschaft wäre somit auch hiernach nur dann zu bejahen, wenn es zu entsprechend schweren Persönlichkeitsveränderungen gekommen wäre oder der Täter bei Beschaffungsdelikten unter Entzugserscheinungen gehandelt hätte.

Rogall[354] führt ebenso die von der Rechtsprechung des BGH geforderten Voraussetzungen an. Hinsichtlich ihres Vorliegens bezieht er sich allerdings auf die von *Konrad/Rasch*[355] benannten zehn Merkmale, bei deren Vorliegen eine Verminderung oder Aufhebung der Schuldfähigkeit in Betracht zu ziehen sei. Dazu gehören unter anderem Progredienz, Verarmung in anderen Lebensbereichen, subjektives Gefühl des Gezwungenseins, Entzugserscheinungen, Depravation, Suizidalität und Verlust an allgemeiner sozialer Kompetenz.

Fischer zitiert die Voraussetzungen der Rechtsprechung des BGH, wonach ein Vorliegen der Störung an sich noch keine Voraussetzung des § 20 StGB erfülle. Wenn allerdings schwerste (dauerhafte) Persönlichkeitsveränderungen vorliegen oder der Angeklagte bei Geldbeschaffungstaten unter schweren Entzugserscheinungen gehandelt habe, komme eine erhebliche Verminderung der Steuerungsfähigkeit in Betracht. Darüber hinaus stellt er als weitere Voraussetzung die Ausnahme „oder wenn die Sucht ihrerseits auf einer psychischen

---

§ 20 Rn. 25; *Schneider*, FPPK 2016, S. 164, 167; ähnlich: *Müller*, Schuldfähigkeit und Sanktionierung, S. 194.

353 Vgl. *Roxin*, Strafrecht AT I, § 20 Rn. 33; *Jakobs*, Strafrecht, S. 533; *Krey/Esser*, Deutsches Strafrecht, § 21 Rn. 700; *Streng*, Strafrechtliche Sanktionen, XI. Rn. 912; *Lackner/Kühl*, StGB, § 20 Rn. 11; *Fischer*, StGB, § 20 Rn. 41; BeckOK-StGB-*Eschelbach*, § 20 Rn. 60; Satzger/Schluckebier/Widmaier- *Kaspar*, StGB, § 20 Rn. 77; Dölling/Duttge/König/Rössner-*Verrel/Linke*, Gesamtes Strafrecht, § 20 Rn. 13; Schönke/Schröder-*Perron/Weißer*, StGB, § 20 Rn. 23; MüKo-StGB-Streng, § 20 Rn. 107; NK-StGB-*Schild*, § 20 Rn. 103; *Schneider*, FPPK 2016, 164, 167; *Fechner* in: Füchtenschnieder/Hurrelmann, Glücksspiel in Europa, S. 53, 57 ff.; *Petzsche*, JR 2014, 307 ff.; *Tondorf/Tondorf*, Psychologische und psychiatrische Sachverständige im Strafverfahren, S. 36; *Bottke*, NStZ 2005, 327 und 329; *Schramm*, JZ 2005, 418.

354 SK-StGB-*Rogall*, § 20 Rn. 50.

355 *Rasch*, StV 1991, 126, 129; *Konrad/Rasch*, Forensische Psychiatrie, S. 192.

Störung beruht, die den ‚Schweregrad' einer seelischen Erkrankung aufweist" für das Vorliegen einer Störung im Sinne des § 20 StGB auf.[356] Dem diesbezüglichen Verweis von *Fischer* auf NJW 2013, 181[357] und der damit erwähnten Entscheidung des BGH vom 09.10.2012[358] ist diese Voraussetzung allerdings so nicht zu entnehmen. Der BGH stellt lediglich klar, „dass die gesetzlichen Eingangsmerkmale für eine Annahme von Schuldunfähigkeit oder erheblich verminderter Schuldfähigkeit auf unterschiedlichen Ursachen des Störungsbildes hinweisen, aber nicht auf verschiedene Schweregrade der Beeinträchtigung des Täters [...] anzeigen".[359]

Andere Rechtswissenschaftler wie *Schöch* und *Schramm* hingegen kritisieren die enge Rechtsprechung des BGH und fordern in Anlehnung an das Modell der bereits dargestellten herrschenden Meinung in der psychiatrischen Literatur[360] hinsichtlich der forensischen Bewertung, dass es im Kontext der Anforderungen der §§ 20, 21 StGB sachgerechter sei, die Spielsucht lediglich als Symptom für andere psychopathologische Auffälligkeiten zu konzeptualisieren.[361] Die vom BGH geforderte Gleichwertigkeit mit dem Schweregrad einer krankhaften seelischen Störung sei praktisch nur in den Fällen der Komorbidität, das heißt beim Zusammentreffen der Ludomanie mit anderen gravierenden psychopathologischen Auffälligkeiten, zu erreichen. Dies käme in der Praxis nur sehr selten vor. Zudem wäre diese Herangehensweise auch verfahrensökonomischer.[362] Die Beurteilung der restriktiven Voraussetzung der Persönlichkeitsveränderung werde oft erst nach aufwendiger Begutachtung festzustellen sein. Hingegen stelle diese Art der Herangehensweise, dass die Spielsucht lediglich ein Symptom einer anderen psychiatrischen Erkrankung sei, ein engeres Eingangsraster für die Begutachtung dar, welches zügiger zu prüfen sei.[363]

Des Weiteren bemängelt *Schöch* das Kriterium der Entzugserscheinungen basierend auf dem Vergleich der Rechtsprechung für Drogenabhängige. Der BGH verkenne den gravierenden Unterschied zu den nachhaltigen Entzugserscheinungen bei Drogenabhängigen, die als eigenständige psychiatrische

---

356 *Fischer*, StGB, § 20 Rn. 41; mit Verweis auf NJW 2013, 181.

357 *Fischer*, StGB, § 20 Rn. 41.

358 BGH, Urt. v. 09.10.2012, Az.: 2 StR 297/12.

359 Rn. 8. des angegebenen Urteils.

360 Siehe: C. II. 1. a).

361 LK-StGB-*Schöch*, § 20 Rn. 165; *Schöch*, JR 2005, 296 f.; ebenso *Schramm*, JZ 2005, 416 f.; vgl. auch: *Müller*, Schuldfähigkeit und Sanktionierung, S. 190.

362 *Schöch*, JR 2005, 296 f.

363 *Schramm*, JZ 2005, 416, 418.

Diagnose den krankhaften seelischen Störungen im Sinne der § 20 Alt. 1 StGB zugeordnet sei. Demgegenüber seien die Entzugserscheinungen bei Spielsucht bloße Indikatoren für die Diagnose des Pathologischen Spielens.[364]

b) Psychowissenschaftliche Maßstäbe

Nach der vorgenommenen rechtlichen Betrachtung werden ferner die psychowissenschaftlichen Kriterien der Merkmalszuordnung herausgearbeitet.[365] Im psychowissenschaftlichen Schrifttum wird sowohl vertreten, dass bei der nicht stoffgebunden Spielsucht von einer „krankhaften seelischen Störung"[366] gesprochen werden kann, als auch von dem größeren Teil von einer „schweren anderen seelischen Abartigkeit"[367]. Zu betonen ist, dass die Psychowissenschaften mit der klinischen Diagnose der Ludomanie allein ebenfalls keine forensischen Konsequenzen verbunden sehen und es auch hiernach weiterreichenden Kriterien bedarf.

aa) Einordnung gemäß § 20 Alt. 1 StGB

Schreiber[368] zieht die Zuordnung des Pathologischen Spielens als krankhafte seelische Störung im Sinne der § 20 Alt. 1 StGB in Erwägung. Die Spielsucht sei als eine Art der Verhaltenssucht zu sehen. Unter Ausübung dieser Sucht produziere der Körper eigene rauschverursachende Substanzen, die sogenannten Opioide.[369] Diese lösen Erregung und Stress aus und seien damit der Grund für das immerwährende exzessive Spielverhalten. Die Produktion der Opioide sei als körperlich-organische Ursache zu beurteilen. Für den Fall, dass das Opioidensystem eines Abhängigen nicht normgerecht arbeite, könne von einer Störung der ersten Merkmalskategorie gesprochen werden. Es seien allerdings bislang keine Normwerte festgelegt, bei denen der endorphinerge Mechanismus systemgerecht funktioniere. Die Grenzen zum Krankhaften könnten derzeit in rechtlich relevanter Hinsicht noch nicht bestimmt werden. In der Konsequenz

---

364 *Schöch*, JR 2005, 297.

365 Siehe auch: *Müller*, Schuldfähigkeit und Sanktionierung, S. 182 ff.

366 Vgl. *Schreiber*, Kriminalistik 1993, 469, 474.

367 Vgl. *Meyer*, MschrKrim 1988, 213, 225; *ders.* in: Meyer/Bachmann, Spielsucht, S. 181; *Rasch*, StV 1991, 126, 129 f.; *ders.*, in: Praxis der forensischen Psychiatrie, S. 25, 32; *Rasch/Konrad*, Forensische Psychiatrie, S. 301; Kröber/Dölling/*Leygraf*/Sass, Handbuch der Forensischen Psychiatrie 2, S. 516, 526; *Kröber*, FPPK 2009, 96; *Kellermann*, StV 2005, 287, 294; *Schumacher* in: FS für Sarstedt, S. 369.

368 *Schreiber*, Kriminalistik 1993, 469, 470 ff.

369 Vgl. auch: *Müller*, Schuldfähigkeit und Sanktionierung, S. 186, 194.

müsse damit auch nach *Schreiber* zunächst die vierte Merkmalskategorie mit dazugehörigen Voraussetzungen zur Anwendung kommen.

bb) Subsumtion nach § 20 Alt. 4 StGB

Nach der herrschenden Literatur erfolgt die Zuordnung des Pathologischen Glücksspielens unter den Rechtsbegriff der „schweren anderen seelischen Abartigkeit".[370] Neben der Diagnose des Pathologischen Glücksspielens muss der psychischen Störung als solcher auch nach den Psychowissenschaften ein Schweregrad, von einer psychopathologischen Qualität, zuzusprechen sein. Für dessen Bestimmung werden verschiedene Erklärungsmodelle herangezogen.

(1) Psychopathologische Entwicklung

Nach einem Teil des Schrifttums bedarf es für den notwendigen Schweregrad des Pathologischen Spielens einer langjährigen psychopathologischen Entwicklung des Spielens, welche in einer typisierenden Umprägung münden könne.[371] Es werde demgemäß eine progrediente Verlaufsform des Spielens gefordert. Diese sei in einer Gewohnheitsbildung sowie einer zunehmenden Einengung des Verhaltensrepertoires ersichtlich. Nach *Bürger-Prinz* folge eine „Uniformierung des Verhaltens, eine zunehmende Besetzung der Persönlichkeit durch eben dieses Verhalten und eine Einengung auf einen eng umschriebenen Lebensinhalt".[372] Es handele sich in Anlehnung an die Erkenntnisse dieses Psychiaters demnach um eine Entwicklung, im Laufe derer der Spieler sich aus der lebendigen Realität herausbegebe oder herausgetrieben werde. Die zunehmende Bedeutung des Glücksspielens und die Steigerung des Glücksspielverhaltens seien unkreativ und bewirke trotz des hohen energetischen Aufwandes nichts Produktives, sondern enge die Erlebnis- und Lebensmöglichkeiten des

---

370 Beispielhaft: *Kröber*, FPPK 2009, 96; *Kellermann*, StV 2005, 287, 294; *Rasch*, Praxis der Forensischen Psychologie, S. 25, 32; *ders.*, StV 2001, 126, 129 f.; *Meyer* in: Meyer/Bachmann, Spielsucht, S. 163; *Rasch*, StV 1991, 126, 129 f.; *ders.*, in: Praxis der forensischen Psychiatrie, S. 25, 32; *Rasch/Konrad*, Forensische Psychiatrie, S. 301; Kröber/Dölling/*Leygraf*/Sass, Handbuch der Forensischen Psychiatrie 2, S. 516, 526; *Schumacher* in: FS für Sarstedt, S. 369; *Meyer/Fabian/Wetzels*, StV 1990, 464, 470; *Fabian/Wetzels* in: Egg, Brennpunkte der Rechtspolitik, S. 363, 375; *Meyer*, MschrKrim 1988, 213, 225.

371 Beispielhaft: *Bork/Foerster*, Sucht 2004, 368, 371; Venzlaff/Foerster, Psychiatrische Begutachtungen, S. 375, 379; *Rasch*, Praxis der Forensischen Psychologie, S. 25, 32; *Meyer/Fabian/Wetzels*, StV 1990, 464, 470.

372 *Bürger-Prinz*, Nervenarzt 1944, 1, 3.

Spielers ein. Die Anzeichen für die Bestimmung einer derartigen Entwicklung basieren auf der jeweiligen Disziplin des psychowissenschaftlichen Betrachters und werden im Folgenden dargestellt:

Nach *Rasch*[373] können nachstehende Merkmale für eine psychopathologische Entwicklung der Ludomanie herangezogen werden:

- Es werde nicht nur hin und wieder gespielt, sondern in wachsendem Ausmaße (Progredienz). Das betreffe die zeitliche, wie die innere Beschäftigung mit dem Spielen.
- Das Spielen sei zentraler Lebensinhalt geworden, um welchen das übrige Leben organisiert werde.
- Es trete eine Verarmung in anderen Lebensbereichen ein, auch zuvor bestehende Interessen oder menschlicher Kontakt werden aufgegeben.
- Der Spieler spiele, um zu spielen. Einmal eingebrachte Gewinne werden zum Weiterspielen verwendet, nicht zur Begleichung anderweitiger Bedürfnisse.
- Das Verhalten werde stereotypisiert und nur auf wenige variable Verhaltensmuster festgelegt.
- Subjektiv sei das Gefühl des Gezwungenseins zu verzeichnen.
- Bei Verhinderung des Spielens treten Entzugserscheinungen auf.

Psychopathologische Entwicklungen enden in einer typisierenden Umprägung. Sei demgemäß eine psychopathologische Entwicklung zu diagnostizieren, deren Inhalt Beschäftigung mit dem Glücksspiel sei und die zu einem entsprechenden Umbau der Lebensführung geführt habe, liege im gesetzlichen Sinne eine schwere andere seelische Abartigkeit vor.[374]

Weitere Stimmen aus dem psychowissenschaftlichen Schrifttum[375] stellen für die Beurteilung der Krankheitswertigkeit der Ludomanie basierend auf einer psychopathologischen Entwicklung folgende Gesichtspunkte auf:

Es sei die „Beschneidung bzw. der Verlust von Entwicklungsmöglichkeiten“ als Bereich zentraler individueller Motive und Lebensziele zu beurteilen. Dazu

---

373 Vgl. *Rasch,* Praxis der Forensischen Psychologie, S. 25, 32; *ders.*, StV 2001, 126, 129 f.; So auch schon zuvor *Schumacher* in: FS für Sarstedt, S. 361, 365 ff., welcher zudem noch auf die sogenannte Symptomwertigkeit des Verhaltens abstellt. Damit sei gemeint, dass der Aufbau der Störung der eines neurotischen Symptoms gleiche. Hierauf wird im Zusammenhang der forensischen Bewertung noch näher eingegangen (Siehe: C. II. 3. b) bb) (1) (a)).

374 *Rasch,* Praxis der Forensischen Psychologie, S. 25, 32; *ders.*, StV 2001, 126, 129 f.

375 Vgl. *Meyer/Fabian/Wetzels,* StV 1990, 464, 470; *Meyer* in: Meyer/Bachmann, Spielsucht, S. 165 f.; *Fabian/Wetzels* in: Egg, Brennpunkte der Rechtspolitik, S. 363, 375.

gehöre beispielhaft die Zerstörung von Lebensentwürfen, der Verlust langfristiger Perspektiven, die Aufgabe von Zielen, die berufliche Dequalifizierung und ein gewisser Entwicklungsstillstand. Des Weiteren sei die „Zerstörung der sozialen Person" als Bereich zentraler Umweltbeziehungen und sozialer Verankerung maßgebend. Diese Dimension umfasse die generelle Verringerung sozialer Bezüge, die Beeinträchtigung von Primärbeziehungen, die Verringerung sozialer Verantwortlichkeit, die Stereotypisierung sozialer Beziehungen in der Subkultur und Unverbindlichkeit in sozialer Interaktion. Weiterhin sei die „emotionale Befindlichkeit" als Bereich des gefühlsmäßigen Niederschlagens des Prozesses der „Entdifferenzierung" der Persönlichkeit im Zuge einer „Spielerkarriere" bedeutsam. Gemeint sei damit zum Beispiel der Verlust der Selbstachtung, Verflachung von Gefühlsempfindungen und Antriebsverlust.

Foerster und Anhänger[376] fordern eine jahre- oder jahrzehntelange chronische Entwicklung einer strukturell verformten Persönlichkeit, der keine Lösungsstrategien zur Lebensbewältigung zur Verfügung stehen und bei der das problematische Spielverhalten Symptom eines nicht lösbaren Grundkonfliktes sei.[377] Hierbei sei zu berücksichtigen, ob es sich um einen progredienten Verlauf mit selbstzerstörerischen Spielaktionen handele, der sowohl die ökonomisch wie auch die soziale Existenz zerstöre oder zumindest dazu geeignet sei.

Nach *Kellermann*[378] ist die durch suchtbedingte Persönlichkeitsveränderung bedingte ethische Depravation in der Einengung des Interessenhorizontes auf Beschaffung von Konsum des jeweiligen Suchtmittels zu sehen. Es sei darüber hinaus ein Wandel der ethischen Werte-Hierarchie zu verzeichnen, ein Verlust der Lebensziele und eine Verarmung des Gemüts.

Weitere Anhaltspunkte stellen sich für die Bewertung einer pathologischen Persönlichkeitsveränderung laut *Saß* und *Wiegand*[379] auf sozialer Ebene in der Konflikthäufung, Einengung der Lebensführung, Verhaltensstereotypisierung dar und zudem in kognitiver Hinsicht in dem Ausmaß der Kritikschwäche.

Nach den Erklärungen von *Schreiber*[380] kommt es bei der Bewertung der Schuldfähigkeit darauf an, ob der Täter durch den langzeitigen Einfluss der Opioide in seiner Persönlichkeit verändert und psychisch gestört sei. Fest

376 Namentlich *Venzlaff* und *Bork*.

377 *Bork/Foerster* in: Venzlaff/Foerster, Psychiatrische Begutachtung, S. 376, 379; *Bork/Foerster*, Sucht 2004, 368, 371.

378 *Kellermann*, NStZ 1996, 335 f.; *ders.*, StV 2005, 287, 292; vgl. auch: *Müller*, Schuldfähigkeit und Sanktionierung, S. 188 f.

379 *Saß/Wiegand*, Nervenarzt 1990, 435, 436.

380 *Schreiber*, Kriminalistik 1993, 469, 470 ff.

stehe, so *Schreiber*, dass die Funktionsweisen bei diesem komplexen Vorgang beeinträchtigt sein können. Wie bereits bemerkt, fehlen an dieser Stelle noch feststehende Normwerte, mit denen man bindende Rückschlüsse auf eine Beeinträchtigung ziehen kann.[381] Infolgedessen ist die Persönlichkeitsveränderung an den bereits vorgestellten Kriterien zu bestimmen.

(2) „Schwere" Persönlichkeitsveränderung

Einige Vertreter aus den Psychowissenschaften[382] hingegen stimmen der restriktiven Rechtsprechung des BGH hinsichtlich der Schuldfähigkeitsprüfung von Spielsüchtigen zu und stellen auf einen tiefgreifenden pathologischen Persönlichkeitswandel ab, der infolge des Spielens eingetreten sei und damit den Betroffenen in seiner kompletten Existenz zerrütte und beeinflusse. Bei Glücksspielsüchtigen könne es im Laufe der Zeit zu einer „schweren" Persönlichkeitsveränderung führen. Die Einengung des Erlebens, Denkens und Handelns auf das Glücksspiel, die Sicherstellung weiteren Spielens, der Wandel der Werte-Hierarchie und die Bewältigung negativer Spielfolgen müssen im Resultat zu einer beträchtlichen Entdifferenzierung und Verarmung der Persönlichkeit geführt haben. Die Intensität und das Ausmaß des Spielens seien hierbei nicht maßgebend. Es sei an der Stelle noch mal verdeutlicht, dass eine „typisierende Umprägung" der Persönlichkeit, wie sie soeben gefordert war, zwingend von einer „schweren" Persönlichkeitsveränderung zu unterscheiden ist. Hierfür liegen jeweils andere diagnostische Kriterien vor.

(3) Entzugserscheinungen

Ebenso liegt auch nach den Erkenntnissen der Psychowissenschaften ein entscheidendes Kriterium zur Beurteilung der Schuldfähigkeit in der durch Entzugserscheinungen angetriebenen Handlung.[383] Wenn die eigenen Ressourcen und legalen Wege zur Erlangung finanzieller Mittel erschöpft seien und auf

---

381 Siehe: C. II. 2. b) aa).

382 Vgl. *Lammel*/Felber/Sutarski/Lau, Die forensische Relevanz „abnormer Gewohnheiten", S. 87, 91 f.; *Kröber*, FPPK 2009, 90, 96; *ders.*, JR 1989, 379, 381; *ders.*, FPPK 2016, 161 ff., vgl. auch: *Müller*, Schuldfähigkeit und Sanktionierung, S. 184.

383 *Meyer/Fabian/Wetzels*, StV 1990, 464, 469; *Meyer* in: Meyer/Bachmann, Spielsucht, S. 164; siehe auch: *Müller*, Schuldfähigkeit und Sanktionierung, S. 184 f.; *Schreiber*, Kriminalistik 1993, 469, 474: Maßgeblich sei, ob der Täter durch den durch Opioide hervorgerufenen Rausch gehandelt habe. Gegenteilige Ansicht *Hand* in: Payk, Dissozialität – Psychiatrische und forensische Aspekte, S. 97, 102; *Kröber*, FPPK 2009, 90, 96.

Grund der Abstinenzunfähigkeit das Ziel der Geldbeschaffung beibehalten werde, steige der Handlungsdruck so stark, dass die betroffenen Spieler immer höhere moralische Hemmschwellen überschreiten und schließlich Straftaten begehen, um die nötigen Geldmittel zu erlangen. Wenngleich die Entzugssymptomatik bei einer psychischen Abhängigkeit vom Glücksspiel nicht so massiv sei wie bei einer substanzbezogenen Abhängigkeit, können die Symptome dennoch als starker Antrieb dienen und das Verhalten lenken. Bei Abstinenz vom Glücksspiel können psychische wie auch physische Entzugserscheinungen auftreten in Form von Unruhe, Missstimmung, Depressionen, bis hin zu körperlichen Beschwerden, wie Schweißausbrüchen, Zittern und Alpträumen.

3. Auswirkungen der Störung auf die Einsichts- und Steuerungsfähigkeit

Nachdem nun die psychische Störung des Pathologische Spielens bestimmt und im Sinne der §§ 20, 21 StGB zugeordnet wurde, werden im weiteren Verlauf die Auswirkungen des Pathologischen Spielens auf der voluntativen Ebene betrachtet. Die Ludomanie muss rechtlich relevante Auswirkungen auf die Willensbildung des Täters bei Begehung der Tat gehabt haben und damit erheblich sein. Die Willensbildung ist auf die Fähigkeit, das Unrecht der Tat einzusehen (Einsichtsfähigkeit) und nach dieser Einsicht zu handeln (Steuerungsfähigkeit), fokussiert.[384] Es ist demnach zu untersuchen, ob und in welchem Maße die konkret vorgeworfene Tat auf die Auswirkungen der Spielsucht zurückzuführen ist.

a) Völlige Exkulpation gemäß § 20 StGB

Bis zum Zeitpunkt dieser Ausarbeitung ist weder in der Rechtsprechung des BGH noch nach psychowissenschaftlichen Erkenntnissen ein Fall mit vollständiger Exkulpation hinsichtlich der Einsichts- und Steuerungsfähigkeit im Zusammenhang mit der Spielsucht gemäß § 20 StGB zu verzeichnen. Der Vollständigkeit halber kann an dieser Stelle vorweg genommen werden, dass nach den Recherchen der Verfasserin nur ein tatgerichtliches Urteil eine Schuldunfähigkeit erkannte; dieses wurde jedoch in der Berufungsinstanz abgeändert.[385] Zu betonen ist allerdings, dass weder von der einen noch von der anderen

---

384 Dölling/Duttge/König/Rössner-*Verrel/Linke*, Gesamtes Strafrecht, § 20 Rn. 14; *Müller* kritisiert grundlegend Wortlaut des § 21 StGB. Siehe: *Müller*, Schuldfähigkeit und Sanktionierung, S. 153 ff.

385 Siehe: E. II. 4. e) aa).

Disziplin eine solche auf Grund von Spielsucht kategorisch ausgeschlossen wird. Das Vorliegen dieser ist jedoch an derart hohe Voraussetzungen geknüpft, die bislang nicht bejaht werden konnten. Nachstehend erfolgt eine Übersicht der damit im Zusammenhang stehenden Urteile des BGH[386] sowie Fällen im Rahmen der forensischen Begutachtungen.

aa) Rechtsprechung des BGH

Der 2. Strafsenat des BGH stimmte in seinem Beschluss vom 09.10.2012[387] den Feststellungen des LG Aachen, Urteil vom 04.04.2012[388], hinsichtlich der fehlenden Voraussetzungen der Schuldunfähigkeit des Angeklagten gemäß § 20 StGB zu. Das sachverständig beratene LG sei davon ausgegangen, dass der Angeklagte bei Begehung der Tat nicht infolge von Spielsucht unfähig gewesen sei, das Unrecht der Taten einzusehen oder nach dieser Einsicht zu handeln (§ 20 StGB). In der Begründung hieß es, der Angeklagte habe realitätsbezogen handeln können und sich in unterschiedlichen sozialen Situationen anpassungsfähig gezeigt. Dem Beschluss des BGH sind hierzu keinerlei widersprechende Beanstandungen zu entnehmen.

Der 4. Strafsenat des BGH bestätigte ohne eingehende Erklärung am 24.01.1991[389] das Urteil des LG Münster vom 29.08.1990[390] dahingehend, dass § 20 StGB bei dem Angeklagten nicht einschlägig sei. Das LG Münster kommt in Anlehnung an das Sachverständigengutachten zu dem Ergebnis, dass „bei dem Angeklagten zwar eine Abhängigkeit vom Glücksspiel bestehe und diese auch behandlungsbedürftig sei, jedoch sei die Abhängigkeit noch nicht so weit fortgeschritten, daß er dieser hilflos ausgeliefert sei. Er sei vielmehr zu einer Einteilung und Steuerung noch durchaus in der Lage".

bb) Psychowissenschaftliche Erkenntnisse

Ebenso wenig gibt es im Rahmen der forensischen Begutachtung im Zusammenhang mit der Ludomanie bekannte Fälle, in denen sich diese auf die völlige Aufhebung der Einsichtsfähigkeit und Steuerungsfähigkeit im Sinne des § 20

386 Darüber hinaus ist im Rahmen der zugänglichen Materialien diesbezüglich keine weitere obergerichtliche Rechtsprechung zu erkennen.

387 BGH, Beschl. v. 09.10.2012, Az.: 2 StR 297/12.

388 LG Aachen, Urt. v. 04.04.2012, Az.: 61 KLs 33/11 – 804 Js 558/11, juris.

389 BGH, Beschl. v. 24.01.1991; Az.: 4 StR 580/90.

390 LG Münster, Urt. v. 29.08.1990, Az.: 3 KLs 38 Js 1082/89 40/90 38 Js 1082/89.

StGB ausgewirkt hat.[391] Voraussetzung sei, dass die Handlungsschritte nicht mehr sinnvoll aufeinander abgestimmt erfolgen, die Erinnerungsfähigkeit beeinträchtigt war und der zeitliche Rahmen, das heißt die unmittelbare Nähe zur Spielhandlung so eng sei, dass ein Entgegensteuern nicht mehr möglich sei. Das Pathologische Spielen falle in der Regel über eine Persönlichkeit nicht einher wie eine Psychose. Es verbleibe an der Stelle ein weitaus höheres Ausmaß an Alternativen, sich mit der als zwanghaft empfundenen Störung auseinander zu setzen. Diese Voraussetzungen liegen in den meisten Fällen nicht vor. Die delinquenten Spieler seien sich nach eigenen Angaben des Unrechts ihrer Taten bewusst. Unabhängig davon gelinge es ihnen nicht, diese Einsicht zu entsprechendem Verhalten umzusetzen.

b) Verminderte Schuldfähigkeit nach § 21 StGB

Die obergerichtliche Rechtsprechung beschäftigte sich allerdings wiederholt mit der verminderten Schuldfähigkeit eines Ludomanen im Sinne des § 21 StGB.

Eine Verminderung der Einsichtsfähigkeit eines Ludomanen hinsichtlich seines inkriminierten Verhaltens liegt in der Regel nicht vor.[392] Weder nach rechtswissenschaftlichen noch nach psychowissenschaftlichen Erkenntnissen sind derartige Fälle, in denen dem Ludomanen eine verminderte Einsichtsfähigkeit hinsichtlich seines delinquenten Verhaltens zuzusprechen ist, bekannt.[393]

Eine verminderte Schuldfähigkeit kann daher nur dann in Betracht kommen, wenn das Pathologische Spielen Auswirkungen auf die Steuerungsfähigkeit des Delinquenten „im Zeitpunkt bei Begehung der Tat" gehabt hat. Anzumerken ist, dass der Blickpunkt bei der Beurteilung der Steuerungsfähigkeit nicht auf das problematische Spielverhalten als solches zu richten ist,

---

391 Kröber/Dölling/*Leygraf*/Sass, Handbuch der Forensischen Psychiatrie 2, S. 516, 526; *Kellermann*, StV 2005, 287, 294; *Meyer*, MschrKrim 1988, 213, 225; *Meyer/Fabian/Wetzels*, StV 1990, 464, 468; *Meyer* in: Meyer/Bachmann, Spielsucht, S. 181 f.; *Schumacher* in: FS für Sarstedt, S. 370; *Hoch* in: Gebhardt/Grüsser-Sinopoli, Glücksspiel in Deutschland, S. 163; *Rasch*, Praxis der Forensischen Psychologie, S. 25, 33; *Schreiber*, Kriminalistik 1993, 469, 474; *Bork/Foerster*, Sucht 2004, 368, 371.

392 *Müller* stellt grds. die Abgrenzung des § 21 StGB zu dem Verbotsirrtum des § 17 StGB dar. Siehe: *Müller*, Schuldfähigkeit und Sanktionierung, S.154 ff., 276 f.

393 Vgl. BGH, Urt. v. 30.09.2014, Az.: 3 StR 351/14, StV 2015, 206, NStZ-RR 2015, 8; Kröber/Döllimg/*Leygraf*/Sass, Handbuch der Forensischen Psychiatrie 2, 514, 526; *Bork/Foerster*, Sucht 2004, 368, 371; *Meyer/Fabian/Wetzels*, StV 1990, 464, 467; *Kellermann*, StV 2005, 287, 294.

sondern auf die delinquenten Handlungen, welche damit in mehr oder weniger engem Zusammenhang stehen.[394]

aa) Rechtswissenschaftliche Kriterien

Die Erheblichkeit der Auswirkung des Pathologischen Spielens „im Zeitpunkt der Begehung der Tat" kann generell nach den Erkenntnissen der Rechtswissenschaft unter besonderen Voraussetzungen bejaht werden. Fest steht, dass es hierzu seitens des Tatgerichts im Rahmen seiner Urteilsbegründungen explizit dazu einer Äußerung bedarf. Das Tatgericht muss die entscheidenden Anhaltspunkte, inwieweit sich die Spielsucht bei dem Angeklagten in der konkreten Tatsituation ausgewirkt hat, zwingend darlegen.[395]

Diese Überprüfung unterliegt keinen konkreten Kriterien. Anhand der von der Rechtsprechung aufgestellten engen Maßstäbe ist einzelfallbezogen zu entscheiden. Festzuhalten ist, dass es für eine Dekulpierung im Sinne des § 21 StGB grundlegend ausreicht, wenn eine der von der Rechtsprechung aufgestellten Ausnahmen vorliegt. Es bedarf keiner Kumulation.

Nachstehende Aspekte sind grundlegend zur Bestimmung der Steuerungsfähigkeit eines Ludomanen heranzuziehen:

(1) Zusammenhang zwischen Spielverhalten und Straftat

Nach der Rechtsprechung des BGH sind zur Beurteilung der Steuerungsfähigkeit nur die Umstände, welche im Zusammenhang zwischen dem Spielverhalten und der Begehung des Deliktes stehen, heranzuziehen.[396]

Demzufolge sei die Steuerungsfähigkeit des Angeklagten nicht auf Grund der Spielsucht bei dem Angeklagten eingeschränkt, wenn bei ihm unabhängig von seiner Spielleidenschaft eine Verfestigung strafrechtlich relevanten Verhaltens eingetreten sei. Allein der äußere Zusammenhang zwischen der Spielleidenschaft des Angeklagten und seiner Straffälligkeit könne nicht eine strafrechtlich relevante Beeinträchtigung seiner Schuldfähigkeit belegen.[397]

---

394 Siehe auch: BGH, Urt. v. 09.10.2012, Az.: 2 StR 297/12; Venzlaff/*Foerster*, Psychiatrische Begutachtung, S. 317, 320.

395 Vgl. BGH, Beschl. v. 24.11.1991, Az.: 4 StR 580/90.

396 Vgl. BGH, Urt. 16.06.2005, Az.: 5 StR 140/05; BGH, Urt. v. 12.01.2005, Az.: 2 StrR 138/04; BGH, Urt. v. 22.07.2003, Az.: 4 StR 199/03; LG Berlin, Urt. v. 09.09.2004, Az.: 34 Js 5199/03 (503).

397 Siehe auch: *Müller*, Schuldfähigkeit und Sanktionierung, S. 196.

Nach Ansicht des BGH entschied dementsprechend das LG Berlin[398] rechtsfehlerfrei, dass es jedenfalls nicht auszuschließen sei, dass der Angeklagte zur Begehung erheblicher Straftaten neigte, bevor er mit dem Automaten-/Spielen angefangen habe, und dass bei ihm unabhängig von seiner Spielleidenschaft eine Verfestigung strafrechtlich relevanten Verhaltens eingetreten sei.[399]

Ebenso wenig könne ohne nähere Darlegung der Umstand herangezogen werden, dass in einer Vorverurteilung zugunsten des Angeklagten seine Spielsucht berücksichtigt worden sei. Im Ergebnis seien hieraus keine Rückschlüsse auf die jetzige zu entscheidende Tat zu ziehen.[400] Man müsse die Kausalverknüpfung stets überprüfen und könne nicht gleich von Rückfall zur Spielsucht sprechen, der dann zu § 21 StGB führe.[401]

(2) Vorverhalten der Tat

Für die Schuldfähigkeitsbestimmung ist das Vorverhalten der Tat zu betrachten. Nach der Rechtsprechung des BGH scheide der Ausschluss der Steuerungsfähigkeit nach den Feststellungen zum planvollen Vorgehen des Angeklagten aus.[402] Es bestehen in einer „überlegten, zeitaufwendigen Vorbereitung der Vortat" Anzeichen dafür, die gegen eine erhebliche Verminderung der Steuerungsfähigkeit sprechen.[403]

(3) Verwendung der Beute

Als entscheidendes Kriterium ist die Verwertung der Beute zu betrachten. Spielsucht kann unter dem Gesichtspunkt einer Verminderung der Schuldfähigkeit nach der Rechtsprechung nur dann beachtlich sein, wenn die begangenen Straftaten der Fortsetzung des Spiels dienen.[404]

---

398 LG Berlin, Urt. v. 09.09.2004, Az.: 34 Js 5199/03 (503).

399 BGH, Urt. 16.06.2005, Az.: 5 StR 140/05; so auch: BGH, Urt. v. 22.07.2003, Az.: 4 StR 199/03.

400 BGH, Urt. v. 12.01.2005, Az.: 2 StrR 138/04.

401 Vgl. BGH, Urt. v. 16.06.2005, Az.: 5 StR 140/05.

402 BGH, Urt. v. 25.11.2004, Az.: 5 StR 411/04.

403 BGH Urt. v. 13.03.2019, Az.: 1 StR 424/18; BGH, Urt. v. 30.09.2014, Az.: 3 StR 351/14, StV 2015, 206, NStZ-RR 2015, 8; BGH, Urt. v. 07.11.2013, Az.: 5 StR 377/13.

404 Vgl. BGH, Urt. 07.11.2013, Az.: 5 StR 377/13; BGH, Urt. v. 17.09.2013, Az.: 5 StR 377/13; BGH, Urt. v. 12.12.2012, Az.: (532) 234 Js 143/12 KLs (15/12); BGH, Urt. v. 08.06.2011, Az.: 1 StR 122/1; BGH, Urt. v. 12.01.2005, Az.: 2 StR 138/04; OLG Hamm, Beschl. v. 21.04.1998, Az.: Ss 412/98; BGH, Beschl. v. 18.05.1994, Az.: 5 StR 78/94; BGH, Beschl. v. 24.01.1991, Az.: 4 StR 580/90.

Das LG Berlin[405] geht in seinen Feststellungen davon aus, dass es dem Angeklagten bei der Planung der Straftat darum gegangen sei, Geldmittel zum Schuldenabbau zu beschaffen. Die übrige Tatbeute wurde nur zu einem geringen Teil zum Spielen verwandt. Dies könne nach Ansicht des BGH allerdings nur darauf hindeuten, dass beim Angeklagten keine völlige Einengung seines Verhaltensspielraums auf das Glücksspiel bestehe und daher der § 21 StGB nicht vorliege.[406]

Ebenso entschied der BGH am 17.09.2013 den Fall, in dem der Angeklagte die Tatbeute neben dem Spielen auch für Drogen und Alkohol sowie zum Kauf von Essen, Trinken und Zigaretten und zur Finanzierung von Bordellbesuchen verwendete.[407]

Dem BGH Beschluss vom 24.01.1991[408] ist bereits dieselbe Argumentation zu entnehmen. Nach den Feststellungen habe der Angeklagte die Tat nicht zur Beschaffung der für die Befriedigung seiner Spielleidenschaft erforderlichen Mittel begangen, sondern um seiner Frau das Haushaltsgeld geben zu können.

Im Falle einer Begehung einer Steuerhinterziehung manifestiere sich die Sucht ebenso wenig in der konkreten Tatsituation, so dass § 21 StGB verneint wurde. Es sollten dem Angeklagten hierdurch nicht zusätzlich Mittel zur Fortsetzung des Spiels verschafft werden, vielmehr bestand der Tatplan darin, längerfristig Gewinne auf Kosten des Fiskus zu machen.[409]

Eine aktuelle Entscheidung des BGH[410] zieht bei der Bemessung weitergehende Aspekte in Betracht. Das LG Regensburg lehnte in seinem Urteil vom 12.01.2018[411] die Voraussetzungen für eine erheblich verminderte Schuldfähigkeit für den spielsüchtigen Angeklagten ab. Das Einsetzen des Erlöses aus der Veräußerung der Tatbeute zur Tilgung anderer Schulden, welche aus dem

405 BGH, Urt. v. 12.12.2012, Az.: (532) 234 Js 143/12 KLs (15/12).

406 BGH, Urt. 07.11.2013, Az.: 5 StR 377/13; So auch: BGH, Urt. v.12.01.2005, Az.: 2 StR 138/04 und BGH, Beschl. v. 18.05.1994, Az.: 5 StR 78/94.

407 BGH, Urt. v. 17.09.2013, Az.: 5 StR 377/13.

408 BGH, Beschl. v. 24.01.1991, Az.: 4 StR 580/90.

409 BGH, Urt. v. 08.06.2011, Az.: 1 StR 122/11: Die Strafkammer hat einen Antrag auf Einholung eines psychiatrischen Sachverständigengutachtens abgelehnt.

410 BGH, Urt. 13.03.2019, Az.: 1 StR 424/18.

411 Das LG Regensburg verurteilte den A. wegen Wohnungseinbruchdiebstahls in Tateinheit mit Sachbeschädigung sowie wegen schweren Raubes in Tateinheit mit gefährlicher Körperverletzung und mit Hausfriedensbruch zu einer Gesamtfreiheitsstrafe von sieben Jahren und drei Monaten. Die Revision des A. zum Strafausspruch hatte Erfolg.

aufwendigen Lebensstil resultieren, zeige, dass noch ein gewisser Grad der Steuerungsfähigkeit gegeben sei. Der BGH kritisiert dies dahingehend, dass dabei zugleich auch in den Blick genommen werden müsse, dass dieses Verhalten mittelbar dennoch der Spielsucht geschuldet sei, weil es der Verbesserung der Kreditwürdigkeit diene, um zukünftig fürs Spielen leichter an Gelder zu gelangen. Die Ablehnung des § 21 StGB halte mit der hierfür gegebenen Begründung sachlich rechtlicher Nachprüfung nicht stand.

(4) Taten höchster Schwere

Eine Besonderheit stellt der BGH für Taten höchster Schwere auf. Bei solchen ist bei der Zubilligung der Voraussetzungen erheblich verminderter Steuerungsfähigkeit wegen der hohen Hemmschwelle besondere Zurückhaltung geboten. Die typische hohe emotionale Beeinträchtigung eines Verdeckungsmörders, die für sich genommen nicht zur Bejahung des § 21 StGB führe, beruhe auf einer ganz anderen Wurzel als eine etwa gleichzeitig bestehende Spielleidenschaft desselben Täters. Daher führe auch die Kombination beider psychischen Beeinträchtigungen regelmäßig nicht zum Vorliegen der Voraussetzungen des § 21 StGB.[412]

(5) Komorbidität

Das LG Regensburg[413] hat – sachverständig beraten – beim Angeklagten eine Pathologische Spielsucht und eine Intelligenzminderung festgestellt und eine erheblich verminderte Schuldfähigkeit verneint. Es sei noch ein gewisser Grad der Steuerungsfähigkeit gegeben, auch wenn der Angeklagte wegen unterdurchschnittlicher Intelligenz seine Spielsucht nicht kritisch habe bewerten können. Der BGH[414] kritisierte, dass es an der Auseinandersetzung mit der Frage fehle, ob sich die Kombination von Intelligenzminderung und Spielsucht auf das Hemmungsvermögen in rechtlich relevanter Weise auswirke. Es ist mithin darauf einzugehen, ob diese Minderbegabung den Angeklagten in seiner Fähigkeit beeinträchtige, seine Spielsucht vor Begehung der Taten zu beherrschen.

---

412 BGH, Urt. v. 07.11.2013, Az.: 5 StR 377/13.
413 LG Regensburg, Urt. v. 12.01.2018, Az.: 5 KLs 174/18.
414 BGH, Urt. 13.03.2019, Az.: 1 StR 424/18.

bb) Psychowissenschaftliche Anforderungen

Die Anforderungen an die Auswirkung des Pathologischen Spielens auf die Steuerungsfähigkeit zum Tatzeitpunkt werden in den Psychowissenschaften differenziert betrachtet. Nach einem überwiegenden Teil der Psychowissenschaften wird auf die Motivationslage abgestellt. Hingegen verlangt eine andere Ansicht gleich der Strenge des BGH eine schwere Persönlichkeitsveränderung.

(1) Motivation

Nach der Ansicht, welche zur Bestimmung des Schweregrades der Ludomanie auf eine progrediente Verlaufsform mit einer typisierenden Umprägung abstellt, ist als entscheidendes Kriterium für die Bestimmung der Steuerungsfähigkeit auf die Motivationslage des Betroffenen bei der Tat abzustellen.[415] Es ist ein motivischer Zusammenhang zwischen der psychischen Störung und der Beeinträchtigung der Verantwortlichkeit zu fordern. Für die Beurteilung der Motivation des Ludomanen sind nachfolgende Aspekte fakultativ heranzuziehen:

(a) Symptomcharakter versus Strukturcharakter

Schumacher[416] setzte sich – angestoßen durch die bereits aufgezeichneten Erkenntnisse *von Gebsattel*[417] (1954) und *Giese*[418] (1962) mit dem Begriff des süchtigen Sexualverhaltens – im Jahr 1981 als Erster mit der Frage der forensischen Beurteilung der Schuldfähigkeit nach §§ 20, 21 StGB bei sogenannten substanzlosen Abhängigkeiten auseinander.[419] Er verweist auf die Parallelen zwischen stoffgebundenen Abhängigkeiten vom Alkohol, von illegalen Drogen oder Medikamenten und der nicht-stoffgebundenen Abhängigkeit vom Glücksspiel, die in den bereits genannten Definitionskriterien sichtbar werden. Auf Grund dieser Gemeinsamkeiten folgen ähnliche Privilegierungen hinsichtlich der Schuldfähigkeit wie bei stoffgebundenen Abhängigkeiten.[420] Wiederholend sei an dieser Stelle angemerkt, dass dann von Abhängigkeit gesprochen werden

---

415 Vgl. *Rasch*, StV 1991, 126, 130; *ders.*, in: Praxis der forensischen Psychiatrie, S. 25, 33; *Meyer*, MschrKrim 1988, 222 f.; *Meyer/Fabian* in: Wahl, Spielsucht, S. 103, 125 ff.; *Meyer/Fabian/Wetzels*, StV 1990, 464, 468 ff.; *Fabian/Wetzels* in: Egg, Brennpunkte der Rechtspsychologie, S. 374 ff.

416 *Schumacher* in: FS für Sarstedt, S. 361 ff.

417 *von Gebsattel,* Prolegomena einer medizinischen Anthropologie, S. 220 ff.

418 *Giese*, Psychopathologie der Sexualität, S. 420 ff.

419 Vgl. auch: *Müller*, Schuldfähigkeit und Sanktionierung, S. 182 ff.

420 *Giese*, Psychopathologie der Sexualität, S. 420 ff.

kann, wenn es zu einer Einschränkung von Handlungsfreiräumen durch den Zwang des Konsumierens bestimmter Substanzen bzw. durch die Vornahme bestimmter Handlungen gekommen ist. *Schumacher*[421] hat Merkmale benannt, die es erlauben, den Grad der Einschränkung der Handlungsalternativen und damit einhergehend den Grad der Beeinträchtigung der Steuerungsfähigkeit zu beurteilen. Unter forensischen Aspekten sei insbesondere das Merkmal der Symptomwertigkeit, d.h. der Aufbau der Störung gleiche dem eines neurotischen Symptoms, zu erwähnen. Es sei dafür zu beurteilen, ob die inkriminierte Handlung vom Ich abgespalten oder hierin eingebunden sei (Symptom- versus Strukturcharakter eines Verhaltens). Wenn zum Beispiel das Spielen oder die Beschaffungskriminalität zwecks Spielabsicht Ausdruck einer allgemeinen Verwahrlosung sei, wenn sich – bezogen auf die Gesamtpersönlichkeit – die Handlungsweise als struktureingebunden und damit persönlichkeitstypisch darstelle, könne man nicht von Symptomcharakter und damit nicht ohne weiteres von Steuerungsunfähigkeit oder -einschränkung sprechen. Es sei umgekehrt so, dass Menschen mit süchtigen Verhaltensweisen in ihrer übrigen Persönlichkeit gerade nicht verwahrlost, willensschwach oder bequem seien. Eben hieran werde der Symptomcharakter einer Verhaltensstörung deutlich. Nach dem Verständnis der Symptomwertigkeit gleiche der Aufbau der Störung dem eines neurotischen Symptoms. Die Zwanghaftigkeit, das nicht mehr vom Ich Beinflussbare, die Eigengesetzlichkeit und Automatik mit der das Geschehen ablaufe, indizieren den Symptomcharakter eines Verhaltens. Im ausgeprägten Fall seien die Freiräume des Handelns, die Fähigkeit zum Widerstand und Entgegensteuern entsprechend eingeengt.

(b) Kausalzusammenhang

Basierend unter anderem auf den Erkenntnissen *Schumachers* konstruierten verschiedene Wissenschaftler weitergehende Kriterien, welche zur Beurteilung der Steuerungsfähigkeit herangezogen werden können.[422] Es wird hierbei insbesondere das Augenmerk auf den kausalen Zusammenhang zwischen dem

---

421 *Schumacher* in: FS für Sarstedt, S. 361 ff. So auch *Hand* in: Payk, Dissozialität – Psychiatrische und forensische Aspekte, S. 100.

422 Siehe hierzu: *Meyer/Fabian* in: Wahl, Spielsucht, S. 103, 125 ff.; *Meyer/Fabian/Wetzels*, StV 1990, 464, 468 ff.; *Fabian/Wetzels* in: Egg, Brennpunkte der Rechtspsychologie, S. 374 ff; *Meyer*, MschrKrim 1988, 222 f.; *Kellermann*, StV 2005, 293 ff.; *Bork/Foerster*, Sucht 2004, 368, 371; Venzlaff/*Foerster*, Psychiatrische Begutachtung, S. 376, 379 f.; *Saß/Wiegand*, Nervenarzt, 435, 436; *Hand* in: Payk, Dissozialität – Psychiatrische und forensische Aspekte, S. 97, 103; *Nedopil*, Forensische Psychiatrie, S. 195 f.

pathologischen Spielverhalten und der delinquenten Handlung gerichtet. Für die Bestimmung dessen sei die Dynamik des Tatgeschehens zu rekonstruieren und zu ermitteln, wie sich die diagnostizierte Störung in der konkreten Tat ausgewirkt habe.

Hierfür sei eine Analyse des Verhaltens unmittelbar vor, während und nach der Tat vorzunehmen. Beachtlich ist an dieser Stelle, dass sich die Kriterien als solche weitestgehend mit denen der Rechtsprechung decken.

(aa) Zusammenhang zwischen Spielen und Straftat

Auch nach psychowissenschaftlichen Erkenntnissen ist zu differenzieren, ob es sich bei der Tat um eine tatbedingte oder um eine tatbegleitende Bedeutung des Glücksspieles handelt.[423] Beispielhaft ist der Fall anzuführen, bei dem der Spieler auch schon vor seiner Glücksspielsucht straffällig geworden ist. Diesem sei tatbegleitende Bedeutung hinsichtlich des Glücksspiels zuzusprechen, welche keinerlei schuldmindernde Auswirkung im Sinne des § 21 StGB hat. Folglich sei das tatbedingte Glücksspiel zwecks Bestimmung der Steuerungsfähigkeit zu beleuchten.

Zudem stellen vorausgegangene Verurteilungen des Angeklagten an sich noch kein Hindernis für die Bejahung von suchtbedingten Beschaffungstaten dar.[424]

(bb) Vorverhalten der Tat

Im Rahmen der Analyse des Tatverhaltens ist auch nach den psychowissenschaftlichen Erkenntnissen der Zeitpunkt vor Begehung der Tat zu betrachten.[425] Hierfür sei die motivationale Ausgangssituation zu hinterfragen. Relevant sei hierbei, ob es beispielhaft irgendwelche Konfliktsituationen gegeben habe oder ob in der Zeit vor dem Delikt eine emotionale Labilisierung herrsche. Zudem sei die prädeliktische Phase mit Augenmerk auf die Verfügbarkeit finanzieller Mittel zu untersuchen, hierbei seien ebenso etwaige Verluste beim Glücksspiel einzubeziehen. Zu berücksichtigen sei ferner, ob eine Rückzahlung von Spielschulden anstand. Hierbei sei der Aspekt der vorherigen Ausschöpfung der verfügbaren eigenen Ressourcen und legaler wie halblegaler (Ausleihen von Geld unter fadenscheinigen Ausreden) zu betrachten, da nur so bei einem süchtigen Spieler ein unmittelbarer Handlungsdruck erklärbar sei.

---

423 Vgl. *Meyer* in: Meyer/Bachmann, Spielsucht, S. 186, *Roggenwallner*, StRR 2008, 456, 458, vgl. auch: *Müller*, Schuldfähigkeit und Sanktionierung, S. 196.

424 *Meyer* in: Meyer/Bachmann, Spielsucht, S. 185.

425 *Meyer*, a.a.O.

(cc) Tatverhalten
Im Zeitpunkt der Tat sei die Unmittelbarkeit des Handelns zu begutachten. Das innere Abwägen, das „Wenn-und-aber-Denken", die Prüfung von Gefahr- und Risikoabwägung seien Anzeichen einer Ich-gesteuerten Handlungsweise. Es seien in dem Fall keine Einschränkungen hinsichtlich der Steuerungsfähigkeit eines Verhaltens anzunehmen.[426] Ebenso spreche gegen eine Einschränkung der Steuerungsfähigkeit, wenn ein längerfristiger Zeitablauf zwischen Tatentschluss, Planung, Durchführung und Verfügbarkeit des erbeuteten Geldes vorliege.[427] Die zeitliche Nähe zwischen Delikt und Spielhandlung, ob dies kurz vor der Tat oder direkt im Anschluss getätigt wurde, stelle zudem einen zu begutachtenden Aspekt dar.[428] Ein weiteres relevantes Anzeichen stelle die Modifikation des Handelns, um das Ziel zu erreichen, dar. Das von Sucht und Zwanghaftigkeit bestimmte Verhalten hingegen laufe impulshaft, meist wider aller Vernunft und unverzüglich ab.

(dd) Nachtatverhalten
Ein weiteres wichtiges Merkmal für die forensische Bewertung liegt in der Analyse des Verhaltens nach der Tat, insbesondere im Aspekt der Beute-/Geldverwertung. Es sei so darauf zu achten, ob der Betroffene die mit der Tat erlangten Geldmittel unmittelbar und ausschließlich zur Fortsetzung des Spieles nutze.[429] Es sei zwischen direkter und indirekter Beschaffungskriminalität sowie anderen Straftaten, die keine Eigentums- bzw. Vermögensdelikte darstellen, zu differenzieren.

Bei der direkten Beschaffungskriminalität stehe die Straftat, die der Geldbeschaffung diene, in unmittelbarem Zusammenhang mit der sofort anschließenden Suchtbefriedigung. Hierbei sei der abhängige Spieler solchen motivationalen Zwängen ausgesetzt, die auf das Spiel als das eigentliche Suchtverhalten und die Geldbeschaffung dafür ausgerichtet seien, wodurch die Steuerungsfähigkeit erheblich eingeschränkt sei. Menschen begehen unter dem Diktat ihrer Sucht auch Straftaten, die sie mit Sicherheit vor Inkrafttreten der Sucht niemals begangen hätten. Die Fähigkeit eines Pathologischen Glücksspielers zum Abwägen von Pro und Contra, zum Reflektieren über seine Taten

---

426 *Schumacher* in: FS für Sarstedt, S. 369.

427 Vgl. Kröber/Dölling/*Leygraf*/Sass, Handbuch der Forensischen Psychiatrie 2, S. 516, 527.

428 Vgl. *Fabian/Wetzels* in: Egg, Brennpunkte der Rechtspolitik, S. 363, 378.

429 Vgl. *Kellermann*, StV 2005, 287 ff.; *Kröber*, JR 1989, 389 f.; *Kröber*, FPPK 2009, 94 f.; *Rasch*, Praxis der Forensischen Psychologie, S. 25, 33.

und dessen Konsequenzen seien im Tatzeitraum massiv beeinträchtigt. Eine vernunftgemäße Reflexion über die Bedeutung seines Tuns und dessen Folgen für das soziale Umfeld und insbesondere sich selbst sei diesem im Tatzeitraum nicht mehr möglich. Die Bejahung der Verminderung der Steuerungsfähigkeit in derartigen Fällen sei demgemäß auf den suchtbedingten Beschaffungsdruck zurückzuführen.

Bei Beschaffungsdelikten bestehe zudem ein für die forensische Bewertung zentrales Merkmal in der Ausschließlichkeit der Geldverwendung.[430] Bei Abhängigen werde das Geld sofort und ausschließlich für die Betätigung der dranghaft angestrebten Handlung verwendet. Es handele sich um eine Zubringerhandlung für das Pathologische Spielverhalten. Es fehlen darüber hinaus die bei anderen kriminellen Taten sonst nachweisbaren Bereicherungsmotive. Nutze der Täter die Beute zunächst, um Miete zu zahlen oder andere Rechnungen zu begleichen, zeige sich darin, dass sein Erlebens- und Verhaltensspielraum noch nicht völlig auf das Glücksspiel eingeengt sei.[431] Es ist allerdings zu beachten, dass bei vorangeschrittener Suchterkrankung, meist das gesamte Alltagsleben auf die Sucht ausgerichtet sei und illegale Handlungen auch dann durch das Spiel motiviert sein können, wenn geringfügige Teile des so erlangten Geldes zum Erwerb von primären Grundbedürfnissen, wie beispielsweise dem Einkauf von Lebens- oder Genussmitteln (wie Tabak), dienen.

Die indirekte Beschaffungskriminalität hingegen zeichnet sich dadurch aus, dass die Beute zunächst in einem zwischengeschalteten Wege zu Geld umgesetzt werden muss, um damit dann weiterspielen zu können. In Fällen indirekter Beschaffungskriminalität müsse allerdings für die Beurteilung der Einschränkung der Steuerungsfähigkeit neben der Diagnose außerdem eine „schwere“ Persönlichkeitsveränderung zu erkennen sein und zur forensischen Bewertung herangezogen werden.[432]

Bei den sogenannten anderen Delikten, worunter alle fernab der Beschaffung von Geldmitteln zur Befriedigung der Sucht zu subsumieren sind, bedarf es bei Pathologischen Spielern gleichfalls einer „schweren“ Persönlichkeitsdeformierung.[433]

---

430 Vgl. *Schumacher* in: FS für Sarstedt, S. 369, 371; *Fabian/Wetzels* in: Egg, Brennpunkte der Rechtspolitik, S. 363, 378.

431 Kröber/Dölling/*Leygraf*/Sass, Handbuch der Forensischen Psychiatrie 2, S. 516, 527; anders *Schiemann*, Unbestimmte Schuldfähigkeitsfeststellungen, S. 328.

432 Vgl. *Rasch*, Praxis der Forensischen Psychologie, S. 25, 33; *Meyer* in: Meyer/Bachmann, Spielsucht, S. 184.

433 Vgl. *Rasch*, a.a.O .; *Meyer*, a.a.O.

(c) Zwischenergebnis

Wenn nach den Erkenntnissen der forensischen Wertung der unmittelbare Zusammenhang zwischen dem Pathologischen Spielen und den begangenen Delikten bejaht werden kann, ist nach vorangegangen Erklärungen davon auszugehen, dass die Motivation zu den deliktischen Taten durch die nicht mehr steuerbare Spielmotivation geleitet war. Insofern ist in Fällen der direkten Beschaffungskriminalität nach forensisch-psychiatrischen Erfahrungen „in der Regel" anzunehmen, dass sich diese Störung auf die Steuerungsfähigkeit des Delinquenten auswirkt.[434] In Fällen, die nicht als direkte Beschaffungskriminalität wie Eigentums- oder Vermögensdelikte zu qualifizieren sind, wird auch nach dieser Ansicht auf das Erfordernis der „schweren Persönlichkeitsveränderung" für die Bejahung des § 21 StGB zurückgegriffen.[435]

(2) Schwere Persönlichkeitsveränderung

Neben dem soeben dargestellten Kriterium der Motivation zielen andere Psychowissenschaftler auf eine schwere Persönlichkeitsveränderung ab. Für die Beurteilung der Steuerungsfähigkeit wird hiernach bei Beschaffungsdelikten lediglich die Strukturveränderung des Delinquenten als maßgebendes Kriterium herangezogen.[436] Die Schuldfähigkeit ist demgemäß vornehmlich anhand der suchtbedingten, tiefgreifenden Persönlichkeitsveränderung zu bemessen. In Kongruenz mit der Rechtsprechung des BGH könne nur die Beschreibung eines schweren pathologischen Persönlichkeitswandels Aussagen über die Verminderung der Steuerungsfähigkeit tragen. Dieser pathologische Persönlichkeitswandel müsse auf einem psychopathologischen Prozess einhergehend mit ökonomischem und sozialem Verlust basieren und mit anderen psychopathologischen Fehlentwicklungen, welche die Psychiatrie kennt, vergleichbar sein. Auf Grund dieser Strukturveränderung sei zudem unvermeidlich die Steuerungsfähigkeit des Delinquenten maßgebend beeinträchtigt.

---

434 So auch: *Schumacher* in: FS für Sarstedt, S. 361, 370; *Rasch*, Praxis der Forensischen Psychologie, S. 25, 33; *Kellermann*, StV 2005, 293.

435 *Rasch*, a.a.O.; *Meyer* in: Meyer/Bachmann, Spielsucht, S. 187.

436 Vertreter der Strukturveränderung: Kröber/Dölling/*Leygraf*/Sass, Handbuch der Forensischen Psychiatrie 2, S. 516, 526; *Lammel*/Felber/Sutarski/Lau, Die forensische Relevanz „abnormer Gewohnheiten", S. 87, 92; *Kröber*, JR 1989, 379, 380 f.; *ders.*, FPPK 2009, 96. So auch *Rasch*, StV 1991, 126, 130, wenn infolge der psychopathologischen Entwicklung eine schwere Persönlichkeitsdeformierung eingetreten sei, so dass auch unabhängig vom Motivzusammenhang eine Einschränkung der Schuldfähigkeit erwogen werden müsse.

Die Beschreibung der Macht der Motivation des Handelnden, welche auf dem suchtbedingten Beschaffungsdruck basiert, ist nach dieser Ansicht ohne jeden Belang.[437] Es sei gänzlich irrelevant, wofür das erbeutete Geld ausgegeben werde. Insbesondere könne die Delinquenz nicht als entscheidendes Kriterium, wann dem Spielverhalten psychopathologischer Wert zuzusprechen sei, herangezogen werden. „Machte man nun Straffälligkeit, als ‚Beschaffungskriminalität' verstanden, […] ab wann Spielen definitiv pathologisch entartet sei, so geriete man in eine circuläre Argumentation."[438] Für die Beurteilung, ob eine Persönlichkeitsveränderung infolge des Pathologischen Spielens eingetreten sei, sei es irrelevant, wofür die Beute ausgegeben werde. Anderenfalls werde die Beurteilung des Schweregrades der Pathologischen Spielsucht als schwere andere seelische Abartigkeit und die Beurteilung der Auswirkungen dieser im Zeitpunkt der Tatbegehung vermischt.

Auf Grund dessen, dass die Strafjustiz nur in Fällen abweichenden Verhaltens tätig werde, sei es in Bezug auf die Beurteilung der §§ 20, 21 StGB nur konsequent, wenn sich der BGH nicht mit der Beschreibung sozial abweichendem Verhalten als solchem begnüge, sondern eine darüber hinausgehende psychische Veränderung der Persönlichkeit fordere.[439]

III. Konsequenzen und Rechtsfolgen

Hat das Gericht die diagnostizierte Ludomanie unter ein Eingangsmerkmal der §§ 20, 21 StGB subsumiert und dessen Auswirkungen auf die Tat bejaht, können demzufolge Konsequenzen des möglichen Strafausschließungsgrundes oder auf der Strafzumessungsebene eintreten. Zudem ist ein Blick auf die angemessene Rechtsfolge im Sinne der §§ 63 ff. StGB für die inkriminierte Handlung des Ludomanen zu werfen.

1. Strafausschließungsgrund und Strafzumessung

Auf Grund der Ludomanie ist es zu keinem Fall der Schuldunfähigkeit nach § 20 StGB und einem damit einhergehenden Freispruch gekommen. Auf Grund

---

437 Vgl. *Kröber*, JR 1989, 381; *ders.*, FPPK 2009, 90, 96; *Lammel*/Felber/Sutarski/Lau, Die forensische Relevanz „abnormer Gewohnheiten", S. 87, 93.

438 *Kröber*, JR 1989, 379, 381.

439 Anders: Kröber/Dölling/*Leygraf*/Sass, Handbuch der Forensischen Psychiatrie 2, S. 516, 526: Auf einer zweiten Stufe sei neben dem tiefgreifenden pathologischen Persönlichkeitswandel zudem zu prüfen, in welchem Maße die konkret vorgeworfene Tat auf diese Störung zurückzuführen sei.

der restriktiven Auffassungen der Rechtsprechung und psychowissenschaftlichen Literatur ist ein Freispruch nicht oder zumindest nur in äußerst selten auftretenden Fällen zu erwarten.

Weitere Konsequenzen, welche sich aus einer festgestellten Ludomanie, und den daraus resultierenden rechtlichen Auswirkungen im Sinne des § 21 StGB ergeben können, finden zum einen im Rahmen der Strafzumessung als fakultativer Strafmilderungsgrund nach §§ 21, 49 Abs. 1 StGB[440] Berücksichtigung.[441] Zum anderen kann die Störung im Rahmen der konkreten Strafzumessung im Sinne des § 46 StGB suchtbedingt strafmildernd gewertet werden.[442]

Im Urteil des BGH vom 11.09.2013[443] berücksichtigte das Gericht zu Gunsten des Angeklagten, dass dieser infolge seiner Spielsucht zwar nicht erheblich in seiner Steuerungsfähigkeit eingeschränkt war, wohl aber enthemmt war. Der auf Grund der Spielsucht zugebilligte vertypte Strafmilderungsgrund des § 21 StGB könne im Zusammenwirken mit den allgemeinen Strafmilderungsgründen Anlass dazu geben, trotz Vorliegens eines Regelbeispiels einen besonders schweren Fall zu verneinen.[444] Im Urteil des BGH vom 08.08.2016[445] erfolgte die Begehung der Tat – das gewerbsmäßige Handeln des Angeklagten – zur Finanzierung der Spielsucht. Dieser Umstand gelte in diesem Fall als gewichtiger Strafmilderungsgrund, wodurch die Verneinung der Indizwirkung eines Regelbeispiels nicht fern gelegen habe.

2. Sekundäre Rechtsfolgen

Wie bereits erwähnt, kann losgelöst vom Schuldgrundsatz bei Schuldunfähigkeit trotz eines Freispruches gemäß § 20 StGB oder bei einer Verurteilung eines vermindert Schuldfähigen im Sinne des § 21 StGB eine Maßregel der Besserung

---

440 So BGH, Urt. v. 08.04.2004, Az.: 3 StR 465/03.

441 *Müller* problematisiert, ob der fakultative Strafmilderungsgrund des § 49 I StGB mit dem Schuldprinzip vereinbar ist. Siehe: *Müller*, Schuldfähigkeit und Sanktionierung, S. 205 ff., 273 f.

442 So auch: BGH, Beschl. v. 04.07.2002, Az.: 4 StR 192/02.

443 BGH, Urt. v. 11.09.2013, Az.: 2 StR 287/13: Nach den Feststellungen des LG Köln vom 04.03.2013 leide der A. unter Spielsucht.

444 BGH, Beschl. v. 24.04.2003, Az.: 4 StR 94/03.

445 BGH, Urt. v. 08.08.2016, Az.: 5 StR 170/16. Zuvor: LG Cottbus, Urt. v. 11.11.2015: Das LG hat den A. wegen gewerbsmäßigen Betruges in Tateinheit mit gewerbsmäßiger Urkundenfälschung in 86 Fällen zu einer Gesamtfreiheitsstrafe von zwei Jahren verurteilt, deren Vollstreckung es zur Bewährung ausgesetzt hat. Die gegen den Strafausspruch gerichtete Revision des A. hat mit der Sachbeschwerde Erfolg.

und Sicherung gemäß §§ 63 ff. StGB angeordnet werden. Es stellt sich die Frage nach der anzuwendenden Maßregel für einen delinquenten Ludomanen.

a) § 63 StGB Unterbringung in einem psychiatrischen Krankenhaus

Grundsätzlich besteht unter den strengen Voraussetzungen des § 63 StGB[446] die Möglichkeit, eine Unterbringung des verurteilten Spielsüchtigen in einem psychiatrischen Krankenhaus anzuordnen.[447] Bislang liegen allerdings nur Fälle vor, in denen der BGH die tatgerichtliche Anordnung der Unterbringung gemäß § 63 StGB abgelehnt[448] bzw. deren Nichtanordnung bestätigt[449] hat. Nachstehend werden die Voraussetzungen im Hinblick auf das gegenständliche Thema dargestellt:

aa) Zustand gemäß § 20 StGB oder nach § 21 StGB

Die Anordnung der Unterbringung gemäß § 63 StGB setzt die Feststellung eines länger andauernden Zustandes voraus, der die Schuldunfähigkeit (§ 20 StGB) oder die verminderte Schuldunfähigkeit (§ 21 StGB) begründet. Dieser Zustand muss sicher festgestellt sein, d.h. er darf nicht lediglich nicht ausgeschlossen sein. Bei der Frage der Schuldfähigkeit handelt es sich um eine der Wahrunterstellung nicht zugängliche Rechtsfrage. Für die Anwendung des Zweifelsgrundsatzes ist daher kein Raum.[450]

Der BGH hob in mehreren Entscheidungen[451] die Unterbringungsanordnung der Tatgerichte auf und führte dazu aus, dass die Feststellungen der vorinstanzlichen Gerichte[452] zum Vorliegen einer verminderten Schuldfähigkeit im

---

446 Beachte: Gemäß § 7 JGG in Verbindung mit § 105 Abs. 1 JGG kann unter besonderen Voraussetzungen auch in einem Verfahren gegen einen Jugendlichen und Heranwachsenden eine Unterbringung nach § 63 StGB angeordnet werden.

447 Vgl. auch *Müller*, Schuldfähigkeit und Sanktionierung, S. 211 ff., 222 ff., 274.

448 BGH, Urt. v. 07.11.2013, Az.: 5 StR 377/13; BGH, Urt. v. 09.10.2012, Az.: 2 StR 292/12; BGH, Urt. v. 22.07.2003, Az.: 4 StR 199/03; BGH, Beschl. v. 04.07.2002, Az.: 4 StR 192/02; BGH, Urt. v. 28.04.1988, Az.: 4 StR 33/88.

449 BGH, Beschl. v. 06.03.2013, Az.: 5 StR 597/12.

450 So auch: BGH, Urt. v. 12.01.2005, Az.: 2 StR 138/04 und BGH, Urt. v. 07.01.1993, Az.: 4 StR 597/92.

451 BGH, Urt. v. 07.11.2013, Az.: 5 StR 377/13; BGH, Urt. v. 09.10.2012, Az.: 2 StR 297/12; BGH, Urt. v. 22.07.2003, Az.: 4 StR 199/03; BGH, Urt. v. 28.04.1988, Az.: 4 StR 33/88.

452 LG Aachen, Urt. v. 04.04.2012, Az.: 61 KLs 33/11 – 804 Js 558/11; LG Siegen, Urt. v. 05.02.2003, Az.: KLs 112 Js 921/00 W 2/02; LG Hannover, Urt. v. 11.09.1987, Az.: 45 Js 3000/87. Vgl. dazu auch: BGH, Urt. v. 07.11.2013, Az.: 5 StR 377/13.

Sinne des § 21 StGB als tatbestandliche Unterbringungsvoraussetzung gemäß § 63 StGB nicht rechtsfehlerfrei seien. Es fehle an ausreichenden positiven Feststellungen, die ausnahmsweise eine erhebliche Verminderung der Steuerungsfähigkeit im Falle der Ludomanie begründen. Folgerichtig könne es damit in den vorliegenden Fällen zu keiner Unterbringung gemäß § 63 StGB kommen.

Zudem muss diese bestehende Symptomatik des Pathologischen Spielens gemäß §§ 20, 21 StGB auf einem länger andauernden Zustand beruhen. Der 5. Senat des BGH bestätigt in seinem Urteil vom 06.03.2013[453] das Urteil des LG Göttingen und die unterbliebene Anordnung der Unterbringung in einem psychiatrischen Krankenhaus nach § 63 StGB. Es müsse ein länger andauernder und nicht nur vorübergehender geistiger Defekt vorliegen. „Die sich schubweise in schweren Entzugserscheinungen äußernde Spielsucht des Angeklagten vermag dessen Unterbringung im psychiatrischen Krankenhaus gleichwohl nicht zu begründen." Zur Begründung und unter Wahrung des verfassungsrechtlich verankerten Verhältnismäßigkeitsgrundsatzes wird die Rechtsprechung des BGH in Fällen der Unterbringung bei stoffgebundenen Süchten zum Vergleich herangezogen.[454] So sei es auch bei der Alkohol- und Drogensucht anerkannt, dass eine Unterbringung nur dann gerechtfertigt sei, wenn eine krankhafte Form im Sinne der Überempfindlichkeit gegeben sei oder der Betroffene auf Grund eines von der Drogensucht unterscheidbaren psychischen Defektes alkohol- oder drogensüchtig sei, der in seinem Schweregrad einer krankhaften seelischen Störung im Sinne der §§ 20, 21 StGB gleichstehe. Demgemäß seien eine Neigung zum Alkoholmissbrauch, eine Alkoholabhängigkeit und selbst chronischer Alkoholismus als Folge jahrelangen Alkoholmissbrauches für sich allein nicht als hinreichende Gründe für eine Unterbringung nach § 63 StGB anerkannt.[455] Die unterbliebene Anordnung nach § 63 StGB sei auch vor dem Hintergrund geschehen, dass für stoffgebundene abhängige Straftäter die befristete und damit weniger beschwerende Unterbringung gemäß § 64 StGB zur Verfügung stehe.[456] Auch dieser Umstand könne allerdings nicht dazu führen, dass die Schwelle zur Unterbringung Spielsüchtiger im psychischen

---

453 BGH, Urt. v. 06.03.2013, Az.: 5 StR 597/12.

454 BGH, Beschl. v. 22.03.2007, Az.: 4 StR 56/07; BGH, Beschl. v. 19.12.2006, Az.: 4 StR 530/06; BGH, Beschl. v. 24.06.2004, Az.: 4 StR 210/04; BGH, Beschl. v. 21.11.2001, Az.: 3 StR 423/01; BGH, Beschl. v. 23.11.1999, Az.: 4 StR 486/99; BGH, Urt. v. 08.01.1999, Az.: 2 StR 430/98; BGH, Beschl. v. 27.05.1998, Az.: 2 StR 233/98.

455 Vgl. BGH, Beschl. v. 19.12.2006, Az.: 4 StR 530/06; BGH, Urt. v. 08.01.1999, Az.: 2 StR 430/98; BGH, Urt. v. 20.09.1983, Az.: 5 StR 401/83.

456 Ungeachtet dessen, dass diese im Falle des Spielsüchtigen nicht greife.

Krankenhaus niedriger als bei stoffgebundenen Abhängigen sei. Entsprechend reiche bloßer Suchtdruck, welcher sich in schubweise auftretenden Entzugserscheinungen äußere, auch bei der Spielsucht nicht aus, um eine Unterbringung gemäß § 63 StGB rechtsfehlerfrei anzuordnen.[457] Es müsse daher eine schwere Persönlichkeitsveränderung festzustellen sein.[458] Diese liege bei dem Betroffenen allerdings nicht vor.

bb) Negative Gefährlichkeitsprognose

Die Gesamtwürdigung von Tat und Täter muss ergeben, dass von dem Täter mit hinreichender Wahrscheinlichkeit wegen desselben psychischen Defekts „infolge des Zustandes", der bereits zur Anlasstat geführt hat, weitere erhebliche rechtswidrige Taten zu erwarten sind.[459] Die Erwartungsklausel des § 63 StGB erfordert eine Wahrscheinlichkeit höheren Grades, die über die bloße Möglichkeit künftiger Taten hinausgeht.[460] Hierfür bedarf es konkreter Anhaltspunkte. Derartige Taten müssen „infolge des Zustandes" des Täters zu erwarten sein.[461] Hiermit wird eine doppelte Kausalität gefordert. Zum einen muss die Anlasstat durch die nicht nur vorübergehende psychische Störung ausgelöst worden sein und zum anderen muss sich die künftig zu erwartende Tat als Folgewirkung dieses Zustandes darstellen.[462]

Das LG Hannover hat in seinem Urteil vom 11.09.1987[463] auf Grund der beim Täter festgestellten Spielsucht eine Unterbringung nach § 63 StGB angeordnet, welche vom BGH in seinem Urteil vom 28.04.1988[464] aufgehoben worden ist.

---

457 So auch BGH, Beschl. v. 21.11.2001, Az.: 3 StR 423/01: wonach nur vorübergehend starke Entzugserscheinungen i.S.d. § 21 StGB für sich allein nicht die Unterbringung nach § 63 StGB rechtfertigen; bestätigend: *Rasch/Konrad*, Forensische Psychiatrie, S. 94 ff.

458 So auch *Lackner/Kühl*, StGB, § 63 Rn. 3; *Detter*, NStZ 2014, 22, 24.

459 MüKo-StGB-*van Gemmeren*, § 63 Rn. 48.

460 *Lackner/Kühl*, StGB, § 63 Rn. 5.

461 MüKo-StGB-*van Gemmeren*, § 63 Rn. 56.

462 Vgl. *Fischer*, StGB, § 63 Rn. 3 ff.; BeckOK-StGB-*Ziegler*, § 63 Rn. 6; Schönke/Schröder-*Kinzig*, StGB, § 63 Rn. 3 ff.; Satzger/Schluckebier/Widmaier- *Kaspar*, StGB, § 63 Rn. 11 ff.; Dölling/Duttge/König/Rössner-*Brasch*, Gesamtes Strafrecht, § 63 Rn. 13; Kindhäuser/Neumann/Paeffgen-*Pollähne*, StGB, § 63 Rn. 42.; *Streng*, Strafrechtliche Sanktionen VIII. Rn. 398 ff.; *Volckart/Grünebaum*, Maßregelvollzug, S. 12 ff.; unterstützt durch psychowissenschaftliche Literatur: *Meyer*, ZRP 2013, 140 ff.; *Streng*, StV 2004, 614, 621.

463 LG Hannover, Urt. v. 11.09.1987, Az.: 45 Js 3000/87.

464 BGH, Urt. v. 28.04.1988, Az.: 4 StR 33/88.

Zwischen dem seelischen Zustand und seiner Gefährlichkeit müsse ein symptomatischer Zusammenhang gegeben sein; die begangenen und die noch zu erwartenden rechtswidrigen Taten und der seelische Zustand des Täters müssen in einem ursächlichen Zusammenhang stehen. Im angefochtenen Urteil fehle es insoweit an hinreichenden Feststellungen. Es werde nicht dargelegt, inwiefern die Tat Ausfluss der Störung und hierdurch bestimmt worden sei. Dies erscheine auf Grund dessen, dass der Täter trotz der nicht unerheblichen Beute am Tatabend keine Spielhalle aufgesucht habe, zumindest zweifelhaft und bedürfe einer weitergehenden Feststellung.

Des Weiteren erfülle das Urteil nicht die Anforderungen hinsichtlich der Erwartungsklausel. Es hätte näherer Darlegung bedurft, inwieweit durch die neurotische Störung des Angeklagten die Rückfallgefahr bereits gegeben sei, inwiefern also mit bestimmter Wahrscheinlichkeit auf Grund des seelischen Zustandes des Täters künftig erheblich rechtswidrige Taten zu erwarten seien.

cc) Verhältnismäßigkeit gemäß § 62 StGB

Die Anordnung der Maßregel gemäß § 63 StGB muss darüber hinaus dem Verhältnismäßigkeitsgrundsatz gemäß § 62 StGB gerecht werden. Insbesondere ist dies in einem Verfahren gegen einen Jugendlichen zu berücksichtigen. Gemäß § 7 JGG kann auch gegen einen Jugendlichen eine Unterbringung nach § 63 StGB angeordnet werden. Am 04.07.2002 beschloss der BGH[465], dass das LG Dessau im Urteil vom 01.08.2001[466] gegen einen Jugendlichen diesen Anforderungen nicht gerecht geworden sei. In derartigen Verfahren sei die Verhältnismäßigkeit besonders eingehend und sorgfältig im Hinblick darauf zu prüfen, ob die Maßregel wegen des Erziehungsgedankens im Jugendstrafrecht erforderlich sei oder eine weniger einschneidende Maßnahme ausreiche. In einem solchen Verfahren seien insbesondere die Ziele von Schutz, Förderung und Integration von Jugendlichen zu berücksichtigen. Hieran fehle es in dem zugrunde liegenden Urteil.

b) § 64 StGB Unterbringung in einer Entziehungsanstalt

Die Norm des § 64 StGB ermöglicht die Unterbringung gefährlicher, suchtkranker Täter in einer Entziehungsanstalt. Die Vorschrift wurde durch das Zweite

---

465 BGH, Urt. v. 04.07.2002, Az.: 4 StR 192/02.

466 Die Jugendkammer geht davon aus, dass die Schuldfähigkeit des jugendlichen A. zur Tatzeit auf Grund seiner Spielsucht erheblich vermindert war. Sie ordnet die Unterbringung in einem psychiatrischen Krankenhaus an.

Gesetz zur Reform des Strafrechts (StrRG) vom 04.07.1969 (BGBl I S. 717) eingefügt, das am 01.10.1973 in Kraft trat.[467] Erstmals geändert wurde sie durch das Gesetz zur Sicherung der Unterbringung in einem psychiatrischen Krankenhaus und in einer Entziehungsanstalt vom 16.07.2007 (BGBl I S. 1327), das am 20.07.2007 in Kraft trat. Voraussetzung der Unterbringung im Sinne des § 64 StGB ist zunächst der Hang des Täters, alkoholische Getränke oder andere berauschende Mittel im Übermaß zu sich zu nehmen. Wegen des Gesetzeswortlautes reicht nur eine „stofflich" vermittelte Sucht.[468] Demgemäß steht im Falle eines Pathologischen Spielers der direkten Anwendung des § 64 StGB der Wortlaut entgegen.[469] Ein Rauschmittel im Sinne des § 64 StGB impliziert, dass es zu sich genommen werden muss, also etwa geschluckt, geraucht oder injiziert wird. Ein pathologischer Spielhang, eine sogenannte verhaltensgebundene Abhängigkeit, fordert erwiesenermaßen keine Einnahme von stofflichen Substanzen, also körperexterner berauschender Mittel im Sinne des § 64 StGB.

aa) Analoge Anwendung des § 64 StGB

Eine Unterbringung eines Ludomanen in einer Entziehungsanstalt könnte allenfalls in analoger Anwendung des § 64 StGB angeordnet werden.[470]

(1) BGH Urt. v. 25.11.2004, Az.: 5 StR 411/04[471]

Der BGH hat sich zu dieser Thematik im Urteil vom 25.11.2004 geäußert.

---

467 Auf die Historie des Gesetzgebungsverfahrens und seine entscheidende Bedeutung wird im Folgenden noch eingegangen werden. Siehe: C. III. 2. b) aa) (1) (b), (2) (b).

468 BGHSt 49, 365.

469 BGHSt 49, 365; so auch BGH, Urt. v. 16.06.2005, Az.: 5 StR 140/05; unterstützend: *Rasch/Konrad*, Forensische Psychiatrie, S. 119; *Bottke*, NStZ 2005, 327; Kindhäuser/Neumann/Paeffgen-*Pollähne*, StGB, § 64 Rn. 50; *Fischer*, StGB, § 64 Rn. 2; *Lackner/Kühl*, StGB, § 64 Rn. 2; Schönke/Schröder-*Kinzig*, StGB, § 64 Rn. 7; *Hoch* in: Gebhardt/Grüsser-Sinopoli, Glücksspiel in Ökonomie, Recht und Sucht, 170; *Detter*, NStZ 2006, 146, 150; *Meier*, Strafrechtliche Sanktionen, S. 337.

470 Siehe zur Problematik der Analogie des § 64 StGB auch: *Müller*, Schuldfähigkeit und Sanktionierung, S. 211 ff., 274 f.

471 So auch: BGH, Urt. v. 07.11.2013, Az.: 5 StR 377/13, vgl. auch: *Müller*, Schuldfähigkeit und Sanktionierung, S. 165 f.

(a) Garantiebereich des Art. 103 Abs. 2 GG
Dem Urteil des BGH ist implizit zu entnehmen, dass dieser der Lehre[472] folgt, die Maßregeln der Besserung und Sicherung seien aus dem Garantiebereich des Art. 103 Abs. 2 GG ausgeschlossen und damit grundsätzlich einer analogen Anwendung zugänglich. Er äußert sich jedenfalls nicht zu der Frage, ob eine analoge Anwendung bereits am strafrechtlichen Analogieverbot scheitere oder am allgemeinen Gesetzesvorbehalt des öffentlichen Rechts.

Die oben genannte Lehre, dass die Maßregeln aus dem Garantiebereich des Art. 103 Abs. 2 GG ausgenommen sind, basiert auf der Unterscheidung zwischen poenalen und präventiven Rechtsfolgen. Der mit dem strafrechtlichen Analogieverbot zum Nachteil des Angeklagten einhergehende Grundsatz nulla poena sine lege, welcher aus § 1 StGB, Art. 7 EMRK und aus Art. 103 Abs. 2 GG herleitbar ist, erstreckt sich nur auf die Strafe und sonstige Rechtsfolgen mit poenalem Charakter. Eine Maßregel hingegen ist nicht strafender, sondern vorbeugender Natur. Auf sie erstreckt sich die verfassungsrechtliche Garantie nicht. Grund dafür ist, dass der Verfassungsgeber eine Strafrechtsordnung vorgefunden hat, die zwischen Strafe und Maßregel scharf unterscheidet.[473] Da die Verfassungsbestimmung nur die Strafe erfasst und unter die Folgeverbote des nulla poena sine lege-Grundsatzes stellt, muss hieraus zu entnehmen sein, dass der Staat im Übrigen, also hinsichtlich der Maßregeln freigestellt ist.

(b) Fehlen einer planwidrigen Regelungslücke
Der BGH entschied in seinem Urteil vom 25.11.2004, dass eine analoge Anwendung des § 64 StGB auf den Fall der Spielsucht mangels planwidriger Regelungslücke nicht in Betracht komme. Für eine planwidrige Regelungslücke sprechen weder der Wortlaut noch die Systematik der Norm, dagegen jedoch historische Argumente. Der Gesetzgeber habe bei der Einführung der Vorgängernorm des heutigen § 64 StGB (§ 42c StGB a.F.) durch das in weiten Teilen noch aus langjährigen Reformbemühungen der Weimarer Zeit[474] hervorgegangene Gesetz gegen gefährliche Gewohnheitsverbrecher und über die Maßregeln der Sicherung und Besserung vom 24. November 1933[475] nach der amtlichen Begründung den Fall des „straffälligen Spielers" bedacht und die Anordnung

---

472 Vgl. BGHSt 18, 136; BGHSt 24, 103 ff., NJW 1971, 948, 949; So auch: *Lackner/Kühl*, StGB, § 1 Rn. 8, Dölling/Duttke/Rössner-*Rössner*, Gesamtes Strafrecht, § 1 Rn. 2; *Bottke*, NStZ 2005, 327, 420.

473 Vgl. LK-StGB-*Dannecker/Schuhr*, § 1 Rn. 97.

474 BGH, NJW 2004, 3350, 3353.

475 RGBl I S. 995.

besonderer Maßregeln für ihn abgelehnt.[476] Der Gesetzgeber wollte ersichtlich nur alkohol- und drogenabhängige Straftäter erfassen. Die Neufassung des § 64 StGB durch das 2. StRG vom 4. Juli 1969[477] gebe anders als die seitherigen Reformvorhaben zur Änderung des Maßregelrechtes[478] keinen Anlass zu einer abweichenden Beurteilung des Willens des Gesetzgebers.[479] Sie sollte jedenfalls nicht den Kreis der eine Unterbringung rechtfertigenden Suchterkrankungen auf nicht-stoffliche Süchte erweitern.[480] Eine Analogie des § 64 StGB scheide auf Grund der fehlenden Voraussetzungen demgemäß aus.

(c) Keine verfassungsrechtlichen Erwägungen

Der BGH[481] entschied zudem, dass ebenfalls keine verfassungsrechtlichen Erwägungen zu einer erweiternden Anwendung des § 64 StGB auf nicht stoffgebundene Süchte, wie der Spielsucht, drängen. Die Entscheidung des Gesetzgebers aus der Vielzahl delinquenzfördernder psychischer Fehlentwicklungen lediglich den Hang, alkoholische Getränke oder andere berauschende Mittel im Übermaß zu sich zu nehmen, zur Voraussetzung einer Unterbringung nach § 64 StGB auszuwählen, sei verfassungsrechtlich unbedenklich. Aus den Wertungen des Grundgesetzes lasse sich nicht ableiten, dass eine Lücke vorhanden sein müsse, weil sich der Gesetzgeber sonst in Widerspruch zu grundsätzlichen Wertungen gesetzt hätte.

---

476 ReichsAnz Nr. 277 vom 27. November 1933 Erste Beilage S. 3; vgl. MüKo-StGB-*van Gemmeren,* § 64 Rn. 13.

477 BGBl I 717; vgl. Begründung in BT-Drucks. V/4095 S. 26 f.

478 Vgl. den Referentenentwurf eines Gesetzes zur Sicherung der Unterbringung in einem psychiatrischen Krankenhaus und in einer Entziehungsanstalt vom 19. Mai 2004 bis hin zum 13.01.2016.

479 Entwurf eines Gesetzes zur Novellierung des Rechts der Unterbringung in einem psychiatrischen Krankenhaus gemäß § 63 StGB und zur Änderung anderer Vorschriften, BT-Drucks. 18/7244 vom 13.01.2016.

480 Anders: Autoren aus den Psychowissenschaften (z.B.: *Meyer,* ZRP 2013, 140, 142; *Meyer* in: Meyer/Bachmann, Spielsucht, S. 187; *Schramm,* JZ 2005, 418, 419 f.) fordern hingegen eine Erweiterung des Kreises der Betroffenen für eine Unterbringung nach § 64 StGB auf Spielsüchtige. Begründet wird dies damit, dass die ablehnende Begründung des BGH bezugnehmend auf die Entstehungsgeschichte des § 64 StGB nicht überzeuge. Der Gesetzgeber habe seinerzeit die Ablehnung besonderer Maßregeln auf straffällige Spieler abgezielt, die sich am illegalen Glücksspiel beteiligt haben. Allerdings wurde hierbei nicht die Beschaffungsdelinquenz süchtiger Spieler in den Fokus genommen.

481 BGH, Urt. v. 25.11.2004, Az.: 5 StR 411/04.

(d) Verhältnismäßigkeitsgrundsatz des § 62 StGB

Auch der Verhältnismäßigkeitsgrundsatz gemäß § 62 StGB, der im Maßregelrecht eine spezielle Ausprägung im Subsidiaritätsprinzip des § 72 Abs. 1 StGB gefunden hat, erfordert keine über den Wortlaut hinausgehende Erweiterung des Anwendungsbereiches von § 64 StGB.[482] Hinsichtlich notwendiger Behandlungsmaßnahmen wurde seitens des 5. Strafsenates[483] auf die im Strafvollzug zur Verfügung stehenden Mittel verwiesen. Diese setzen allerdings die Mitwirkung des Inhaftierten voraus, woran es im vorliegenden Fall nach den Feststellungen der Vorinstanz mangele. Der Angeklagte habe in den letzten zwanzig Jahren im Strafvollzug seine Spielleidenschaft verheimlicht und nie um eine Therapiemöglichkeit gebeten.

(e) Keine analoge Anwendung des § 64 StGB

Es ist festzuhalten, dass daher nach dieser Rechtsprechung des BGH keine analoge Anwendung des § 64 StGB auf den Fall des Spielsüchtigen möglich ist.

(2) Reaktionen auf das BGH Urt. v. 25.11.2004, Az.: 5 StR 411

Diese Rechtsprechung des BGH erhielt zahlreiche Anmerkungen. *Schöch* unterstützt die Entscheidung des BGH vom 25.11.2004, dass beim Vorliegen einer Spielsucht angesichts des eindeutigen Willens des historischen Gesetzgebers und mangels Regelungslücke keine Unterbringung gemäß § 64 StGB möglich sei. Ebenso wenig sei unter dem Aspekt der Verhältnismäßigkeit eine verfassungsrechtliche oder rechtspolitische Korrektur erforderlich. Grund dafür sei, dass auch im Strafvollzug Resozialisierung gemäß § 2 Strafvollzugsgesetz[484] und Behandlung nach §§ 6, 7 StVollzG angestrebt werde.[485] Irrelevant sei die praktische und effektive Umsetzung dessen in der Praxis, welche hier nicht näher hinterfragt werden soll.

Ungeachtet dessen, dass im Ergebnis auch in den Reihen der Psychowissenschaften und Kriminalwissenschaften Einigkeit darüber herrscht, dass § 64 StGB nach derzeitiger Gesetzeslage nicht auf Spielsüchtige anwendbar ist, erfährt die Argumentation des BGH aus verschiedensten Richtungen Kritiken.[486] Die Begründungen basieren nur auf unterschiedlichen Erwägungen.

---

482 Vgl. MüKo-StGB-*van Gemmeren*, § 62 Rn. 7.

483 BGH, Urt. v. 25.11.2004, Az.: 5 StR 411/04.

484 Fortan: StVollzG.

485 *Schöch*, JR 2005, 296, 297.

486 Siehe: *Schramm*, JZ 2005, 418 ff.; *Vahle*, Kriminalistik 2006, 97; *Lammel*/Felber/Sutarski/Lau, Die forensische Relevanz „abnormer Gewohnheiten", S. 96 ff.; *Schneider*, FPPK 2016, 168, 169; *Meyer* in: Meyer/Bachmann, Spielsucht, S. 187.

(a) Garantiebereich des Art. 103 Abs. 2 GG
Es wird von einem Teil des Schrifttums die grundsätzliche analoge Anwendung der Befugnisnormen des Maßregelrechts kritisiert. Das Analogieverbot erstrecke sich auch auf die Maßregeln der Besserung und Sicherung. Jedenfalls gelte dies für die Maßregel nach § 64 StGB, die in das Grundrecht der Freiheit eingreife.[487]

Selbst wenn man das Analogieverbot mangels des Strafcharakters einer Maßregel nicht auf diese erstrecke, scheide eine Analogie in malam partem bei einer Maßregel im Sinne des § 64 StGB wegen des allgemeinen Gesetzesvorbehaltes des öffentlichen Rechts nach Art. 104 Abs. 1 GG aus. Hieraus könne zudem ein belastendes Analogieverbot zu präventiven Rechtsfolgen mit Grundrechtseingriffscharakter gezogen werden.[488] Maßregeln der Besserung und Sicherung seien für den Betroffenen nicht oder nicht nur vorteilhaft.

Ein Verbot belastender Analogie könne zudem aus Art. 2 Abs. 2 GG hergeleitet werden.[489] Art. 2 Abs. 2 S. 3 GG fordert, dass jeder Eingriff in die geschützten Rechtsgüter von einem Gesetz gerechtfertigt sein muss. Ohne die daraus resultierende Konsequenz eines belastenden Analogieverbotes liefe die Norm ins Leere. § 64 StGB führe zu der Freiheitsentziehung des Täters, welche grundlegend von Art. 2 GG und des ihm immanenten Analogieverbotes geschützt sei.

Infolgedessen ist § 64 StGB auch nach diesen Ansichten und den dargelegten Gründen nicht analogiefähig.

(b) Planwidrige Regelungslücke
Nach anderer Ansicht kann das Vorliegen einer planwidrigen Regelungslücke grundsätzlich diskutiert werden. *Schramm*[490] erwägt, fußend auf einer anderen Perspektive der Historie des § 64 StGB, die Bejahung einer planwidrigen Gesetzeslücke. Zur Verdeutlichung sei nochmals auf die Begründung des 5. Strafsenates des BGH[491] verwiesen: Die Schlussfolgerungen des Senates bezüglich der Bemessung einer planwidrigen Regelungslücke basieren darauf, dass der historische Gesetzgeber auch den Fall des straffälligen Spielers bedacht habe

---

487 *Schramm*, JZ 2005, 419 f.; *Bottke*, NStZ 2005, 327, 328 f.; SK-StGB-*Sinn*, § 61 Rn. 6; *Fischer*, StGB, § 1 Rn. 22; MüKo-StGB-*Schmitz*, § 1 Rn. 68; Satzger/Schluckebier/Widmaier-*Satzger*, StGB, § 1 Rn. 37; BeckOK-GG-*Radtke*, Art. 103 Rn. 20; *Dannecker* in: FS Roxin, S. 286, 289 f.

488 *Lackner/Kühl*, StGB, § 1 Rn. 5 ff.; BVerfGE 70, 297, 307; BVerfGE 29, 183, 195; *Schöch*, JR 2005, 296, 297; BeckOK-GG-*Radtke*, Art. 104 Rn. 4; *Bottke*, NStZ 2005, 327, 328.

489 So auch *Bottke*, NStZ 2005, 327, 328; *Lackner/Kühl*, StGB, § 1 Rn. 8.

490 *Schramm*, JZ 2005, 418 ff.

491 BGH, Urt. v. 25.11.2004, Az.: 5 StR 411/04.

und die Anordnung gemäß § 64 StGB für diesen bewusst abgelehnt habe. Dies entnahm der BGH der Begründung des damals eingeführten § 285a StGB (a.F.), nach der für Spieler die Anordnung besonderer Maßnahmen nicht in Betracht kommen sollte.[492] Fraglich sei allerdings, ob der historische Gesetzgeber seinerzeit bereits den Pathologischen Glücksspieler in seiner heutigen Ausgestaltung im Blick gehabt habe oder nur den Spieler, welcher sich am illegalen Glücksspiel beteilige. Ein weiteres Augenmerk sei darauf zu setzen, dass zum Zeitpunkt der Gesetzesreform Glücksspiele in Deutschland weitgehend verboten waren. Mit der aktuellen Expansionswelle des Glücksspielangebotes und der alltäglichen unproblematischen Verfügbarkeit stelle sich die grundlegende Situation für den Gesetzgeber gänzlich anders dar. Sowohl in der Rechtsprechung, wie auch in der psychowissenschaftlichen Praxis sei die Problematik der Spielsucht mit den einhergehenden strafbaren Handlungen zur Finanzierung dessen von ganz anderer Bedeutsamkeit gewesen. Nach *Schramm* hätte es demgemäß einer genaueren Betrachtung der Entstehungsgeschichte bedurft. In der Konsequenz sei daher die Annahme einer planwidrigen Regelungslücke für den Fall des Pathologischen Spielers grundsätzlich zu diskutieren.[493]

(c) Zwischenergebnis

Auch nach diesen Ansichten ist derzeit eine analoge Anwendung des § 64 StGB nicht möglich, aber eben durchaus diskutabel. Vertreter aus den Psychowissenschaften[494] fordern indessen eine Erweiterung des Kreises für eine Unterbringung für Spielsüchtige nach § 64 StGB. Ergänzend wird mit der Vergleichbarkeit von stoffgebundenen Süchten zu der Ludomanie hinsichtlich ihrer Auswirkungen argumentiert.[495] Infolgedessen sollen die Betroffenen eine Gleichbehandlung erfahren. Allerdings kann nur der Gesetzgeber die Voraussetzungen für die Unterbringung nach § 64 StGB von Pathologischen Glücksspielern schaffen.

bb) Möglicher Wandel der Rechtsprechung

Am 16.06.2005 urteilte der 5. Strafsenat des BGH[496]: „Die vom Landgericht vorgenommene analoge Anwendung des § 64 StGB auf den Fall der Spielsucht kommt nicht in Betracht (vgl. BGH NJW 2005, 230, 231 m.w.N., mit Anmerkung

---

492 Vgl. Begr. zu § 285a StGB, ReichsAnz Nr. 277 vom 27.11.1933, Erste Beilage S. 1.

493 So auch: *Meyer*, ZRP 2013, 140, 142.

494 Beispielhaft: *Meyer*, A.a.O.; *Meyer* in: Meyer/Bachmann, Spielsucht, S. 187.

495 Hierzu sei nach oben zu verweisen B. II. 1. d).

496 BGH, Urt. v. 16.06.2005, Az.: 5 StR 140/05.

Schramm JZ 2005, 418, 419 f., und *Bottke* NStZ 2005, 327). Dies gilt nicht nur, wenn die Analogie [...] zur Vermeidung schwerer wiegender Maßregeln im Ergebnis den Angeklagten zugutekommen soll, sondern erst recht, wenn sie sich – wie im vorliegenden Fall – zu Lasten des Angeklagten auswirken würden (Vgl. *Schramm* a.a.O. S. 420 und *Bottke* a.a.O.)".

Hierin könnte ein Wandel der Rechtsprechung gesehen werden. Der BGH setzt nun bereits bei dem Punkt an, ob Maßregeln überhaupt vom Garantiebereich des Art. 103 Abs. 2 GG erfasst sind. Im Vergleich zur vorangegangenen diesbezüglichen Rechtsprechung des 5. Senates aus dem Jahr 2004 verneint dieser hier bereits grundlegend die Möglichkeit einer Analogie des § 64 StGB, bevor er auf die weiteren Prüfungspunkte eingeht. Dieses Urteil geht auf die soeben dargestellten Kritiken aus der Literatur zum Urteil des BGH vom 25.11.2004 ein. Der BGH lässt hierdurch den Schluss zu, er folge nun ebenso der Meinung eines grundsätzlichen Analogieverbotes auch für Maßregeln. Bis zu diesem Urteil konnte man dem BGH lediglich unterstellen, dass er die Maßregeln vom Garantiebereich des Art. 103 Abs. 2 GG ausschließe, da er eine konkrete Äußerung dazu unterlassen hatte. Man könnte nun den Gedanken aufwerfen, der BGH habe sich der Kritik seiner vorherigen Rechtsprechung zugewandt und diese angenommen. Seither liegt kein weiteres Urteil des BGH zu dieser Problematik vor, um dahingehend eine abschließende Aussage treffen zu können.

cc) Anwendbarkeit nach aktueller Rechtslage

Nach derzeitiger Gesetzeslage und basierend auf dem strafrechtlichen Analogieverbot in Fällen der reinen Spielsucht ist keine Unterbringung gemäß § 64 StGB direkt oder analog möglich.

In der Praxis kommt es häufig zu einer Komorbidität zwischen einer Pathologischen Spielsucht und einer Rauschmittelabhängigkeit. Ungeachtet der grundsätzlichen Unanwendbarkeit des § 64 StGB in Fällen der Ludomanie ist daher allerdings zu bedenken, dass sich Pathologische Spieler regelmäßig in Suchtkliniken des Maßregelvollzuges befinden.

c) § 66 StGB Unterbringung in der Sicherungsverwahrung

Unter bestimmten Voraussetzungen ist gemäß § 66 StGB die Unterbringung in der Sicherungsverwahrung bzw. deren Vorbehalt gemäß § 66a StGB oder nachträgliche Anordnung gemäß § 66b StGB als Freiheitsentziehung zum Schutz der Allgemeinheit vor künftigen Taten des gefährlichen Täters zulässig.[497] Die

497 Anders bei jugendlichen und heranwachsenden Straftätern (vgl. JGG).

Ludomanie ist als fest eingewurzelte Neigung zu charakterisieren, wodurch dem Täter immer wieder der Hang zur Straffälligkeit zugesprochen werden kann.[498] Bei Vorliegen der sonstigen Voraussetzungen der §§ 66 ff. StGB kann die Unterbringung in der Sicherungsverwahrung bzw. deren Vorbehalt angeordnet werden.[499] Hang des Täters bedeutet eine eingewurzelte, auf charakterlicher Veranlagung beruhenden oder durch Übung erworbenen intensiven Neigung zu Rechtsbrüchen von besonderer Erheblichkeit.[500]

Überdies müsste die Tat des Pathologischen Spielers in den nunmehr nach Einführung des „Gesetzes zur Neuordnung des Rechtes der Sicherungsverwahrung und zu begleitenden Regelungen“ vom 22.12.2010[501] beschränkten Anwendungsbereich subsumiert werden können. Die Sicherungsverwahrung ist seitdem nur bei vorsätzlichen Straftaten gegen höchstpersönliche Rechtsgüter sowie gemeingefährlicher Straftaten möglich.[502] Im Zusammenhang mit der Ludomanie kommen vor allem noch Raubtaten in Betracht. Die praktisch häufiger anzutreffenden reinen Vermögensdelikte sind nunmehr aus dem Anwendungsbereich ausgeschlossen worden.

Der spielsüchtige Delinquent muss zudem gemäß § 66 StGB infolge seines Hanges zu erheblichen Straftaten für die Allgemeinheit gefährlich sein. Hinsichtlich der Anforderungen einer erforderlichen Gefährlichkeitsprognose im Rahmen der Anordnung einer Sicherungsverwahrung im Falle eines spielsüchtigen Serienräubers stellt der BGH hohe Anforderungen. Nach der Rechtsprechung des BGH[503] seien für die Entscheidung heranzuziehende Kriterien in der Wirkung eines langjährigen Strafvollzuges sowie die mit dem Fortschreiten des Lebensalters erfahrungsgemäß eintretenden Haltungsänderungen zu sehen. Das LG Hildesheim[504] habe nach Ansicht des BGH seine Abwägungen hinsichtlich einer Anordnung gemäß § 66 Abs. 2 StGB nicht

---

498 *Rasch*, Forensische Psychiatrie, S. 283 f.

499 Vgl. *Hoch* in: Gebhardt/Grüsser-Sinopoli, Glücksspiel in Ökonomie, Recht und Sucht, S. 174.

500 Vgl. *Lackner/Kühl*, StGB, § 66 Rn. 13; NK-StGB-*Dessecker*, § 66 Rn. 63 f.

501 BGBl I, S. 2300.

502 Dölling/Duttge/König/Rössner-*Best*, Gesamtes Strafrecht, § 66 Rn. 9.

503 BGH, Urt. v. 11.09.2003, Az.: 3 StR 481/02; auch: BGH, Urt. v. 22.04.2009, Az.: 2 StR 43/09.

504 LG Hildesheim, Urt. v. 16.07.2002, Az.: 26, KLs 24 Js 21114/00: Das LG hat bei dem A. eine Spielsucht festgestellt, allerdings eine erhebliche Einschränkung der Schuldfähigkeit verneint. In Anlehnung an § 66 Abs. 2 StGB hat es die Anordnung der Sicherungsverwahrung angeordnet.

anhand aller relevanten Kriterien getroffen. Es sei zudem der Tathintergrund, eine Tatserie von Straftaten, verursacht durch die Spielsucht des ansonsten in Beruf und Gesellschaft integrierten Angeklagten, mit in die Abwägung einfließen zu lassen. Demzufolge sei die Anordnung der Strafkammer gemäß § 66 StGB nicht rechtsfehlerfrei.

Demgemäß seien die Aussichten einer Therapie für die von der Spielsucht betroffenen Täter grundlegend bei Entscheidungen nach § 66 Abs. 2, 3 StGB und § 66a StGB im Rahmen des Ermessens zu berücksichtigen. Nach der Rechtsprechung des 2. Strafsenates des BGH im Urteil vom 22.04.2009[505] sei hingegen der bloße, auf die Spielsucht bezogene Therapiewille, kein tragender Ansatz, der einen Umkehrwillen begründe oder beträchtlich in die Ermessensentscheidung einfließe. Mithin sei es rechtsfehlerhaft, von der Anordnung der Sicherungsverwahrung abzusehen.

Bei der Anordnung der Sicherungsverwahrung ist gemäß § 62 StGB zu berücksichtigen, dass die Sicherungsverwahrung als letztes Mittel der Kriminalpolitik angewandt wird und ihr eher ein Ausnahmecharakter zugesprochen wird. Auf etwaige Kritik und verfassungsrechtliche Bedenken der Maßregel ist hier bewusst nicht näher einzugehen. Zu bemerken ist, dass bislang kein Fall vorliegt, in dem die Sicherungsverwahrung gemäß § 66 StGB nach Ansicht des BGH rechtsfehlerfrei allein auf Grund der Ludomanie angeordnet worden ist.[506]

IV. Hinzuziehung eines Sachverständigen

Wie bereits wiederholt angedeutet, ist für die Bestimmung der Schuldfähigkeit gemäß §§ 20, 21 StGB eines Ludomanen die Hinzuziehung eines Sachverständigen gemäß §§ 72 StPO zu berücksichtigen.[507] Die Konsultation von Sachverständigen ergibt sich hierbei gemessen an der eigenen Sachkunde des Gerichts entweder aus der richterlichen Aufklärungspflicht gemäß § 244 Abs. 2 StPO oder aus dem Beweisantragsrecht gemäß § 244 Abs. 4 StPO.[508]

Ungeachtet dessen bestehen gesetzlich vorgeschriebene Fälle, in denen stets ein Sachverständiger hinzuzuziehen ist. Aus der hier thematisierten Perspektive könnten in einigen Fällen bei Komorbidität die Androhungen der Maßregeln

---

505 BGH, Urt. v. 22.04.2009, Az.: 2 StR 43/09: Das LG Darmstadt, Urt. v. 29.08.2008, Az.: 1120 Js 67160/07 – 1 KLs hat in seinem Urteil für den A. keine Sicherungsverwahrung angeordnet. Siehe auch: BGH, NStZ 2010, 272 f.

506 In diesem Sinne auch: *Müller*, Schuldfähigkeit und Sanktionierung, S. 211.

507 Vgl. auch: *Müller*, Schuldfähigkeit und Sanktionierung, S. 199 ff.

508 *Schneider/Frister/Olzen*, Begutachtung psychischer Störungen, S. 15.

nach §§ 63 f. oder §§ 66, 66a StGB von Interesse sein, welche gemäß §§ 246a, 275a Abs. 4 StPO stets der Hinzuziehung des Sachverständigen bedürfen. Es ist Aufgabe des Sachverständigen zu begutachten, ob das Eingangsmerkmal der §§ 20, 21 StGB durch eine Pathologische Spielsucht bei dem Angeklagten gegeben ist und inwiefern sich diese aus fachwissenschaftlicher sowie aus empirischer Sicht auf die Einsichts- und Steuerungsfähigkeit des Angeklagten bei Begehung der Tat ausgewirkt hat.[509] Der Sachverständige gleicht auf der einen Seite die fehlende Sachkunde des Gerichts aus, welches auf der anderen Seite, wie bereits bekannt, die alleinige rechtlich-normative Entscheidungsbefugnis hat.[510] Grundsätzlich kann das Gericht im Rahmen der richterlichen Aufklärungspflicht gemäß § 244 Abs. 2 StPO die Frage der Schuldfähigkeit selbst auf Grund seines medizinischen Allgemeinwissens, der Kenntnis von Tat und Täter und seinen Beobachtungen in der Hauptverhandlung ohne einen Sachverständigen beurteilen.[511] Für den Fall hingegen, dass bestimmte Anhaltspunkte vorliegen, welche die Kompetenz und den Beurteilungsspielraum des Gerichts überschreiten, ist die Hinzuziehung eines Sachverständigen erforderlich.[512] In Fällen der diagnostizierten Ludomanie liegt dies in der Regel vor[513], wenn bei dem Täter schwerste Persönlichkeitsveränderungen oder Entzugserscheinungen zu beurteilen sind.[514] Die bloße „beim Angeklagten festgestellte ‚Lust am Spiel' dränge, so der BGH, das Tatgericht nicht, die Schuldfähigkeit durch einen Sachverständigen untersuchen zu lassen", solange keine Anhaltspunkte für psychische Veränderungen der Persönlichkeit vorlägen.[515]

---

509 Vgl. auch: Dölling/Duttge/Rössner-*Verrel/Linke*, Gesamtes Strafrecht, § 20 Rn. 17; LK StGB-*Schöch* § 20 Rn. 33 f.

510 BGHSt 7, 238, 240; BGHSt 8, 113.

511 Vgl. etwa BGH, Urt. v. 21.01.2004, Az.: 1 StR 346/03, NJW 04, 1810, 1812; BGH, Urt. v. 07.04.2010, Az.: 4 StR 644/09; *Fischer*, StGB, § 20 Rn. 60; *Meyer-Goßner*, StPO, § 244 Rn. 74c; MüKo-StPO-*Trüg/Habetha*, § 244 Rn. 79; *Eisenberg*, Beweisrecht, Rn. 1522; *Detter*, NStZ 1998, 57, 58.

512 MüKo-StPO-*Trüg/Habetha*, § 244 Rn. 80; KK-StPO-*Krehl*, § 244 Rn. 20.

513 So KK-StPO-*Krehl*, § 244 Rn. 47; *Meyer-Goßner*, StPO, § 244 Rn. 74d; MüKo-StPO-*Trüg/Habetha*, § 244 Rn. 81.

514 OLG Hamm, Beschl. v. 21.04.1998, Az.: 2 Ss 412/98: Da die Beute zum Weiterspielen verwendet wurde, wäre die Hinzuziehung eines Sachverständigen erforderlich gewesen. Hingegen war keine Hinzuziehung erforderlich im Urteil des BGH vom 18.05.1994, Az.: 5 StR 78/94: Auf Grund dessen, dass der A. nur einen geringen Teil seines Taterlöses an Glücksspielautomaten verspielt habe, sei der Tatrichter keineswegs zur Hinzuziehung eines psychiatrischen Sachverständigen gehalten gewesen.

515 Vgl. BGH, Urt. v. 03.11.1994, Az.: 1 StR 423/94.

Des Weiteren ist die Hinzuziehung eines Sachverständigen im Wege des Beweisantragsrechtes im Sinne des §§ 244 Abs. 3, S. 1 in Verbindung mit Abs. 4, 245 StPO denkbar. Ungeachtet der damit einhergehenden prozessualen Probleme, soll an dieser Stelle im Hinblick auf das Kernthema, auf eine detaillierte Ausarbeitung verzichtet werden.[516]

In diesem Zusammenhang ist es jedoch geboten, einen Blick auf die Auswahl des Sachverständigen gemäß § 73 StPO zu werfen, welcher für den thematisierten Fall von erwähnenswerter Bedeutung ist.[517] Gemäß § 73 StPO steht die Auswahl grundsätzlich[518] im gerichtlichen Verfahren[519] im pflichtgemäßen Ermessen des Richters.[520] Die übrigen Verfahrensbeteiligten haben keinen normativen Anspruch auf Heranziehung eines „bestimmten" Sachverständigen.[521] Bereits bekannt ist, dass über die forensische Begutachtung der Schuldfähigkeit zwischen den verschiedenen Disziplinen der Psychowissenschaften immense Meinungsverschiedenheiten herrschen, die im Ergebnis zu unterschiedlichen Gutachten führen können. Grundlegend wird aktuell in der einschlägigen Literatur kaum noch von dem sogenannten „Schulenstreit" gesprochen. Dieser Streit umfasst unterschiedliche Herangehensweisen – basierend auf der jeweilige Schule, aus der ein Sachverständiger stammt, – an ein Schuldfähigkeitsgutachten zwischen[522] Psychiatern, Psychologen und Psychoanalytikern.

516 Es soll an der Stelle lediglich auf die Urteile, welche im Zusammenhang mit Beweisantragsproblemen in Fällen der Ludomanie vorliegen verwiesen werden: BGH, Urt. v. 08.06.2011, Az.: 1 StR 122/11; BGH, Urt. v. 17.09.2013, Az.: 3 StR 209/13; BGH, Urt. v. 30.09.2004, Az.: 3 StR 351/14, StV 2015, 206, NStZ-RR 2015, 8; BGH, Beschl. v. 01.12.1989, Az.: 2 StR 541/89, StV 1990, 98, 99; BGH, Urt. v. 07.01.1993, Az.: 4 StR 597/92; BGH, Urt. v. 10.03.1999, Az.: 3 StR 1/99.

517 So auch: *Müller*, Schuldfähigkeit und Sanktionierung, S. 200 f.

518 Zur kritischen Stellungnahme hierzu später noch eingehender insb. vor dem Hintergrund des Gesetzes zur effektiveren und praxistauglicheren Ausgestaltung des Strafverfahrens vom BGBl Teil 1 Nr. 58 vom 23.08.2017; siehe: G. III.

519 Anders im Ermittlungsverfahren, nach Nr. 70 Abs. 1 RiStBV ist die Staatsanwaltschaft zuständig (vgl. §§ 161a Abs. 1 S. 2, 163 StPO).

520 BGH 1 StR 357/02; BGH 1 StR 284/04; KK-StPO-*Hadamitzky*, § 73 Rn. 6; *Eisenberg*, Beweisrecht, Rn. 1534; Dölling/Duttge/Rössner-*Verrel/Linke*, Gesamtes Strafrecht, § 20 Rn. 17.

521 BGH, Urt. v. 14.01.2003, Az.: 1 StR 357/02; NStZ-RR 2004, 161.

522 Ungeachtet, dass in der Praxis auch weitere Wissenschaften, wie Kriminologie, Gerichtsmedizin, Soziologie oder Sexualwissenschaft für die Bestimmung der Schuldfähigkeit herangezogen werden. An dieser Stelle sollen die Gewichtigsten hervorgehoben werden.

Diese Diskussion basiert auf der strittigen Kompetenz der jeweilig anderen Fachrichtung und den daraus resultierenden verschiedenen „Schulen" mit differenten Sprachen und diagnostischen Regeln.[523] Die einzelnen psychowissenschaftlichen Schulen sprechen den jeweils anderen die nötige Kompetenz zu eigenständiger Sachverständigentätigkeit ab. Bedeutsam für diese Meinungsverschiedenheit sind die Vorwürfe zwischen dem Psychiater *Täschner*[524] und dem Sexualwissenschaftler *Sigusch*[525] Anfang der 1980er Jahre. Die Vorwürfe richten sich dahingehend, dass es dem anderen jeweils im Gegensatz zur eigenen Schule am einzig richtigen „Blick auf die Dinge" fehle.

Die Auswahl des Sachverständigen kann demgemäß das Ergebnis der Begutachtung hinsichtlich einer De-/Exkulpation bestimmen.[526] Die fallunabhängigen, persönlichen Überzeugungen des Gutachters wirken sich in erheblichem Maße auf das Gutachtenergebnis aus.[527] Die „Schule" bzw. „Einstellung" des Sachverständigen bestimmt daher das Ergebnis des Gutachtens.[528] In der Gruppe der Psychiatrie sind laut *Rode/Legnaro* zwei Gruppen zu verzeichnen: die „traditionellen" und die „aufgeschlossenen" Sachverständigen.[529] „Aufgeschlossene" Psychiater kommen bei geringeren Anforderungen für das Vorliegen der Voraussetzungen der §§ 20, 21 StGB nahezu immer zu dem Schluss einer verminderten oder gar aufgehobenen Steuerungsfähigkeit des Beschuldigten, die „traditionellen" hingegen kommen zu diesen Ergebnissen nur in sehr seltenen Ausnahmefällen. Meist lautet das Ergebnis einer psychiatrischen Begutachtung

---

523 Hinsichtlich des Kernthemas und der damit einhergehenden Irrelevanz sei lediglich darauf verwiesen. Beispielhaft: *Barton*, Der psychowissenschaftliche Sachverständige im Strafverfahren, S. 2 f., 100; *ders.*, StV 1983, 73 f.; Kröber/Dölling/*Leygraf*/Sass, Handbuch der Forensischen Psychiatrie 1, S. 428; *Schöch*, Nervenarzt 2005, 1382, 1382; *Rauch*, NStZ 1984, 497 ff.; *Rasch*, NStZ 1992, 257, 259; *Wolff*, NStZ 1983, 537 ff.; *Maisch/Schorsch*, StV 1983, 32 ff.: *Maisch*, StraFO 1989, 27; *Rasch/Nedopil*, Forensische Psychiatrie, S. 97; *Konrad/Rasch*, Forensische Psychiatrie, S. 204; *Venzlaff/Foerster*, Psychiatrische Begutachtung, S. 157; *Konrad*, Psychiatrische Richtungen und Schuldfähigkeit, S. 44 ff.

524 *Täschner*, MschrKrim 1980, 108 ff.

525 *Sigusch*, MschrKrim 1981, 229 ff.

526 *Detter*, NStZ 1998, 57; *Deckers* in: Dudeck/Kaspar/Lindemann, Verantwortung und Zurechnung im Spiegel von Strafrecht und Psychiatrie, S. 209.

527 Vgl. *Offe* in: Barton: Beziehungsgewalt und Verfahren, S. 291.

528 Dölling/Duttge/König/Rössner-*Neuhaus*, Gesamtes Strafrecht, § 73 StPO Rn. 7.

529 *Rode/Legnaro*, StV 1995, 496, 498.

voll schuldfähig. Psychologen sind zudem exkulpierungsfreudiger als Psychiater.[530]

Der BGH entschied mittlerweile, dass die Auswahl des Sachverständigen bei Gutachten zu den §§ 20, 21 StGB grundsätzlich dem pflichtgemäßen Ermessen des Tatrichters obliege, ob er zur Beurteilung der Schuldfähigkeit eines Angeklagten bei nicht krankhaften Zuständen einen Vertreter der einen oder anderen Fachrichtung (Psychiater oder Psychologen) heranziehe oder ob er es für erforderlich erachte, noch einen Vertreter des anderen Wissenschaftsgebietes heranzuziehen.[531]

Die Auswahl des „richtigen“ Sachverständigen im Fall einer Pathologischen Spielsucht könnte sich danach orientieren, nach welcher nosologischen Zuordnung die pathologische Störung subsumiert wird, was bekanntlich in den Psychowissenschaften streitig ist.[532] Wie bereits erörtert, enthält sich der BGH diesbezüglich. Folglich gibt es in der Rechtsprechung des BGH keine bindenden Vorgaben, welche Disziplin im Zusammenhang mit der Schuldfähigkeitsbeurteilung im Zusammenhang mit dem Pathologischen Glücksspiel vorzugswürdig ist, die es demgemäß einzuhalten gelte oder gegen die verstoßen werden könnte.

Neben dem soeben gesetzten Augenmerk auf den Zeitpunkt der Beweisaufnahme ist zudem auf mögliche Fehlerquellen im Rahmen einer fehlerhaften Beweiswürdigung (gemäß § 261 StPO in Verbindung mit Art. 92 GG) hinsichtlich des Umgangs mit dem Sachverständigengutachten hinzuweisen. Es könnten Mängel bei der Wertung des Sachverständigengutachtens seitens des Tatrichters vorliegen. Wie bereits bekannt, liegt die Entscheidung der Schuldfähigkeit allein beim Tatrichter.[533] Dieser hat eine solche ohne Bindung an die Äußerungen des Gutachtens in eigener Verantwortung zu beurteilen.[534] Es

530 Beispielhaft: *Rauch* in: FS Leferenz, S. 379, 384 f.

531 BGH, Urt. v. 21.04.1987, Az.: 1 StR 77/87; vgl. auch MüKo-StGB-*Streng,* § 20 Rn. 164; *Eisenberg,* Beweisrecht, Rn. 1534; anders: Frühere Rechtsprechung BGH 2 StR 475/78; BGH 4 StR 513/79.

532 Siehe: B. II. 1. a) aa).

533 Vgl. BGH, Urt. v. 08.03.1955, Az.: 5 StR 49/55; BGHSt 7, 238, 239; BGHSt 8, 118; BGHSt 12, 311, 314; BGH, NJW 1955, 840; NStZ-RR 08, 338 f.; KK-*Ott,* StPO, § 261 Rn. 32; *Lackner/Kühl,* StGB, § 20 Rn. 20; Satzger/Schluckebier/Widmaier-*Kaspar,* StGB, § 20 Rn. 121; MüKo-StGB-*Streng,* § 20 Rn. 178; Dölling/Duttke/Rössner-*Verrel/Linke,* Gesamtes Strafrecht, § 20 Rn. 17; *Eisenberg,* Beweisrecht, S. 1607; BeckOK-StPO-*Eschelbach,* § 261 Rn. 11.

534 BGH, Urt. v. 08.03.1955, Az.: 5 StR 49/55; BGHSt 7, 238, 239; BGHSt 8, 118; BGHSt 12, 311, 314; BGH, NJW 1955, 840; NStZ-RR 08, 338 f.; KK-*Ott,* StPO, § 261 Rn. 32;

reicht allerdings nicht, sich den Ausführungen des Sachverständigengutachtens zur Schuldfähigkeitsfrage „in Bausch und Bogen"[535] lediglich anzuschließen. Die Urteilsgründe müssen belegen, dass der Tatrichter das Gutachten, auf welchem sein Urteil basiert, verstanden und rechtsfehlerfrei gewürdigt hat und demgemäß den sachlich-rechtlichen Anforderungen an die Darlegung von Gutachten gerecht wurde.[536] Im Zusammenhang mit Fällen eines vermeintlichen Ludomanen sind diesbezüglich einige Mängel aufgetreten.[537]

Grundsätzlich kann der Tatrichter auch von dem Gutachten abweichen. Hierfür müssen allerdings die Darlegungen wiedergegeben und auf überprüfbare Weise erläutert werden, auf welchen Gesichtspunkten das Gericht die abweichende Ansicht stützt.[538]

Weitere Mängel auf der Ebene der Beweiswürdigung können sich daraus ergeben, dass die Einlassung des Angeklagten nicht hinreichend gewürdigt worden ist. Beispielhaft ist der Fall hervorzuheben, dass die Diagnose des Pathologischen Spielens allein auf den Angaben des Angeklagten basiert.[539]

Abschließend ist an dieser Stelle auf die grundlegenden Probleme hinsichtlich der Diskrepanzen auf der Kommunikationsebene zwischen Juristen und Sachverständigen hinzuweisen, ohne jedoch hierauf vertiefend einzugehen.[540]

Lackner/Kühl, StGB, § 20 Rn. 20; Satzger/Schluckebier/Widmaier-*Kaspar*, StGB, § 20 Rn. 121; MüKo-StGB-*Streng*, § 20 Rn. 178; Dölling/Duttke/Rössner-*Verrel/Linke*, Gesamtes Strafrecht, § 20 Rn. 17; *Eisenberg*, Beweisrecht, S. 1608; BeckOK-StPO-*Eschelbach*, § 261 Rn. 11.

535 BGHSt 7, 238, 240.

536 So auch bereits: BGHSt 12, 311, 314 f.; BGHSt 43, 29, 31; BGH, NStZ 2000, 106, 107; BGH, NStZ-RR 1996, 258.

537 Siehe: BGH, Urt. v. 25.10.1988, Az.: 1 StR 552/88; BGH, Urt. v. 05.05.1999, Az.: 2 StR 529/98; BGH, Urt. v. 04.07.2002, Az. 4 StR 192/02; BGH, Urt. v. 09.10.2012, Az.: 2 StR 297/12.

538 BGHSt 12, 18, 20, BGH, StV 93, 234; BGH, NStZ 00, 550, 551; BGH, NStZ 2007, 114; BGH NStZ-RR 2009, 116, 117; *Schneider/Frister/Olzen*, Begutachtung psychischer Störungen, S. 113. Nicht hinreichend dargestellt im Fall eines vermeintlichen Ludomanen, siehe: BGH, Urt. v. 05.05.1999, Az.: 2 StR 529/98.

539 Siehe: OLG Hamm, Urt. v. 21.04.1998, Az.: 2 Ss 412/98; Ähnlich: BGH, Urt. v. 21.08.2003, Az.: 3 StR 234/03; BGH, Urt. v. 25.11.2004, Az.: 5 StR 411/04; BGH, NJW 05, 230, 232.

540 Es sei an dieser Stelle beispielhaft zu nennen: Kröber/Dölling/*Leygraf*/Sass-Rössner, Handbuch der Forensischen Psychiatrie 1, S. 404; *Nedopil*, Forensische Psychiatrie, S. 17; *ders.*, NStZ 1999, 433; *Habermeyer/Saß*, FPPK 2007, 10, 11 f.; *Bernhardt*, Probleme der Verständigung zwischen Richter und psychologischem Gutachter im deutschen Strafverfahren, S. 6 f.; *Dahs*, Handbuch des Strafverteidigers, S. 159 ff.;

Von Bedeutung ist allerdings, dass die Problematik bekannt ist und bei Bedarf berücksichtigt werden kann. Es soll daher der Hinweis genügen, dass die Empfehlungen einer interdisziplinären Arbeitsgruppe aus Rechtswissenschaftlern, forensischen Psychiatern, Psychologen und Sexualmedizinern zur Unterstützung herangezogen werden können, die sogenannten Mindeststandards der Schuldfähigkeitsbegutachtung[541] gemäß §§ 20, 21 StGB. Diese enthalten einen Katalog an formellen und materiellen Mindestanforderungen für forensische Gutachten zur Schuldfähigkeitsbegutachtung gemäß §§ 20, 21 StGB, welcher zu Vergleichsmaßstäben dienen soll. Der Katalog ist ausgerichtet auf die Begutachtung aller Störungsbilder der §§ 20, 21 StGB. Infolgedessen kann dieser auch im Zusammenhang mit Fällen der Ludomanie angewendet werden.

Lindemann in: Schneider/Frister/Olzen, Begutachtung psychischer Störungen, S. 114.

541 *Boetticher/Nedopil/Bosinski/Saß*, NStZ 2005, 57 ff.; siehe auch: *Nedopil/Dietmann/Kiesewetter*, ZStR 2005, 127, 139 ff.; vgl. auch: *Müller*, Schuldfähigkeit und Sanktionierung, S. 201 ff.

D. Vorläufiges Ergebnis und Fragen

Nach den bisherigen Erkenntnissen der vorgenommenen Untersuchung ist die Rechtsprechung des BGH hinsichtlich der Schuldfähigkeitsfeststellungen im Sinne der §§ 20, 21 StGB im Zusammenhang mit der Ludomanie als sehr restriktiv anzusehen. Der BGH beschäftigt sich zwar mit dem Störungsbild der Ludomanie, billigt dieser Störung praktisch allerdings kaum Einfluss auf die Schuldfähigkeit gemäß §§ 20, 21 StGB zu. Bislang liegt kein Fall mit exkulpierender Wirkung im Zusammenhang mit der Pathologischen Spielsucht vor. Nur im Falle schwerer Persönlichkeitsveränderung des Ludomanen oder bei Begehung von Beschaffungstaten während bestehender Entzugserscheinungen zieht der BGH eine Verminderung der Schuldfähigkeit in Erwägung.[542]

Hinsichtlich einer Merkmalszuordnung für die Ludomanie lässt der BGH zunächst offen, welches der beiden Merkmale der §§ 20, 21 StGB vorliegt. Da der BGH der Ludomanie noch nie aufgrund einer schweren Persönlichkeitsveränderung eine exkulpierende bzw. dekulpierende Wirkung zugesprochen hat, musste sich dieser bislang hinsichtlich der Merkmalszuordnung nicht abschließend festlegen. Einigen Entscheidungen des BGH ist allerdings die Tendenz der Zuordnung zum vierten Merkmal, der „schweren anderen seelischen Abartigkeit", zu entnehmen.[543] Häufig thematisiert dieser in seinen Urteilsfeststellungen lediglich das 4. Merkmal. So setzt der BGH wiederholt voraus, dass die festgestellte Persönlichkeitsveränderung in ihrem Schweregrad der „krankhaften seelischen Störung" entsprechen muss. Demnach schließt der BGH die Einordnung unter das erste Merkmal implizit aus, ohne dabei auf die organische oder nicht-organische Ursache der Spielsucht konkret einzugehen. In einigen Fällen entgeht der BGH einer konkreten Entscheidung, indem er beide Alternativen in Erwägung zieht, ohne sich zu positionieren. Eine diesbezügliche

---

542 Vgl. BGH, Urt. v. 07.11.2013, Az.: 5 StR 377/13; BGH, Urt. v. 06.03.2013, Az.: 5 StR 597/12; BGH, Beschl. v. 09.10.2012, Az.: 2 StR 297/12; BGH, Urt. v. 16.06.2005, Az.: 5 StR 140/05; BGH, Urt. v. 12.01.2005, Az.: 2 StR 138/04; BGH, Urt. v. 22.07.2003, Az.: 4 StR 199/03; BGH, Beschl. v. 22.04.2003, Az.: 4 StR 199/03; BGH, Urt. v. 08.11.1988, Az.: 1 StR 544/88.

543 Vgl. BGH, Urt. v. 09.08.2016, Az.: 1 StR 121/16; BGH, Urt. 14.10.2015, Az.: 5 StR 273/15; BGH, Urt. v. 07.11.2013, Az.: 5 StR 377/13; BGH, Urt. v. 17.09.2013, Az.: 3 StR 209/13; BGH, Beschl. v. 09.10.2012, Az.: 2 StR 297/12; BGH, Urt. v. 25.11.2004, Az.: 5 StR 411/04; BGH, Urt. v. 05.05.1999, Az. 2 StR 529/98; BGH, Urt. v. 03.11. 1994, Az.: 1 StR 423/94.

Entscheidung wird damit „konkret offen" gelassen.[544] Selbst in dem einzigen Fall, in welchem der BGH dem Angeklagten infolge der gravierenden Entzugserscheinungen eine erhebliche Verminderung seiner Schuldfähigkeit gemäß § 21 StGB zugesprochen hat, unterlässt dieser eine konkrete Merkmalszuordnung.[545] Abschließend lässt sich demgemäß festhalten, dass der BGH entweder eine Merkmalszuordnung unterlässt oder diese lediglich ohne vertiefende Begründung praktiziert.

Die bisherigen Analysen der Urteile – im Hinblick auf die vom BGH geforderten restriktiven Anforderungen – haben ergeben, dass sich der BGH in keinem seiner Urteile konkret dazu äußert, welche Kriterien vorliegen müssten, um das Vorliegen des Schweregrades nach seinen eng gesteckten Anforderungen annehmen zu können. Er begnügt sich lediglich mit mageren bzw. inhaltsleeren Negierungen. Im Rahmen der Hinweise[546] deutet dieser zudem lediglich auf seine restriktive Rechtsprechung hin. Hieraus sind jedoch ebenso wenig konkrete Anforderungen zu entnehmen.

Mit Blick auf die Rechtsfolgenseite steht fest, dass die Anordnungen der Maßregeln der Besserung und Sicherung im Sinne der §§ 63 ff. StGB im Fall der Ludomanie einer sehr straffen Restriktion unterliegen. Die Anordnung einer Maßregel gemäß § 63 StGB im Falle eines Spielsüchtigen kommt nur in Betracht, wenn der Angeklagte auf Grund eines von der Ludomanie unterscheidbaren psychischen Defektes spielsüchtig ist oder die Abhängigkeit sich bereits in schwersten Persönlichkeitsveränderungen manifestiert hat.

Die Ludomanie kann grundsätzlich einen Hang zu erheblichen Straftaten begründen und bei Vorliegen der übrigen Voraussetzungen der §§ 66 ff. StGB die Unterbringung in der Sicherungsverwahrung (nachträgliche/vorbehaltene) rechtfertigen.

Die Unterbringung in einer Entziehungsanstalt gemäß § 64 StGB aufgrund der Diagnose des Pathologischen Spielens scheidet allein wegen des Wortlautes der Norm aus. Ebenso wenig zieht der BGH eine analoge Anwendung in Betracht.

Im Hinblick auf die Untersuchung des juristischen Schrifttums lässt sich festhalten, dass der überwiegende Teil der juristischen Literatur dem engen Konzept der Rechtsprechung des BGH folgt.

---

544 Vgl. BGH, Urt. v. 12.01.2005, Az.: 2 StR 138/04; BGH, Urt. v. 22.07.2003, Az.: 4 StR 199/03.

545 Vgl. BGH, Urt. v. 06.03.2013, Az.: 5 StR 597/12.

546 Siehe: C. II. 2. a) bb) (6).

Aus der psychowissenschaftlichen Perspektive hingegen kann dem Pathologischen Spielen durchaus eine Bedeutung für die Schuldfähigkeit des Betroffenen zukommen. Nach diesem – in der Literatur vorherrschenden – Verständnis muss für die Bejahung des Schweregrades neben der Diagnose des Pathologischen Spielens als solcher, das Spielverhalten in psychopathologische Bedingungen eingebettet sein. Es ist hiernach keine schwere Persönlichkeitsveränderung erforderlich, damit der Ludomanie Einfluss auf die Schuldfähigkeit zugesprochen werden kann. Ausreichend ist, dass die Ludomanie eine progrediente Verlaufsform aufweist, die einen Persönlichkeitswandel zur Folge hat. Es ist allerdings hervorzuheben, dass auch nach dieser Ansicht in besonderen Fällen dennoch eine „schwere" Persönlichkeitsveränderung gefordert wird. Mit besonderen Fällen sind die der indirekten Beschaffungskriminalität und Delikte, die nicht den Eigentums-/Vermögensdelikten zugeordnet werden, gemeint.[547] Es ist hierbei zu bemerken, dass es im Rahmen der klinischen Begutachtung schwierig ist, zwischen psychopathologischer und einer schweren Persönlichkeitsstörung zu unterscheiden.[548]

Ein anderer Teil der Psychowissenschaften unterstützt die restriktive Anwendung des BGH und fordert ebenso eine schwere Persönlichkeitsveränderung als maßgebendes Kriterium.[549]

Demzufolge entsteht der Eindruck, dass hinsichtlich der Anforderungen zwischen den Disziplinen eine nicht miteinander zu verbindende Diskrepanz besteht. Dieser Umstand ist als enttäuschend zu werten. Nach eingehender Einsichtnahme in die Erkenntnisse der Psychowissenschaften zum Thema Spielsucht nebst den eigenen Untersuchungen ist der Problematik der Ludomanie aus der Perspektive der Verfasserin ein bedeutsames Gewicht beizumessen, so dass dieses Ungleichgewicht dringend zu beleuchten ist. Es drängt sich daher die Frage auf, ob diese Herangehensweisen mangelfrei und unwiderruflich manifestiert sind oder ob, es eine Lösung für eine angeglichene Verknüpfung gibt.

Infolgedessen werden folgende Fragen aufgestellt:

547 Vgl. *Rasch,* Praxis der Forensischen Psychologie, S. 25, 32; *ders.*, StV 2001, 126, 129 f.; *Meyer/Fabian/Wetzels,* StV 1990, 464, 470; *Meyer* in: Meyer/Bachmann, Spielsucht, S. 184; *Fabian/Wetzels* in: Egg, Brennpunkte der Rechtspolitik, S. 363, 375.

548 Dies sei nur am Rande erwähnt, da es nicht die zu behandelnde Aufgabe betrifft.

549 Kröber/Dölling/*Leygraf*/Sass, Handbuch der Forensischen Psychiatrie 2, S. 516, 526; *Lammel*/Felber/Sutarski/Lau, Die forensische Relevanz „abnormer Gewohnheiten", S. 87, 92; *Kröber,* JR 1989, 379, 380 f.; *ders.*, FPPK 2009, 96.

Frage 1: Ist die Rechtsprechung des BGH hinsichtlich der Schuldfähigkeitsbestimmung von Ludomanen zu restriktiv und werden hierbei entscheidende Faktoren übersehen?

Frage 2: Weisen die untersuchungsgegenständlichen Urteile des BGH Rechtsfehler, Mängel oder Lücken auf?

Frage 3: Sind die Voraussetzungen der Anordnung der Maßregeln der Besserung und Sicherung gemäß §§ 63 ff. StGB zu modifizieren, damit der Anwendungsbereich für Ludomanen erweitert werden kann?[550]

Frage 4: Erfüllen die Urteile des BGH in Fällen der Pathologischen Spielsucht den Zweck der Revision?

Frage 5: Sind die Erkenntnisse der Psychowissenschaften bezüglich der Beurteilung der Schuldfähigkeit eines Ludomanen aus der juristischen Perspektive nachvollziehbar und demgemäß durch Gerichte zu berücksichtigen?

Frage 6: Bedarf es für eine angemessene Bestimmung der Schuldfähigkeit eines Ludomanen gar einer Verschmelzung der Erkenntnisse aus den verschiedenen Disziplinen?

Frage 7: Stimmt die Rechtswirklichkeit in Fällen der Ludomanie mit den Entscheidungen des BGH überein?

Frage 8: Was steckt hinter dem Ludomanen für ein Mensch, welche Krankheitsgeschichte weist dieser vor?

Frage 9: Kann die Kritik des BGH an den Begründungen der erstinstanzlichen Urteile nachvollzogen werden?

Frage 10: Besteht für die Anwendung der Schuldfähigkeitsnormen gemäß §§ 20, 21 StGB in Fällen des Pathologischen Spielens das Erfordernis einer Anpassung an die Rechtswirklichkeit?

Frage 11: Muss seitens der Prozessbeteiligten mehr Aktivität im Strafprozess erwartet werden?

Frage 12: Könnte die Kooperation zwischen dem entscheidenden Richter und dem Sachverständigen im Sinne eines „revisionssichereren Urteils“ besser ausgebaut werden?

---

550 So auch schon *Müller*, Schuldfähigkeit und Sanktionierung, S. 280.

E. Empirischer Teil: Realität der Ludomanie im Verfahren

Anlass für die empirische Untersuchung war die soeben festgestellte Diskrepanz hinsichtlich der Schuldfähigkeitsbestimmung zwischen den Wissenschaften. Für den Versuch einige der soeben aufgeworfenen Fragen zu beantworten, wird eine Untersuchung der vorinstanzlichen Urteile vorgenommen zudem wurden Interviews mit straffälligen Ludomanen geführt. Hierdurch wird zunächst ein Blick in die Realität des Strafverfahrens ermöglicht. Weiterhin kann hiermit das Phänomen des Pathologischen Glücksspieles aus der Perspektive der Betroffenen aufgezeigt werden. Es wird mit der nachstehenden Bearbeitung beabsichtigt, Einblicke in die Biographie des Ludomanen zu ermöglichen und hierdurch den Menschen hinter dem Spielsüchtigen kennenzulernen und die Sucht besser verstehen zu können.

I. Klärungsbedürftige empirische Fragen und Ziele

Die folgende empÅirische Untersuchung fragt, ob die restriktive Rechtsprechung des BGH angemessen und unverändert fortzusetzen ist oder ob der Ludomanie in Anlehnung an die Erkenntnisse der Seinswissenschaften Einfluss auf die intellektuelle wie auch voluntative Schuldfähigkeit zuzusprechen ist. Hierzu soll ein Blick auf die erstinstanzliche Ebene geworfen werden, indem tatgerichtliche Urteile herangezogen und untersucht werden, wie auch auf die Ergebnisse der eigens durchgeführten Interviews mit spielsüchtigen Straffälligen.

Die empirische Untersuchung dient vorrangig dazu, rechtstatsächliche Erkenntnisse zu gewinnen. Gewiss kann diese nicht direkt klären, ob die restriktive Rechtsprechung des BGH richtig oder falsch ist oder gar die psychowissenschaftlichen Kriterien vorzugswürdiger sind.

Bei der Hinzuziehung der tatgerichtlichen Urteile ist hingegen von Bedeutung, anhand welcher Kriterien die Tatsachengerichte die Schuldfähigkeitsfeststellungen in Fällen der Ludomanie getroffen und begründet haben. Hierbei ist sowohl die Straftatvoraussetzungs- (§ 20 StGB), als auch die Rechtsfolgenseite (§§ 21, 49 Abs. 1; § 46; §§ 63 ff. StGB) zu untersuchen. Verwenden die Tatsachengerichte andere Maßstäbe für die Voraussetzungen der Schuldfähigkeitsfeststellung gemäß §§ 20, 21 StGB als die obergerichtliche Rechtsprechung? Welche Aspekte werden im Rahmen der rechtlichen Bewertung der §§ 20,

21 StGB seitens der Tatgerichte herangezogen? Beispielhaft sei der Aspekt zu benennen, ob das Gericht dem Sachverständigengutachten „blindlings“ folgt oder eine eigene Bewertung vornimmt. Wurden Rechtsmittel erhoben und mit welcher Rüge wurden diese geführt? Darüber hinaus wird aufgezeigt, ob sich das Rechtsmittel erfolgreich durchsetzen konnte.

Ferner ist anhand der erstinstanzlichen Urteile ein Blick in die Rechtswirklichkeit zu werfen. Hierbei werden die straffälligen Ludomanen als Menschen sowie deren Krankheitsgeschichte dargestellt. Welches deliktische Geschehen ist vorzufinden? An dieser Stelle sind sowohl die jeweilige Deliktsart als auch die Tatumstände zu betrachten. Weiterhin ist von Interesse, wie sich die Verfahrensbeteiligten im Strafprozess verhalten haben.

Teile der Ergebnisse werden in tabellarischer Form dargestellt und in Kategorien gezählt. Der Schwerpunkt soll allerdings auch im Rahmen der empirischen Forschung auf die Diskrepanzen zwischen der tatgerichtlichen und obergerichtlichen Rechtsprechung hinsichtlich der Schuldfähigkeitsfeststellung gemäß §§ 20, 21 StGB eines Ludomanen gesetzt werden. An dieser Stelle erfolgt keine tabellarische Gliederung, sondern eine deskriptive, detaillierte Darstellung der Urteilsgründe hinsichtlich des Kernthemas dieser Ausarbeitung. Dies wird anhand einer Gegenüberstellung des tatgerichtlichen Urteils, des jeweils eingelegten Rechtsmittels und des darauf erfolgten höchstrichterlichen Urteils vorgenommen.

Darüber hinaus werden im Rahmen der empirischen Untersuchung eigens durchgeführte Befragungen – anhand eines Leitfadeninterviews – mit straffälligen Ludomanen zusammengefasst und verwertet. Hierbei ist von großem Interesse, wie die Betroffenen ihr Schicksal mit der Ludomanie schildern und welche Lebens- und Krankheitsgeschichte sich im Einzelnen dahinter verbirgt. Beschrieben wird zudem, wie die Ludomanen selbst den Einfluss der Spielsucht auf die Steuerungsfähigkeit erklären.

Die empirischen Untersuchungsergebnisse können einen Eindruck davon vermitteln, welche Bedeutung dem Pathologischen Spielen im Rahmen der Willensbildung und Handlungsbereitschaft aus Sicht der Delinquenten beigemessen wird.

Erkenntnisse über das tatgerichtliche Entscheidungsverhalten in Fällen der Schuldfähigkeitsbestimmung eines Ludomanen sind nicht nur wissenschaftlich interessant, sondern versprechen zudem auch Nutzen für den in der Praxis tätigen Juristen. Dies erstreckt sich auf die verschiedenen Rollen im Strafprozess, wie der Tatrichter revisible Mängel vermeiden und welcher Verteidigungsstrategien sich der Strafverteidiger erfolgsversprechend bedienen kann.

II. Dokumentenanalyse der tatgerichtlichen Urteile

Mit dem Zweck, die empiriegeleiteten Fragen zu beantworten, erfolgt eine Dokumentenanalyse der tatgerichtlichen Urteile.

1. Datenmaterial der Untersuchung

Das verwendete Datenmaterial der Untersuchung setzt sich wie folgt zusammen: Erste Anhaltspunkte zu den tatgerichtlichen Urteilen sind zunächst aus der obergerichtlichen Rechtsprechung, welche im vorangegangenen Kapitel bearbeitet wurde, gewonnen worden. Was den gesamten Umfang des verwendeten Datenmaterials der Untersuchung angeht, ist darauf hinzuweisen, dass es sich um alle tatgerichtlichen Entscheidungen der Strafgerichte in einem Zeitraum von 1987 bis Juli 2020 – also quasi eine „Totalerhebung" der zugänglichen Urteile handelt, die sich bei der unter C. II. beschriebenen Suchstrategie – ausgenommen die Entscheidungsdatenbank des BGH – finden ließen oder Erwähnung gefunden haben.

Bei den verwendeten erstinstanzlichen Urteilen handelt es sich notgedrungen um eine Auswahl von Entscheidungen – beschränkt auf alle zugänglichen Urteile. Der Grund dafür zeigt sich zum einen in den Schwierigkeiten der Aktengewinnung, auf welche nachstehend eingegangen wird. Des Weiteren ist dies in einer spärlichen Veröffentlichungs- und Archivierungspraxis der Tatgerichte begründet. Jüngst ist dies durch eine empirische Studie von *Hamann*[551] untermauert worden. *Hamann* bemerkt, dass mindestens 99 % der Entscheidungen der ordentlichen Gerichte unveröffentlicht bleiben und es keinerlei Zugriffsmöglichkeit gebe.

Soweit erwähnte Urteile nicht veröffentlicht waren, sind diese direkt anhand eines konkreten Entscheidungsdatums und Aktenzeichens bei den Staatsanwaltschaften und Gerichten angefordert worden. Auf Grund dieser Suchstrategie sind durchaus auch erstinstanzliche Urteile enthalten, die mit keinem Rechtsmittel angegriffen wurden und dennoch in das beschriebene Suchraster fielen.

Die empirische Untersuchung wird anhand von insgesamt 24 tatgerichtlichen Urteilen vorgenommen[552]:

---

551 *Hamann*, JZ 2021, 656, 658.

552 *Müller* verwendet in seiner Arbeit 3 tatgerichtliche Urteile: LG München, Urt. v. 23.10.1995; AG München, Urt. v. 21.11.1994 und LG Berlin, Urt. v. 22.09.1992; siehe: *Müller*, Schuldfähigkeit und Sanktionierung, S. 161 ff.

Tabelle 3: Datenmaterial der Untersuchung

Entscheidungszeitraum	Anzahl der Verfahren insgesamt	Davon AG-Verfahren	Davon LG-Verfahren
von 1987 bis Juli 2020	24	1	23

Nachstehend erfolgt eine Übersicht der zur Verfügung stehenden Urteile[553]:

Tabelle 4: Übersicht der tatgerichtlichen Urteile

Gericht, Art und Datum der Entscheidung	Aktenzeichen	Fundstelle
LG Tübingen Urt. v. 09.10.2015	2 KLs 24 Js 10080/06	direkt angefordert[554]
LG Berlin Urt. v. 08.12.2014	(540) 234 Js 143/12 Ks (12/13)	direkt angefordert
LG Hagen Urt. v. 12.07.2013	46 KLs 9/13	BeckRS 2014, 199
LG Berlin Urt. v. 12.12.2012	(532) 234 Js 143/12 Ks (15/12)	direkt angefordert
LG Göttingen Urt. v. 05.09.2012	1 KLs 15/12	direkt angefordert
LG Tübingen Urt. v. 10.05.2011	1 KLs 24 Js 10080/06	direkt angefordert
LG Hamburg Urt. v. 03.09.2010	618 KLs 11/09	juris, BeckRS 2015, 11857
LG Düsseldorf Urt. v. 30.06.2010	14 KLs 3/10	juris, BeckRS 2010, 19441
LG Darmstadt Urt. v. 20.10.2009	1120 Js 67160/07–15 KLs	direkt angefordert
LG Darmstadt Urt. v. 29.08.2008	1120 Js 67160/07	direkt angefordert
LG Frankfurt Urt. v. 15.12.2006	5/30 KLs 3390 Js 233025/00 (8/05)	direkt angefordert
LG Aachen Urt. v. 02.11.2006	52 Ks 401 Js 57/06 10/06	juris
LG Kiel Urt. v. 25.05.2005	592 Js 19221/05 VII KLs (9/05)	direkt angefordert
LG Berlin Urt. v. 09.09.2004	(503) 34 Js 5199/03 KLs (20/04)	direkt angefordert

553 Fortan wird – zur Wahrung der Übersichtlichkeit – auf die jeweiligen tatgerichtlichen Urteile nur durch Benennung des entscheidenden Gerichts und des Entscheidungsdatum Bezug genommen.

554 Siehe nachstehend: E. II. 2.

Tabelle 4 Fortsetzung

Gericht, Art und Datum der Entscheidung	**Aktenzeichen**	**Fundstelle**
LG Frankfurt Urt. v. 10.12.2003	5/4 KLs 3390 Js 233025/00 (16/2003)	direkt angefordert
LG Siegen Urt. v. 05.02.2003	KLs 112 Js 921/00 W 2/02	direkt angefordert
LG Bochum Urt. v. 08.10.2002	21 KLs 10 Js 389/01-45/02	direkt angefordert
LG Lüneburg Urt. v. 09.07.2001	23 Ns 204 Js 10092/00 (14/01)	juris
LG München Urt. v. 23.10.1995	15 Ns 1129 Ds 465 Js 173881/91	NStZ 1997, 282–283
AG München Urt. v. 21.11.1994	1129 Ds 465 Js 173 881/91	NStZ 1996, 334–336
LG Berlin Urt. v. 22.09.1992	(519) 90 Js 214/92 KLs (30/92)	StV 93, 25–252
LG München Urt. v. 09.06.1988	1 KLs 114 Js 4123/87	direkt angefordert
LG Augsburg Urt. v. 15.04.1988	8 KLs 204 Js 11008/87	direkt angefordert
LG Hannover Urt. v. 11.09.1987	45 Js 3000/87	direkt angefordert

Von den aufgeführten Urteilen wurden sechs mit keinem[555] und eins mit keinem weiteren Rechtsmittel[556] angegriffen. Diese sieben Urteile sind rechtskräftig und es liegt infolgedessen keine Entscheidung des BGH vor.

2. Recherche des Datenmaterials

Das Ergebnis der oben beschriebenen Recherche des Datenmaterials ermöglichte nur wenige Zugriffe auf erstinstanzliche Urteile.

Der Fundus der im Rahmen dieser Arbeit hinzugezogenen Urteile, erfolgte sodann gemäß der §§ 474 ff. StPO durch Kontaktaufnahme mit den jeweiligen Gerichten bzw. Staatsanwaltschaften, mit der Bitte um Abschriften der jeweiligen Entscheidung. Gemäß § 476 StPO ist die Gewährung von Akteneinsicht

555 LG Hagen, Urt. v. 12.07.2013; LG Düsseldorf, Urt. v. 30.06.2010; LG Darmstadt, Urt. v. 20.10.2009; LG Frankfurt, Urt. v. 15.12.2006; LG Aachen, Urt. v. 02.11.2006; LG Berlin, Urt. v. 22.09.1992.

556 Zweitinstanzliches Urteil: LG München, Urt. v. 23.10.1995.

oder Erteilung von Auskünften zu Forschungszwecken unter Erfüllung bestimmter Voraussetzungen grundsätzlich möglich.[557] Im vorliegenden Fall wurde das Interesse der Einsichtnahme in die erst-/vorinstanzlichen Urteile – neben den bereits vorliegenden BGH-Urteilen – im Hinblick auf eine ordnungsgemäße empirische Arbeit begründet. Der Blickwinkel des Interesses wurde auf die rechtliche Bewertung der §§ 20, 21 StGB im Zusammenhang mit der Spielleidenschaft für die Ausarbeitung dieser Untersuchung gelegt. Es wurden insgesamt achtzehn Staatsanwaltschaften bzw. Gerichte zu vierundzwanzig Entscheidungen kontaktiert und gebeten, eine anonymisierte Kopie der jeweiligen Entscheidung entweder auf postalischem Wege oder via eMail zu übersenden. Es wurde versichert, dass etwaige Schweigepflichten berücksichtigt werden und jedwede Unkosten erstattet werden.

Einige der angefragten Gerichte/Staatsanwaltschaften kooperierten sehr entgegenkommend.[558] Es ist allerdings nicht nachvollziehbar, dass die angerufenen Behörden bei gleichem Begehren derart unterschiedlich reagierten. Einige Gerichte lehnten die Übersendung der Urteile ausdrücklich mit der Begründung ab, dass die Voraussetzungen, unter denen Auskünfte aus den Akten erteilt werden, im konkreten Fall nicht erfüllt seien.[559] „Die Erteilung von Auskünften an Privatpersonen, auch wenn sie diese Auskunft zur Anfertigung einer Dissertation

---

557 Vertiefend kann für den Anspruch auf Auskunft und Akteneinsicht folgendes herangezogen werden: Der BGH entschied im Beschluss vom 05.04.2017, Az.: IV AR(Z) 2/16, dass Gerichte Entscheidungen in Zivilsachen in anonymisierter Form herausgeben müssen. „In Zivilsachen kann der Gerichtsvorstand am Verfahren nicht beteiligten Dritten regelmäßig anonymisierte Abschriften von Urteilen und Beschlüssen erteilen, ohne dass dies den Anforderungen von Akteneinsicht gemäß § 299 Abs. 2 ZPO unterliegt." Für *Martin Huff* setzt der BGH mit dieser klaren Definition eines faktisch voraussetzungslosen Anspruchs die Linie der Transparenz bei der Veröffentlichung von Gerichtsentscheidungen fort, die sowohl das Bundesverfassungsgericht als auch das Bundesverwaltungsgericht begonnen haben. Zudem hält *Huff* es für „nicht nur möglich, sondern sogar für zwingend, die Entscheidung auch für andere Rechtsgebiete und Gerichtsbarkeiten anzuwenden. Die vom BGH aufgestellten Grundsätze sind eins zu eins übertragbar." (Siehe: Lorenz, „Machtwort vom BGH: Urteile sind für alle da", Legal Tribune Online, 20.05.2017, https://www.lto.de/recht/hintergruende/h/bgh-hzivilgerichte-muessen-urteile-anonymisiert-veroeffentlichen/ – letzter Abruf: 04.06.2022).

558 LG Berlin; LG Bochum; LG Frankfurt; LG Göttingen; LG Hannover; LG Kiel; LG München; LG Tübingen.

559 LG Hanau auf das Einsichtnahmegesuch zu der Entscheidung Az.: 2 Js 16231/97 KLs; LG Siegen, Urt. v. 05.02.2003.

benötige, ist nicht möglich. Voraussetzung für die Erteilung von Auskünften zu Forschungszwecken ist, dass eine Einrichtung, die wissenschaftliche Forschung betreibt – hierunter fallen etwa Kriminologische Zentralstellen – oder eine ‚Öffentliche Stelle' – also zum Beispiel eine Universität – die Auskunft begehrt."[560] Das LG Hannover lehnte das Gesuch zu seiner Entscheidung vom 01.09.1988[561] mit der Begründung ab, dass dieses nicht mehr archiviert sei. Ebenso war das Gesuch an die Staatsanwaltschaft Stuttgart[562] erfolglos; diese verwies die Anfrage mangels Archivierung an die Landesbibliothek. Eine dort eingereichte Nachfrage blieb unbeantwortet. Das LG Berlin antwortete, dass es unter dem angeforderten Aktenzeichen kein Urteil gebe.[563]

Andere Gerichte[564] reagierten trotz mehrmaliger Aufforderung gar nicht, andere erfreulicherweise mit einer revidierten Rückmeldung und anschließender Übersendung des Urteils. Teils erfolgte dies nach einem persönlichen Telefonat mit der jeweiligen Stelle[565], teilweise nach erweiterter schriftlicher Begründung mit der Bitte um Einsichtnahme.[566]

Hinsichtlich der Vollständigkeit der einzelnen Urteile wird auf Folgendes hingewiesen: Bei tatgerichtlichen Urteilen, die einen Umfang von über 200 Seiten aufweisen, sind nur Auszüge zu den wesentlichen Punkten zugesandt worden.[567] Erhaltene Urteile waren zum Teil hinsichtlich der persönlichen Angaben geschwärzt, so dass dadurch lediglich eine lückenhafte Bearbeitung im Rahmen der tabellarischen Darstellung vorgenommen werden konnte. Ungeachtet der zugesicherten anonymisierten Bearbeitung ist eine geschwärzte Übersendung der Urteile nur dann sinngebend, wenn dies von der Behörde durchgehend gemacht worden wäre und nicht – wie teils praktiziert – nur im Rubrum,

---

560 Zitat der Oberstaatsanwältin aus dem Antwortschreiben zu der Anfrage auf Einsichtnahme.

561 LG Hannover, Urt. v. 01.09.1988, Az.: StK 13/39 a 11/98 230 Js 262/98/98.

562 LG Stuttgart, Urt. v. 23.12.1993, Az.: 6 KLs 79/93.

563 LG Berlin, Urt. v. 05.06.2013, Az.: 234 Js 115/12 (522) Ks (11/12). Es war nicht möglich, den Fehler im Aktenzeichen, welches dem BGH Urteil entnommen wurde, ausfindig zu machen.

564 LG Münster, Urt. v. 29.08.1990, Az.: 3 KLs 38 Js 1082/89 40/90 38 Js 1082/89; LG Potsdam, Urt. v. 04.03.1994, Az.: 24 KLs 48/93; AG Magdeburg, Urt. v. 08.05.1992, Az.: 7 KLs 40 Js 600/89 (30/92).

565 LG München, Urt. v. 09.06.1988.

566 LG Krefeld, Urt. v. 20.12.2012, Az.: 4 Js 265/12 21 KLs 35/12; LG Göttingen, Urt. v. 05.09.2012; LG Darmstadt, Urt. v. 29.08.2008; LG Siegen, Urt. v. 05.02.2003; LG Augsburg, Urt. v. 15.04.1988.

567 LG Darmstadt, Urt. v. 29.08.2008.

andererseits aber der Name des Angeklagten in den Urteilsgründen erscheint. Die Schwärzung eines Urteils[568], bei dem es um zwei Angeklagte ging, machte die Bearbeitung zudem unmöglich, da in den Urteilsgründen nicht ersichtlich war, um welchen der Angeklagten es sich jeweils handelte.

Zudem ist die Reaktion der Staatsanwaltschaft Krefeld[569] darzustellen, die eine Ablichtung des lediglich mit einem Aktenzeichen angeforderten Urteils mit der Begründung verweigert, „dass leider aus Gründen des Datenschutzes das Urteil in dem Verfahren gegen *XX*[570] nicht übersandt werden kann". Auf diese Weise wurde der Name der Beteiligten erstmals – im Gegensatz zum grundsätzlich nicht personell identifizierbaren Aktenzeichen – ausdrücklich von der Staatsanwaltschaft offengelegt.

Das Gesuch an die Staatsanwaltschaft Hamburg[571] wurde mit einer nahezu falschen rechtlichen Bewertung abgelehnt. Das Urteil verhalte „sich jedoch nicht zu den §§ 20, 21 StGB im Zusammenhang mit der Spielsucht. Die Spielleidenschaft findet lediglich am Rande Erwähnung und zwar bei den persönlichen Verhältnissen und bei der Frage der Tatmotivation. Dort wird ausgeführt, dass die ‚aufgrund der Spielleidenschaft des Angeklagten entstandene hohe Verschuldung für den Tatentschluss des Angeklagten bestimmend sein dürfte'. § 21 StGB wurde nicht thematisiert." Nach Auffassung der Verfasserin erwähnt dieses Urteil nach bisher Dargestelltem durchaus einen relevanten Punkt für die Bestimmung der Schuldfähigkeit.

Rückblickend ist festzuhalten, dass die Recherche der tatgerichtlichen Urteile bei grundlegender Dokumentations- und Aufbewahrungspflicht von gerichtlichen Urteilen zu abenteuerlichen Rückmeldungen geführt hat.

---

568 LG Krefeld, Urt. v. 20.12.2012, Az.: 21 KLs 35/12.

569 LG Krefeld, Urt. v. 20.12.2012, Az.: 21 KLs 35/12. Es ist an dieser Stelle zu bemerken, dass es sich bei dem Urteil des LG Krefelds um dasselbe Urteil (S. 102) handelt. Dieses ist nach erneuter Nachfrage vom Gericht übersandt worden.

570 Entgegen der Mitteilsamkeit der Staatsanwaltschaft Krefeld erfolgt an dieser Stelle aus datenschutzrechtlichen Gründen keine originale Wiedergabe.

571 LG Hamburg, Urt. v. 31.08.1993, Az.: 126 Js 767/91.

3. Methode

Für die empirische Untersuchung wurde eine deskriptive Inhaltsanalyse der zur Verfügung stehenden Urteile als Methode gewählt. Die Inhaltsanalyse befasst sich mit der systematischen Erhebung und Auswertung von Texten.[572] Alternativ kann begrifflich auch von Dokumentenanalyse gesprochen werden; inhaltlich liegt keine Andersartigkeit vor. Hinsichtlich der Herangehensweise wurde vornehmlich die quantitative Inhaltsanalyse in Verbindung mit qualitativen Methoden verwandt.[573] Zunächst wird anhand der anfangs gestellten, empiriegeleiteten Fragen ein Kategoriensystem[574] erstellt, welches die erstinstanzlichen Urteile sodann durchlaufen. Dies erfolgt durch eine Interpretation der aus den gegenständlichen Entscheidungen gewonnen Aussagen (z.B. LG Berlin, Urt. v. 12.12.2012: Verurteilung u.a. wegen „Mordes“) dahingehend, dass sie inhaltlich einer der zuvor bestimmten Kategorie (z.B. Straftaten gegen das Leben) zugeordnet werden. Diese in Kategorien interpretierten Aussagen werden daraufhin gezählt. Eine abschließende Interpretation der durch die Kategorisierung und Zählung erhaltenen Ergebnisse findet im Rahmen der eigenen Darstellung der Untersuchungsergebnisse (z.B. Relation Gewaltdelikte zu anderen Delikten) statt.

Für den Fall, dass die nachfolgend dargestellten Tabellen keine weiterführenden Angaben beinhalten, ist davon auszugehen, dass einzelnen Urteilen hierzu keine näheren Angaben zu entnehmen waren. Beispielhaft ist die Fachrichtung des Sachverständigen zu nennen. Nur in den wenigsten Urteilen wird diese benannt. Zu erwartende Angaben haben nur Einzug in die Tabellen erhalten, wenn sich die Urteile hierzu explizit geäußert haben, so dass sich die einzelnen Kategorien nicht durchgängig auf die Gesamtzahl der betrachteten Urteile summieren lassen.

Sämtliche Urteile werden fortan ausschließlich mit dem Fokus des untersuchungsleitenden Themas der Pathologischen Spielsucht geprüft. Insbesondere ist dies hinsichtlich der Prozessgeschichte hervorzuheben. Anderweitige Prozesshandlungen der Beteiligten, die sich nicht mit der Spielsucht beschäftigen, sind zwecks Schwerpunktsetzung nicht näher thematisiert worden.

---

572 *Kromrey/Roose/Strübing*, Empirische Sozialforschung, S. 302.

573 *Diekmann*, Empirische Sozialforschung, S. 607 f.

574 Vgl. *Atteslander*, Methoden der empirischen Sozialforschung, S. 203 ff.

4. Empirische Befunde

Nachstehend erfolgt eine Zusammenschau der empirischen Befunde der Untersuchung anhand der zur Verfügung stehenden Urteile. Es ist nochmals zu verdeutlichen, dass sich jede Angabe der nachstehenden Tabellen auf eine Gesamtzahl von 24 Urteilen bezieht.

a) Inhalt der Urteile und deren Rechtsfolgen

Zunächst wird das Urteil hinsichtlich seiner Feststellungen untersucht, inwiefern die Ludomanie auf Tatbestands- und Rechtsfolgenseite berücksichtigt worden ist. Sodann ist ein Blick auf etwaige Rechtsmittel zu werfen. Darüber hinaus soll die rechtliche Bewertung der Schuldfähigkeit im konkreten Einzelfall betrachtet werden. Hierfür sind Aspekte hervorgehoben, an derer sich das jeweilige Gericht im Rahmen seiner Entscheidungsfindung bedient hat. Es ist hierbei von Interesse, wie die Tatgerichte die Ludomanie unter die Schuldfähigkeitsregelungen der §§ 20, 21 StGB subsumiert haben. Abschließend ist der Frage nachzugehen, wie der Umgang des Gerichtes mit dem Sachverständigengutachten aussieht.

In Tabelle 5 werden die Feststellungen der Schuldfähigkeit gemäß §§ 20, 21 StGB in Fällen der Ludomanie und darüber hinaus die sekundären Rechtsfolgen betrachtet. Von Bedeutung war zunächst, ob der Angeklagte auf Grund der Ludomanie nach rechtlicher Würdigung des Gerichts gemäß § 20 StGB schuldunfähig oder auf der Rechtsfolgenseite im Sinne des § 21 StGB vermindert schuldfähig war. Des Weiteren sind die

sekundären Rechtsfolgen dahingehend beleuchtet, ob es infolgedessen zu einer Anordnung einer Maßregel nach §§ 63 ff. StGB kam. Zudem wurde die Ebene der Strafzumessung nach § 46 StGB im Sinne einer Strafmilderung beruhend auf der Spielleidenschaft betrachtet. Die Tabelle stellt dar, in wie vielen Fällen diese Aspekte – bei dem zur Verfügung stehenden Dokumentenmaterial – vorlagen:

Tabelle 5: Urteilsspruch

Urteilsspruch	**Anzahl**
Schuldunfähig, § 20 StGB[575]	1
Verminderte Schuldfähigkeit, § 21 StGB[576]	9
Schuldfähig[577]	14
Anordnung der Maßregel, § 63 StGB[578]	3
Anordnung der Maßregel, § 64 StGB[579]	1
Anordnung der Maßregel, § 66 StGB[580]	1
Berücksichtigung i.R.d. Strafzumessung nach § 46 StGB[581]	4

Eine Übersicht der erhobenen Rechtsmittel und der jeweiligen Rechtsmittelführer wird in Tabelle 6 abgebildet. Konkret wird aufgezeigt, in wie vielen Fällen und durch wen Rechtsmittel gegen das erstinstanzliche Urteil eingelegt worden sind. Zudem wird aufgeführt, wie oft das Rechtsmittel erfolgreich war bzw. verworfen worden ist.

575 AG München, Urt. v. 21.11.1994.

576 LG Berlin, Urt. v. 12.12.2012; LG Göttingen, Urt. v. 05.09.2012; LG Frankfurt, Urt. v. 15.12.2006; LG Berlin, Urt. v. 09.09.2004; LG Frankfurt, Urt. v. 10.12.2003; LG Siegen, Urt. v. 05.02.2003; LG Bochum, Urt. v. 08.10.2002; LG München, Urt. v. 09.06.1988; LG Hannover, Urt. v. 11.09.1987.

577 LG Tübingen, Urt. v. 09.10.2015; LG Berlin, Urt. v. 08.12.2014; LG Hagen, Urt. v. 12.07.2013; LG Tübingen, Urt. v. 10.05.2011; LG Hamburg, Urt. v. 03.09.2010; LG Düsseldorf, Urt. v. 30.06.2010; LG Darmstadt, Urt. v. 20.10.2009; LG Darmstadt, Urt. v. 29.08.2008; LG Aachen, Urt. v. 02.11.2006; LG Kiel, Urt. v. 25.05.2005; LG Lüneburg, Urt. v. 09.07.2001; LG München, Urt. v. 23.10.1995; LG Berlin, Urt. v. 22.09.1992; LG Augsburg, Urt. v. 15.04.1988.

578 LG Tübingen, Urt. v. 10.05.2011; LG Siegen, Urt. v. 05.02.2003; LG Hannover, Urt. v. 11.09.1987.

579 LG Berlin, Urt. v. 09.09.2004.

580 LG Darmstadt, Urt. v. 20.10.2009.

581 LG Tübingen, Urt. v. 09.10.2015; LG Tübingen, Urt. v. 10.05.2011; LG Berlin, Urt. v. 22.09.1992; LG Augsburg, Urt. v. 15.04.1988.

Tabelle 6: Einlegung eines Rechtsmittels

Einlegung eines Rechtsmittels	**Anzahl**	**Erfolgreich**
Kein Rechtsmittel	6[582]	–
Berufung, § 312 StPO durch Staatanwaltschaft	1[583]	1[584]
Revision, § 333 StPO durch Angeklagten	12[585]	4[586]
Revision, § 333 StPO durch Staatsanwaltschaft	6[587]	4[588]

Weiterhin ist die Subsumtion der Ludomanie unter die Eingangsmerkmale der §§ 20, 21 StGB durch die Tatgerichte von besonderer Bedeutung. Hinsichtlich der dazu bereits dargestellten grundlegenden Problematik sei nach oben verwiesen.[589] Zunächst ist relevant, in wie viel Fällen die Tatgerichte das Pathologische Spielen als taugliches Eingangsmerkmal für die §§ 20, 21 StGB haben gelten lassen. Beachtlich ist hierbei, in wie viel Fällen die Spielsucht dem 1. Merkmal oder dem 4. Merkmal zugeordnet worden ist. Es wird unterschieden, ob überhaupt eine konkrete Merkmalszuordnung stattgefunden hat oder ob diese offen gelassen worden ist. „Offen gelassen“ meint, dass das Gericht die

582 LG Hagen, Urt. v. 12.07.2013; LG Düsseldorf, Urt. v. 30.06.2010; LG Darmstadt, Urt. v. 20.10.2009; LG Frankfurt, Urt. v. 15.12.2006; LG Aachen, Urt. v. 02.11.2006; LG Berlin, Urt. v. 22.09.1992.

583 AG München, Urt. v. 21.11.1994.

584 LG München, Urt. v. 23.10.1995.

585 LG Tübingen, Urt. v. 09.10.2015; LG Berlin, Urt. v. 08.12.2014; LG Tübingen, Urt. v. 10.05.2011; LG Hamburg, Urt. v. 03.09.2010; LG Kiel, Urt. v. 25.05.2005; LG Berlin, Urt. v. 09.09.2004; LG Frankfurt, Urt. v. 10.12.2003; LG Siegen, Urt. v. 05.02.2003; LG Bochum, Urt. v. 08.10.2002; LG München, Urt. v. 09.06.1988; LG Augsburg, Urt. v. 15.04.1988; LG Hannover, Urt. v. 11.09.1987.

586 BGH, Urt. v. 16.06.2005, Az.: 5 StR 140/05; BGH, Beschl. v. 22.07.2003, Az.: BGH 4 StR 199/03; BGH, Beschl. v. 24.04.2003, Az.: 4 StR 94/03; BGH, Urt. v. 28.04.1988, Az.: 4 StR 33/88.

587 LG Berlin, Urt. v. 12.12.2012; LG Göttingen, Urt. v. 05.09.2012; LG Berlin, Urt. v. 09.09.2004; LG Darmstadt, Urt. v. 29.08.2008; LG Frankfurt, Urt. v. 10.12.2003; LG Hannover, Urt. v. 11.09.1987.

588 BGH, Urt. v. 07.11.2013, Az.: 5 StR 377/13; BGH, Urt. v. 22.04.2009, Az.: 2 StR 43/09; BGH, Urt. v. 16.06.2005, Az.: 5 StR 140/05; BGH, Urt. v. 12.01.2005, Az.: 2 StR 138/04.

589 Siehe: C. II. 1.

konkrete Merkmalszuordnung unterlässt oder lediglich eine mögliche Alternative zwischen erstem oder viertem Merkmal liefert. Zudem wird aufgelistet, in wie vielen Fällen auf den notwendigen Schweregrad ausdrücklich eingegangen worden ist.

Tabelle 7: Subsumtion der Ludomanie gemäß §§ 20, 21 StGB

Subsumtion der Ludomanie gemäß §§ 20, 21 StGB	**Anzahl**
Kein Eingangsmerkmal der §§ 20, 21 StGB[590]	7
Merkmalszuordnung i.S.v. §§ 20,21 StGB	
– 1. Merkmal „krankhafte seelische Störung“	0
– 4. Merkmal „schwere andere seelische	10
Abartigkeit“[591]	3
– Keine Merkmalszuordnung[592]	2
– Offene Merkmalszuordnung[593]	
Schweregrad nicht erfüllt[594]	6

In nachfolgender Tabelle wird aufgezeigt, ob das Gericht hinsichtlich der Bestimmung der Schuldfähigkeit dem Sachverständigengutachten folgt, ob es darüber hinaus eine eigene Bewertung vorgenommen hat oder sich lediglich dem Sachverständigengutachten angeschlossen hat, ohne eine eigene rechtliche Bewertung vorzunehmen.

590 LG Hagen, Urt. v. 12.07.2013; LG Hamburg, Urt. v. 03.09.2010; LG Aachen, Urt. v. 02.11.2006; LG Kiel, Urt. v. 25.05.2005; LG Lüneburg, Urt. v. 09.07.2001; LG Berlin, Urt. v. 22.09.1992; LG Augsburg, Urt. v. 15.04.1988.

591 LG Darmstadt, Urt. v. 29.08.2008; LG Frankfurt, Urt. v. 15.12.2006; LG Aachen, Urt. v. 02.11.2006; LG Berlin, Urt. v. 09.09.2004; LG Frankfurt, Urt. v. 10.12.2003; LG Siegen, Urt. v. 05.02.2003; AG München, Urt. v. 21.11.1994; LG Berlin, Urt. v. 22.09.1992; LG München, Urt. v. 09.06.1988; LG Hannover, Urt. v. 11.09.1987.

592 LG Göttingen, Urt. v. 05.09.2012; LG Aachen, Urt. v. 02.11.2006; LG Bochum, Urt. v. 08.10.2002.

593 LG Berlin, Urt. v. 12.12.2012; LG Tübingen, Urt. v. 10.05.2011.

594 LG Tübingen, Urt. v. 09.10.2015; LG Berlin, Urt. v. 08.12.2014; LG Tübingen, Urt. v. 10.05.2011; LG Düsseldorf, Urt. v. 30.06.2010; LG Darmstadt, Urt. v. 20.10.2009; LG Darmstadt, Urt. v. 29.08.2008; LG Kiel, Urt. v. 25.05.2005.

Tabelle 8: Umgang des Gerichtes mit dem Sachverständigengutachten

Umgang des Gerichtes mit dem Sachverständigengutachten	Anzahl
Gericht folgt Gutachten ohne eigene Bewertung[595]	5
Gericht nimmt zudem eigene Bewertung vor[596]	14

b) Daten zur Person

Die empirische Untersuchung zielt weiterhin darauf ab, anhand der detailreichen Ausführungen der tatgerichtlichen Urteile zu erforschen, um welche Persönlichkeit es sich bei den Tätern handelt und welche Lebens- und Krankheitsgeschichte diese mitbringen. Es werden zunächst die Merkmale der Charaktere der Ludomanen hinter dem verfahrensgegenständlichen Delikt dargestellt. In einem weiteren Schritt werden die Sozialisation der Delinquenten und abschließend beispielhafte Lebenswirklichkeiten einzelner Ludomanen beschrieben. Diese Dokumentation erfolgt aus Sicht des erstinstanzlichen Gerichts anhand der entscheidungsrelevanten Tatsachen.

aa) Biographische Daten der Angeklagten

Es folgen biographische Angaben zu den Angeklagten bezüglich ihres Geschlechtes, Alters, ihrer Herkunft und Vorstrafen. Unter das Merkmal „andere Staatsangehörigkeit" werden sowohl ausländische Staatsangehörigkeiten wie auch deutsche Staatsangehörigkeiten, die zudem eine ausländische Stämmigkeit aufweisen, gefasst. Das Alter der Angeklagten zum Tatzeitpunkt wird in drei Altersstufen dargestellt. Es werden neben Jugendlichen und Heranwachsenden bis 21 Jahren, junge Erwachsene im Alter zwischen 21 und 30 Jahren gezählt. In einer dritten Rubrik werden Erwachsene über 30 Jahren gezählt, welche gemessen an einem sogenannten jugendlichen Übermut, eine gefestigtere Rolle innehaben. Besonders erwähnenswert war, in wie vielen Fällen die Angeklagten einschlägig vorbestraft waren.

---

595 LG Frankfurt, Urt. v. 15.12.2006; LG Berlin, Urt. v. 09.09.2004; LG Bochum, Urt. v. 08.10.2002; LG München, Urt. v. 09.06.1988; LG Hannover, Urt. v. 11.09.1987.

596 LG Tübingen, Urt. v. 09.10.2015; LG Berlin, Urt. v. 08.12.2014; LG Hagen, Urt. v. 12.07.2013; LG Berlin, Urt. v. 12.12.2012; LG Göttingen, Urt. v. 05.09.2012; LG Tübingen, Urt. v. 10.05.2011; LG Düsseldorf, Urt. v. 30.06.2010; LG Darmstadt, Urt. v. 29.08.2008; LG Aachen, Urt. v. 02.11.2006; LG Kiel, Urt. v. 25.05.2005; LG Siegen, Urt. v. 05.02.2003; AG München, Urt. v. 21.11.1994; LG Augsburg, Urt. v. 15.04.1988.

Tabelle 9: Geschlecht

Geschlecht	Anzahl
männlich[597]	22
weiblich[598]	1

Tabelle 10: Alter

Altersstufen zum Tatzeitpunkt	Anzahl
Jugendliche und Heranwachsende (bis 21 Jahre)[599]	1
Alter zwischen 21 und 30 Jahre[600]	1
Alter über 30 Jahre[601]	16

Tabelle 11: Staatsangehörigkeit

Staatsangehörigkeit	Anzahl
Deutsche Staatsangehörigkeit[602]	15
Andere Staatsangehörigkeit[603]	7

---

597 LG Tübingen, Urt. v. 09.10.2015; LG Berlin, Urt. v. 08.12.2014; LG Hagen, Urt. v. 12.07.2013; LG Berlin, Urt. v. 12.12.2012; LG Göttingen, Urt. v. 05.09.2012; LG Tübingen, Urt. v. 10.05.2011; LG Hamburg, Urt. v. 03.09.2010; LG Düsseldorf, Urt. v. 30.06.2010; LG Darmstadt, Urt. v. 20.10.2009; LG Darmstadt, Urt. v. 29.08.2008; LG Frankfurt, Urt. v. 15.12.2006; LG Aachen, Urt. v. 02.11.2006; LG Kiel, Urt. v. 25.05.2005; LG Berlin, Urt. v. 09.09.2004; LG Frankfurt, Urt. v. 10.12.2003; LG Siegen, Urt. v. 05.02.2003; LG Bochum, Urt. v. 08.10.2002; LG Lüneburg, Urt. v. 09.07.2001; LG Berlin, Urt. v. 22.09.1992; LG München, Urt. v. 09.06.1988; LG Augsburg, Urt. v. 15.04.1988; LG Hannover, Urt. v. 11.09.1987.

598 LG München, Urt. v. 23.10.1995; AG München, Urt. v. 21.11.1994.

599 LG Hannover, Urt. v. 11.09.1987.

600 LG Kiel, Urt. v. 25.05.2005.

601 LG Tübingen, Urt. v. 09.10.2015; LG Berlin, Urt. v. 08.12.2014; LG Hagen, Urt. v. 12.07.2013; LG Berlin, Urt. v. 12.12.2012; LG Göttingen, Urt. v. 05.09.2012; LG Tübingen, Urt. v. 10.05.2011; LG Hamburg, Urt. v. 03.09.2010; LG Darmstadt, Urt. v. 20.10.2009; LG Darmstadt, Urt. v. 29.08.2008; LG Frankfurt, Urt. v. 15.12.2006; LG Aachen, Urt. v. 02.11.2006; LG Berlin, Urt. v. 09.09.2004; LG Frankfurt, Urt. v. 10.12.2003; LG Bochum, Urt. v. 08.10.2002; LG München, Urt. v. 09.06.1988; LG Augsburg, Urt. v. 15.04.1988.

602 LG Tübingen, Urt. v. 09.10.2015; LG Hagen, Urt. v. 12.07.2013; LG Göttingen, Urt. v. 05.09.2012; LG Tübingen, Urt. v. 10.05.2011; LG Frankfurt, Urt. v. 15.12.2006; LG Aachen, Urt. v. 02.11.2006; LG Frankfurt, Urt. v. 10.12.2003; LG Siegen, Urt. v. 05.02.2003; LG Bochum, Urt. v. 08.10.2002; LG Lüneburg, Urt. v. 09.07.2001; AG München, Urt. v. 21.11.1994; LG München, Urt. v. 09.06.1988; LG Hannover, Urt. v. 11.09.1987.

603 LG Berlin, Urt. v. 08.12.2014; LG Berlin, Urt. v. 12.12.2012; LG Hamburg, Urt. v. 03.09.2010; LG Düsseldorf, Urt. v. 30.06.2010; LG Darmstadt, Urt. v. 20.10.2009;

Tabelle 12: Vorstrafen

Vorstrafen	Anzahl
Vorbestraft[604]	17
Einschlägig vorbestraft[605]	10

bb) Sozialisation der Delinquenten

Bei der Begutachtung der Persönlichkeit eines Ludomanen ist die Sozialisation des Einzelnen von Bedeutung. Das Augenmerk richtet sich darauf, aus welchen Verhältnissen dieser kommt, sowohl in familiärer Hinsicht, als auch hinsichtlich seines Bildungs- und Vermögensstandes.

Unter das Merkmal der „gefestigten familiären Herkunftsfamilie" sind keine Familien gezählt worden, in denen es zu Trennungen, disharmonischen Strukturen oder Gewalt kam. Zu dem Merkmal „in fester Beziehung" gehören sowohl Ehen, wie auch andere Bindungen.

Tabelle 13: Familiäre Verhältnisse

Familiäre Verhältnisse	Anzahl
Gefestigte familiäre Verhältnisse[606]	7
In fester Beziehung[607]	7

LG Darmstadt, Urt. v. 29.08.2008; LG Kiel, Urt. v. 25.05.2005; LG Berlin, Urt. v. 09.09.2004; LG Augsburg, Urt. v. 15.04.1988.

604 LG Berlin, Urt. v. 08.12.2014; LG Hagen, Urt. v. 12.07.2013; LG Berlin, Urt. v. 12.12.2012; LG Göttingen, Urt. v. 05.09.2012; LG Düsseldorf, Urt. v. 30.06.2010; LG Darmstadt, Urt. v. 20.10.2009; LG Darmstadt, Urt. v. 29.08.2008; LG Frankfurt, Urt. v. 15.12.2006; LG Aachen, Urt. v. 02.11.2006; LG Kiel, Urt. v. 25.05.2005; LG Berlin, Urt. v. 09.09.2004; LG Frankfurt, Urt. v. 10.12.2003; LG Siegen, Urt. v. 05.02.2003; LG Bochum, Urt. v. 08.10.2002; LG Lüneburg, Urt. v. 09.07.2001; AG München, Urt. v. 21.11.1994; LG München, Urt. v. 09.06.1988.

605 LG Berlin, Urt. v. 08.12.2014; LG Göttingen, Urt. v. 05.09.2012; LG Düsseldorf, Urt. v. 30.06.2010; LG Darmstadt, Urt. v. 20.10.2009; LG Darmstadt, Urt. v. 29.08.2008; LG Frankfurt, Urt. v. 15.12.2006; LG Berlin, Urt. v. 09.09.2004; LG Frankfurt, Urt. v. 10.12.2003; LG Siegen, Urt. v. 05.02.2003; LG Bochum, Urt. v. 08.10.2002; LG Lüneburg, Urt. v. 09.07.2001.

606 LG Tübingen, Urt. v. 09.10.2015; LG Hagen, Urt. v. 12.07.2013; LG Berlin, Urt. v. 12.12.2012; LG Tübingen, Urt. v. 10.05.2011; LG Hamburg, Urt. v. 03.09.2010; LG Darmstadt, Urt. v. 20.10.2009; LG Siegen, Urt. v. 05.02.2003; LG Augsburg, Urt. v. 15.04.1988.

607 LG Tübingen, Urt. v. 09.10.2015; LG Tübingen, Urt. v. 10.05.2011; LG Hamburg, Urt. v. 03.09.2010; LG Kiel, Urt. v. 25.05.2005; LG Lüneburg, Urt. v. 09.07.2001.

Anmerkung: Besonderheit im Urteil des LG Aachen vom 02.11.2006, Az.: 52 Ks 401 Js 57/06 10/06: Der Angeklagte hatte eine Beziehung mit dem Opfer.

Hinsichtlich des Bildungsstandes der Angeklagten wird gezählt, in wie vielen Fällen ein schulischer Abschluss vorliegt und in wie oft darüber hinaus ein beruflicher Abschluss gegeben ist.

Tabelle 14: Bildungsstand

Bildungsstand	**Anzahl**
Schulische Bildung[608]	12
Beruflicher Abschluss[609]	12

Der Vermögensstand der Betroffenen wird an dem Merkmal der Berufstätigkeit gemessen und daran, ob dieser ein festes Einkommen hat.

Tabelle 15: Vermögensstand

Vermögensstand	**Anzahl**
Berufstätigkeit[610]	9

cc) Lebenswirklichkeit von Ludomanen

Bevor auf einzelne Fallbeispiele eingegangen wird, soll einleitend in tabellarischer Form eine Zusammenfassung der Krankheitsgeschichten der straffälligen Ludomanen aller der in die Untersuchung einbezogenen Urteile erfolgen. Unter das

608 LG Hagen, Urt. v. 12.07.2013; LG Berlin, Urt. v. 12.12.2012; LG Göttingen, Urt. v. 05.09.2012; LG Düsseldorf, Urt. v. 30.06.2010; LG Aachen, Urt. v. 02.11.2006; LG Frankfurt, Urt. v. 10.12.2003; LG Siegen, Urt. v. 05.02.2003; LG Bochum, Urt. v. 08.10.2002; LG Hannover, Urt. v. 11.09.1987; LG Augsburg, Urt. v. 15.04.1988.

609 LG Tübingen, Urt. v. 09.10.2015; LG Hagen, Urt. v. 12.07.2013; LG Göttingen, Urt. v. 05.09.2012; LG Tübingen, Urt. v. 10.05.2011; LG Düsseldorf, Urt. v. 30.06.2010; LG Frankfurt, Urt. v. 15.12.2006; LG Aachen, Urt. v. 02.11.2006; LG Frankfurt, Urt. v. 10.12.2003; LG Bochum, Urt. v. 08.10.2002; AG München, Urt. v. 21.11.1994; LG München, Urt. v. 09.06.1988; LG Augsburg, Urt. v. 15.04.1988; LG Hannover, Urt. v. 11.09.1987.

610 LG Göttingen, Urt. v. 05.09.2012; LG Hamburg, Urt. v. 03.09.2010; LG Frankfurt, Urt. v. 15.12.2006; LG Aachen, Urt. v. 02.11.2006; LG Berlin, Urt. v. 09.09.2004; LG Frankfurt, Urt. v. 10.12.2003; AG München, Urt. v. 21.11.1994; LG München, Urt. v. 09.06.1988; LG Augsburg, Urt. v. 15.04.1988.

Merkmal der Spielerkarrieren werden, wie bereits bekannt[611], solche Fälle gezählt, bei denen das Spielverhalten bereits zur Jugendzeit angefangen hat und sich im Laufe des Lebens stetig steigerte und eine gewisse Stringenz aufzeigt. In einigen Fällen benutzen die Angeklagten die vermeintliche Spielsucht lediglich als Schutzbehauptung, um sich ihrer Verantwortung zu entziehen. Von Interesse ist, was die eigentliche Ursache für das Spielen war. Gab es im Leben des Betroffenen Schicksalsschläge, wie beispielsweise Todesfälle, plötzliche Arbeitslosigkeit oder ist das harmlose Spielen im Laufe der Zeit in ein unkontrolliertes, krankhaftes Spielen übergegangen? Damit das Glücksspielen relevant im Hinblick auf die §§ 20, 21 StGB ist, muss es pathologisch sein. Hierfür müssen die bereits vorgestellten Kriterien vorliegen, welche im Rahmen der tatgerichtlichen Urteile zudem untersucht worden sind. Nachfolgend wird die Anzahl ihres jeweiligen Vorliegens dargestellt:

Tabelle 16: Krankheitsgeschichte von Ludomanen

Krankheitsgeschichte von Ludomanen	**Anzahl**
Spielerkarriere[612]	19
Spielsucht als bloße Schutzbehauptung[613]	2
Glücksspiel ist Lebensinhalt[614]	3
Glücksspiel ist bloße Freizeitbeschäftigung[615]	1
Zerrüttung des sozialen Lebens[616]	4
Offenbarung der Spielerproblematik vor Familie[617]	2
Schulden wegen des Spielens[618]	11

611 Siehe: B. II. 2. b).

612 LG Tübingen, Urt. v. 09.10.2015; LG Berlin, Urt. v. 08.12.2014; LG Hagen, Urt. v. 12.07.2013; LG Berlin, Urt. v. 12.12.2012; LG Göttingen, Urt. v. 05.09.2012; LG Hamburg, Urt. v. 03.09.2010; LG Darmstadt, Urt. v. 20.10.2009; LG Darmstadt, Urt. v. 29.08.2008; LG Frankfurt, Urt. v. 15.12.2006; LG Aachen, Urt. v. 02.11.2006; LG Berlin, Urt. v. 09.09.2004; LG Frankfurt, Urt. v. 10.12.2003; LG Siegen, Urt. v. 05.02.2003; LG Bochum, Urt. v. 08.10.2002; AG München, Urt. v. 21.11.1994; LG Berlin, Urt. v. 22.09.1992; LG München, Urt. v. 09.06.1988; LG Augsburg, Urt. v. 15.04.1988; LG Hannover, Urt. v. 11.09.1987.

613 LG Hamburg, Urt. v. 03.09.2010; LG Lüneburg, Urt. v. 09.07.2001.

614 LG Göttingen, Urt. v. 05.09.2012; LG Frankfurt, Urt. v. 15.12.2006; LG Berlin, Urt. v. 09.09.2004; LG Bochum, Urt. v. 08.10.2002.

615 LG Berlin, Urt. v. 12.12.2012.

616 LG Hagen, Urt. v. 12.07.2013; LG Göttingen, Urt. v. 05.09.2012; LG Berlin, Urt. v. 09.09.2004; LG Bochum, Urt. v. 08.10.2002; LG Hannover, Urt. v. 11.09.1987.

617 LG Tübingen, Urt. v. 09.10.2015; LG Hagen, Urt. v. 12.07.2013.

618 LG Tübingen, Urt. v. 09.10.2015; LG Hagen, Urt. v. 12.07.2013; LG Berlin, Urt. v. 12.12.2012; LG Göttingen, Urt. v. 05.09.2012; LG Hamburg, Urt. v. 03.09.2010;

Tabelle 16 Fortsetzung

Krankheitsgeschichte von Ludomanen	Anzahl
Sperrung in Spielhallen[619]	1
Therapie wegen Spielsucht[620]	5
Rückfälligkeit[621]	4
Entzugserscheinungen bei Abstinenz[622]	1
Ursache für das Spielen	
- Schicksalsschlag[623] - Kontrollverlust über harmlose Freizeitbeschäftigung[624]	4 1
Andere psychiatrische Erkrankung/komorbide Sucht[625]	1

Die normative Befassung mit der Ludomanie und die oben aufgeführten Fallzahlen werden nachfolgend mit der Lebenswirklichkeit von Ludomanen ergänzt. Hierfür soll die nicht bereits durch die Revisionsinstanz gefilterte Realität der Ludomanie betrachtet werden. Unter dem Gesichtspunkt „Ludomanie als Schicksal" werden nachstehend beispielhaft einige Lebens- und Krankheitsgeschichten aus den tatgerichtlichen Perspektiven und den dort gewonnenen Erkenntnissen dargestellt. Zweck dieser Untersuchung ist, sich in die Lebenswelt der Betroffenen hineinversetzen zu können und das Krankheitsbild der Pathologischen Glücksspielsucht an konkreten Lebensgeschichten kennenzulernen. Es werden nachstehend vier Fallbeispiele dargestellt. Die Auswahl dieser Fälle ist damit zu begründen, dass bei den betroffenen Delinquenten sehr einschneidende Verläufe infolge der Pathologischen Spielsucht eingetreten sind. Im Fall des LG Tübingen[626] ist die Anzahl der begangenen Delikte sehr hervorstechend. Es liegen Untreuehandlungen in 567 Fällen vor. Dies zeugt von

LG Frankfurt, Urt. v. 15.12.2006; LG Berlin, Urt. v. 09.09.2004; LG Frankfurt, Urt. v. 10.12.2003; LG Augsburg, Urt. v. 15.04.1988; LG Hannover, Urt. v. 11.09.1987.

619 LG Frankfurt, Urt. v. 10.12.2003.

620 LG Tübingen, Urt. v. 09.10.2015; LG Hagen, Urt. v. 12.07.2013; LG Göttingen, Urt. v. 05.09.2012; LG Berlin, Urt. v. 09.09.2004; LG Siegen, Urt. v. 05.02.2003.

621 LG Hagen, Urt. v. 12.07.2013; LG Göttingen, Urt. v. 05.09.2012; LG Berlin, Urt. v. 09.09.2004; LG Siegen, Urt. v. 05.02.2003.

622 LG Augsburg, Urt. v. 15.04.1988.

623 LG Göttingen, Urt. v. 05.09.2012; LG Hamburg, Urt. v. 03.09.2010; LG Kiel, Urt. v. 25.05.2005; LG München, Urt. v. 09.06.1988.

624 LG Berlin, Urt. v. 12.12.2012.

625 LG München, Urt. v. 09.06.1988.

626 LG Tübingen, Urt. v. 09.10.2015.

einer lang anhaltenden kriminellen Energie. Bei dem Prozess des LG Berlin[627] ist bemerkenswert, welche Hemmschwelle von dem Täter überschritten wird. Der Täter begeht, infolge der vermeintlichen Folgen des Glücksspiels und seinen einhergehenden Finanzierungsproblemen einen Mord, um Geld hierfür zu erlangen.[628] In dem Verfahren des LG Göttingen[629] ist sehr detailliert dargestellt, wie sich eine Spielerkarriere von der Jugend bis in das Erwachsenenalter hinein bei einem Pathologischen Spieler aufgebaut hat. Der Fall des AG München[630] kann als erster und einziger abgeurteilter Fall im Zusammenhang mit Spielsucht gemäß § 20 StGB gesehen werden. Hierbei ist von besonderer Bedeutung, welche Verschiebung der Werte- und Moralstruktur bei der verbeamteten Angeklagten festzustellen ist, dass sie für die Finanzierung des Glücksspiels der Prostitution nachging.

Weitere Beispiele für die Lebenswirklichkeit von Ludomanen sind den eigens durchgeführten Interviews zu entnehmen, welche im weiteren Verlauf der Arbeit dargestellt werden.[631]

(1) Fallbeispiel: 567 Untreuehandlungen

Der Angeklagte ist wegen 567 Untreuehandlungen nach §§ 266 Abs. 1 Alt. 1, Abs. 2, 263 Abs. 3 S. 2 Ziffer 1., 2., 53 StGB verurteilt worden.[632] Es wurde bei ihm eine Spielsucht diagnostiziert.

Der Angeklagte wuchs in geordneten familiären Verhältnissen mit seinen beiden älteren Schwestern in zunächst wirtschaftlich bescheidenen Verhältnissen auf. Dies änderte sich, als seine Familie im Jahr 1986 in das Elternhaus seines wohlhabenden Großvaters zog, dem damaligen Inhaber eines Unternehmens. Der Angeklagte wurde als jüngstes Kind und einziger männlicher Nachfolger von seinen Eltern bevorzugt und mit Samthandschuhen angefasst.

Im Alter von sechs Jahren wurde der Angeklagte eingeschult. Zu dieser Zeit erlitt er einen Unfall, bei welchem er aus einem Fenster seines Elternhauses stürzte und sich hierbei lebensgefährlich verletzte. Während der Grundschul- und der sich hieran anschließenden Gymnasialzeit musste der Angeklagte insgesamt drei Klassen wiederholen, was er auf seit dem Fenstersturz bestehende

627 LG Berlin, Urt. v. 08.12.2014; LG Berlin, Urt. v. 12.12.2012.

628 Der Kausalzusammenhang wird an der Stelle – entgegen der Meinung des Gerichtes –zumindest für nicht ausgeschlossen und mitursächlich erachtet.

629 LG Göttingen, Urt. v. 05.09.2012.

630 AG München, Urt. v. 21.11.1994.

631 Siehe: E. III.

632 LG Tübingen, Urt. v. 09.10.2015.

Kopfschmerzen zurückführt. Nach dem Erwerb der mittleren Reife brach der Angeklagte im Alter von zweiundzwanzig Jahren die Schule ab. Von 1982 bis 1984 absolvierte der Angeklagte eine Ausbildung zum Industriekaufmann. Danach arbeitet er als Vertreter im Außendienst. Von 1987 bis 1990 war der Angeklagte als Buchhalter beschäftigt.

Im Jahr 1990 erhielt der Angeklagte bei dem nunmehr verfahrensgegenständlichen Unternehmen, welches von der Familie geleitet wurde, eine Anstellung als Finanzbuchhalter. Im Jahr 1993 folgte er seinem Vater als Geschäftsführer des Unternehmens, das er fortan mit seinem Onkel leitete. Bis zu seiner Abberufung in 2006 war der Angeklagte neben dem Onkel alleinvertretungsberechtigter und von den Beschränkungen des § 181 BGB befreiter Geschäftsführer. Er war für die Buchhaltung sowie das Bank- und Versicherungswesen zuständig.

Der Angeklagte heiratete 1994 und bekam neben dem von der Frau mit in die Ehe gebrachten Sohn, zwei weitere Kinder. Die Familie führte aufgrund seines monatlichen Bruttoeinkommens von ca. 10.000 DM einen gehobenen Lebensstil. Der Angeklagte erwarb mit seiner nicht berufstätigen Ehefrau mehrere Immobilen im Wert von insgesamt ca. 1.103.613 DM. Die Frau wurde als Alleineigentümerin eingetragen. Der Zins- und Tilgungsanspruch wurde jedoch durch den Angeklagten erbracht.

Bereits seit 1997 betätigte sich der Angeklagte privat am Wertpapierhandel. Zudem nahm er in größerem Umfang an Glücksspielen wie der Lotto-Ziehung teil. Seine Privateinkünfte reichten jedoch nicht mehr aus, neben dem Unterhalt seiner fünfköpfigen Familie und der Finanzierung der erworbenen Immobilien auch sein Glücksspiel und seinen zunehmenden Wertpapierhandel zu finanzieren. Spätestens 2001 begann er seine Teilnahme am Wertpapierhandel und am Glücksspiel durch Firmengelder zu subventionieren. Der Angeklagte übertrug spätestens im Jahr 2001 Firmengelder auf seine Privatkonten bzw. hob diese ab, um damit in eigenem Namen und auf eigene Rechnung an der Börse zu spekulieren. Darüber hinaus bezahlte der Angeklagte die Teilnahme am Glücksspiel mit ihm für die Geschäftskonten zur Verfügung stehenden Kreditkarten sowie Barscheckeinlösungen oder Bargeldabhebungen. Die unberechtigten Entnahmen des Angeklagten blieben in der Folgezeit durch manipulative Umbuchungen und Verschleierungen zunächst unbemerkt. Der Angeklagte ging mit immer zunehmend höheren Beträgen fortwährend steigende Risiken ein. Von 2002 bis 2005 belastete er hierzu die Firmenkonten in 567 Fällen in Höhe von insgesamt 5.432.401,28 Euro. Trotz der regelmäßigen Spielhallenbesuche, des Glücksspiels im Internet und des umfangreichen Wertpapierhandels konnte der Angeklagte seine Geschäftsführertätigkeit beanstandungslos ausüben.

Im Januar 2006 schied der Angeklagte als Geschäftsführer aus, nachdem die verfahrensgegenständlichen Untreuehandlungen bekannt geworden waren. Im Juli 2006 erfolgte die Pfändung seines Kommanditanteils. Im November 2007 wurde über sein Vermögen das Insolvenzverfahren eröffnet, wobei zur Insolvenztabelle Forderungen in Höhe von 2.400.000 Euro angemeldet wurden. Seit Januar 2008 lebt der Angeklagte von Arbeitslosengeld II. Im Zuge der strafrechtlichen Ermittlungen ließ sich der Angeklagte scheiden. Die Frau zog sodann aus dem gemeinsamen Haus aus. Die Kinder blieben beim Angeklagten. Im Übrigen hat der Angeklagte nur noch Kontakt zu seinen pflegebedürftigen Eltern. Das Verhältnis zu weiteren Angehörigen ist zerrüttet. Der Angeklagte hatte keinerlei Vorstrafen. Zudem leidet er an keinen relevanten Erkrankungen. Alkohol- oder Betäubungsmittelkonsum besteht nicht.

Rückblickend ist die Spielerkarriere des Angeklagten zu betrachten. Das Spielverhalten des Angeklagten an Geldspielautomaten fing bereits im Alter von achtzehn Jahren in größerem Umfang an. Den ihm eingeräumten Dispositionskredit in Höhe von 50.000 DM hatte er mit 27 Jahren voll ausgeschöpft. Hierüber offenbarte er sich seinen Eltern und musste die Schulden zunächst mit eigenen Mitteln zurückführen. Nachdem er hierzu über ein Jahr Ratenzahlungen geleistet hatte, glich sein Vater den noch fehlenden Betrag jedoch vollständig aus. Kurze Zeit später begann der Angeklagte erneut an Geldspielautomaten zu spielen und setzte dies auch während seiner Geschäftsführertätigkeit fort. Er hielt sich hierfür regelmäßig mehrere Stunden in einer seinem Büro nahegelegenen Spielhalle auf und ließ die für ihn eingehenden Anrufe auf sein Mobiltelefon weiterleiten. Während dieser Spielbankenbesuche spielte er mit Einsätzen von 1000 DM. Darüber hinaus begann der Angeklagte ab 1997 zunehmend Lotto auf Systemscheinen zu spielen, die er im Internet erwarb. Hierfür wandte er zu Spitzenzeiten monatlich bis zu 20.000 DM auf. Das Interesse am Spekulationsgeschäft wurde bei dem Angeklagten durch den Börsengang der Deutschen Telekom AG im Jahr 1996 geweckt. Er gab hierzu an, seither an der Börse „gespielt“ und bereits nach kurzer Zeit Gewinne im sechsstelligen DM-Bereich erzielt zu haben.

Seit der Aufdeckung der verfahrensgegenständlichen Untreuehandlungen Anfang 2006 hat der Angeklagte keine Spekulationsgeschäfte mehr vorgenommen. Das Glücksspiel, Geldspielautomaten und Lotto setzte er in kleinem Umfang fort. Nach einer im Frühjahr 2010 begonnenen psychiatrischen Behandlung im Suchttherapiezentrum hat der Angeklagte mit dem Glücksspiel ganz aufgehört.

(2) Fallbeispiel: Mord

Der Angeklagte ist wegen Mordes in Tateinheit mit Diebstahl und wegen Computerbetruges in vier Fällen nach §§ 211, 242 Abs. 1, 263a Abs. 1, 21, 49 Abs. 1, 52, 53 StGB verurteilt worden.[633] Der Angeklagte litt unter Pathologischem Spielen.

Der zum Tatzeitpunkt 31-jährige Angeklagte wurde als ältester Sohn von insgesamt drei Söhnen seiner Eltern ehelich geboren. Er wuchs gemeinsam mit seinen Geschwistern im elterlichen Haushalt auf. Beide Eltern waren bis zu ihrer nunmehr eingetretenen Rente als Schneider und Reinigungskraft im Kindergarten berufstätig. Der Vater vernachlässigte die Familie und hielt sich die meiste Zeit in vornehmlich von männlichen Landsleuten besuchten Cafés auf. Häufig gab es deshalb in der Kindheit des Angeklagten Streit zwischen den Eltern, was dieser mitbekam. Zudem übertrug die damals noch berufstätige Mutter dem Angeklagten früh Aufgaben im Rahmen der Betreuung seiner jüngeren Brüder und schickte ihn auf die Suche nach dem Vater in die genannten Cafés.

Der Angeklagte wurde altersgemäß eingeschult und wechselte nach sechs Grundschuljahren auf eine Oberschule, auf der er nach insgesamt zehn Schuljahren den Hauptschulabschluss erreichte. Nach einem weiteren Schuljahr absolviert er den Realschulabschluss. Eine Berufsausbildung begann er anschließend nicht, denn der Angeklagte interessierte sich schon seit frühster Jugend für Fußball und strebte eine Profifußballerkarriere an. Dies gelang ihm im Ergebnis jedoch nicht. Zwar spielte er seit seiner Kindheit Fußball in verschiedenen Vereinen. Auch bezog er zeitweilig Einkünfte aus dem professionellen Fußballspiel; ein kontinuierliches, seinen Lebensunterhalt finanzierendes Einkommen erzielte er jedoch nicht. In der relativ kurzen Zeit, in denen der Angeklagte durch sein Fußballspiel Einkommen erzielte, lebt er auf großem Fuß und gönnte sich wertvolle PKWs und Konsumgüter, wie Elektroartikel. Sein Wunsch zerschlug sich nach einem nur wenige Tage andauernden Probetraining, das er bei einem thailändischen Fußballverein absolvierte hatte, mit einer Knöchelverletzung. Er musste sodann zurückkehren und bekam keinen Anstellungsvertrag und war fortan arbeitslos. Daher lebt der Angeklagte bis hin zu seiner Verhaftung im hier gegenständlichen Verfahren in sehr beengten Verhältnissen im elterlichen Haushalt. Auch kamen seine Eltern für den Lebensunterhalt auf, sofern der Angeklagte nicht öffentliche Sozialleistungen

633 LG Berlin, Urt. v. 08.12.2014; LG Berlin, Urt. v. 12.12.2012.

bezog. Bemühungen, andere Arbeiten zu finden, unternahm der Angeklagte – auch auf Drängen seiner Freundin – nicht.

Der Angeklagte ist kinderlos und ledig. Er hatte bis zu seiner Inhaftierung eine längere Beziehung. Der Angeklagte trinkt weder Alkohol noch konsumiert er Drogen. Das Bundeszentralregister enthält insgesamt fünf Eintragungen. In vier Fällen handelt es sich um Vermögensdelikte.

Die Spielerkarriere des Angeklagten stellt sich folgt dar: Der Angeklagte schloss bereits in seiner Jugend erste Wetten in Wettbüros ab, wobei sich seine Einsätze zunächst noch im üblichen Rahmen befanden. Im Lauf der Jahre steigerte er seine Wetteinsätze jedoch rasch und kontinuierlich, so dass sie bald nur noch von seinen finanziellen Möglichkeiten abhängig waren. Seine Gewinne verwettete er meist sofort wieder in der Hoffnung auf einen größeren Gewinn.

In den letzten Jahren vor seiner Inhaftierung schloss der Angeklagte nahezu täglich Sportwetten in privaten Wettbüros ab. So wettete er nicht nur inländische Fußballspiele der Erstligamannschaften im Internet, sondern beteiligte sich auch fast täglich an Sportwetten im Ausland, wobei er auch auf Livewetten setzte und die meisten Fußballspiele zeitgleich im Fernsehen verfolgte. Auch schloss er kostspielige Kombiwetten ab. Der Angeklagte gab bis zu fünf Wettscheine pro Wettrunde ab und setzte auf bis zu sechs Spielpaarungen bei einem Fußballspiel. Auf diese Weise setzte er pro Wettrunde manchmal bis zu 250 Euro ein. Die Häufigkeit seines Sportwettens nahm ebenso wie seine diesbezügliche Risikobereitschaft zu. Dabei wettete der Angeklagte täglich und nicht in Schüben.

Das Geld für dieses aufwendige Spielen verschaffte der Angeklagte sich auf vielfältige Weise. Sofern er öffentliche Sozialleistungen bezog, verwettete er diese meist in Wettbüros für die Sportwetten. Auch versetzte er Teile des Goldschmuckes seiner Mutter bei Juwelieren, um das dadurch erlangte Bargeld für Wetten einsetzen zu können. Seit mehreren Jahren lieh sich der Angeklagte immer wieder Geld von Freunden und Bekannten und machte Schulden in den Wettbüros, sofern dies möglich war. Der Angeklagte, der auch telefonisch Wetten abschloss, beschäftigte sich gedanklich permanent mit den Spielen und dem Problem, sich das dafür notwendige Geld zu beschaffen. So führte die Wettleidenschaft des Angeklagten im Laufe der Zeit auch zu Änderungen in seinen Gewohnheiten. Er bewahrte abergläubisch besonders erfolgreiche Wettscheine an immer denselben Orten in der elterlichen Wohnung auf und war bemüht, alle Fußballspiele, für die er gewettet hatte, im Fernsehen oder Internet zu verfolgen. Auch beschäftigte er sich zunehmend mit der Literatur über Wettstrategien und las Sportzeitschriften, um seine Wettergebnisse zu verbessern.

Der Angeklagte war oft nicht mehr in der Lage, seine Spielsucht zu beherrschen und füllte meist spontanen Entschlüssen folgend immer mehr Wettscheine aus, als er eigentlich wollte und er sich finanziell leisten konnte. Auch seine vor Abschluss der Wetten gefassten Entschlüsse, einen bestimmten Betrag als Reserve für andere Ausgaben zu behalten, konnte er nicht mehr einhalten, sondern setzte auch dieses Geld für Wetten ein. Auch mit seinen Eltern kam es im Laufe der Zeit zu Konflikten wegen der Schulden des Angeklagten, für die die Familie lange Zeit und in hohem, jedoch nicht sicher feststellbaren Umfang aufkam. Seine Unterkunft und Verpflegung waren aber wegen seiner finanziellen Situation zu keinem Zeitpunkt gefährdet, da ihm und seinen Brüdern beides von den Eltern kostenlos gewährt wurde.

Der Angeklagte vernachlässigte wegen des Wettens weder sein Fußballtraining noch seine Freundin. Er hat einen gut strukturierten Tagesablauf mit morgendlichem Sporttraining, Unterstützung der Mutter im Haushalt am Vormittag, Treffen und gemeinsamen Aktivitäten mit der Freundin nach deren Schulschluss und Besuche im Café, von wo er am späten Abend zu regelmäßigen Zeiten nach Hause zurückkehrte. Sein täglicher Aufenthalt in den verschiedensten Wettbüros war zeitlich eng umgrenzt. Der Drang zu spielen ist immer vorhanden gewesen, auch beim Training, beim Essen und beim Trinken – er hatte den „Kopf voll mit Wetten" gehabt. Wenn er Gewinne abholte, empfand er unbeschreibliches Glücksgefühl und wollte dann immer mehr und mehr.

Aus dieser Wettleidenschaft resultierten im Zeitpunkt der Verurteilung Schulden bei verschiedenen Gläubigern in Höhe von insgesamt 50.000 Euro. Bemühungen des Angeklagten, sein Wettspiel einzuschränken, blieben bislang erfolglos.

Weitere Probleme hatte der Angeklagte wegen der Rückzahlung eines ihm von einem Freund gewährten Darlehens in Höhe von ca. 15.000 Euro. Der Angeklagte hatte sich das Geld geliehen mit der Begründung, er müsse erst seine bei einem deutschen Fußballverein bestehenden Schulden ablösen, um einen Profivertrag in Thailand abschließen zu können. Tatsächlich jedoch hatte der Angeklagte das gewährte Darlehen für Fußballwetten ausgegeben. Nach mehreren erfolglosen Versuchen des Freundes eine Rückzahlung zu bewirken und darauf folgenden wiederholten, fadenscheinigen Vertröstungen seitens des Angeklagten, droht der Freund nunmehr einen Rechtsanwalt zu beauftragen.

In dieser für ihn insgesamt sehr problematischen Situation entschloss sich der Angeklagte, das Geld durch die hier gegenständliche Tötung zu erbeuten. Der Angeklagte verschaffte sich unter dem Vorwand, von der Hausverwaltung zu sein und dem Verdacht des Mäuse-/Rattenbefalls in der Wohnung nachzugehen, Zutritt zu der Wohnung, um einen Trickdiebstahl zu begehen. Als ihn die Geschädigte bei dem Diebstahl überraschte und um Hilfe schrie, geriet der Angeklagte in Aufregung und beschloss, einem spontanen Tatentschluss folgend, sie mit seinen Händen am Hals zu würgen, um sie zum Schweigen zu bringen und so sein vorangegangenes Handeln, nämlich die jedenfalls schon begonnene Suche nach dem Bargeld und der EC-Karte, zu verdecken. Das erbeute Geld gab er noch am selben Tag für Sportwetten aus.

Ernsthafte Versuche des Angeklagten, mit dem Wetten aufzuhören, oder gar die Inanspruchnahme therapeutischer Hilfe Dritter wegen seines Wettverhaltens gab es jedenfalls bis zu seiner Inhaftierung nicht.

(3) Fallbeispiel: Schwere räuberische Erpressung und Betrug

Der Angeklagte ist der schweren räuberischen Erpressung und des Betruges in drei Fällen gemäß §§ 250 Abs. 1 Nr. 1b, 253 Abs. 1, 2, 255, 263, 21, 49, 53, 54 StGB schuldig.[634] Der Angeklagte ist hochgradig glücksspielsüchtig. Begleitet wird diese Erkrankung von einer schweren Beziehungsstörung im Sinne einer psycho-sexuellen Entwicklungsstörung. Diese hat sich vor dem Hintergrund des wiederholten Verlustes von Menschen, zu denen der Angeklagte eine Beziehung mit existentieller emotionaler Bedeutung hatte, aufgebaut.

Der im Zeitpunkt der Verurteilung 37 Jahre alte Angeklagte verbrachte die ersten vier Lebensjahre überwiegend bei seinen Großeltern, da die Eltern eine Gastwirtschaft betrieben und wenig Zeit für ihn hatten. Nach deren Tod zog er wieder zu den Eltern, wo er zusammen mit seinem älteren und dem jüngeren Bruder aufwuchs. Der Angeklagte besuchte den Kindergarten und wurde mit sieben Jahren regelgerecht eingeschult. Zum Ende der Grundschulzeit verstarb seine Mutter, worunter er sehr gelitten hat. Die Mutter hinterließ der Familie erhebliche finanzielle Schulden, weshalb der Vater die Gastwirtschaft aufgeben musste und fortan als Aufsicht in einer Spielothek arbeitete. Den Angeklagten und seinen Bruder schickte er auf ein Internat. Dort besuchte der Angeklagte bis zum erfolgreichen Abschluss eine Hauptschule. 1992 begann er eine dreijährige Ausbildung zum Konditor, die er ebenfalls erfolgreich beenden konnte. Anschließend arbeitet er in dem Beruf noch ein Jahr als Geselle. Während der Lehre lernte er auch seinen besten Freund kennen, mit dem er sich nach dem Abschluss des Gesellenjahres selbständig machen wollte. Kurz vor Umsetzung der Pläne verstarb der Freund jedoch nach einem Verkehrsunfall. 1997 verpflichtet der Angeklagte sich sodann für vier Jahre bei der Bundeswehr. Während dieser Zeit jobbte er in einer Spielothek und an einer Tankstelle, um sich

634 LG Göttingen, Urt. v. 05.09.2012.

zusätzlich Geld zu verdienen. Nachdem er kurz vor Ende der Bundeswehrzeit fahnenflüchtig geworden war, wurde er entlassen. Anschließend war er einige Zeit als Kurierfahrer tätig und jobbte bei einer Tankstelle. 2003 begann er sodann als LKW-Fahrer und arbeitete dort bis zu seiner Inhaftierung im Jahr 2007. Nach seiner Haftentlassung stellte diese Firma ihn im Februar 2010 erneut an und beschäftigte ihn noch ein Jahr bis Februar 2011.

Der Angeklagte lebt zum Zeitpunkt der Hauptverhandlung in keiner festen Partnerschaft. Er hat eine 7-jährige Tochter, zu der er bis zu seiner Inhaftierung regelmäßigen Kontakt gepflegt hat. Strafrechtlich ist der Angeklagte bereits vielfach in Erscheinung getreten. Die begangenen Taten standen vorwiegend im Zusammenhang mit einer Geldnot zur Finanzierung der Spielsucht.

Rückblickend ist das Suchtverhalten des Angeklagten darzustellen: Bereits im Alter von elf Jahren schaute der Angeklagte in der Gastronomie seiner Eltern den Gästen fasziniert beim Glücksspiel zu. Später begleitete er seinen Vater zu dessen Arbeit in die Spielothek und schaute auch hier den Gästen zu. Mit 16 Jahren begann er selbst zu spielen. Schon nach kurzer Zeit verspielte er jeden Monat sein gesamtes Lehrgeld und bestahl zudem Vater und Bruder. Im Alter von 18 Jahren verspürte der Angeklagte das erste Mal eine so große Spielsucht, dass er seinem Vater 400 DM entwendete und zu einer Spieltour aufbrach, bei der er mit dem Auto durch das Bundesgebiet fuhr, von morgens bis abends in verschiedenen Spielhallen spielte und die Nächte in seinem Auto verbrachte, bis er sämtliches Geld verloren hatte. Auch in der Folgezeit spielte er nahezu täglich, verbrachte seine gesamte Freizeit wie auch die Mittagspausen in Spielhallen und verspielte alles Geld, das ihm irgendwie zur Verfügung stand. Dieses Verhalten intensivierte sich weiter, nachdem sein bester Freund verstorben war.

Nachdem der Angeklagte bei der Bundeswehr angefangen hatte, verdiente er 2600 DM Sold und weitere 1400 DM durch Nebenbeschäftigungen. Sämtliches Geld verspielte er. Meist suchte er die Spielhallen unmittelbar nach Arbeitsende auf und begab sich manchmal auch von dort aus nach einer durchspielten Nacht wieder direkt zum Dienst zurück. Gegen Ende der Bundeswehrzeit spürte er wieder einen übermächtigen Zwang zu spielen und brach erneut zu einer Spieltour auf. Er spielte tagsüber und schlief nachts in seinem Auto. Das Ganze zog sich über mehrere Wochen bis der Angeklagte, aufgrund der daraus folgenden Abwesenheit bei der Bundeswehr, wegen Fahnenflucht entlassen wurde. Dennoch ermöglichte ihm die Bundeswehr eine Teilnahme an einer 3-monatigen Therapie, die der Angeklagte auch durchführte. Bereits kurz nach Ende der Therapie wurde er jedoch wieder rückfällig und verspielte die gesamte, von der Bundeswehr erhaltene Abfindung in Höhe von 12.000 DM innerhalb weniger Tage.

Auch in der Folgezeit veränderte der Angeklagte sein Spielverhalten nicht. Während der Angeklagte nunmehr auch beruflich in einer Spielhalle tätig war, entwendete er zweimal den Tresorinhalt dieser Spielhalle in Höhe von etwa 7000 DM und verspielte das erlangte Geld. Ab dem Jahr 2002 gestaltete sich der Lebensalltag des Angeklagten häufig so, dass er in Kaufhäusern Diebstähle beging und die Sachen an Hehler verkaufte. Mit dem erlangten Geld spielte er an Glücksspielautomaten. Im Jahr 2002 besucht er erneut eine stationäre Therapie, wurde jedoch wiederum bereits vier Monate nach Beendigung rückfällig. Während er in der Zeit von 2003 bis 2007 bei einer Firma beschäftigt war, verspielte er ebenfalls sein gesamtes Geld, bat seinen Onkel immer wieder um einen Vorschuss, bestahl Kollegen und legte sich seine Fahrtrouten während der Speditionsfahrten so, dass er regelmäßig an Spielhallen vorbeikam. Bereits im Jahr 2003 unternahm er erneut eine sogenannte Spieltour. Nachdem ihm schon nach wenigen Tagen das Geld ausgegangen war, verübte er binnen kurzer Zeit zwei Raubüberfälle auf Spielotheken. Er führte dabei eine ungeladene Gaspistole bei sich, um die Spielhallenaufsicht einzuschüchtern. Auch das dort erhaltene Geld verspielte er sofort wieder. In der Folgezeit verspielte er weiterhin in jeder freien Minute alles ihm zur Verfügung stehende Geld. Ihn plagte jedoch zunehmend das schlechte Gewissen wegen der von ihm begangenen Straftaten, weshalb er sich einige Jahre später 2007 freiwillig der Polizei stellte.

Während der Haft nahm der Angeklagte erneut an einer Therapiegruppe teil. Zwei Wochen nach der Haftentlassung wurde er jedoch wieder rückfällig. Er nahm in dieser Zeit einen Kredit von 20.000 Euro auf und verspielte auch dieses Geld binnen weniger Tage, in dem er erneut Tag und Nacht durchspielte und dabei bis zu 10 Automaten gleichzeitig bediente. Nachdem ihm die Firma im Februar 2011 gekündigt hatte, nahm der Angeklagte noch einmal von Oktober 2011 bis Februar 2012 an einer stationären Therapie teil. Vor Beendigung der Therapie wurde er rückfällig, weshalb er aus der Therapie nach 2-wöchiger Stabilisierungsphase entlassen wurde. Nachdem ihm eine Verlängerung der Therapie versagt worden war, sah der Angeklagte für sich keinen Ausweg mehr und verspürte erneut einen großen Drang zu spielen und begab sich auf Spieltour. Zu diesem Zweck erfolgten die verfahrensgegenständlichen Taten der schweren räuberischen Erpressung und des Betruges in drei Fällen. Der Angeklagte erlangte widerrechtlich unter Vorspiegelung einer Probefahrt einen PKW, um sich damit auf eine Spieltour zu begeben. Im Zuge dieser folgten zwei Tankstellenbetrüge, um an Benzin zu kommen. Sodann überfiel er eine Spielothek und forderte mit einer Spielzeugpistole die Mitarbeiterin auf, ihm Geld auszuhändigen.

Der Angeklagte hat seit seinem 16. Lebensjahr insgesamt zwischen 400.000 Euro und 500.000 Euro hohe Schulden angehäuft.

(4) Fallbeispiel: Verbotene Prostitution

Die Angeklagte wird wegen Ausübung verbotener Prostitution verurteilt nach § 184a StGB (a.F.). Für die Angeklagte ist eine Pathologische Spielsucht eingebettet in eine schwere Persönlichkeitsstörung mit depressiven Zügen diagnostiziert worden.

Die Angeklagte ist berufstätig und verbeamtet. Sie neigte seit dem Jahr 1976 (nunmehr bis zum Tatzeitpunkt achtzehn Jahren) zum Besuch von Spielcasinos, was sich jedenfalls ab 1979 zur Gewohnheit einer Spielsucht entwickelt hat. Ab 1981 kam es zu beinahe täglichem Roulette-Spiel bei außerordentlich hohem und durch ihr Beamtengehalt nicht abzudeckenden Geldbedarf. 1982 gründete sie eine Partnervermittlung, die bald in Vermittlungen von Prostitution umkippte, woran sich die Angeklagte selbst beteiligte. Ab 1985/86 spielte sie in großem Umfang. Sie suchte beinahe täglich Casinos auf für jeweils mehrere Stunden. Die Angeklagte habe in der Regel von der Öffnung der Spielbank von 15.00 bis 0.30 Uhr nachts gespielt. Im Mai 1986 kam es zu einer ersten abgeurteilten Straftat (§ 184a StGB a.F.). In der Folgezeit prostituierte sie sich ohne Vermittlung von Agenturen. Im ersten Halbjahr 1989 will sie wegen einer massiven Schulterprellung der Prostitution nicht nachgegangen sein. Die Angeklagte schaffte immer wieder erhebliche Reduzierungen des Spieldrangs aus eigenem Antrieb und nahm Kontakt zu den anonymen Spielern auf. Infolgedessen hörte die Angeklagte, nachdem sie vorher drei bis vier Mal pro Woche ins Casino gegangen war, abrupt auf. Nach einer relativen Beruhigung im Jahr 1991 spielt die Angeklagte seit 1992 wieder in hohem Maße. Die Angeklagte befand sich in einem zunehmenden Konflikt zwischen Geldmangel und Drang zu spielen. Sie war gehalten, die zum Spielen benötigten Mittel durch Prostitution zu erwerben. Im Übrigen hat sie bis in das Jahr 1992 hinein Inserate zu „Spezialmassagen“ geschaltet. Sie hat sich schon früher bei Männern in der Spielbank Geld geliehen und dies anschließend mit Geschlechtsverkehr zurückbezahlt. Die Angeklagte neigt dazu, sich schnell zu verlieben und geht dann unrealistische Beziehungen ein mit enttäuschendem Abbruch. Das Glücksspiel dient ihr sodann als Antidepressivum. Im Umkehrschluss führte dieses sie in die Zwangslage selbiges durch Prostitution zu finanzieren.

c) Deliktisches Geschehen

Im Rahmen des deliktischen Geschehens erfolgt eine Erhebung über die Motivation des inkriminierten Verhaltens sowie des unmittelbaren Verhaltens nach der Tat. Vorab wird die Art der vorgeworfenen Straftat aufgegliedert.

Tabelle 17: Deliktsart

Deliktsart	Anzahl
Vermögens- und Eigentumsdelikte[635]	17
Urkundenfälschungen[636]	3
Straftaten gegen das Leben[637]	2
Straftaten gegen die sexuelle Selbstbestimmung[638]	2
Straftaten gegen die körperliche Unversehrtheit[639]	1
Serienstraftaten*[640]	5
Straftaten gegen die öffentliche Ordnung[641]	2
Falsche Versicherung an Eides Statt[642]	1
Taten unter Drogen-/Alkoholeinfluss[643]	2
Steuerhinterziehung[644]	1

* *Anmerkung zu dem Merkmal Serienstraftaten: Damit sind Fälle gemeint, deren Taten sich mehrfach wiederholten bzw. über mehrere Jahre erstreckten. Beispielsweise eine Untreue in 567 Fällen mit einem Schaden im Höhe von 5,4 Millionen €; eine Steuerhinterziehung in 81 Fällen mit einer Schadenshöhe von 9,4 Millionen €.*

---

635 LG Tübingen, Urt. v. 09.10.2015; LG Hagen, Urt. v. 12.07.2013; LG Berlin, Urt. v. 12.12.2012; LG Göttingen, Urt. v. 05.09.2012; LG Düsseldorf, Urt. v. 30.06.2010; LG Darmstadt, Urt. v. 29.08.2008; LG Frankfurt, Urt. v. 15.12.2006; LG Kiel, Urt. v. 25.05.2005; LG Berlin, Urt. v. 09.09.2004; LG Frankfurt, Urt. v. 10.12.2003; LG Siegen, Urt. v. 05.02.2003; LG Bochum, Urt. v. 08.10.2002; LG Lüneburg, Urt. v. 09.07.2001; LG Berlin, Urt. v. 22.09.1992; LG München, Urt. v. 09.06.1988; LG Augsburg, Urt. v. 15.04.1988; LG Hannover, Urt. v. 11.09.1987.

636 LG Darmstadt, Urt. v. 29.08.2008; LG Siegen, Urt. v. 05.02.2003; LG Bochum, Urt. v. 08.10.2002.

637 LG Berlin, Urt. v. 12.12.2012; LG Aachen, Urt. v. 02.11.2006.

638 LG Aachen, Urt. v. 02.11.2006; AG München, Urt. v. 21.11.1994.

639 LG Aachen, Urt. v. 02.11.2006.

640 LG Tübingen, Urt. v. 09.10.2015; LG Hamburg, Urt. v. 03.09.2010; LG Darmstadt, Urt. v. 20.10.2009; LG Darmstadt, Urt. v. 29.08.2008; LG Aachen, Urt. v. 02.11.2006.

641 LG Frankfurt, Urt. v. 15.12.2006; LG Frankfurt, Urt. v. 10.12.2003.

642 LG Darmstadt, Urt. v. 29.08.2008.

643 LG Hamburg, Urt. v. 03.09.2010; LG Hannover, Urt. v. 11.09.1987.

644 LG Tübingen, Urt. v. 09.10.2015; LG Hamburg, Urt. v. 03.09.2010; LG Darmstadt, Urt. v. 20.10.2009; LG Darmstadt, Urt. v. 29.08.2008; LG Aachen, Urt. v. 02.11.2006.

Im Rahmen der rechtlichen Bewertung ist zudem die Motivation des Handelnden von Bedeutung, so dass diese anhand der vorliegenden Urteile zu bestimmen ist. In wie vielen Fällen war die Tat auf den Suchtdruck als solchen zurückzuführen, auf Entzugserscheinungen oder diente der Schuldenbegleichung außerhalb des Spielens?

Tabelle 18: Motivation des Handelnden

Motivation des Handelnden	Anzahl
Suchtdruck[645]	16
Entzugserscheinungen[646]	1
Schuldenbegleichung[647]	5

Zudem ist das Nachtatverhalten hinsichtlich der Bestimmung der Steuerungsfähigkeit von Relevanz. In welchen Fällen wurde die Beute unmittelbar zur Fortsetzung des Spiels verwandt oder um Schulden bzw. Lebenserhaltungskosten zu begleichen?

Tabelle 19: Nachtatverhalten des Täters

Nachtatverhalten des Täters	Anzahl
Beute zur Fortsetzung des Spiels[648]	12
Schuldenbegleichung/anderweitige Kosten[649]	3

645 LG Tübingen, Urt. v. 09.10.2015; LG Berlin, Urt. v. 08.12.2014; LG Berlin, Urt. v. 12.12.2012; LG Göttingen, Urt. v. 05.09.2012; LG Hamburg, Urt. v. 03.09.2010; LG Darmstadt, Urt. v. 20.10.2009; LG Darmstadt, Urt. v. 29.08.2008; LG Frankfurt, Urt. v. 15.12.2006; LG Berlin, Urt. v. 09.09.2004; LG Frankfurt, Urt. v. 10.12.2003; LG Siegen, Urt. v. 05.02.2003; LG Bochum, Urt. v. 08.10.2002; AG München, Urt. v. 21.11.1994; LG München, Urt. v. 09.06.1988; LG Augsburg, Urt. v. 15.04.1988; LG Hannover, Urt. v. 11.09.1987.

646 LG Göttingen, Urt.v. 05.09.2012.

647 LG Berlin, Urt. v. 12.12.2012; LG Hamburg, Urt. v. 03.09.2010; LG Kiel, Urt. v. 25.05.2005; LG Hannover, Urt. v. 11.09.1987.

648 LG Tübingen, Urt. v. 09.10.2015; LG Berlin, Urt. v. 12.12.2012; LG Göttingen, Urt. v. 05.09.2012; LG Tübingen, Urt. v. 10.05.2011; LG Frankfurt, Urt. v. 15.12.2006; LG Berlin, Urt. v. 09.09.2004; LG Frankfurt, Urt. v. 10.12.2003; LG Siegen, Urt. v. 05.02.2003; LG Bochum, Urt. v. 08.10.2002; LG München, Urt. v. 23.10.1995; AG München, Urt. v. 21.11.1994; LG Augsburg, Urt. v. 15.04.1988.

649 LG Kiel, Urt. v. 25.05.2005; LG München, Urt. v. 09.06.1988; LG Hannover, Urt. v. 11.09.1987.

d) Aktivitäten der Prozessbeteiligten

Die Prozessgeschichte wird auf die Aktivität der Prozessbeteiligten untersucht. Hierzu wurden der Angeklagte, sein Strafverteidiger, das entscheidende Gericht und der Sachverständige betrachtet. Den Urteilen sind hingegen keine beachtlichen Aktivitäten der Staatsanwaltschaft in der Hauptverhandlung zu entnehmen. Es ist nochmals zu betonen, dass im Rahmen dieser Ausarbeitung das Prozessverhalten lediglich im Zusammenhang mit der Ludomanie von Interesse ist.

aa) Auftreten des Angeklagten

Ausgezählt wurde, ob sich der Angeklagte zum Tatvorwurf als solchem eingelassen oder diesen bestritten hat. Zudem werden anderweitige Aktivitäten des Angeklagten aufgezeigt: Parallel zur erneuten Hauptverhandlung wendet sich der Angeklagte per Brief an den entscheidenden Richter mit Angaben zum Tatvorwurf hinsichtlich der Frage der verminderten Schuldfähigkeit. In einer anderen Hauptverhandlung dieses Verfahrens führt der Angeklagte im Wege des Selbstleseverfahrens den zuvor ausgefüllten Fragebogen zum Problemverhalten Sportwetten ein.

Tabelle 20: Auftreten des Angeklagten

Auftreten des Angeklagten	Anzahl
Einlassung zum Tatvorwurf[650]	16
Teilweise geständig[651]	1
Bestreitet Tatvorwurf[652]	3
Anderweitige Aktivitäten[653]	1

650 LG Tübingen, Urt. v. 09.10.2015; LG Hagen, Urt. v. 12.07.2013; LG Berlin, Urt. v. 12.12.2012; LG Göttingen, Urt. v. 05.09.2012; LG Tübingen, Urt. v. 10.05.2011; LG Hamburg, Urt. v. 03.09.2010; LG Düsseldorf, Urt. v. 30.06.2010; LG Darmstadt, Urt. v. 20.10.2009; LG Darmstadt, Urt. v. 29.08.2008; LG Frankfurt, Urt. v. 15.12.2006; LG Kiel, Urt. v. 25.05.2005; LG Siegen, Urt. v. 05.02.2003; LG Bochum, Urt. v. 08.10.2002; LG Lüneburg, Urt. v. 09.07.2001; LG München, Urt. v. 09.06.1988; LG Hannover, Urt. v. 11.09.1987.

651 LG Augsburg, Urt. v. 15.04.1988.

652 LG Aachen, Urt. v. 02.11.2006; LG Berlin, Urt. v. 09.09.2004; LG Frankfurt, Urt. v. 10.12.2003.

653 LG Berlin, Urt. v. 08.12.2014.

bb) Aktivität des Strafverteidigers

Weiterhin werden die Aktivitäten des Strafverteidigers aufgeführt. In wie vielen Fällen dieser einen Beweisantrag zur Hinzuziehung eines Sachverständigen für die Feststellung der Schuldfähigkeit des Angeklagten gestellt hat, die Sachkunde des Sachverständigen gerügt hat oder anderweitige Aktivitäten vollzogen hat.

Tabelle 21: Aktivität des Strafverteidigers

Aktivität des Strafverteidigers	**Anzahl**
Beweisantrag zur Hinzuziehung eines Sachverständigen*[654]	3
Rüge der Sachkunde des Sachverständigen[655]	2
Anderweitige Aktivitäten**[656]	3

* *Anmerkung: Dies ist lediglich dem revisionsrechtlichen Urteil zu entnehmen, nicht hingegen dem tatgerichtlichen Urteil, welches i.R.d. Gründe gemäß § 267 Abs. 4 StPO abgekürzt ist.*

** *Anderweitige Aktivitäten:*
- *LG Berlin, Urt. v. 12.12.2012, Az.: (532) 234 Js 143/12 Ks (15/12): Vortrag der schriftlich vorbereiteten Einlassung des Angeklagten.*
- *LG Berlin, Urt. v. 09.09.2004, Az.: (503) 34 Js 5199/03 KLs (20/04): Schriftliche Erklärung des Angeklagten zu den Akten gereicht; in der Hauptverhandlung wurde diese verlesen.*
- *LG Augsburg, Urt. v. 15.04.1988, Az.: 8 KLs 204 Js 11008/87: Beweisantrag bzgl. der Auskunft der Aufenthaltsdauer des Sachverständigen in der Justizvollzugsanstalt (JVA).*

cc) Verhalten des Gerichts

Nachstehend erfolgt eine tabellarische Darstellung der Tätigkeiten des Gerichts. In wie vielen Fällen hat das Gericht von Amts wegen einen Sachverständigen

654 LG Hamburg, Urt. v. 03.09.2010; LG Lüneburg, Urt. v. 09.07.2001; LG Berlin, Urt. v. 22.09.1992.

655 LG Berlin, Urt. v. 08.12.2014; LG Augsburg, Urt. v. 15.04.1988.

656 LG Berlin, Urt. v. 12.12.2012; LG Berlin, Urt. v. 09.09.2004; LG Augsburg, Urt. v. 15.04.1988.

zur Schuldfähigkeitsbestimmung hinzugezogen oder hingegen einen Beweisantrag auf Hinzuziehung eines solchen abgelehnt? Weiterhin wurde untersucht, welchen anderweitigen Beweismitteln sich das Gericht bedient hat. Es wurden Zeugen zum Spielverhalten des Angeklagten vernommen. Hierzu gehörten Mitarbeiter einer Spielhalle, wie auch Familienmitglieder und Freunde des Angeklagten, welche das Spielverhalten als solches und das Leben neben dem Spielen beschreiben sollten.

Tabelle 22: Verhalten des Gerichts

Verhalten des Gerichts	**Anzahl**
Hinzuziehung eines Sachverständigen zur Schuldfähigkeitsbestimmung von Amts wegen[657]	15
Ablehnung des Beweisantrages zur Hinzuziehung eines Sachverständigen [658]	2
Zeugenvernehmung zum Spielverhalten des Angeklagten[659]	4

e) Diskrepanzen zwischen tatgerichtlicher und obergerichtlicher Rechtsprechung

Die Analyse der tatgerichtlichen Urteile soll vornehmlich die Diskrepanzen zwischen tatgerichtlicher und obergerichtlicher Rechtsprechung hinsichtlich der Anforderungen zur Bestimmung der Schuldfähigkeit eines Ludomanen gemäß §§ 20, 21 StGB herausarbeiten.[660] Der Vollständigkeit halber werden an

657 LG Tübingen, Urt. v. 09.10.2015; LG Berlin, Urt. v. 08.12.2014; LG Hagen, Urt. v. 12.07.2013; LG Berlin, Urt. v. 12.12.2012; LG Göttingen, Urt. v. 05.09.2012; LG Tübingen, Urt. v. 10.05.2011; LG Düsseldorf, Urt. v. 30.06.2010; LG Darmstadt, Urt. v. 29.08.2008; LG Frankfurt, Urt. v. 15.12.2006; LG Aachen, Urt. v. 02.11.2006; LG Kiel, Urt. v. 25.05.2005; LG Siegen, Urt. v. 05.02.2003; LG Bochum, Urt. v. 08.10.2002; LG München, Urt. v. 09.06.1988; LG Augsburg, Urt. v. 15.04.1988.

658 LG Hamburg, Urt. v. 03.09.2010; LG Lüneburg, Urt. v. 09.07.2001.

659 LG Berlin, Urt. v. 08.12.2014; LG Berlin, Urt. v. 12.12.2012; LG Darmstadt, Urt. v. 29.08.2008; LG Frankfurt, Urt. v. 10.12.2003.

660 Bei der Darstellung der tatgerichtlichen Urteile kommt es teilweise zu Wiederholungen bei den Ausführungen unter Gliederungspunkt C. Im Sinne einer ganzheitlichen Betrachtung muss dies soweit hingenommen werden. Es dient zum einen der Vollständigkeit und zum anderen der Verdeutlichung, dass der BGH teilweise nicht alle vom Tatgericht berücksichtigte Aspekte gewürdigt hat.

dieser Stelle ebenso obergerichtliche Urteile aufgeführt, welche die tatgerichtliche Rechtsprechung bestätigen.

Beachtlich ist hierbei, in welchen Fällen und unter welchen Beweggründen die erstinstanzlichen Gerichte der Pathologischen Spielsucht Einfluss auf die Schuldfähigkeit des Angeklagten zugesprochen haben. Nach den bisher gewonnen Erkenntnissen dieser Arbeit ist festzuhalten, dass der BGH bei der Schuldfähigkeitsfeststellung gemäß §§ 20, 21 StGB im Zusammenhang mit der Ludomanie eine sehr restriktive Linie verfolgt. Vor einer detaillierten Bearbeitung der nachstehenden Urteile ist bereits zu antizipieren, dass die tatgerichtliche Rechtsprechung bei der Schuldfähigkeitsbestimmung gemäß §§ 20, 21 StGB tendenziell großzügigere Maßstäbe setzt.

Folgende Darstellung ist in drei Kategorien aufgeteilt: Fälle der Schuldunfähigkeit (aa), Sachverhalte bei denen die Schuldfähigkeit auf Grund der Ludomanie vermindert ist (bb) und Urteile, in denen das Tatgericht der Spielsucht keine Auswirkungen auf die Schuldfähigkeit gemäß § 21 StGB zugesprochen hat (cc). Die einzelnen Kategorien sind wiederum in einer Trilogie untergliedert: Feststellung zur Schuldfähigkeit (§§ 20, 21 StGB) des angeklagten Ludomanen im erstinstanzlichen Urteil, eingelegtes Rechtsmittel gegen das erstinstanzliche Urteil und dessen Ergebnis und Angaben zur jeweils streitgegenständlichen Schuldfähigkeit im zweitinstanzlichen Urteil.

aa) Schuldunfähigkeit gemäß § 20 StGB

Erwähnenswert ist, dass im Rahmen der Ausarbeitung lediglich ein Urteil ermittelt worden ist, in dem das Tatgericht der Angeklagten auf Grund von Spielsucht die Schuldunfähigkeit gemäß § 20 StGB zugesprochen hat.

(1) AG München, Urt. v. 21.11.1994, Az.: 1129 Ds 465 Js 173 881/91[661]

Die Angeklagte wurde vom Vorwurf der Ausübung verbotener Prostitution freigesprochen. Das AG München hat im streitgegenständlichen Fall die Voraussetzungen des § 20 StGB bejaht, da nicht mit der gebotenen Sicherheit ausgeschlossen werden könne, dass die Angeklagte bei Tatbegehung hinsichtlich der konkreten Tatausführung wegen einer schweren anderen seelischen Abartigkeit nicht mehr ausreichend in der Lage gewesen sei, trotz Unrechtseinsicht nach jener Einsicht zu handeln und die Ausübung der Prostitution innerhalb des Sperrbezirks zu unterlassen.

---

661 AG München, NStZ 1996, 334 ff. mit Anm. *Kellermann*.

Nach den überzeugenden und übereinstimmenden Ausführungen beider Sachverständiger bestehe bei der Angeklagten eine ausgeprägte Glücksspielsucht neben bestehenden psychopathischen Auffälligkeiten mit Krankheitswert, nämlich einer hysterisch-unreifen Persönlichkeitsakzentuierung, einer Depression und einer asthenischen Persönlichkeitsstörung. „Die Angeklagte befand sich in einem zunehmenden Konflikt zwischen Geldmangel und Drang zum Spielen. Sie war gehalten, die zum Roulette-Spiel benötigten erheblichen Mittel durch Prostitution zu erwerben, wollte sie nicht durch Schaffung auffälliger Schulden besonderen sozialen Konflikten ausgesetzt sein." Beide Sachverständige haben die konkrete Glücksspielsucht als schwere andere seelische Abartigkeit gemäß § 20 StGB ausgewiesen.

Der Sachverständige Dr. *K.*[662] war seit 1977 Chefarzt der Suchtabteilung eines größeren Krankenhauses, dessen Patienten sich zu etwa einem Viertel aus Glücksspielsüchtigen zusammensetzen.

Die eigene rechtliche Bewertung des AG verweist auf die bekannte Rechtsprechung des BGH und dem damit einhergehenden Erfordernis einer schwersten Persönlichkeitsveränderung. Hierzu führt es aus, der weitere Sachverständige Dr. *W.* habe eine erhebliche Verminderung der Steuerungsfähigkeit im Sinne des § 21 StGB angenommen, sehe allerdings auf Grund der Begutachtung aus dem Jahr 1989 (Die Angeklagte ging wegen einer massiven Schulterprellung der Prostitution nicht nach) noch ausreichende Möglichkeiten zur Steuerung des Verhaltens, so dass nicht von einem Ausschluss der Steuerungsfähigkeit im Sinne des § 20 StGB ausgegangen werden könne.

Nach den Ausführungen des Sachverständigen Dr. *K.* gehöre der Fall der Angeklagten zu den schwersten Fällen glücksspielabhängiger Patienten, die er in der Vergangenheit zu behandeln gehabt habe. „Beeindruckend für den Grad der Abhängigkeit war insbesondere, dass es die Angeklagte trotz eines grundsätzlich vorhandenen Berufsethos in Kauf nehmen musste, Beruf, Anstellung, soziale Kontakte, Lebensinteressen aufs Spiel zu setzen und sich einem sozialen Stigma auszusetzen. Nach der Grundpersönlichkeit der Angeklagten gibt es hierfür keine sachliche Rechtfertigung. Die Angeklagte war gehindert, weitere Schulden aufzunehmen. Ihr intensiver, kaum kontrollierbarer Spieldrang hat sich trotz der ihr selbst als äußerst negativ erscheinenden Konsequenzen in Beruf und Zerrüttung der persönlichen Verhältnisse beständig gesteigert." Der Sachverständige sei daher der Auffassung, dass der Angeklagten nur noch

662 Die Ausführungen der Sachkunde des Sachverständigen Dr. *W.* werden erstmals im zweitinstanzlichen Urteil näher beschrieben, siehe: E. II. 4. e) aa) (3).

derartig geringe Steuerungsreste zum Unterlassen der Prostitution innerhalb des Sperrbezirks zur Verfügung gestanden haben, dass nicht mit der erforderlichen Sicherheit ausgeschlossen werden könne, dieses Delikt einsichtsgemäß zu unterlassen.

Das Gericht schließt sich den Einschätzungen des Sachverständigen Dr. *K.* an. Der Sachverständige habe den Ausnahmecharakter der Sucht der Angeklagten mit einem besonders hohen Schweregrad unter Berücksichtigung vergleichbarer Fälle bejaht. Die Angeklagte habe keine anderen Möglichkeiten gehabt, Mittel zur Befriedigung dieser Sucht zu erlangen.

(2) Rechtsmittel

Es wurde seitens der Staatsanwaltschaft Berufung mit der Rüge bezüglich der Feststellungen des § 20 StGB im Zusammenhang mit Pathologischem Spielen eingelegt. Das Rechtsmittel war erfolgreich.

(3) LG München, Urt. v. 23.10.1995, Az.: 15 Ns 1129 Ds 465 Js 173881/91

Das Urteil führte zu einer Verurteilung nach § 184a StGB (a.F.). Die Steuerungsfähigkeit war nicht nach § 20 StGB ausgeschlossen, jedoch nach § 21 StGB gemindert.

Hierzu wurden in der Hauptverhandlung erneut die Sachverständigen Dr. *W.* und Dr. *K.* gehört: Der Sachverständige Dr. *W.* ist Nervenarzt und seit 1989 leitender Oberarzt und stellvertretender Chefarzt im Bezirkskrankenhaus. Er fertigt für Gerichtszwecke seit 1984 strafrechtliche Gutachten zur Verantwortlichkeit an. Nach den Feststellungen des Dr. *W* sei zu erkennen gewesen, dass die Angeklagte eine massive Spielsucht entwickelt habe, welche in eine depressive Persönlichkeit eingebettet sei. Dies sei aus den Angaben der Angeklagten in der früheren Untersuchung, aber auch in der erneuten Hauptverhandlung zu entnehmen. Dies sei unter anderem daran erkennbar, dass die „Probandin" jeweils Persönlichkeitskrisen mit Partnern mit verstärkter Spielsucht beantworte und dass sie sich jedes Mal beim Betreten des Casinos hochgestimmt fühle. In diesem Zusammenhang müsse von einer schweren anderen seelischen Abartigkeit gesprochen werden. Ein Ausschluss der Verantwortlichkeit nach § 20 StGB lehnte Dr. *W* ab. Es gebe nach seiner Auffassung schwerere Fälle mit einem ausgeprägteren Krankheitsbild.

Der Sachverständige Dr. *K.* bestätigte die Feststellungen zur in Depressionen eingebetteten Spielsucht der Angeklagten des Vorgutachtens. Für die Spielsucht habe die Angeklagte erhebliche Geldmittel benötigt, so sei die Aufnahme der Prostitution zweifellos auch zur Finanzierung des Geldbedarfs aufgenommen.

Soweit die Angeklagte im Rahmen einer Beschaffungskriminalität für Geld zur Befriedigung ihrer Glücksspielsucht handele, sei ihre Steuerungsfähigkeit nicht nur gemäß § 21 StGB gemindert, sondern nicht ausschließbar nach § 20 StGB ausgeschlossen.

Das LG folgte der bekannten restriktiven Rechtsprechung des BGH. Zudem schließt sich das Berufungsgericht den Bekundungen des Sachverständigen Dr. *W.* an, der im Ergebnis eine Verminderung der Steuerungsfähigkeit nach § 21 StGB feststellte: Die Angeklagte habe trotz bestehender Spielsucht immer wieder erhebliche Reduzierungen aus eigenem Antrieb geschafft. Beispielhaft sei eine Kontaktaufnahme mit anonymen Spielern zu erwähnen, infolgedessen diese ziemlich abrupt mit dem Spielen für einen gewissen Zeitraum aufgehört habe. Die Angeklagte habe auf Grund neuer Partnerschaft insgesamt das Spielen stark vermindert. Auch finanzielle Erwägungen zeigen, dass die Angeklagte in der Spielsucht noch nicht so in der Persönlichkeit verändert gewesen sei, dass sie dem Spiel wirtschaftlich die komplette Existenz opfere. Sie habe selbst bestätigt, dass sie über ein Jahr 30.000 DM Festgeld hielt. Eine vollkommen von der Sucht Besessene hätte das Geld rasch verspielt.

Es kämen auch die weiteren Bedenken aus der konkreten Tatgestaltung hinzu. Entgeltlicher Geschlechtsverkehr ist nicht strafbar. Die Beschaffung des Geldes für die Spielsucht wäre außerhalb des Sperrbezirks auch straffrei möglich gewesen. Die Angeklagte hätte die Prostitution aus dem Sperrbezirk verlegen können. Der Sachverständige Dr. *K.* habe keine befriedigende Erklärung abgeben können, ob die Steuerungsfähigkeit der Angeklagten auf Grund ihrer Spielsucht ausgeschlossen und sie demzufolge in der Lage gewesen sei, die Prostitution örtlich woanders auszuüben. Im Ergebnis habe deshalb der Sachverständige Dr. *K.* für die konkrete, der Angeklagten vorgeworfene Tat, die Voraussetzungen eines Ausschlusses der Steuerungsfähigkeit gar nicht expressis verbis feststellen können.

bb) Verminderte Schuldfähigkeit nach §§ 20, 21 StGB

Fortan werden Fälle aufgezeigt, bei denen die Spielsucht nach den Feststellungen des entscheidenden erstinstanzlichen Gerichts zur verminderten Schuld gemäß §§ 20, 21 StGB geführt haben.

(1) LG Berlin, Urt. v. 12.12.2012, Az.: (540) 234 JS 143/12 KLs (15/12)

Der Angeklagte wurde wegen Mordes in Tateinheit mit Diebstahl und wegen Computerbetruges in vier Fällen verurteilt. Auf Grund der Pathologischen Spielsucht, die bereits zu gravierenden Persönlichkeitsveränderungen geführt habe, sei die Schuldfähigkeit des Angeklagten nach § 21 StGB nicht ausschließbar erheblich vermindert.

Die Kammer schließt sich dem Sachverständigengutachten hinsichtlich der Feststellungen zur Schuldfähigkeit an. Der Sachverständige habe bereits überzeugend dargelegt, dass sich der seit seiner frühesten Jugend an Wettspielen beteiligende Angeklagte mittlerweile zu einem Pathologischen Spieler entwickelt habe, der seine Wettleidenschaft nicht mehr adäquat steuern könne. Er sei nicht mehr in der Lage, seine Wetteinsätze seinen finanziellen Möglichkeiten anzupassen und könne auch gefasste Vorhaben, Teile seines Einkommens als Reserve für andere Ausgaben zu behalten, nicht mehr einhalten, sondern verwette auch dieses Geld. Ferner mache der Angeklagte mittlerweile in erheblichen Umfang Schulden, um seine Wettleidenschaft zu befriedigen. So habe er sich nicht nur bei Freunden und Bekannten Geld geliehen und habe den Goldschmuck seiner Mutter versetzt, sondern habe sich auch durch betrügerische Weise, etwa bei dem Zeugen *D.* Geld verschafft, um dieses für Wettspiel einzusetzen. Auch habe der Angeklagte durch seine Spielsucht mittlerweile gravierende Persönlichkeitsveränderungen entwickelt. So bewahre er fast abergläubisch erfolgreiche Wettscheine an bestimmten Orten in der elterlichen Wohnung auf. Sein alltägliches Denken beschäftige sich mit Wetten und den Möglichkeiten, das dafür erforderliche Geld zu beschaffen. So lese er entsprechende Literatur, um seine Wettchancen zu erhöhen und noch größere Gelder erhalten zu können, die er sodann wieder für Wettspiel ausgebe. Auch im Hinblick auf die vorgeworfenen Taten sei sein Denken allein darauf gerichtet gewesen, sich durch die Taten (insbesondere der verfahrensgegenständliche Mord) das für weitere Wetteinsätze erforderliche Bargeld zu verschaffen.

Die Kammer ist sich bewusst, dass Pathologische Spielsucht für sich genommen keine die Schuldfähigkeit erheblich einschränkende oder ausschließende krankhafte seelische Störung oder schwere andere seelische Abartigkeit darstellt. Im vorliegenden Fall habe jedoch die Pathologische Spielsucht des Angeklagten bereits zu gravierenden Änderungen seiner Persönlichkeit geführt.

Ebenso mildert die Kammer aus den soeben geschilderten Gründen den Strafrahmen für die Taten des Computerbetruges gemäß §§ 263a, 21, 49 Abs. 1 StGB.

(a) Rechtsmittel

Die Staatsanwaltschaft legte zu Ungunsten des Angeklagten auf den Rechtsfolgenausspruch beschränkte Revision ein. Mit der Sachrüge wurden die Feststellungen der §§ 20, 21 StGB im Zusammenhang mit Pathologischem Spielen gerügt. Das Rechtsmittel war erfolgreich.

(b) BGH, Urt. v. 07.11.2013, Az.: 5 StR 377/13
Die Begründung des LG hinsichtlich der Bejahung einer erheblichen Verminderung der Schuldfähigkeit sei nicht ausreichend.[663]

(2) LG Göttingen, Urt. v. 05.09.2012, Az.: 1 KLs 15/12

Der Angeklagte ist der schweren räuberischen Erpressung und des Betruges in drei Fällen schuldig. Die Kammer ist von einer sicher verminderten Steuerungsfähigkeit nach § 21 StGB – aber voll bestehender Einsichtsfähigkeit – des Angeklagten zum Zeitpunkt der Tat überzeugt. Die Analyse des Spielverhaltens des Angeklagten zeige, dass dieser an einer extremen Form des Pathologischen Glücksspiels leide.

Die Kammer folgt neben den eigenen Aussagen des Angeklagten dem Sachverständigengutachten hinsichtlich der Feststellungen zur Schuldfähigkeit. Nach den Ausführungen des Sachverständigen seien bei dem Angeklagten die psychowissenschaftlichen Kriterien für ein Pathologisches Glücksspiel im Sinne der ICD-10: F63.0 gegeben.

Das Spiel beherrsche weitgehend seine Lebensführung und habe zu einem zunehmenden Verfall der sozialen, beruflichen, materiellen und familiären Werte und Verpflichtungen geführt. Dies zeige sich bereits daran, dass der Angeklagte durch sein Spielverhalten zwei ihm wichtige Partnerbeziehungen eingebüßt, er hohe Schulden aufgehäuft und seit dem 16. Lebensjahr zwischen 400.000 Euro und 500.000 Euro verspielt habe. Die verfestigte Form des Pathologischen Glücksspiels zeige sich auch daran, dass er sich auf seinen Fluchten völlig aus seinen sozialen Beziehungen zurückziehe. Er gebe zeitweise alle Verpflichtungen auf, denen er zuvor gewissenhaft nachgekommen sei, um sich gänzlich dem Spielen hingeben zu können. Die frühere Konditionierung des süchtigen Spiels zur Abwehr depressiver Stimmungen, als Flucht aus seiner belastenden Realität, verbunden mit einer lustvollen Erregung und dem zeitweisen Erleben narzisstischer Hochgefühle haben demnach zu einer Verfestigung des Störungsbildes beigetragen, was nunmehr seit zwanzig Jahren bestehe und gegenüber dem er sich trotz mehrfacher therapeutischer Interventionen völlig resistent erweise. Dass er unter einer extremen Form des Pathologischen Glücksspiels leide, zeige sich auch daran, dass es ihm trotz seines hohen Leidensdruckes und den ihn beherrschenden Schuldgefühlen nicht gelinge, sein Spielverhalten aufzugeben. Weder die Hafterfahrungen noch die negativen

---

663 Siehe: C. II. 2. a) bb) (1) (a).

Konsequenzen wie Überschuldung, Partner- und Arbeitsverlust seien geeignet gewesen, etwas an seinem Spielverhalten zu ändern.

Hinsichtlich des Raubüberfalls auf die Spielothek zieht das Gericht die Schlussfolgerung, der Angeklagte habe unter extremen Entzugserscheinungen gelitten. Dies begründet das Gericht mit dem Umstand, dass er unter extremer Form des Pathologischen Glücksspiels leide, er sich am 18. März 2012 gerade in einer von extensiven Spielen geprägten Phase befand und ihm bis auf 1,50 Euro das Geld ausgegangen sei. Der Überfall der Spielothek habe mithin keinem anderen Zweck als der sofortigen Befriedigung süchtigen Verhaltens gedient. Dieser Suchtdruck habe dazu geführt, dass die Steuerungsfähigkeit bei Begehung des Raubüberfalls auf die Spielothek sicher in erheblichem Umfang im Sinne der Voraussetzungen des § 21 StGB gemindert gewesen sei. Eine Beeinträchtigung der Einsichtsfähigkeit sei jedoch nicht zu verzeichnen gewesen.

Bezüglich der übrigen Taten (Entwenden des PKWs und mehrmalige Tankstellenbetrüge) geht die Kammer von einer nicht sicher ausschließbaren Verminderung der Steuerungsfähigkeit aus. Die Überzeugung der Kammer ergibt sich aus dem Gutachten des Sachverständigen. Diese Taten seien auch in einem engen Kontext zu dem Hauptdelikt zu sehen, anders als bei diesem sei der Suchtdruck jedoch nicht so extrem zu bezeichnen. Während der Raub unmittelbar zur Befriedigung des Suchtdruckes durch Beschaffung des Geldes gedient habe, seien die übrigen Taten Mittel zum Zweck gewesen. Aus diesem Grund sei davon auszugehen, dass die Steuerungsfähigkeit infolge des bestehenden Suchtdruckes möglicherweise, jedenfalls nicht sicher, vermindert gewesen sei. Dies sei jedoch nicht auszuschließen. Eine Verminderung der Einsichtsfähigkeit habe jedoch auch insoweit nicht vorgelegen. Die Ausführungen des Sachverständigen hat die Kammer auch nach erneuter kritischer Prüfung für überzeugend befunden und sich zu eigen gemacht.

Die Unterbringung gemäß § 64 StGB scheidet für die Kammer schon wegen des Wortlautes aus. Zudem hat sie die Unterbringung in einem psychiatrischen Krankenhaus gemäß § 63 StGB bezüglich der Tat des Spielothekenüberfalls (da nur diese Tat im Zustand der sicher vorliegenden erheblichen verminderten Schuldfähigkeit begangen wurde) abgelehnt, da die Spielsucht des Angeklagten nur auf einer nicht den Schweregrad einer anderen seelischen Abartigkeit erreichenden kombinierten Persönlichkeitsstörung beruhe. Nach der Rechtsprechung des BGH rechtfertigt eine manifestierte Suchterkrankung nur dann eine Unterbringung nach § 63 StGB, wenn diese ihrerseits auf einer psychischen Störung beruht, die in ihren Auswirkungen den krankhaften seelischen Störungen im Sinne der §§ 20, 21 StGB gleichkommt und das Fortbestehen der Abhängigkeit bedingt.[664] Die beim Angeklagten „bestehende manifestierte Suchterkrankung in Form einer Spielsucht erfülle diese Voraussetzungen nicht. Der Angeklagte leidet unter einer kombinierten Persönlichkeitsstörung mit selbstunsicheren depressiven und narzisstischen Zügen, die lediglich als mittelgradig einzustufen ist und für sich genommen nicht den Schwergrad einer schweren anderen seelischen Abartigkeit erfüllt."

Auch diese Ausführungen des Sachverständigen hat die Kammer nach kritischer Prüfung für überzeugend befunden und sich zu eigen gemacht.

(a) Rechtsmittel

Die Staatsanwaltschaft erhob mit der Sachrüge eine beschränkte Revision gegen die unterbliebene Unterbringung in einem psychiatrischen Krankenhaus nach § 63 StGB.

(b) BGH, Urt. v. 06.03.2013, Az.: 5 StR 597/12[665]

Das Rechtsmittel wurde als unbegründet verworfen. Das Landgericht gehe auf der Grundlage der bekannten Rechtsprechung rechtsfehlerfrei davon aus, dass die gravierenden Entzugserscheinungen des Angeklagten – zumindest in einem der vorgeworfenen Fälle – sicher zu einer erheblichen Verminderung seiner Steuerungsfähigkeit führten. Die Ablehnung der Unterbringung im psychiatrischen Krankenhaus sei hingegen im Ergebnis rechtsfehlerfrei.[666]

(3) LG Frankfurt, Urt. v. 15.12.2006, Az.: 5/30 KLs 3390 Js 233025/00 (8/05)

Der Angeklagte wird wegen Betruges in einem besonders schweren Fall und Vortäuschens einer Straftat verurteilt. Der Sachverständige Dr. *M.* hat dem Angeklagten eine starke Spielsucht bestätigt. Die Steuerungsfähigkeit des Angeklagten sei jedenfalls eingeschränkt. Der Sachverständige drückte sich so aus, dass das Gericht nicht falsch läge, wenn es bei dem Angeklagten eine erhebliche Einschränkung der Steuerungsfähigkeit im Sinne einer schweren anderen seelischen Abartigkeit nach § 21 StGB annehme. Darüber hinaus erfolgte keine weiterführende Darlegung seitens des Gerichtes.

Gegen dieses Urteil ist kein Rechtsmittel erhoben worden.

---

664 Vgl. BGH, Beschl. v. 27.05.1998, Az.: 2 StR 233/98; BGH, Beschl. v. 07.02.1985, Az.: 4 StR 13/85.

665 Siehe auch: *Müller*, Schuldfähigkeit und Sanktionierung, S. 169 f.

666 Siehe: C. III. 2. a) aa).

(4) LG Berlin, Urt. v. 09.09.2004, Az.: (503) 34 Js 5199/03 KLs (20/04)

Der Angeklagte wird wegen Wohnungseinbruchsdiebstahls in neun Fällen verurteilt. Die Kammer schließt sich dem Sachverständigengutachten an, dass der Angeklagte bei Tatbegehung in seiner Steuerungsfähigkeit im Sinne des § 21 StGB auf Grund einer schweren anderen seelischen Abartigkeit in Form einer Abhängigkeit vom Glücksspiel nicht ausschließbar erheblich vermindert gewesen sei.

Der Sachverständige hat dazu ausgeführt: „Nachdem der Angeklagte sich zumindest im Zeitraum von März 2001 bis Ende 2003/Anfang 2004 vom Glücksspiel abgewandt hat, erlitt er sodann einen Rückfall und ist wieder in alte Verhaltensmuster zurückgefallen. Er ist stark vom Glücksspiel eingenommen, beschäftigt sich mit dem Nacherleben vorausgegangener Spiele, insbesondere der Frage der Beschaffung neuer Gelder und macht insoweit Schulden. Sein ganzes Leben ist auf den Zwang (sog. chasing), ständig spielen zu müssen, reduziert gewesen, so dass eine Abhängigkeit vom Glücksspiel den Schweregrad einer schweren anderen seelischen Abartigkeit erreicht hat. Da die Straftaten […] zur Finanzierung der Spielsucht begangen worden sind, lässt sich nicht ausschließen, dass der Angeklagte bei Begehung der Taten in seiner Steuerungsfähigkeit bei erhaltener Einsichtsfähigkeit erheblich vermindert gewesen ist."

Die Kammer ordnete zudem die Unterbringung in einer Entziehungsanstalt nach § 64 StGB an. Die Voraussetzungen seien beim Angeklagten gegeben. Der Drang, sich dem Glücksspiel hinzugeben, sei nach den überzeugenden Ausführungen des Sachverständigen dem Hang, alkoholische Getränke oder andere berauschende Mittel im Übermaß zu sich zu nehmen, gleichzusetzen. Das Spielen an sich wirke gleichermaßen psychotrop wie eine berauschende Substanz. Der Angeklagte habe die Straftaten infolge dieses Hanges begangen. Es bestehe zudem nach suchtpsychiatrischer Sicht infolge dieser Sucht die Gefahr, dass er (in Freiheit und ohne die notwendige therapeutische Behandlung) erneut erhebliche rechtswidrige Taten im Sinne einer Beschaffungsdelinquenz begehen werde. Konkrete Erfolgsaussichten bezüglich einer Heilung bestünden ungeachtet dessen, dass der Angeklagte rückfällig geworden ist. „Er hat jedoch in der Hauptverhandlung den Eindruck hinterlassen, sich mit seiner Sucht ausreichend auseinanderzusetzen, leidet unter der scheinbaren Ausweglosigkeit seiner Situation und hat glaubhaft und überzeugend versichert, sich einer Behandlung ernsthaft unterziehen zu wollen, die er als einzige Chance sieht, eingespielte Lebensmuster zu verändern und in ein geordnetes Leben zu finden. Die Behandlung ist im klassischen Maßregelvollzug auch möglich und stellt die Erfolgsaussichten nicht in Frage. Die dort für Alkohol- und

Drogenabhängigkeit entwickelten therapeutischen Konzepte lassen sich auch auf nicht stoffgebundene Abhängigkeiten übertragen, und der Zweck der Maßregel, nämlich die Behandlung und Heilung des Angeklagten, ist neben der Sicherung erreichbar."

(a) Rechtsmittel
Die Revision wurde sowohl seitens der Staatsanwaltschaft in Form der Sachrüge bezüglich der Feststellungen der §§ 20, 21 StGB im Zusammenhang mit Pathologischem Spielen und der Unterbringung nach § 64 StGB erhoben. Das Rechtsmittel der Staatsanwaltschaft war erfolgreich. Die unbeschränkt geführte Revision des Angeklagten war lediglich hinsichtlich des Maßregelausspruches erfolgreich.

(b) BGH, Urt. v. 16.06.2005, Az.: 5 StR 140/05
Das LG habe die Spielsucht zu Unrecht als Grundlage für eine verminderte Steuerungsfähigkeit gemäß § 21 StGB gesehen. Es fehle nach Ansicht des BGH für das Kriterium der geforderten Auswirkungen des Pathologischen Spielens im Zeitpunkt der Begehung der Tat an dem Zusammenhang zwischen dem Spielverhalten und der Straftat. Es bestehen Anhaltspunkte für die Verfestigung strafrechtlich relevanten Verhaltens unabhängig von seiner Spielleidenschaft.[667] § 64 StGB ist für stoffungebundene Süchte nicht anwendbar.[668]

(5) LG Frankfurt, Urt. v. 10.12.2003, Az.: 5/4 KLs 3390 Js 233025/00 (16/2003)

Der Angeklagte wird wegen Betruges in einem besonders schweren Fall und Vortäuschens einer Straftat verurteilt. Die Kammer hat die Spielsucht des Angeklagten als eine schwere andere seelische Abartigkeit gewertet, obgleich die Einlassung – da bestreitend – hierzu keinerlei Anknüpfungstatsachen lieferte und als Einschränkung des Hemmungsvermögens im Sinne des § 21 StGB angesehen. Das Gericht stützte seine Entscheidung auf die Angaben der Zeugen aus der Spielbank, die den Angeklagten seit Jahren kennen und beobachten und diesen als spielsüchtig bezeichneten. Zudem sei ihm die Spielsucht auch in einem Urteil des AG Frankfurt schon einmal zugutegekommen.

Der Zeuge (der Saalchef der Spielbank) habe bekundet, der Angeklagte sei ein fanatischer und leidenschaftlicher Spieler, ein Zocker, der nicht aufhören könne zu spielen, der Gewinne gleich wieder einsetze und ohne Bedenken bis zum Ende weiterspiele.

---

667 Siehe: C. II. 3. b) aa) (1).
668 Siehe: C. III. 2. b).

Soweit die Befriedigung seiner Spielleidenschaft Auslöser für die Betrugshandlung gewesen sei, ergebe sich hierbei auch jedenfalls zum Teil, dass das von dem Geschädigten erhaltene Geld der unmittelbaren Befriedigung der Spielleidenschaft diente, da die Jetonkäufe nämlich direkt auf die Einnahmen folgten.

Die Urteilsbegründungen weisen darüber hinaus keine weiteren Ausführungen auf.

(a) Rechtsmittel

Gegen dieses Urteil richten sich die Revisionen des Angeklagten und – zuungunsten des Angeklagten – der Staatsanwaltschaft. Der Angeklagte erhebt eine Verfahrensrüge und die allgemeine Sachrüge. Die Staatsanwaltschaft beanstandet mit ihrem wirksam auf den Strafausspruch beschränkten Rechtsmittel die Verletzung materiellen Rechts, insbesondere die Bejahung des § 21 StGB beim Angeklagten zur Zeit der Tat. Beide Rechtsmittel hatten in vollem Umfang Erfolg. Die Revision des Angeklagten greift mit der Verfahrensrüge durch. Die wirksam auf den Strafausspruch beschränkte Revision der Staatsanwaltschaft hat ebenfalls Erfolg.

(b) BGH, Urt. v. 12.01.2005, Az.: 2 StR 138/04

Der Strafausspruch des LG wurde insgesamt mit den Feststellungen aufgehoben. Das LG habe rechtsfehlerhaft beim Angeklagten die Voraussetzungen des § 21 StGB zur Zeit der Tat bejaht.[669] Der Vollständigkeit halber ist zu bemerken, dass bei beiden Instanzen keine Sachverständigen beteiligt gewesen sind.

(6) LG Siegen, Urt. v. 05.02.2003, Az.: KLs 112 Js 921/00 W 2/02

Der Angeklagte hat sich des Betruges in Tateinheit mit Urkundenfälschung in 53 Fällen schuldig gemacht. Darüber hinaus hat sich der Angeklagte in weiteren 15 Fällen des Betruges, davon in zwölf Fällen in Tateinheit mit Urkundenfälschung schuldig gemacht. Im Zeitpunkt der Taten sei die Steuerungsfähigkeit des Angeklagten erheblich im Sinne des § 21 StGB auf Grund des Pathologischen Spielverhaltens eingeschränkt gewesen. Die Einsichtsfähigkeit sei nicht beeinträchtigt, da der Angeklagte wusste, dass er Unrecht begehe.

Die getroffenen Feststellungen beruhen auf der geständigen Einlassung des Angeklagten. Die Kammer hatte keinerlei Zweifel an der Glaubhaftigkeit des Geständnisses. Der Angeklagte war trotz Vielzahl der Daten in der Lage, zu vielen Taten differenzierte Angaben zu machen. Zum Pathologischen Spielen

669 Siehe obige Ausführungen: C. II. 2. a) bb) (1) (c).

wurden nachstehende Feststellungen getroffen: Der Angeklagte spiele nahezu täglich. Eine im psychiatrischen Sinne längere und freiwillige Abstinenz vom Glücksspiel lege nicht vor. Der Angeklagte habe in Anbetracht des gesamten Tagesablaufes viel Zeit mit dem Spielen verbracht. Auch seien dadurch seine sozialen Beziehungen, insbesondere zu seinen Ehefrauen, beeinträchtigt bzw. zerstört.

Das Pathologische Spielen stelle eine schwere andere seelische Abartigkeit nach §§ 20, 21 StGB dar, da der Angeklagte Straftaten begangen habe, um das Geld für Automatenspiele zu erlangen. Seinem Schweregrad nach komme das Pathologische Spielen im vorliegenden Fall einer krankhaften seelischen Störung gleich. Das Pathologische Spielen führe zu einer erheblichen Einschränkung der Steuerungsfähigkeit.

Eine vollständige Aufhebung der Steuerungsfähigkeit habe nicht vorgelegen. Der Angeklagte sei sich noch Handlungsalternativen bewusst gewesen. Seine Rente und sein Arbeitslosengeld habe er gerade nicht verspielt. Diese nutze er zur Sicherung seiner Grundversorgung.

Wegen des Pathologischen Spielens sei eine verminderte Schuldfähigkeit gemäß § 21 StGB gegeben.

Zudem sind nach Ansicht der Kammer die Voraussetzungen des § 63 StGB erfüllt.

Die negative Gefährlichkeitsprognose auf Grund des Zustandes sei zu bejahen. Dieses Krankheitsbild führe mit hoher Wahrscheinlichkeit dazu, dass der Angeklagte gleiche oder ähnliche Straftaten begehen werde, um Geld zum Spielen zu erlangen. Abstinente Spielphasen seien lediglich auf die Zeit der Inhaftierung zurückzuführen. Die Taten stehen auch im Zusammenhang mit der Spielsucht.

Eine Unterbringung sei letztlich nicht unverhältnismäßig. Die vom Angeklagten begangenen Taten legen bereits eindeutig im Bereich mittlerer Kriminalität. Sie gehen in ihrem Unrechtsgehalt deutlich über Ladendiebstähle und Zechbetrug hinaus. Auch handele es sich nicht um bloße Gelegenheitstaten. Der Angeklagte nutze zielgerichtet und konsequent die sich ihm bietenden Möglichkeiten zur Begehung von Serienstraftaten aus.

(a) Rechtsmittel

Der Angeklagte legte Revision mit der Sachrüge bezüglich der Feststellungen der §§ 20, 21 StGB im Zusammenhang mit Pathologischen Spielen ein. Das Rechtsmittel hat zum Maßregelausspruch Erfolg; im Übrigen ist es unbegründet im Sinne des § 349 Abs. 2 StPO.

(b) BGH, Beschl. v. 22.07.2003, Az.: BGH 4 StR 199/03
Auf die Revision des Angeklagten wird das Urteil des LG Siegen vom 05.02.2003 im Maßregelausspruch mit den Feststellungen, einschließlich derjenigen zur erheblich verminderten Schuldfähigkeit, aufgehoben. Die Voraussetzungen für eine Unterbringung nach § 63 StGB seien nicht rechtsfehlerfrei dargetan. § 63 StGB setzt voraus, dass die erhebliche Minderung der Schuldfähigkeit positiv festgestellt ist. Dies ergeben die Urteilsgründe nach den vom BGH geforderten Maßstäben nicht.[670]

(7) LG Bochum, Urt. v. 08.10.2002, Az.: 21 KLs 10 Js 389/01–45/02

Der Angeklagte wird wegen Betruges in neun Fällen, wobei es in einem Fall beim Versuch blieb, davon in fünf Fällen in Tateinheit mit Urkundenfälschung, sowie wegen Diebstahls in drei Fällen, davon in einem Fall in Tateinheit mit Unterschlagung, ferner wegen Urkundenfälschung in zwei Fällen und Unterschlagung verurteilt. Das Gericht stützt sich auf das Sachverständigengutachten, wonach die Taten des Angeklagten als indirekte Beschaffungstaten zu charakterisieren seien, bei denen die Steuerungsfähigkeit des Angeklagten im Sinne der § 21 StGB auf Grund einer schweren dissozialen Persönlichkeitsstörung, die sich unter anderem in krankhaftem Spielverhalten äußere, nicht ausschließbar erheblich vermindert gewesen sei. Eine eigene Bewertung wird seitens des Gerichtes nicht vorgenommen.

(a) Rechtsmittel
Die Revision des Angeklagten wurde allein mit der Sachrüge erhoben und wirksam auf den Strafausspruch beschränkt. Diese war erfolgreich.

(b) BGH, Beschl. v. 24.04.2003, Az.: 4 StR 94/03
Auf die Revision des Angeklagten wird das Urteil des LG Bochum vom 18.10.2002 im Strafausspruch mit den Feststellungen aufgehoben. Insbesondere könne auch das Vorliegen des zugebilligten vertypten Strafmilderungsgrund des § 21 StGB jedenfalls im Zusammenwirken mit den allgemeinen Strafmilderungsgründen Anlass geben, trotz Vorliegens eines Regelbeispiels einen besonders schweren Fall zu verneinen.[671]

670 Siehe hierzu: C. II. 2. a) bb) (1) (d).
671 Siehe: C. III. 1.

(8) LG München, Urt. v. 09.06.1988 Az.: 1 KLs 114 Js 4123/87[672]

Der Angeklagte 1) ist der schweren räuberischen Erpressung in drei Fällen, davon in zwei Fällen in Tateinheit mit erpresserischem Menschenraub schuldig. Der Angeklagte 2) ist des schweren Raubes in Tateinheit mit schwerer räuberischer Erpressung in vier Fällen, davon in zwei Fällen in Tateinheit mit erpresserischem Menschenraub schuldig.

Beim Angeklagten 1) sei die Schuldfähigkeit gemäß § 21 StGB zumindest nicht ausschließbar erheblich vermindert. Dies müsse auf Grund einer schweren anderen seelischen Abartigkeit in Gestalt des Pathologischen Spielens zu bezeichnenden psychischen Störung in Verbindung mit einer bei diesem Angeklagten nachgewiesenen organischen Hirnveränderung als nicht ausschließbar angenommen werden.

Der Angeklagte 2) sei hingegen voll schuldfähig. Soweit die Spielleidenschaft Triebfeder zu seinen Taten bildete, könne diese für sich allein, auch in Form des Pathologischen Spielens, keine erhebliche schuldmindernde Bedeutung gemäß § 21 StGB beigemessen werden.

Die Feststellungen des Gerichtes zur Schuldfähigkeit beruhen auf den überzeugenden gutachtlichen Ausführungen des Sachverständigen Prof. Dr. *M.*[673]

(a) Rechtsmittel

Der Angeklagte 2) legte Revision auf eine nicht ausgeführte Verfahrensrüge und die allgemeine Sachbeschwerde bezüglich der Schuldfähigkeitsfeststellung ein. Diese wurde verworfen.

(b) BGH, Urt. v. 25.10.1988, Az.: 1 StR 552/88[674]

Der BGH unterstützt die tatgerichtliche Rechtsprechung hinsichtlich des Angeklagten 2), dass eine Spielleidenschaft allein für § 21 StGB nicht genüge. Ob es eine eigene einheitliche psychische Störung „Spielsucht" oder „Spielleidenschaft" gebe, sei umstritten und erscheine fraglich.[675] Der in der wissenschaftlichen Diskussion verwendete Begriff des „Pathologischen Spielens" bedeute jedenfalls nicht ohne weiteres, dass, wer damit behaftet sei, schon allein deshalb eine krankhafte seelische Störung oder schwere andere seelische Abartigkeit

672 LG München, Urt. v. 09.06.1988.

673 Vermerk: Das Urteil enthält hierzu keine weiteren Ausführungen und begnügt sich mit der dargestellten Begründung.

674 Siehe auch: *Müller*, Schuldfähigkeit und Sanktionierung, S. 159 f.

675 Vermerk: Das Urteil enthält noch den früheren Streit, ob Pathologisches Spielen eine eigenständige Krankheit darstellt. Auf diese obsoleten Ausführungen ist bereits hingewiesen worden; siehe: C. II. 1. a).

im Sinne des § 20 StGB aufweise. Dieser Meinung sei offensichtlich auch Prof. Dr. *M.*, der eine strafrechtlich relevante Beeinträchtigung der Schuldfähigkeit im vorliegenden Fall nur bei dem Mitangeklagten, der zusätzlich eine hirnorganische Veränderung aufweise, nicht ausschloss, die Spielleidenschaft allein beim Angeklagten allein aber nicht genügen ließe.

(9) LG Hannover, Urt. v. 11.09.1987, Az.: KLs 45 Js 3000/87[676]

Der Angeklagte ist wegen schweren Raubes und Trunkenheit im Verkehr verurteilt worden. Die Kammer hat sich den gutachterlichen Ausführungen nach eigener Überprüfung angeschlossen und das Vorliegen einer Schuldminderung im Sinne des § 21 StGB basierend auf einer Spielsucht angenommen und eine Unterbringung nach § 63 StGB angeordnet. Es erfolgte allerdings keine Ausführung zu der – behaupteten – eigenen Überprüfung.

Im Urteil heißt es: Der Sachverständige hat für das Gericht überzeugend ausgeführt, „daß bei dem Angeklagten eine schwere andere seelische Abartigkeit in Form der Spielsucht, die als Ausdruck eine Ödipuskomplexes zu werten sei, vorläge".

Zur Spielsucht führte Dr. *S.* aus, „es habe mit einer Einladung eines Kunden zum Besuch einer Spielhalle begonnen, wo er 180,00 DM gewonnen habe. Daraufhin habe er weitergespielt, aber verloren. Er habe so viel verloren, daß er in finanzielle Probleme geraten sei und Kredite habe aufnehmen müssen. Je mehr Geld er verspielt habe, umso mehr Zeit habe er in Spielhallen oder Kasinos verbracht. Er habe auch während der Dienstzeit gespielt, was zu Kündigungen geführt habe und zu einem sozialen Niedergang. Mit diesen suchtartigen Veränderungen habe er ca. nach zwei Jahren nicht mehr alleine fertig werden können, so daß er seine Frau und seine Schwiegereltern um Hilfe gebeten habe, die ihm Geld zum Ausgleich seiner Verpflichtungen gegeben hatten. Daraufhin habe er sich geschämt und der Kontakt zu den Schwiegereltern sei für einige Zeit sehr abgekühlt; habe sich dann aber wieder gebessert. Die Familie habe immer wieder versucht, das Versagen des Angeklagten zu vertuschen und ihm zu helfen, weil er immer wieder beteuert habe, er höre mit dem Spielen auf. Es sei zeitweise gut verlaufen, indem er sich von Spielhallen ferngehalten habe, aber dann habe er doch wieder eine Spielhalle betreten und kurz nach Spielbeginn die Kontrolle über sich selbst verloren." Sämtliche Therapieversuche hatten keinen Erfolg.

---

676 LG Hannover, Urt. v. 11.09.1987; im Rahmen dieser Bearbeitung nur hinsichtlich einer der A. von Relevanz. Auf den anderen Täter wird nicht weiter eingegangen.

Weiterhin führte der Sachverständige aus: „Aufgrund dieser psychischen Situation des Angeklagten sei zwar seine Einsichtsfähigkeit kaum beeinträchtigt, aber seine Steuerungsfähigkeit, der Einsicht entsprechend zu handeln, sei erheblich gemindert. Trotz der hohen Alkoholisierung zum Zeitpunkt der Tat, zusätzlich zu der zugespitzten Konfliktsituation infolge der Spielsucht, war die Steuerungsfähigkeit jedoch nicht aufgehoben."

Das LG ordnete die Unterbringung nach § 63 StGB an. Die Tat sei im Zustand der verminderten Schuldfähigkeit begangen. „Die Rückfallgefahr wird vom Sachverständigen Dr. S. für bereits vorgegeben gehalten, wenn es nicht zu einer Behandlung der schweren neurotischen Störung des Angeklagten kommt. Der Sachverständige führte dazu aus, daß diese Störung mit Krankheitswert, auf die die Spielsucht und der erhebliche Alkoholmißbrauch aufgepropft sind, nur stationär behandelt werden könne."

(a) Rechtsmittel

Der Angeklagte rügte mit der Revision die Verletzung materiellen Rechts. Das Rechtsmittel mit der Sachbeschwerde hinsichtlich der Unterbringungsanordnung hatte Erfolg.

(b) BGH, Urt. v. 28.04.1988, Az.: 4 StR 33/88

Auf die Revision des Angeklagten wurde das Urteil des LG Hannover vom 11.09.1987 im Ausspruch über die Unterbringung nach § 63 StGB mit den Feststellungen aufgehoben. Die Ausführungen des LG Hannover hinsichtlich der Anordnung des § 63 StGB seien nicht frei von Widersprüchen und lückenhaft. Nach den Ausführungen des LG bliebe zweifelhaft, ob die schwere neurotische Störung oder die festgestellte Spielsucht die eingeschränkte Schuldfähigkeit des Angeklagten begründe.[677]

cc) Schuldfähigkeit

Weiterhin werden Fälle dargestellt, in denen das Tatgericht dem Angeklagten trotz des Vorliegens einer Pathologischen Spielsucht eine uneingeschränkte Schuldfähigkeit zugesprochen hat.

677 Siehe: C. II. 2. a) bb) (1) (e).

(1) LG Tübingen, Urt. v. 09.10.2015, Az.: 2 KLs 24 Js 10080/06[678]

Der Angeklagte ist der Untreue in 567 Fällen schuldig. Die Fähigkeit des Angeklagten, das Unrecht seiner Taten einzusehen oder nach dieser Einsicht zu handeln, sei bei Begehung der Tat nicht erheblich vermindert gewesen.[679]

Die Kammer schließt sich zunächst dem Sachverständigengutachten an: Beim Angeklagten liege gemäß der Diagnosekriterien der DSM-5 bzw. ICD-10 eine Pathologische Spielsucht vor. „Dieser bei dem Angeklagten auf der Grundlage seiner Angaben rekonstruierte psychopathologische Zustand wies jedoch keine Symptome auf, die in ihrer Gesamtheit das Leben des Angeklagten vergleichbar schwer und mit ähnlichen Folgen störten, belasteten oder einengten, wie eine krankhafte seelische Störung." Der Angeklagte sei in der Lage gewesen, den Anforderungen seiner Berufstätigkeit und seinen familiären Verpflichtungen nachzukommen. Zudem sei es dem Angeklagten nach Offenbarung der Untreuehandlungen bzw. Erschöpfung der finanziellen Ressourcen möglich gewesen, ohne Entzugssymptomatik seine Börsentätigkeit einzustellen und das Lottospielen zunächst auf ein sozialverträgliches Maß zu reduzieren und später hiervon ganz Abstand zu nehmen. Zu einem Rückfall, der bei einer starken süchtigen Bindung zu erwarten wäre, ist es in den Folgejahren seit 2005 nicht gekommen.

Nach eigener Überzeugungsbildung der Kammer spreche gegen eine verminderte Schuldfähigkeit gemäß § 21 StGB auch, dass der Angeklagte das Ergebnis des Sachverständigengutachtens nicht in Frage gestellt habe und zudem im Rahmen der Hauptverhandlung eingeräumt habe, die Therapie im Jahr 2010 – zumindest auch – aus der Motivation heraus gemacht zu haben, seinen Eltern, die Angst vor einer Wiederholung hatten und ihn immer wieder mit seinem Spielverhalten konfrontierten, ein Argument entgegenhalten zu können. Demgemäß geht die Kammer davon aus, dass der Angeklagte die Therapie nicht auf Grund eines echten Suchtdruckes durchgeführt habe.

---

678 Nachfolgendes Urteil nach dem aufgehobenen Urteil vom LG Tübingen, Urt. v. 10.05.2011.

679 Es ist erwähnenswert, dass dieser Fall zwar wegen seiner hervorstechenden Spielerkarriere unter E. II. 4. b) cc) (3) als bedeutsames Beispiel detailliert hervorgehoben worden ist, das Tatgericht trotz alledem keine verminderte Schuldfähigkeit gemäß § 21 StGB festgestellt hat.

(a) Rechtsmittel
Der Angeklagte legte mit der Sachrüge bezüglich der Feststellungen der §§ 20, 21 StGB im Zusammenhang mit Pathologischem Spielen Revision ein. Das Rechtsmittel war erfolglos.

(b) BGH, Urt. v. 09.08.2016, Az.: 1 StR 121/16
Der BGH bestätigt – ohne weitere Ausführungen bzw. Begründungen – die Bestimmung der Schuldfähigkeit des Tatgerichtes.[680]

(2) LG Berlin, Urt. v. 08.12.2014, Az.: (540) 234 Js 143/12 Ks (12/13)[681]

Der Angeklagte ist des Mordes in Tateinheit mit Diebstahl und des Computerbetruges in vier Fällen schuldig. Die Fähigkeit des Angeklagten entsprechend seiner vorhandenen Einsichtsfähigkeit zu handeln, sei bei allen Taten nicht beeinträchtigt gewesen. Insbesondere die Spielsucht des Angeklagten erreiche nicht den Schweregrad, der eine Einordnung unter das Eingangsmerkmal der schweren anderen seelischen Abartigkeit im Sinne des § 20 StGB rechtfertigen könne.

Die Kammer schließt sich hinsichtlich der Bestimmung der Schuldfähigkeit dem Sachverständigengutachten neben eigener Bewertung an. Laut dem Sachverständigengutachten erfülle der Angeklagte wohl die Kriterien des Pathologischen Glücksspiels nach DSM-5 und ICD-10 (ausführliche Subsumtion), aber erleide durch das Wetten keine bedingte schwerste Persönlichkeitsveränderung. Gegen das Vorliegen schwerster Persönlichkeitsveränderungen spreche:

- Die Zeugenaussagen beschrieben den Angeklagten als sozial gut integrierten, freundlichen, eher zurückhaltenden und verhaltenskontrollierten Mann.
- Der Vorgutachter habe nach eigenen Angaben eine Persönlichkeitsveränderung trotz psychiatrisch vollkommen unauffälligen Befundes postuliert. Größtenteils seien die Angaben des Angeklagten zu seinem Wettverhalten durch den Fragebogen zum „Problemverhalten Sportwetten" vollkommen unkritisch übernommen worden. Wichtige Aspekte, wie der Tagesablauf des

680 Siehe auch: C. II. 2. a) bb) (4).

681 Neue Verhandlung nach LG Berlin, Urt. v. 12.12.2012. Vermerk: Beim vorhergehenden Urteil ist die Schuldfähigkeit des A. nach § 21 StGB auf Grund der Pathologischen Spielsucht verbunden mit einer schwersten Persönlichkeitsveränderung nicht ausschließbar erheblich vermindert. In hiesigem Urteil wird darüber anders entschieden mit der Folge, dass der A. trotz des Vorliegens einer Spielleidenschaft schuldfähig i.S.d. §§ 20, 21 StGB ist.

Angeklagten oder seine sozialen Beziehungen, seien erst gar nicht erfragt worden.

- Dem Vorgutachten sei nicht zu entnehmen, worin die Persönlichkeitsveränderung bestehe.
- Beim Angeklagten könne anhand der Zeugenaussage keine Störung im kognitiven Bereich, im Bereich der Emotionalität, in seiner Beziehungsfähigkeit und/oder in seiner Handlungs-/Impulskontrolle, welche im Rahmen einer schweren Persönlichkeitsveränderung gegeben sein müssen, festgestellt werden. Allein sozial unerwünschtes Verhalten, wie es der Angeklagte im Zusammenhang mit seinem Pathologischen Spielen und sicher auch motiviert durch dieses gezeigt habe, reiche für die Bejahung einer schweren Persönlichkeitsstörung nicht aus.
- Allein aus der Begehung von Straftaten könne zudem keine schwerste Persönlichkeitsveränderung angenommen werden. Denn mit einer Persönlichkeitsveränderung sei zwingend eine Beeinträchtigung auch in anderen Lebensbereichen verbunden. Hierfür liegen beim Angeklagten keine Anhaltspunkte vor. Der Angeklagte verfüge über stabile soziale Beziehungen nebst Erhalt der ethischen Werte.
- Es liege keine durchgehende Geldbeschaffungsdelinquenz vor; seit Haftentlassung bis 2006 (insgesamt sechs Jahre) und der verfahrensgegenständlichen Tat sei es zu keinen weiteren Straftaten gekommen.
- Es sei beim Angeklagten keine depravierte Haltung, dass einem alles andere als das Spielen bzw. Wetten egal sei, zu erkennen.
- Es liege kein entgleister Lebensstil vor, er spiele nicht stunden- oder sogar tage- bzw. nächtelang an Automaten, und blende sein übriges Leben völlig aus. Der Angeklagte habe dafür, dass er arbeitslos war, einen gut strukturierten Tagesablauf gehabt.

Zusammenfassend könne man sagen, dass das Persönlichkeitsbild durch die – jedenfalls nicht ausschließbar – pathologische Wettleidenschaft des Angeklagten akzentuiert gewesen und auch eine Verweigerung von erwachsener Verantwortungsübernahme beim Angeklagten festzustellen sei, sich aber beides zweifelslos im Rahmen der Eigentümlichkeiten bewege, wie sie eben auch bei nicht Persönlichkeitsgestörten vorkommen würde. Nach den eigenen Ausführungen der Kammer spreche die Erschütterung des Angeklagten nach der Tat deutlich gegen seine Depravation und eine Fokussierung auf das Wetten in der Weise, dass ihm alles andere egal sei und er in seiner Emotionalität bereits durch das Wetten schwerwiegender beeinträchtigt gewesen wäre. Die eigene Bestürzung über die Handlung zeige zugleich, dass der Angeklagte zuvor anders, nämlich fröhlich, ausgeglichen und zuverlässig war. Ansonsten wäre diese Veränderung kaum den beiden Zeugen, wie sie dies unabhängig voneinander, aber inhaltlich übereinstimmend, bekundet haben, aufgefallen.

Weiterhin spreche der Umstand, dass der Angeklagte nach Wettgewinnen eben gerade nicht jeden Cent wieder verwettete, dafür dass ihm trotz seines wohl vorliegenden Pathologischen Spielens der gesellschaftliche Status weiterhin wichtig gewesen sei. So mietete er beispielsweise Autos an.

Der bindend festgestellte Ablauf der Tat spreche gegen eine Herabsetzung der Steuerungsfähigkeit des Angeklagten im Tatzeitraum. Denn insoweit sei von einem vorbereiteten und planmäßigen Vorgehen, der Fähigkeit des Angeklagten zu warten, einem lang hingezogenen Tatgeschehen sowie einem komplexen Handlungsablauf in Etappen auszugehen. Insbesondere dieser letzte Punkt spreche gegen das Vorliegen schwerster Entzugserscheinungen beim Angeklagten zum Tatzeitpunkt, für das es – insbesondere auch in den verschiedenen Einlassungen des Angeklagten – keinen Anhaltspunkt gebe. Der Einlassung des Angeklagten, er habe weiterspielen müssen, kann das Vorliegen schwerster Entzugserscheinungen ebenfalls nicht entnommen werden. Vielmehr beschreibe der Angeklagte damit ein Gefühl, das nahezu mit jeder (Verhaltens-) Sucht verbunden sein dürfe.

„Die Annahme pathologischen Spiels beim Angeklagten" stehe in Anbetracht der bekannten restriktiven Anwendung der §§ 20, 21 StGB „nicht in Widerspruch zur Verneinung einer erheblichen Verminderung der Schuldfähigkeit".

Mangels Vorliegens eines Eingangskriteriums käme es nicht mehr darauf an, dass der Tat (Mord) ohnehin der erforderliche Zusammenhang zwischen einer Pathologischen Spielsucht des Angeklagten und der Tötung fehle, der für die Bejahung einer verminderten Schuldfähigkeit bei Tatbegehung zusätzlich erforderlich wäre. Gegen einen entsprechenden Zusammenhang spreche bereits die bindend festgestellte Verdeckungsabsicht, mit welcher der Angeklagte tötete. Es lägen keine Anhaltspunkte vor, dass die Tötung der Frau *N.* dem Fortsetzen des Wettens dienen sollte.

Ungeachtet des Nichtvorliegens einer verminderten Schuldfähigkeit im Sinne des § 21 StGB hat die Kammer die Pathologische Spielsucht des Angeklagten im Rahmen der Strafzumessung strafmildernd berücksichtigt. Bezüglich der Mordtat wird auf Grund der Spielsucht als mitursächlich für die Vermögensdelinquenz keine besondere Schwere der Schuld im Sinne des § 57a StGB bejaht. Hinsichtlich des Computerbetruges hat die Kammer bei der konkreten Strafzumessung zu Gunsten des Angeklagten berücksichtigt, dass dieser spielsüchtig sei und die Taten beging, um wieder wetten zu können.

(a) Rechtsmittel
Der Angeklagte erhob Revision unter anderem mit der Sachrüge bezüglich der Feststellungen der §§ 20, 21 StGB im Zusammenhang mit Pathologischem Spielen. Das Rechtsmittel wurde verworfen.

(b) BGH, Urt. v. 14.10.2015, Az.: 5 StR 273/15
Der BGH bestätigt – ohne weitere Ausführungen bzw. Begründungen – die Feststellungen des LG hinsichtlich der Schuldfähigkeit des Angeklagten. Das LG habe sich insbesondere sorgfältig und überzeugend mit der Frage der Schuldfähigkeit des Angeklagten auseinandergesetzt.[682]

(3) LG Hagen, Urt. v. 12.07.2013, Az.: 46 KLs 9/13

Der Angeklagte wird wegen Raubes in elf Fällen, wobei es in drei Fällen beim Versuch blieb, sowie wegen räuberischer Erpressung verurteilt. Es haben beim Angeklagten zum Tatzeitpunkt keine Eingangsmerkmale gemäß §§ 20, 21 StGB vorgelegen.

Die vom Sachverständigen festgestellte Spielleidenschaft fülle zum einen kein Eingangsmerkmal des § 20 StGB aus und zum anderen habe diese keinen unmittelbaren Einfluss auf die von dem Angeklagten begangenen Taten.

Die Kammer schließt sich dem Sachverständigengutachten an. „Der Sachverständige Dr. *E* hat auf der Grundlage der Schilderungen des Angeklagten, die den Feststellungen der Kammer zu seinem Spielverhalten entsprechen, nachvollziehbar ausgeführt, dass das Spielverhalten des Angeklagten dysfunktional und massiv exzessiv sei und die Steuerungsfähigkeit des Angeklagten im Hinblick auf das Spielverhalten deutlich vermindert sei. Jedoch liege bei dem Angeklagten keine psychiatrische Grunderkrankung vor, die das Spielverhalten erklären könne. Der Sachverständige hat für die Kammer nachvollziehbar ausgeführt, dass bei dem Angeklagten weder eine hirnorganische Störung, eine schizophrene Psychose oder eine affektive Erkrankung vorliegt. Dies ergab sich aus dem Ergebnis der Exploration, die weder Hinweise auf eine Depression noch manische Episoden noch Hinweise auf psychotisches Erleben ergeben hätten."

Darüber hinaus habe das Spielverhalten nicht die gesamte Lebensführung des Angeklagten beherrscht und zum Verfall der sozialen, beruflichen, materiellen und familiären Werte und Verpflichtungen geführt. So habe er es

682 Siehe auch: C. II. 2. a) bb) (4).

geschafft, im Vorfeld der Taten über einen längeren Zeitraum mit dem Spielen aufzuhören.

Ebenso habe das Spielverhalten des Angeklagten nicht dazu geführt, dass seine Steuerungsfähigkeit erheblich eingeschränkt gewesen sei. „Zumal der Angeklagte nach seiner insoweit glaubhaften Schilderung die Tatbeute nicht unmittelbar zum Spielen eingesetzt hat, sondern sich zunächst einige Zeit genommen hat, um die tatbedingte Aufregung zu überwinden und das Geld zu zählen. Vor diesem Hintergrund sei auch die Einsichtsfähigkeit des Angeklagten vor und während der Taten nicht betroffen gewesen."

Eine eigene Bewertung seitens des Gerichtes erfolgte nicht.

Die Kammer hat die exzessive Spielleidenschaft im Rahmen der Strafzumessung gemäß § 46 StGB strafmildernd beachtet.

Es wurde gegen dieses Urteil kein Rechtsmittel eingelegt.

(4) LG Tübingen, Urt. v. 10.05.2011, Az.: 1 KLs 24 Js 10080/06[683]

Der Angeklagte ist der Untreue in 567 Fällen schuldig. Die Kammer ist nach erfolgter eigenständiger Überprüfung von der Richtigkeit des gewissenhaft erstellten, in sich widerspruchsfreien, im Einzelnen nachvollziehbaren und von großer Sachkunde getragenen Gutachtens des Sachverständigen überzeugt und zieht auf Grund eigener gewonnener Überzeugung den Schluss, dass die Fähigkeit des Angeklagten das Unrecht der Tat einzusehen, nicht beeinträchtigt und die Fähigkeit, nach dieser Einsicht zu handeln, auch nicht im Sinne des § 21 StGB erheblich vermindert gewesen sei.

Ungeachtet dessen, dass der Angeklagte die Diagnosekriterien der ICD-10 und DSM-5 erfüllt und ein Pathologisches Spielen zu bejahen sei, konnte keine durch das Pathologische Spielen hervorgerufene gravierende psychische Veränderung in der Persönlichkeit des Angeklagten, die in ihrem Schweregrad einer krankhaften seelischen Störung oder schweren anderen seelischen Abartigkeit gleichwertig seien, festgestellt werden.

Die Kammer schließt sich dem Sachverständigengutachten an: Dieses führt dazu aus, „dass gegen die Annahme einer solchen Persönlichkeitsveränderung spreche, dass der Angeklagte im Tatzeitraum durchgehend in der Lage gewesen war, den Anforderungen seiner Berufstätigkeit zu entsprechen. Dass ihm zudem möglich gewesen sei, über einen Zeitraum von mehreren Jahren seine Geldentnahmen durch Bilanzmanipulationen zu verschleiern, spreche ebenfalls gegen eine relevante Beeinträchtigung. Schließlich seien beim

683 Vorhergehendes Urteil zu LG Tübingen, Urt. v. 09.10.2015.

Angeklagten keine Entzugserscheinungen erkennbar. Im Gegenteil sei es ihm nach Bekanntwerden der verfahrensgegenständlichen Untreuehandlungen ohne weiteres gelungen, den Wertpapierhandel sofort einzustellen sowie das Glücksspiel zunächst seinen wirtschaftlichen Verhältnissen anzupassen und später ganz aufzugeben."

Eine darüber hinausgehende eigene Bewertung seitens des Gerichtes erfolgte nicht.

(a) Rechtsmittel

Der Angeklagte legte Revision ein. Diese hatte teilweise Erfolg, im Übrigen war sie unbegründet.

(b) BGH, Urt. v. 23.02.2012, Az.: 1 StR 586/11

Das Rechtsmittel ist im Hinblick auf das zu behandelnde Thema ohne weitere Bedeutung, da sich die Revision nicht gegen die Feststellungen des LG hinsichtlich der Schuldfähigkeit richtet.

(5) LG Hamburg, Urt. v. 03.09.2010, Az.: 618 KLs 11/09

Der Angeklagte wird wegen Steuerhinterziehung in 81 Fällen verurteilt. Soweit der Angeklagte behauptet, pathologisch spielsüchtig zu sein, handele es sich zur sicheren Überzeugung der Kammer um eine Schutzbehauptung. Die Kammer konnte keine Anhaltspunkte für eine Pathologische Spielsucht feststellen, weder aus der Einlassung des Angeklagten noch aus Zeugenvernehmungen zum Spielverhalten des Angeklagten.

Das Tatgericht würdigt die Einlassung des Angeklagten folgendermaßen: „Gegen die Richtigkeit der Behauptung des Angeklagten, krankhaft spielsüchtig zu sein, spricht, dass seine Einlassung in Bezug auf entscheidende Punkte allgemein gehalten und substanzlos geblieben ist. Seine Einlassung enthält in Bezug auf das angebliche Spielverhalten selbst keinerlei konkrete überprüfbare Angaben. Spielstätten, Mitspieler und dergleichen sind im Dunklen geblieben. Ähnliches gilt für die Randerscheinungen des angeblichen Spielverhaltens. Der Angeklagte hat insbesondere nicht erläutert, wie seine Spielneigung sein sonstiges Leben außerhalb des Spielgeschehens konkret beeinflusst hätte. Neben allgemein gehaltenen Erklärungen, um des Entspannen wegen das Spiel gesucht zu haben, Streit mit seiner Ehefrau gehabt oder gesucht zu haben oder illegale Handlungen zur Finanzierung des Spielens begangen zu haben, finden sich keine konkreten Anhaltspunkte für typische Verhaltensmuster oder gar zwanghaftes Verhalten, das im Zusammenhang mit einem Spielgeschehen hätte stehen können. Die Einlassung des Angeklagten sprach hiernach einer Beschreibung der Spielleidenschaft durch einen außenstehenden Dritten, der sein Wissen aus zweiter Hand bezogen hat. Verschiedene Symptome wurden abstrakt erzählt, ohne sie wirklich mit Leben zu füllen. Realitätstypische Details aus dem Leben eines Spielers, die etwa Probleme und Zwänge des pathologischen Verhaltens wiederspiegeln, fehlen völlig."

Gegen eine Pathologische Spielsucht sprechen verschiedene beispielhaft aufgeführte Umstände:

- Beanstandungsfreie Berufsausübung
- Kein Missbrauch trotz Zugriffsmöglichkeiten auf beträchtliche Geschäftskonten
- Verbleib von Tatbeute in Form einer Immobilie
- Unproblematische finanzielle Situation der Familie, keine Schulden auf Grund des Spielens
- Soziale Kompetenz und stetige Kontakte des Angeklagten
- Fehlende Hinweise auf eine Spielsucht in den aufgezeichneten Telefongesprächen
- Keine Anhaltspunkte für Persönlichkeitsveränderung
- Keine Anhaltspunkte für Entzugserscheinungen
- Aus Angaben der vernommenen Zeugen konnten keine Angaben zur Spielsucht des Angeklagten entnommen werden.

Für die Kammer ergeben sich – nach vorgenommener eigener Bewertung – keine Anhaltspunkte für eine Pathologische Spielsucht des Angeklagten.

(a) Rechtsmittel
Der Angeklagte erhob Revision unter anderem mit einer Verfahrensrüge bezüglich der Ablehnung der Einholung eines psychiatrischen Sachverständigengutachtens zu Feststellungen der §§ 20, 21 StGB im Zusammenhang mit dem Pathologischen Spielen. Das Rechtsmittel wurde verworfen.

(b) BGH, Beschl. v. 08.06.2011, Az.: 1 StR 122/11
Rechtsfehlerfrei habe die Kammer einen Antrag auf Einholung eines psychiatrischen Sachverständigengutachtens abgelehnt.[684]

(6) LG Düsseldorf, Urt. v. 30.06.2010, Az.: 14 KLs 3/10

Der Angeklagte wird wegen Betruges verurteilt. Nach Ansicht der Kammer handele der Angeklagte voll schuldfähig. Basierend auf der bekannten

684 Siehe: C. III. 2. c).

obergerichtlichen restriktiven Rechtsprechung in Fällen der Ludomanie entscheidet das LG Düsseldorf, dass die Kammer hinsichtlich der Feststellungen der Schuldfähigkeit dem Sachverständigen folge. Dieser kam zu dem Ergebnis, dass beim Angeklagten keine Spielsucht vom Grad der schweren anderen seelischen Abartigkeit vorliege, wie dies zuvor zeitweise von ihm behauptet worden sei. „Eine Spielsucht in der Form, wie der Angeklagte sie beschrieben hat, gibt es nach den Kriterien der WHO nicht. Grundsätzlich kann jedes Verhalten süchtig entarten. Nicht stoffgebundene Süchte, wie die vom Angeklagten vormals behauptete Spielsucht, entwickeln sich jedoch nicht so, wie dies vom Angeklagten beschrieben wurde. Der Angeklagte gab an, seine Sucht am Börsenhandel teilzunehmen, habe ad hoc mit dem ersten Börsengeschäft bestanden. Sie sei von Anfang an so schlimm ausgeprägt gewesen, dass sie sich nicht mehr hätte intensiveren können. Nicht stoffgebundene Süchte entstehen jedoch nicht unvermittelt, sondern entwickeln sich progredient bis zum Persönlichkeitszerfall. Auch eine süchtige Einengung auf ein bestimmtes Verhalten, hier das kurzzeitige Traden an der Börse, besteht nicht. Der Angeklagte war im maßgeblichen Zeitpunkt faktischer Leiter des Firmengeflechtes, bildete Vertriebsleute aus, erstellte einen regelmäßigen Newsletter und hielt Schulungen ab. Eine Einengung auf impulsives Traden an der Börse lag bei ihm entsprechend nicht vor.

Auch eine Persönlichkeitsstörung liegt beim Angeklagten nicht vor. Das narzisstische Erlebens- und Verhaltensmuster ist jedoch qualitativ nicht so vollständig und quantitativ so durchgängig ausgeprägt, wie dies im Falle einer Persönlichkeitsstörung der Fall wäre."

Gegen dieses Urteil wurde kein Rechtsmittel eingelegt.

(7) LG Darmstadt, Urt. v. 20.10.2009, Az.: 1120 Js 67160/07 - 15 KLs[685]

Der Angeklagte ist des gewerbsmäßigen Betruges in Tateinheit mit gewerbsmäßiger Urkundenfälschung in zwölf Fällen, des versuchten gewerbsmäßigen Betruges in Tateinheit mit gewerbsmäßiger Urkundenfälschung in zehn Fällen sowie der Urkundenfälschung in zwei Fällen, davon in einem Fall in Tateinheit mit mittelbarer Falschbeurkundung und falscher Versicherung an Eides statt schuldig. In dem zuvor ergangenen Urteil des LG Darmstadts vom 29.08.2008 in dieser Sache ist keine Maßregel der Sicherungsverwahrung gemäß § 66 StGB angeordnet worden. Der BGH kritisierte daraufhin diese

685 Hiesiges Urteil nach teilweiser Aufhebung des vorangegangenen Urteils LG Darmstadt, Urt. v. 29.08.2008, durch den BGH am 22.04.2009.

Entscheidung hinsichtlich der Maßregel.[686] Das LG Darmstadt hat in seinem Urteil vom 20.10.2009 keine neuen Feststellungen zur Schuldfähigkeit getroffen. Es erfolgte sodann die Anordnung der Sicherungsverwahrung.

Hiergegen wurde kein weiteres Rechtsmittel erhoben.

(8) LG Darmstadt, Urt.v. 29.08.2008, Az.: 1120 Js 67160/07

Der Angeklagte ist, wie bereits oben dargestellt, verurteilt.[687] Der Angeklagte sei mangels Vorliegen eines der Eingangsmerkmale des § 20 StGB für sämtliche Taten voll verantwortlich. Insbesondere sei der Angeklagte trotz Vorliegens einer Pathologischen Spielsucht nicht vermindert schuldfähig gemäß § 21 StGB.

Die Kammer schließt sich insbesondere dem Sachverständigen an, der bei dem Angeklagten neben einer dissozialen Persönlichkeitsstörung eine Pathologische Spielsucht diagnostiziert hat. Zudem sei durch die eigenen Angaben des Angeklagten und durch Zeugenvernehmung von Freunden des Angeklagten bestätigt worden, dass dieser ein Spieler gewesen sei.

Vor diesem Hintergrund geht die Kammer davon aus, dass der Angeklagte das Glücksspiel im Tatzeitraum mit Geld bestritten habe, welches er aus der ihm zur Last gelegten Tat erlangt habe.

„Allein dieser äußere Zusammenhang zwischen Spielleidenschaft des Angeklagten und seiner Straffälligkeit vermag indes eine strafrechtliche relevante Beeinträchtigung seiner Schuldfähigkeit nicht zu belegen. Gegen eine erhebliche Verminderung der Steuerungsfähigkeit spricht vielmehr, dass die Spielsucht dem Angeklagten nach den schlüssigen Ausführungen des Sachverständigen nicht zu gravierenden psychischen Veränderungen in seiner Persönlichkeit geführt hat, die als schwere andere seelische Abartigkeit in ihrem Schweregrad einer krankhaften seelischen Störung gleichwertig sind. Trotz seiner Spielleidenschaft […] war insbesondere seine Arbeits- und Leistungsfähigkeit nicht erheblich beeinträchtigt. Vielmehr war der Angeklagte über Jahre hinweg in der Lage, trotz gelegentlicher Zahlungsschwierigkeiten, eine Baufirma mit mehreren Angestellten zu führen und ist eigenen Angaben zufolge in der Regel nur an arbeitsfreien Wochenenden dem Glücksspiel nachgegangen.“

Die eigenen Bewertungen des Gerichtes haben zudem anhand der Befragung des Angeklagten und weiteren Zeugen zu seinem Spielverhalten folgendes ergeben: Der Angeklagte schildere insgesamt ein eher kontrolliertes Spielverhalten. So habe er insbesondere angegeben, er habe immer nur so viele Schulden

686 Siehe: E. II. 4. e) cc) (8) (b).
687 Siehe: E. II. 4. e) cc) (7).

gemacht, wie er habe zurückzahlen können. Über einen längeren Zeitraum hinweg habe er daher nie größere Schulden angehäuft. Wenn er kein Geld gehabt habe, habe er eben nicht gespielt.

Im Rahmen der Zeugenvernehmung bekundet die Zeugin *B.*, „der Angeklagte habe sich nach der Scheidung positiv verändert und habe insbesondere komplett aufgehört zu spielen".

„Im Übrigen sprechen auch die umfassende und umsichtige Tatvorbereitung, der komplexe Handlungsablauf und das planvolle Vorgehen bei den Taten gegen eine erhebliche Beeinträchtigung der Steuerungsfähigkeit."

(a) Rechtsmittel
Die Staatsanwaltschaft legte Revision wegen einer Sachrüge beschränkt auf die Nichtanordnung der Sicherungsverwahrung ein. Das Rechtsmittel war erfolgreich.

(b) BGH, Urt. v. 22.04.2009, Az.: 2 StR 43/09
Der BGH hebt das Urteil des LG jeweils mit den Feststellungen auf, soweit das LG von der Sicherungsverwahrung abgesehen hat und im Ausspruch der Gesamtstrafe auf. Kritisiert wird hierbei die Bewertung des Umkehrwillens im Sinne des § 66 StGB. Die Feststellungen zur Schuldfähigkeit als solche werden nicht thematisiert.[688]

(9) LG Aachen, Urt. v. 02.11.2006, Az.: 52 Ks 401 Js 57/06 10/06

Der Angeklagte wird wegen versuchten Mordes in Tateinheit mit gefährlicher Körperverletzung sowie wegen sexuellen Missbrauchs widerstandsunfähiger Personen in Tateinheit mit gefährlicher Körperverletzung in drei Fällen verurteilt. Der Angeklagte habe schuldhaft gehandelt. Es liegen keine Anhaltspunkte vor, dass zu irgendeinem Zeitpunkt des Tatgeschehens die Einsichts- oder Steuerungsfähigkeit aufgehoben oder auch nur erheblich vermindert hätte sein können.

Basierend auf dem Sachverständigengutachten stellt die Kammer fest, dass beim Angeklagten keine Spielsucht vorlege, ungeachtet dessen, dass der Angeklagte sich in den vergangenen Jahren zunehmend isoliert habe und verwahrloste. Die Persönlichkeit des Angeklagten sei jedoch nicht pathologisch gestört, was sich insbesondere dadurch ausdrücke, dass sich seine Tendenz zum Spielen nicht beherrschend auf sonstige Aktivitäten ausgewirkt habe. Der Lebensrhythmus sei dadurch nicht gestört gewesen, beispielweise könne der Angeklagte sich

688 Siehe: C. III. 2. c).

nach den Zeiten orientieren, in denen das Opfer zur Schule gebracht oder abgeholt werden musste. Der Angeklagte habe auf der Spielmesse mehrere Tage lang arbeiten können, ohne selbst zu spielen, was ebenfalls gegen eine manifestierte Spielsucht spreche.

Es wurde kein Rechtsmittel gegen dieses Urteil eingelegt.

(10) LG Kiel, Urt.v. 25.05.2005, Az.: 592 Js 19221/05 VII KLs (9/05)

Der Angeklagte wird wegen schweren Raubes verurteilt. Der Angeklagte habe voll schuldfähig gehandelt. Das problematische Spielverhalten führe nicht zu einer erheblich verminderten Schuldfähigkeit im Sinne des § 21 StGB.

Die Kammer hat sich den Ausführungen des Sachverständigen angeschlossen. Das Pathologische Spielverhalten habe noch nicht den Grad erreicht, der eine der Eingangsvoraussetzungen des § 20 StGB erfüllen könne. Gegen das Vorliegen eines Pathologischen Spielens beim Angeklagten spreche, dass das Spielen nicht zentraler Lebensinhalt geworden sei, um den das übrige Leben organisiert werde. Auch sei keine Verarmung in anderen Lebensbereichen (z.B. Partnerschaft) erkennbar, sondern im Gegenteil eine starke Befähigung, diese Beziehung aufrecht zu halten.

(a) Rechtsmittel

Der Angeklagte erhob Revision mit der Sachrüge bezüglich der Feststellungen der §§ 20, 21 StGB im Zusammenhang mit Pathologischem Spielen. Das Rechtsmittel wurde verworfen.

(b) BGH, Beschl. v. 15.09.2005, Az.: 3 StR 299/05

Der BGH bestätigt die Rechtsprechung der Strafkammer hinsichtlich der Schuldfähigkeit. Die Strafkammer habe eingehend die Frage einer eheblichen Verminderung der Steuerungsfähigkeit geprüft und sie ohne Rechtsfehler verneint.[689]

(11) LG Lüneburg, Urt. v. 09.07.2001, Az.: 23 Ns 204 Js 10092/00 (14/01)[690]

Der Angeklagte wird wegen Betruges in zwei Fällen, davon in einem in Tateinheit mit Untreue verurteilt. Es liege keine verminderte Schuldfähigkeit gemäß § 21 StGB wegen der vom Angeklagten behaupteten Spielsucht vor. Die Behauptung, dass der Angeklagte das empfangene Geld kurz nach Empfangnahme im

689 Siehe auch: C. II. 2. a) bb) (4).

690 Hiesiges Urteil ist das Berufungsurteil gegen das Urteil des AG Uelzen vom 29.01.2001 wegen Betruges (im Rahmen dieser Ausarbeitung nicht einsehbar). Der A. erstrebte eine vollständige Überprüfung des Urteils mit anschließendem Freispruch.

Spiel verloren habe, wird als Schutzbehauptung gewertet. Konkrete Anhaltspunkte dafür, dass bei ihm eine Spielsucht vorliege, habe der Angeklagte nicht mitgeteilt. Im Übrigen seien diese in der Berufungshauptverhandlung nicht festgestellt worden.

Das Gericht nimmt dem Angeklagten die Behauptung, dass er das Geld im Spiel verloren habe, zudem mit der Begründung nicht ab, dass dieser Aspekt einer möglicherweise bei dem Angeklagten vorliegenden Spielsucht erst durch die Schutzschrift des erstmals im Berufungsverfahren beigeordneten Pflichtverteidigers vorgebracht worden sei. Außerdem stehe diese Behauptung im Widerspruch mit der Angabe des Angeklagten in seiner ersten Vernehmung als Beschuldigter. Damals habe er angegeben, dass er mit dem Geld zunächst Rechnungen beglich. Auf Vorhalt habe der Angeklagte angegeben, dass die damaligen Angaben gegenüber dem Vernehmungsbeamten unwahr waren. Die Einlassung hält das Gericht für unglaubhaft.

Hiergegen wurde kein weiteres Rechtsmittel erhoben.

(12) LG Berlin, Urt. v. 22.09.1992, Az.: (519) 90 Js 214/92 KLs (30/92)[691]

Der Angeklagte wurde wegen Untreue in drei Fällen jeweils in Tateinheit mit Computerbetrug verurteilt. Die Spielsucht erreiche nicht einen Grad, der zu einer erheblichen Einschränkung der Steuerungsfähigkeit im Sinne des § 21 StGB oder gar zum Ausschluss gemäß § 20 StGB geführt habe.

Das LG hält sich an die bekannte höchstrichterliche restriktive Rechtsprechung; derartige Anzeichen lägen nach den Feststellungen der Kammer nicht vor. Entwicklung und Verhalten des Angeklagten weichen zudem deutlich von der im Schrifttum geschilderten typischen „Karriere" eines beschaffungskriminellen Spielers ab.

Die Kammer berücksichtigt die Spielsucht strafmildernd, die zwar nicht die Einsicht des Angeklagten, Unrecht zu tun, wohl aber sein Hemmungsvermögen zur Vermeidung von Straftaten senke.

Es wurde kein Rechtsmittel eingelegt.

(13) LG Augsburg, Urt. v. 15.04.1988, Az.: 8 KLs 204 Js 11008/87[692]

Der Angeklagte wird wegen schwerer räuberischer Erpressung in zwei Fällen jeweils in Tateinheit mit erpresserischem Menschenraub verurteilt. Die

691 Nur Auszüge aus dem Urteil einsehbar. Zudem ist das zugesandte Urteil übermäßig geschwärzt; siehe: E. II. 2.

692 Hinweis: Kammer verfolgt noch die veraltete Ansicht des Krankheitsbegriffes des Pathologischen Spiels.

zweifellos gegebene Spielleidenschaft des Angeklagten habe keine Auswirkung auf seine strafrechtliche Verantwortung. Die Kammer folgt hierbei den Feststellungen der beiden Sachverständigen. Die Sachverständigen haben ausdrücklich angegeben, „daß eine Spielsucht als eigenständige Krankheit oder als eigenständiges Syndrom nie existiert. Diese Auffassung deckt sich in vollem Umfang mit den der Kammer vorliegenden Veröffentlichungen namhafter Psychiater zur Frage der ‚Spielsucht' und Schuldfähigkeit".

So spreche beispielsweise *Kröber* davon, „dass von der pseudopsychiatrischen Diagnose ‚Spielsucht' zumindest insofern Abstand zu nehmen sei, als damit ein einheitlicher psychopathologischer Sachverhalt benannt würde, der einen Täter je nach Ausprägungsgrad der Sucht für alle Taten, die der Geldbeschaffung zum Spielen dienen, zu de- oder exkulpieren vermöchte"[693].

Laut Sachverständigengutachten liege beim Angeklagten keinerlei forensische relevante Funktionsstörung vor.

Die Kammer stellt neben dem Sachverständigengutachten selbst fest, dass die Leidenschaft des Angeklagten, Spielcasinos aufzusuchen, Ursache für seinen chronischen Geldmangel und demgemäß Motiv für die beiden abzuurteilenden Taten sei. „Übermäßiges Spielen als solches ist in aller Regel kein einheitlicher psychopathologischer Sachverhalt im Sinne der Voraussetzungen der §§ 20, 21 StGB."

„Nach heute herrschender Auffassung, wie sie Aufnahme in das DSM-III der amerikanischen psychiatrischen Gesellschaft gefunden hat, ist übermäßiges Spielen als Störung der Impulskontrolle zu verstehen." Die Strafkammer habe bereits unüberwindbare Zweifel, ob beim Angeklagten die Kriterien des DSM-III erfüllt seien. Das Spielverhalten des Angeklagten sei keineswegs als chronisch fortschreitend zu bezeichnen. Er habe Pausen einlegen und somit das Spielen kontrollieren können. Die begangenen Straftaten entsprechen nicht den Kriterien des DSM-III. Der Angeklagte sei für einen Spieler in atypischer Weise gewalttätig. Dieser verlor seinen Arbeitsplatz nicht auf Grund des Spielens. Es lege bei ihm keine Progredienz vor. Der Angeklagte habe neben dem Spielen weiterhin anderweitige Interessen, z.B. eine neue Partnerschaft einzugehen. Er verwendete Spielgewinn auch für Luxusartikel und nicht ausschließlich für weitere Wetteinsätze. Im Ergebnis habe der Angeklagte damit bei den begangenen Taten voll verantwortlich gehandelt.

693 *Kröber*, Forensia 1987, 122.

(a) Rechtsmittel
Mit der Revision erhebt der Angeklagte die Sachrüge zur Abänderung des Schuldspruchs in einem Fall (für die streitgegenständliche Betrachtung irrelevant) und im weiteren die Verfahrensrüge zur Aufhebung des Schuldausspruchs. Das Rechtsmittel hat teilweise Erfolg.

(b) BGH, Urt. v. 08.11.1988, 1 StR 544/88[694]
Der BGH erteilt einen Hinweis auf restriktive Anwendung der §§ 20, 21 StGB bei Spielsucht für nachfolgendes Verfahren.[695]

III. Interviews mit straffälligen Ludomanen

Bisher konnte die Lebenswirklichkeit der Ludomanen ausschließlich anhand der Feststellungen der Tatgerichte dargestellt werden. Um diese Wirklichkeit und die Menschen hinter den Straftaten jedoch eigenständig – losgelöst von der gerichtlichen Perspektive – erfassen zu können, erfolgt eine ergänzende Betrachtung anhand von Interviews mit glücksspielsüchtigen Delinquenten. Hierbei beabsichtigt die Befragung der Menschen, die sich hinter der Ludomanie verbergen, ein Bild über die Person und ihre Krankheitsgeschichte zu schaffen. Ziel war es, straffällige Ludomanen persönlich kennen zu lernen und einen eigenen Eindruck von dem Störungsbild der Ludomanie zu erhalten. Zudem wird hierdurch dem Anspruch der Verfasserin genüge getan, dass persönliche Erfahrungen der Betroffenen direkt vermittelt werden können, um die Wirkung dieser Sucht besser verstehen zu können.

Diese Betrachtung erfolgt fernab jeglicher rechtlicher Bewertung. Die Rechtslage im Zusammenhang mit der Feststellung der Schuldfähigkeit eines Pathologischen Spielers ist im Rahmen dieser Ausarbeitung hinreichend dargestellt und erörtert worden. An dieser Stelle steht allein die Lebenswirklichkeit des Ludomanen im Fokus der Betrachtung.

1. Methodische Vorbemerkungen: Empirische Sozialforschung und Formen der Befragung

Den Interviews vorangestellt bedarf es der ausführlichen Darstellung, wie die Befragungen der delinquenten Spielsüchtigen in den unterschiedlichen Strafvollstreckungseinrichtungen zum Thema „Das Leben mit der Spielsucht und

---

694 Siehe auch: *Müller*, Schuldfähigkeit und Sanktionierung, S. 160 f.
695 Siehe: C. II. 2. a) bb) (6).

die damit einhergehende Straffälligkeit" abgelaufen und welche Methoden hierfür herangezogen worden sind.

Auch wenn im Rahmen dieser Arbeit nur drei Interviews Verwendung fanden, erscheint es doch notwendig, vorab kurz auf die empirische Sozialforschung sowie die verwendete Methode einzugehen.

„Sozialforschung ist die systematische Analyse von Fragestellungen unter Einsatz empirischer Methoden (z.B. der Befragung, Beobachtung, wie auch der soeben bereits durchgeführten Datenanalyse) mit dem Ziel, verallgemeinerbare Aussagen empirisch begründet zu treffen oder überprüfen zu können", so die Definition von *Flick*.[696] Dazu bedient sich die empirische Sozialforschung verschiedener Methoden, aus welcher für diese Zwecke die Methode der Befragung am geeignetsten ist. Befragung bedeutet Kommunikation zwischen zwei oder mehreren Personen.[697] Ein wesentliches Kriterium bei der Durchführung der Befragung neben der Unterscheidung, ob dies in persönlicher Form oder in schriftlicher Art erfolgt, betrifft den Grad der Standardisierung. Bei der standardisierten Befragung, der rigidesten Variante, ist nicht nur der Ablauf der Befragung inklusive Verhalten des Interviewers streng vorgegeben, sondern ebenso die Reihenfolge und Formulierung der Fragen sowie die möglichen Antwortkategorien.[698] Dies erscheint zum Beispiel sinnvoll, wenn es darum geht, anhand einer konkret vorgegebenen Forschungsfrage ausgewählte Aspekte einer Theorie zu überprüfen.

Im anderen Extrem, dem narrativen Interview, stellt der Interviewer dem Befragten eine Einstiegsfrage, beispielsweise „Wie haben Sie das Leben unter der Spielsucht erlebt?", worauf – wie schon die Bezeichnung narrativ nahe legt – der Befragte unbeeinflusst durch Interviewer oder vorgegebenen Fragebogen frei erzählen kann.[699] Im Mittelpunkt steht hier nicht der Forscher, der entscheidet, was wichtig oder interessant ist, sondern die persönliche Sichtweise des Befragten. Die Aufgabe des Interviewers besteht neben dem Zuhören und Protokollieren zunächst einmal darin, den Befragten beim Thema zu halten und eventuell um Details zu bitten. Erst wenn die Erzählung beendet ist, kann der Interviewer nachfragen, um Unklarheiten zu beseitigen, Dinge im Hinblick darauf anzusprechen, ob er sie richtig verstanden hat oder auch Themen einzubringen, die ihn interessieren, aber noch nicht angesprochen wurden. Es geht

696 *Flick*, Qualitative Sozialforschung, S. 15.

697 *Atteslander*, Methoden der empirischen Sozialforschung, S. 103.

698 *Kromrey/Roose/Strübing*, Empirische Sozialforschung, S. 33.

699 *Küsters*, Narrative Interviews, S. 21, 39 ff.

nicht darum, vorab formulierte Hypothesen zu überprüfen, sondern aus der Sichtweise des Betroffenen einmal einen vertiefenden Einblick in die Thematik zu bekommen.

Zwischen diesen Formen gibt es natürlich „graduelle" Abstufungen, wie beispielhaft das Leitfadeninterview.[700] Hierbei existiert nur ein Interviewleitfaden, in dem die im Rahmen des Interviews anzusprechenden Punkte festgehalten sind, die quasi den roten Faden bilden.[701] Reihenfolge und Formulierung der Fragen orientieren sich an der jeweiligen Interviewsituation. Man kann zum Beispiel Themen vorziehen, weil sie gerade schon von dem Befragten angesprochen werden, oder bei der Formulierung der Fragen auf den Befragten eingehen. Es sind keine Antwortkategorien vorgegeben, es wird hingegen die gesamte Antwort protokolliert.

2. Die gewählte Methode: Das Leitfadeninterview

Die Wahl fiel auf die mündliche Variante der Befragung, da diese weit geeigneter erschien, um situationsspezifisch auf die jeweiligen Befragten einzugehen. Aus diesem Grunde wurde auch der Grad der Standardisierung niedrig gehalten, da es, wie eingangs schon ausgeführt, nicht darum ging, eine Hypothese/Theorie zu überprüfen, sondern eher unbeeinflusst aus der Perspektive der Betroffenen geschildert zu bekommen, wie sie selbst interessierende Aspekte der Pathologischen Spielsucht erlebt haben.

Im Rahmen der zuvor gesammelten Erfahrungen mit Strafgefangenen im Rahmen der ehrenamtlichen Tätigkeit fiel generell auf, dass die Artikulationsfähigkeit doch sehr variiert. Ist der eine in der Lage anhand einer thematischen Einstiegsfrage frei und schlüssig zu erzählen, so bedarf ein anderer der Gesprächsführung, um von ihm die erwünschten Informationen zu erhalten. Insofern erwies es sich als notwendig, einen Leitfaden für die Interviews zu erstellen. Lief das Gespräch in der intendierten Richtung, diente dieser überwiegend zur Kontrolle, im gegensätzlichen Fall als Hilfsmittel, damit wichtige Aspekte nicht übersehen wurden.

700 Vertiefend zum Leitfadeninterview: *Flick*, Qualitative Sozialforschung, S. 39 f.; *Diekmann*, Empirische Sozialforschung, S. 437 f.; *Przyborski/Wohlrab-Sahr*, Qualitative Sozialforschung, S. 54 ff.; *Lamnek*, Qualitative Sozialforschung, S. 39 ff.; *Baur/Blasius*, Handbuch Methoden der empirischen Sozialforschung, S. 559 ff., *Helfferich*, Die Qualität qualitativer Daten, S. 19 ff., 158 ff.

701 *Atteslander*, Methoden der empirischen Sozialforschung, S. 141 f.; *Kromrey/Roose/Strübing*, Empirische Sozialforschung, S. 366.

Somit ergab sich die Möglichkeit, auf jeden Befragten individuell einzugehen, und ebenso eine Form zu wählen, die dem Alltagsgespräch ähnelt. Bezogen auf die Terminologie der empirischen Sozialforschung wäre der verwendete Interviewtyp – je nach Gesprächspartner – zwischen Leitfadeninterview und narrativem Interview anzusiedeln, mit Tendenz zu ersterem. Man könnte die Vorgangsweise als „offenes Leitfadeninterview“[702] charakterisieren.

Zur Erstellung des Leitfadens wurde die relevante Literatur bezüglich der bereits oben genannten klinischen Diagnosemerkmale und Wesenszüge der Ludomanie gesichtet, die wesentlichen ausgewählt, in Haupt- und Unterpunkte gegliedert (sofern sich das nicht schon aus der Literatur ergeben hat) und schlussendlich die konkreten Fragen formuliert.

Folgend der im Rahmen der Arbeit verwendete Leitfaden:

702 Vgl. *Przyborski/Wohlrab-Sahr*, Qualitative Sozialforschung, Ein Arbeitsbuch, S. 126 ff.

Fragenkatalog:

Thema: Das Leben mit der Spielsucht und die damit einhergehende Straffälligkeit

I. Biographie:

Einige Angaben zur Person: Erzählen Sie doch mal etwas über sich….

1) Wie lange sind Sie schon in der Einrichtung?
2) Weswegen sind Sie hier?
3) Vorstrafen vor dieser Tat (BZR)
4) Ist eine Entlassung in Sicht?
5) Alter
6) Derzeitiger Lebensstand/Familienstand/Kinder?
7) Schulbildung
8) Beruflicher Werdegang/Ausbildung/welche durchgeführten Arbeiten
9) Herkunftsfamilie: Aus was für einer Familie kommen Sie? Geschwister?
10) Ausmaß der sozialen Kontakte (frühere Situation): Viele freundschaftliche Beziehungen oder eher Einzelkämpfer?
11) Wie würden Sie sich grundsätzlich beschreiben, was für ein Typ sind Sie?

II. Pathologisches Spielen

Einleitende Frage: Dann erzählen Sie mir doch mal, wie Sie Ihr Leben rund um das Spielen erlebt haben.

1) Entstehung
   a) Durch welche Umstände sind Sie zum Spielen gekommen?
      - Gab es Ereignisse für den Ausbruch? (Probleme/Krise/familiärer Bezug?)
      - In welchem Alter?
   b) Welcher Art von Spiel gingen Sie nach?/Wechselten Sie?
   c) Haben Sie eine bestimmte Technik angewendet?
   d) Haben Sie geglaubt, dass Spielsystem „knacken" zu können?
   e) Wie oft haben Sie anfangs gespielt? Steigerte sich der Drang zu spielen?
   f) Wie lange haben Sie bereits gespielt, bis es pathologisch wurde?

2) Das Leben mit der Spielsucht
a) Toleranzentwicklung
aa) Inwieweit hat das Spielen den Lebensalltag bestimmt? Haben Sie sich gedanklich oft mit dem Glücksspiel beschäftigt, wenn Sie nicht gespielt haben?
(Beschäftigten Sie sich gedanklich stark mit dem Nacherleben vergangener Spielunternehmungen; ...mit dem Nachdenken über Wege, Geld zum Spielen zu beschaffen?)
bb) In welchen Situationen spielten Sie? (Langeweile/Stress/traurige Stimmung...) Konnten Sie hierdurch die eigentlichen Probleme verdrängen? Haben Sie eine Art Entspannung erfahren?/Haben Sie körperliche Probleme hierdurch verdrängen können?
cc) Unmittelbarkeit des Handelns – abwägen oder zwanghaft?
dd) Mussten Sie manchmal unbedingt spielen, obwohl Sie es ursprünglich gar nicht vorhatten/sich bewusst dagegen entschieden hatten?, Verspürten Sie einen unwiderstehlichen Drang zu spielen?
ee) Gefühle beim Spielen?
- Vorher
- währenddessen
- bei Gewinn
- bei Verlust
- nachher?

Haben Sie die Kontrolle über sich verloren, das Gefühl nicht mehr vernünftig handeln zu können oder gar wie in einem Rausch zu sein? Nasse Hände/Herzrasen....? Nervliche Anspannung/volle Konzentration, Erleichterung, wenn gewonnen?
ff) Traten Selbstvorwürfe auf? Falls ja, wie häufig?
Wie haben Sie das Spielen vor sich selbst gerechtfertigt?
gg) Mussten Sie mit immer höheren Einsätzen spielen, um die gewünschte Erregung zu erreichen? War Ihnen das bewusst?
Wenn ja, wie oft?
hh) Hatten Sie finanzielle Engpässe? Schulden?
ii) Art der Beschaffung des Geldes: Familie/Freunde
(Wie gut verlief die dafür notwendige Manipulation?)
Belogen Sie Familie/Freunde hinsichtl. Geldleihen/Freizeitbeschäftigung?
jj) Kam es zu kriminellen Machenschaften, um das Spielen zu finanzieren?
Wenn straffällig: Welches Delikt? Welchem Zweck diente die Straftat: Geldbeschaffung zum Leben oder zum Spielen?
b) Vernachlässigung sozialer Kontakte
aa) Vernachlässigten Sie auf Grund der Spielsucht bestimmte Verpflichtungen bzw. andere Aktivitäten? (Beruf/Hobby/Beziehung)
bb) Wie hat sich das Verhältnis zur Familie/Freunden entwickelt? Hatten Sie familiäre/im Freundeskreis Probleme wg. des Spielens?

c) Kontrollverlust aa) Haben Sie sich oft selbst nicht wiedererkannt? bb) Haben Sie Raum und Zeit während des Spiels vergessen? cc) Konnten Sie die Zeitdauer des Spielens kontrollieren/selbst bestimmen? dd) Haben Sie während des Spiels andere Grundbedürfnisse befriedigt? Essen/ Trinken? ee) Haben Sie andere Dinge nebenher konsumiert? Kaffee/Aufputschmittel/ Alkohol/Nikotin? ff) War das Gefühl da, Verluste wieder zwanghaft auszugleichen? d) Erfolglose Abstinenzversuche aa) Litten Sie unter Ihrem Glücksspielverhalten? bb) Versuchten Sie die Spielleidenschaft zu verheimlichen? cc) Gab es erfolglose Beendigungsversuche? Haben Sie versucht, die Spielsucht einzuschränken? dd) Wie war ihre Gefühlslage unabhängig vom Spielen? (Wenn man mal die Spielsucht außer Acht lässt.) Launisch, depressiv? e) Entzugserscheinungen aa) Wie waren die Gefühle, wenn Sie auf Grund mangelnder Gelegenheit nicht spielen konnten? Gereizt, unruhig, aggressiv? Alternativer Fall: Bei bewusstem Verzichtsversuch? bb) Waren Sie bereits vorher schon mal in therapeutischer Behandlung? Erfolgreich? Warum wieder rückfällig?
III. Nachfrage am Ende - Bestehen noch irgendwelche Fragen? - Wie geht es Ihnen nach unserem Gespräch?

Rückblickend stellte sich die Verwendung des Leitfadens im Rahmen der Befragungen als sehr hilfreich dar. Es konnte dadurch den Befragten eine strukturierende Hilfestellung im Zuge des oft sehr emotionalen Redeflusses gestellt werden. Hierdurch erfolgten für die Untersuchung zweifellos verwertbare Berichte.

3. Auswahl der Befragten und Kontaktaufnahme

Bei der Auswahl der Befragten handelt es sich um eine willkürliche Stichprobe, was aber keinen Nachteil darstellt, da schon auf Grund der geringen Fallzahl nie beabsichtigt war, die Ergebnisse zu verallgemeinern. Zweck der Befragung war, sich eine eigene Meinung über das Phänomen der Ludomanie und dem Menschen dahinter bilden zu können.

Bei der Auswahl der Interviewpartner war von Interesse, Ludomanen aus möglichst unterschiedlichen Vollzugseinrichtungen, sowohl aus einer Justizvollzugsanstalt als auch aus Kliniken des Maßregelvollzugs (nach §§ 63, 64 StGB) zu befragen. Für die erste Kontaktanbahnung zu diesen Einrichtungen sind die zuvor durch die Tätigkeit der Verfasserin bei der Strafgefangenhilfe des „Kreis 74" geknüpften Kontakte genutzt worden. Es wurde den dortigen Verantwortlichen, ob es in der Entziehungsanstalt Schloß Haldem der Klinikleiter oder in dem psychiatrischen Krankenhaus Eickelborn der Sozialarbeiter war, von dem Promotionsvorhaben berichtet. Die geringe Anzahl von nur drei Interviews ist unter anderem damit begründet, dass es in der Regel sehr kompliziert war, überhaupt Zutritt in die Vollzugseinrichtungen zu bekommen. Die Überwindung der bürokratischen Hürden, insbesondere unter Wahrung der Sicherheitsvorkehrungen in den Einrichtungen, erwies sich häufig als sehr kompliziert und zeitintensiv. War diese Barriere überwunden, war es zudem aufwendig, geeignete und bereitwillige Gesprächspartner zu finden. Den Verantwortlichen oblag jeweils die konkrete Auswahl des Interviewpartners, insbesondere im Hinblick darauf, dass durch die Befragungen mit dem Insassen keine Behandlungsmaßnahmen gefährdet würden. Bis ein geeigneter Interviewpartner gefunden und die Befragung von den verschiedenen Stellen genehmigt worden ist, erfolgten viele Telefonate und ein reger eMail-Verkehr mit den Einrichtungen.

Der mit den Interviews verbundene Zweck, die eher trockenen Theorien mit authentischen Einzelschicksalen zu verlebendigen, konnte durchaus auch mit diesen wenigen Fällen erreicht werden.

a) Kontaktanbahnung

Die konkrete Kontaktanbahnung zu den Befragten in den drei ausgewählten Straf- bzw. Maßregelvollzugseinrichtungen verlief recht unterschiedlich.

LWL[703]-Maßregelvollzugsklinik Schloss Haldem

Diese Entziehungsanstalt beherbergt suchtkranke Straftäter, bei welchen die Maßregel der Besserung und Sicherung im Sinne des § 64 StGB angeordnet worden ist. Nach Kontaktaufnahme zu dem Klinikleiter, stimmte dieser einer Befragung eines spielsüchtigen Patienten (neben einer bestehenden, komorbiden Heroinsucht) in seiner Einrichtung zu und stellte den Kontakt zu einer

703 Landschaftsverband Westfalen-Lippe.

Person her, die er persönlich auf Grund hohen Intellekts für besonders geeignet hielt. Sodann wurde der Kontakt zu dem Patienten via eMail aufgenommen, um sich persönlich vorzustellen und das Anliegen vorzutragen. Nach problemloser Einwilligung wurde ein Interviewtermin vereinbart.

LWL-Zentrum für Forensische Psychiatrie Lippstadt (Eickelborn)

Es handelt sich hierbei um ein psychiatrisches Krankenhaus gemäß § 63 StGB, in dem psychisch Kranke, geistig behinderte und intelligenzgeminderte Rechtsbrecher behandelt werden. In Absprache mit den behandelnden Psychologen und Sozialarbeitern fiel die Wahl auf einen langjährigen Spielsüchtigen. Die konkrete Kontaktaufnahme stellte sich auf Grund der schlichten Geisteshöhe des Patienten und der immensen Verunsicherung auf Grund seiner psychiatrischen Erkrankung als schwieriger dar. Der Patient erklärte sich grundsätzlich mit dem Interview einverstanden, räumte sich allerdings schon im Vorfeld die Möglichkeit ein, jederzeit abbrechen zu können und nichts über seine Kindheit preisgeben zu müssen. Der erste persönliche Termin zum Kennenlernen wurde in Absprache mit den behandelnden Ärzten vereinbart.

Justizvollzugsanstalt Bielefeld-Brackwede

Bei dieser Befragten bestand der Kontakt auf Grund der Einzelbetreuung im Rahmen der Straffälligenhilfe bereits seit längerer Zeit. Dass diese ebenfalls eine Pathologische Glücksspielerin ist, ist nur zufällig während der Besuche herausgekommen, da diese eigentlich eine klassische „Tatleugnerin" ist. Im Gespräch über das Dissertationsvorhaben erklärte sich die Gefangene bereit, für ein Interview zur Verfügung zu stehen.

b) Durchführung der Interviews

Die Datenerhebung gliederte sich in drei Phasen:

Phase 1: Beim ersten persönlichen Treffen (mit Ausnahme von Fall 3) wurde den Beteiligten nochmals der Anlass der Befragung mitgeteilt. Sie wurden darüber informiert, dass es sich um ein Interview im Rahmen einer Dissertation zum Thema der Schuldfähigkeit von Spielsüchtigen handelt. Ihre Aufgabe dabei sei, über ihr Leben mit der Spielsucht zu berichten, wobei Details zur Person grundsätzlich nebensächlich seien. Sodann wurde den Befragten der formale Ablauf dahingehend erklärt, dass es sich um eine Konversation handele, welche circa eine Stunde andauere und dass sie jederzeit die Befragung unterbrechen können, falls sie die Situation als allzu belastend empfinden würden.

Dieser Punkt war insbesondere im Vorhinein von den behandelnden Psychiatern und Sozialarbeitern als Bedingung für derartige Befragungen gefordert worden. Mittels einer Schweigepflichtentbindungserklärung erklärten sich die Interviewten mit der Verwertung ihrer Aussagen bezüglich ihres Spielverhaltens einverstanden und erlaubten Einblicke in das gerichtliche Urteil samt psychiatrischem Gutachten. Im Gegenzug wurde ihnen von Seiten der Verfasserin Anonymität und Vertraulichkeit zugesichert.
Phase 2: Bei einem zweiten Treffen in der jeweiligen Einrichtung kam es zu der eigentlichen Befragung auf Basis des ausgearbeiteten Leitfadens. Nach erfolgten Sicherheitskontrollen wurde der Verfasserin mit den Patienten bzw. mit der Inhaftierten ein Raum zur Verfügung gestellt, in dem das Interview unter vier Augen ungestört durchgeführt werden konnte. Nach erneutem Schildern des Anlasses der Befragung und Erkundigungen, ob sich die Befragten am konkreten Tag nach wie vor bereit erklärten, über ihre Spielsucht zu berichten, konnte das Interview durchgeführt werden. Um das Gespräch in Gang zu bringen, wurde einleitend das Interview mit Fragen zur Person eröffnet, bevor die Frage folgte, wie sich das Leben mit dem Spielen dargestellt habe. Nachfolgend wurde dann der Leitfaden, wie schon oben geschildert, variabel eingesetzt.
Um das Anonymitäts- und Vertraulichkeitsversprechen zu erfüllen, wurde bei dieser sensiblen Klientel auf eine audio-(visuelle) Aufzeichnung verzichtet. Zur Archivierung der Daten wurden gleich im Anschluss an die Durchführung auf Grund der gemachten Notizen detaillierte Interviewprotokolle angefertigt. Diese beinhalten zudem Hinweise zu auffälligen Besonderheiten des jeweiligen Interviews.
Phase 3: Nach einem gewissen Zeitraum erfolgte ein drittes abschließendes Gespräch, um für weiterführende Fragen seitens des Patienten zur Verfügung zu stehen und sich nach seinem Wohlbefinden und eventuellen Aus-/Nachwirkungen des durchgeführten Interviews zu erkundigen, damit sich die Befragten nicht als reine Datenlieferanten fühlen.

c) Biographische Angaben der Befragten

Beginnend werden die Befragten anhand der biographischen Angaben vorgestellt.

Tabelle 23: Biographische Angabe der Befragten

Biographische Angabe der Befragten	**Patient Herr *M.***	**Patient Herr *D.***	**Inhaftierte Frau *S.***
Geschlecht	männlich	männlich	weiblich
Geburtsjahr	1978	1965	1979
Staatsangehörigkeit	deutsch	deutsch	kasachisch
Dauer der Unterbringung oder Inhaftierung	Seit 2 Jahren	Insgesamt seit 26 Jahren	Seit 3 ½ Jahren
Deliktsart	BtM-Delikte	Beschaffungskriminalität & Brandstiftung	Mord
Vorstrafen	5 BZR-Eintragungen, z.T. einschlägig	16 BZR-Eintragungen, z.T. einschlägig	2 BZR-Eintragungen, Vermögensdelikte
Erwartete Entlassung	In Kürze[704]	Sicherungsverwahrung, § 66a StGB, angedroht	Lebenslängliche Haftstrafe
Derzeitiger Familienstand	In keiner festen Partnerschaft, geschieden, zwei Töchter	Ledig, eine Tochter	In keiner festen Partnerschaft, geschieden, zwei Kinder (m/w)
Schulbildung	Realschule, holte Abitur nach	Hauptschulabschluss	Abgang nach 11. Klasse (nach Angaben der Befragten gebe es in Kasachstan keine Abschlüsse)[705]
Beruflicher Werdegang	Tischlerlehre abgebrochen Mathematikstudium begonnen	Schweißer (ohne Abschluss) geregelte Arbeit nur in Haft/Maßregel-vollzug	Kunststudium, Abschluss Diplom (in Kasachstan) Zum Zeitpunkt der Tat Putzstelle (in Deutschland)

(*wird auf nächster Seite fortgeführt*)

704 Im Rahmen der Bearbeitung erfolgte bereits Kontakt nach der Unterbringung.

705 Die Angaben hinsichtlich der Befragten 3) zu den Schulabschlüssen in Kasachstan wurde im Anschluss der Befragung auf optionale Richtigkeit der Informationen überprüft (online einsehbar unter: https://anabin.kmk.org/no_cache/filter/schulabschluesse-mit-hochschulzugang.html#land_gewaehlt; https://anabin.kmk.org/no_cache/filter/hochschulabschluesse.html -letzter Abruf: 04.06.2022) und als zutreffend bewertet.

Tabelle 23: Fortsetzung

Biographische Angabe der Befragten	**Patient Herr *M.***	**Patient Herr *D.***	**Inhaftierte Frau *S.***
Herkunftsfamilie	zerrüttet, eine Schwester Kontakt zur Schwester auch aus dem Maßregelvollzug	zerrüttet, eine Schwester, zwölf Halbgeschwister, wuchs im Heim auf, möglicherweise Fälle des sexuellen Missbrauchs[706] Keine sozialen Kontakte nach draußen	Vater früh verstorben, Stiefvater, zwei Geschwister (leben in Kasachstan, eingeschränkter Kontakt) Bemüht sich Kontakt, insb. zu Kindern, aufrecht zu erhalten
Ausmaß der sozialen Kontakte (Typ, Selbstbild)	Einzelgänger, insbesondere auf Grund jahrelangen Drogenkonsums	Einzelgänger, Schwierigkeiten in Gesellschaft, ängstlich, Selbstmordgedanken	Lebenslustige Person, Cliquentyp
Art des Glücksspiels	Online-Poker	Automatenspiel	Automatenspiel
Vorerkrankung/ komor-bide Sucht	Ja Heroinsucht; Zudem schwere Kompartment-syndrom-Schädigung durch tagelange Bewusstlosigkeit infolge Heroinkonsums	Ja Kombinierte Persönlichkeitsstörung (ICD-10. F61); Herzkrank; Missbrauch von Tranquilizern	Nein Alkohol- und Tabakkonsum
Therapieversuche wegen der Ludomanie	Ja	Ja	Nein

d) Charakteristika der Befragten

Zuvor ist zu bemerken, dass die Befragungen in den beiden Kliniken, in welchen die Patienten darin geübt sind, über ihre Suchtproblematik zu sprechen, wesentlich unkomplizierter verliefen. Das Problembewusstsein hierüber ist viel präsenter, als bei der Inhaftierten in der Justizvollzugsanstalt, welche sich keiner Therapie unterzieht. Dies galt trotz der über die jahrelange Betreuung aufgebauten persönlichen Beziehung. Die Patienten sind darin geübt, ihr Befinden zu artikulieren und dies reflektiert wiederzugeben.

706 Hinweis im Sachverständigengutachten enthalten.

Das Gespräch mit dem Patienten Herrn *M.* in der Entziehungsanstalt war auf Grund seines hohen Intellektes sehr effektiv und aufschlussreich. Der Befragte nutzte dieses Interview allerdings auch als Plattform für seine eigene Selbstdarstellung, dass er *„im Dienste der Wissenschaft“*[707] bereit sei, über die Spielsucht zu referieren. Nach Erachten der Verfasserin empfindet der Interviewte sehr viel Freude und Spaß daran, wenn er vom Spielen erzählt. Auf Nachfrage bestätigt er dies mit einem Grinsen im Gesicht. Der Vortrag war in sich schlüssig und sehr lebhaft. Der Fragebogen ist lediglich zu Kontrollzwecken hinsichtlich der Vollständigkeit verwandt worden.

Indessen war der Patient, Herr *D.*, insgesamt sehr eingeschüchtert und ängstlich und musste erneut darauf aufmerksam gemacht werden, dass er das Gespräch jederzeit beenden könne, wenn ihm die Situation zu nah ginge. Sobald er allerdings über das Spielen redete, saß er aufrecht, war angespannt und leckte sich wiederholt über die Lippen. Dieses Verhalten deutete die Autorin als Lustempfinden bei dem bloßen Gedanken an das Spielen. Es musste dem Patienten mehrfach beteuert werden, dass das Interview nicht seiner Therapie diene, sondern lediglich im Rahmen der Dissertation verwendet würde.

Während dieser Befragung ist der Fragenkatalog regelmäßig zum Einsatz gekommen, um das Gespräch zu strukturieren, da der Patient ein allumfassendes Mitteilungsbedürfnis über sein gesamtes Leben hatte.

Das Interview mit der Gefangenen bedurfte eines weitschweifigeren Anstoßes. Das Leben, welches sich um die Spielsucht drehte, musste zunächst erst wieder in den Vordergrund geholt werden, ungeachtet dessen, dass die Inhaftierte sich selbst als spielsüchtig bezeichnet und diese Befragung angeboten hat. Während der Inhaftierung und den dadurch entstehenden Abläufen und Problemen musste die Zeit mit der Spielsucht erst wieder präsent gerufen werden. Die Spielproblematik ist während der bisherigen Haftzeit, welche sich im Zeitpunkt der Befragung bereits auf 3 ½ Jahren erstreckt, nicht wieder verbalisiert worden. Nachdem die Inhaftierte durch ein paar einleitende Fragen in die Zeit zurück versetzt war, erzählte auch diese euphorisch und sehr gefühlsgeladen mit geröteten Wangen von den Erfahrungen rund um das Spielen. Hinzu kam immer wieder das Entsetzen, was sie ihren Kindern damit angetan habe, dass sie so auf die schiefe Bahn geraten sei und deshalb nun einer solchen Tat bezichtigt würde, welche sie nie begangen habe. Der Fragebogen wurde im Rahmen dieses Gespräches zur Strukturierung und Vervollständigung der wesentlichen Kriterien herangezogen. Etwaigen Nachfragen bedurfte es auch hier insbesondere

---

707 Zitat des Befragten Herrn *M.*

hinsichtlich des Prozesses. Zumal hier das Problem der Sprachbarriere bestand, da es sich bei der Befragten um eine gebürtige Kasachin handelt, welche mit der deutschen Sprache, insbesondere der strafrechtlichen Begrifflichkeiten, nicht allzu sehr vertraut ist.

Gemeinsam hatten die Interviews, dass alle Befragten am Ende des Gespräches einen sehr erschöpften und aufgeriebenen Eindruck gemacht haben. Dies ist nachvollziehbar, wenn man komprimiert innerhalb kürzester Zeit über eine lebensbeeinflussende Sucht und deren Konsequenzen berichtet.

4. Empirische Befunde

Für die Zwecke dieser Untersuchung wurden die Gedächtnisprotokolle daraufhin durchgesehen, welche Passagen sich eignen, um Merkmale und Wesenszüge der Ludomanie zu verdeutlichen. Allein schon auf Grund der geringen Anzahl wurde darauf verzichtet, die gefundenen Passagen zu paraphrasieren, zu Kernaussagen zu verdichten oder durch thematische Bündelung Kategorien zu bilden. Dem Zweck der Interviews entsprechend, wurden nur charakteristische Zitate ausgewählt und im Rahmen der nun nachstehenden empirischen Befunde dargestellt. Dies schließt natürlich nicht aus, dass die Daten später einmal herangezogen werden könnten, um den Leitfaden zu überarbeiten oder neue, konkretere Forschungsfragen zu formulieren.

Nachfolgend erfolgt eine Darstellung der Ergebnisse aus den getätigten Interviews in Anlehnung an die Verwendung des Leitfadens.[708]

In Anlehnung an den Fragenbogen erfolgte vorab die einleitende Frage: „Dann erzählen Sie doch mal etwas, wie Sie das Leben rund um das Spielen erlebt haben." Sodann berichteten die Betroffenen. Die Antworten werden fortan thematisch zugeordnet und in Form von Zitaten wiedergeben.

a) Entstehung der Ludomanie

Die Betroffenen sollten sich dazu äußern, wie die Spielsucht bei ihnen entstanden ist.

- Umstände

Herr *M.*: *„Ich komme aus einer Arbeiterfamilie. Vater ist zum Feierabend immer in'ne Kneipe. Dort hat er dann immer am Automaten gespielt. Da hab' ich*

---

708 Bezüglich der gestellten Fragen ist Einblick in den „Fragenkatalog" zu nehmen. Bewusst wird von einer detaillierten Wiedergabe dieser abgesehen. Es folgt fortan lediglich ein thematischer Oberbegriff.

das dann auch versucht. War so vom Vater antrainiert. Das hab' ich allerdings nur so bis 17/18 gemacht. Danach hab' ich nie wieder am Automaten gespielt. Ich hab' da nie mein ganzes Geld reingesteckt, musste da noch nicht lügen, um an Geld zu kommen. Ja und dann war das so'n schleichender Prozess, bis ich so richtig gespielt hab. Ich hatte gerad' Abi gemacht, hatte 'ne Freundin – hatte auch voll nicht das Bedürfnis darauf. Es ging mir finanziell auch ganz okay. Ich hatte gerad BAföG bekommen, hab' da gerad nen Studium – Mathe – begonnen. Aber ich wollte halt die große Kohle machen. Ich war immer auf der Suche nach 'na großen Idee. So z.B. die Sache mit den Pixels[709]*. Ja und dann hab' ich angefangen mit Sportwetten. Das hab' ich 'ne Zeit gemacht. Konnt' ich aber auch nicht richtig Kohle bei machen und dann bin ich zum Pokern gekommen.*"

Herr *D.: „In der Pause bei meiner Arbeit hat mein Schwager mich mitgenommen in die Spielhalle, da hab' ich das erste Mal gespielt, da war ich so 17 Jahre alt. Danach hab' ich es immer dann gemacht, wenn ich Panik hatte und mich ablenken musste; ich bin ja krank mit dem Herzen und so und dann hab' ich immer gespielt. Ich hatte keine Alternative, um mich abzulenken von meinen Problemen, es gab nur das Spielen. Beim Spielen konnte ich mich immer beruhigen und in eine andere Welt schlüpfen, die körperlichen Probleme hab' ich dann nicht mehr gemerkt.*"

Frau *S.: „Oh mein Leben war große Katastrophe zu dem Zeitpunkt. Mann hat mich betrogen, all das hab' ich nicht mehr ausgehalten. Ich wollte zeigen, dass ich auch Person bin und nicht nur putzen kann, kochen und mich um Kinder kümmern. Dann ein Tag kam er wieder nach Hause besoffen und von 'na anderen. Hab ich doch immer gemerkt und gerochen. Und dann ist eine gute Freundin gekommen und hat mich abgeholt und mir gesagt, dass ich ein Mensch bin und nicht nur ein Putzlappen und ich auch mal Spaß haben soll und ist mit mir ins Casino gegangen. Ich sollte das akzeptieren und Spaß haben. Da war ich so 28 Jahre.*"

- Technik:

Frau *S.: „Nö, ich hab' einfach reingeschmissen… Ok, man denkt irgendwie schon man durchschaut den Automaten. So nach ca. ein Jahr wo ich gespielt habe. Wenn du über 'ne Stunde gespielt hast, wusste ich, jetzt muss ich Automaten erst in Ruhe lassen, da war er heiß gelaufen, dann hab' ich an 'nem anderen weiter gemacht und bin zu dem anderen erst später zurück, dann konntest du da wieder gewinnen.*"

---

709 Damit ist gemeint, dass Herr *M.* Farbwerte am PC modellieren wollte.

Herr D.: *„Ich hab' immer mehrere Automaten gleichzeitig bedient, so hast Du mehr Chancen zum Gewinnen. Das ist der Trick."*

- Drang zum Spielen:

Herr M.: *„Ja, ich spüre einen starken Drang zu spielen. Es brodelt richtig in mir. Ich werde das auch sofort wieder tun, sobald ich draußen bin, es juckt ja niemanden. Ich verspüre halt nach wie vor das Gefühl der Hoffnung in mir. Die Hoffnung auf Gewinn, Erfolg wird dabei in Dollar gemessen. Ich hoff' immer noch die große Mark machen zu können. Bei Ausgängen spiel' ich auch heut' noch, sobald ich die Gelegenheit bekomme."*

Frau S.: *„Ja ich konnte nie nein sagen, wenn ich gewonnen hatte, musste ich den nächsten Tag unbedingt wieder hin. Das ging nicht anders, wie so Zwang.*

b) Das Leben mit der Spielsucht

Zur Frage, inwieweit das Pathologische Spielen den Lebensalltag bestimmt hat und damit zum zentralen Lebensinhalt geworden ist, äußerten sich die Befragten wie folgt:

Herr M.: *„Also erstmal ich bin nicht glücksspielsüchtig, nur spielsüchtig… Also ich hab' Poker gespielt. Und Poker ist kein Glücksspiel, sondern ein Strategiespiel. Man muss das lernen, wie ein Studium, so wie sie sich immer fortbilden, mathematische Konzepte kreieren, Spielstrategien entwickeln. Im Ergebnis ist das voll zeitaufwendig. So voll der Vollzeitjob. Da bleibt für nichts anderes mehr Zeit, Freundin und so. Da vereinsamst du voll. 2006 war das so, wenn du zu den Gewinnern gehören wolltest, war das nur möglich, wenn du immer am Ball warst. Ich hab' das voll enthusiastisch betrieben.*

Aber die Pokerspieler sind voll müde geworden den Leuten zu erklären, dass Poker kein Glücksspiel ist. Ich frag' mich allerdings selbst, ob meine Sucht diese Erklärung mit sich bringt. Poker ist auf jeden Fall kein Glücksspiel, da sich der Glücksfaktor auf alle Personen gleich verteilt und die Strategie maßgeblich ist. Das Glück ist wenig relevant, nur die Strategie ist ausschlaggebend. Aber jetzt verstehen sie schon mal, glücksspielsüchtig bin ich nicht. Halt nur spielsüchtig. Durch das Pokern hatte ich finanziell keine Verluste, nur sozial. Da bist du voll der Verlierer, wegen der Isolierung."

Herr D.: *„Ich habe den ganzen Tag ans Spielen gedacht, auch wenn ich nicht gespielt habe, was manchmal 20 Stunden am Stück war, habe ich überlegt, wo ich Geld zum Spielen herbekommen soll und hab' mich auf die Suche dafür gemacht und bin wo eingestiegen. Es war für mich echt schlimmer, wenn ich nicht spielen konnte, schlimmer als die Angst wo einzusteigen."*

Frau S.: *„Ich war voll in die Spirale. Ich musste immer spielen. Ich wusste, dass ich hab' Kinder. Das war immer schlimm, wenn ich nach Hause gekommen bin, hab' ich Kinder immer Versprechungen gemacht, aber die konnt' ich nie einhalten. Ich hab' mich so schlecht gefühlt, aber ging nicht anderes. Ich konnte mich nicht stoppen. Ich brauchte ja Geld für Kinder, hab' aber immer alles in den Automaten geschmissen. Immer nur rein und nie wieder kam was raus."*

- Situationen, in denen gespielt wurde

Herr D.: *„Ich habe nicht gespielt, um damit Geld zu gewinnen oder sowas, sondern nur um mich abzulenken von meinen körperlichen Symptomen. Ich bin herzkrank und viel in meinem Leben bei Ärzten und in Krankenhäusern gewesen. Durch das Spielen hab' ich mich von meinen Problemen abgelenkt. Jedes Mal, wenn es mir schlecht ging, so körperlich, dann habe ich einfach gespielt und es ging mir dann für den Moment besser. … Wenn ich spiele, bin ich in einer anderen Welt. Ich muss mit niemandem reden, es weiß keiner, dass ich Straftäter bin, ich bin dann einfach frei."*

Herr D.: *„Ach ich war so hoffnungslos zu dem Zeitpunkt. Die Therapie hat keinen Erfolg, keiner hat Verständnis mit mir, keiner kennt sich mit Spielsucht aus hier. Na und dann hatte ich Einzelausgang für 4 Stunden und da wusste ich einfach nicht, was ich machen sollte. Ich hab' mich voll zusammengerissen und keine Straftat begangen. Aber da bin ich dann in die Pommesbude und habe mich da an den Automaten gesetzt und gespielt. Es hat sich da niemand um mich gekümmert und ich hatte draußen ja keine anderen Kontakte. Sobald ich alleine bin, muss ich mich ablenken. Ich hab' das selbst hier gestanden. Die Konsequenz war, dass die Lockerungen entzogen worden sind. Das sehe ich aber ein, das hab' ich ja selbst verschuldet."*

Frau S.: *„Wenn ich traurig bin, Mann betrunken war, ich Geschichten von Betrügereien gehört hab.' Ich hab' immer alles geschluckt, wollte nicht weinen, hab' mich geschämt, wenn ich ausraste. Also bin ich auf Straße gegangen, um Luft zu schnappen, hab' ich ihm gesagt und dann bin ich ins Casino gegangen. Ich war wie in Spirale. Habe Leute getroffen, Unmengen an Kaffee getrunken und immer was eingeschmissen. Wenn noch Geld in Portemonnaie, konnt' ich mich nicht stoppen, musste immer einwerfen."*

- Unmittelbarkeit des Handelns

Herr M.: *„Ich kann nichts dagegen tun, mich hält nichts davon ab. Die Angst erwischt zu werden ist da, wenn ich 'nen Bruch für Kohle mache, aber so konkret hält mich nichts davon ab. Ich will einfach spielen und muss das auch."*

- Gefühle beim Spiel

Herr *M.: „Leider war ich sehr erfolgreich mit Pokern. Es hat mich gefesselt. Das Gefühl beim Pokern ist der pure Nervenkitzel. Das gibt voll den Kick, wenn ich die bessere Hand hab'. Ich raste aber aus, wenn ich verlier'. Da krieg' ich die Krise. Der Unterschied zum professionellen Pokerspieler und mir ist, dass dieser ohne Emotionen spielt.*

Poker ist mental anstrengend und zugleich oft sehr frustrierend, deswegen spiele ich zum Ausgleich am PC Golf. Es ist anstrengend, man muss es studieren, und erfordert volle Konzentration. Poker hat die ersten zwei Jahre Spaß gemacht, dann kam der Wandel. Es hat eine ernsthafte Komponente bekommen, eine existentielle.“

Herr *M.: „Irgendwann ist der bloße Gewinn nicht mehr befriedigend; um runterzukommen vom Nervenkitzel hab' ich Onlinegolf gespielt. In Las Vegas ist das Gang und Gebe als Ausgleich golfen zu gehen, da pokern sehr viel Energie kostet. Aber wenn ich mich dann wieder erholt habe, konnte ich wieder pokern und dann kamen auch wieder alle positiven Gefühle hoch dabei und ich konnte nicht mehr aufhören.“*

Herr *D.: „Oh das war toll. Da fühlst du dich echt super, wenn du gewinnst, das macht Selbstbewusstsein. Du fühlst dich echt was wert. Ich bin ja eher so'n Außenseiter und komm in Gemeinschaft nie klar. Als Kind war ich total ängstlich, ich habe mich immer viel versteckt unter dem Bett und so. Man konnte mich oft nicht ansprechen. Ich habe mich auch selbst verletzt und sogar mal über Wegknüpfen nachgedacht. Aber wenn ich gespielt hab', war alles gut. Ich hab' dann nix mehr gemerkt. Ich wusste nicht, wie viele Spiele ich auf der Uhr hatte, wieviel Geld gerade im Einsatz war. Ich hätt' auch zwei Nächte durchzocken können. Du bist da wie im Rausch. Schlafen kannst du maximal vier bis fünf Stunden, du bist viel zu angefixt.“*

Frau *S.: „Das waren voll die Momente des Glücks. Also manchmal beim Gewinnen, dann hatte ich ja das Geld wieder oder sogar noch mehr. Da hatte ich viel Spaß ‚Hui‘. Da erschienen auf Automaten immer so lustige Bilder, das hat mich voll angetörnt, hat mir Spaß gemacht. Aber war nicht immer gut. Wenn ich verloren habe, oh da war ich unzufrieden. Ich hatte tierische Angst, dass jemand es mitkriegt, dass ich alles Geld – für Kinder und so – verspielt hab'. Oh ich war immer so nervös. Da sind dir voll die Nerven kaputt gegangen. Die Nervosität beim Spielen war so heftig, wenn ich nur d'ran denke. Immer Angst Geld zu verlieren. Aber du musst weiterspielen, wegen die Spirale. Jede fünf Minuten musste ich rauchen Zigarette, weil wegen Nervosität und Kaffee trinken. Ich habe verstanden, ich verlieren viel auch mein Leben und meine Familie“.*

➢ Selbstvorwürfe:

Herr D.: *„Warum ich süchtig bin, keine Ahnung. Wenn ich so einen festen Rahmen gehabt hab', war alles ok. Dann habe ich nicht gespielt und habe auch keine psychischen Probleme gehabt. Ich war dann echt zuverlässig, absprachefähig, aber das hielt nie lange an. Es ist für mich selbst echt erschreckend der Typ in der Akte, wenn ich mir vorstelle, dass ich das bin."*

Herr D.: *„Am Anfang hab' ich mir echt in die Hose gemacht bei meinem ersten Bruch, aber dann wirst du abgebrühter. Es ist alles egal, Hauptsache, ich bekomme die Kohle zum Spielen. So'n Unrechtsgefühl ist zwar irgendwie da, aber das redet man sich schön. War ja immer wichtig, dass ich nicht so viel körperliche Probleme hatte, dass ich spiele."*

Frau S.: *„Dann hab' ich Diebstähle gemacht, brauchte ja Kohle. Dann hab' ich Verantwortung vergessen, was Eltern tun müssen. So auf Kinder aufpassen und so. Das Spielen hat mich blind gemacht. Hab' mich immer dafür geschämt."*

➢ Höhere Einsätze:

Frau S.: *„Am Anfang so drei Tage in die Woche. Dann jeden Tag. Ich hatte kein Geld mehr, aber die Sucht sagt, du musst spielen. Ich konnte einfach nicht vorbei gehen. Auch wenn ich nur zehn Euro in der Tasche hatte, musste ich reingehen. Ich war da bis das ganze Geld weg war, bis auf den letzten Cent. Als ich dann verstanden haben, dass ich zu weit gegangen bin, konnte ich nicht mehr stoppen. Ich musste immer spielen. War mir alles egal, andere Sachen."*

Herr D.: *„Pro Tag verspielte ich dann aber so um 1.000 Euro, wobei ich immer mehrere Automaten gleichzeitig bediente, so bis zu 16 Stunden am Tag. Bis so das Licht ausging im Casino… Ach, ich hatte mit dem Spielhallenchef eine Abmachung, dass ich auch nach Schließung weiterhin dort bleiben konnte, manchmal hab' ich dort sogar für ein paar Stunden schlafen können; meist habe ich kaum gegessen, geschlafen, nur gespielt, manchmal bin ich auch einfach ziellos rumgelaufen, bis die Spielhalle wieder offen gemacht hat, meist stand ich dann schon vor der Tür. Bis dahin war ich verwirrt. Wenn es dann dunkel wurde, war ich klar im Kopf und ab ging's."*

➢ Finanzierung der Ludomanie:

Herr D.: *„Ich habe dann vor allem meinen Bruder und meine Nichte missbraucht, um so an Geld zu kommen, die haben mir ja erst vertraut und nicht gewusst, wofür ich die Kohle benötige."*

Herr D.: *„Wenn ich Geld brauchte, bin ich halt wo eingestiegen und gut."*

Frau S.: *„Erst hab' ich mir Geld von Freunden geliehen, die mir vertraut haben, so ohne Unterschrift und so. Dann hab' ich mich Zeit nicht gemeldet und dann haben die Druck gemacht. War mir peinlich. Ich saß da und wusste nicht wo ich anfangen soll. Von mein Mann hab' ich keine Unterstützung bekommen, da hab' ich nur unter Druck gestanden. Mann wusste ja, dass ich spiele. Er wusste, dass ich eine Schabracke."*

Frau S.: *„Richter hat ja gesagt, weil ich 3.500 Euro Schulden hatte, ich hätte Oma umgebracht wegen ihrer Kohle, damit ich spielen gehen könnte. Aber ich weiß nicht genau. Aber das stimmt eh alles nicht, ich hab' die Oma ja nicht getötet."*

c) Vernachlässigung sozialer Kontakte

Weiterhin war von Interesse, ob soziale Verpflichtungen, sowohl im privaten, wie auch beruflichen Bereich, infolge der Spielsucht vernachlässigt worden sind.

Herr M.: *„Musste dann feststellen, dass es Zeit kostet. Ich war da nicht vorsichtig genug. Dann hatte ich den Beziehungsbruch zu meiner damaligen Freundin. Hatte einfach keine Zeit mehr für die. Musste ja immer am Ball bleiben."*

Herr M.: *„Zum Arbeitsamt bin ich noch nie gegangen, da hatte ich keine Zeit für. Um Kohle zu bekommen, bin ich wo eingebrochen. Poker war da mein absoluter Lebensmittelpunkt. Für was anderes hatt' ich nicht genug Energie, Frau blockierte mich regelrecht, so ein Gefühl hab' ich gehabt. Die Trennung zog sich über ca. 9 Monate. Aber dann hatte ich voll Zeit zum Spielen."*

Frau S.: *„Ich war dann immer voll nervös und hatte kein Bock mehr auf nichts. Kein Fernsehen, keine Kinder, kein Kochen, keine Arbeit also die Putzstelle. Hab' dann einfach nur rumgesessen, bis ich wieder spielen gehen konnte."*

Frau S.: *„Meine Eltern haben das ja mitgekriegt, obwohl sie ja in Kasachstan leben. Da hat meine Schwiegermutter für gesorgt. Und dann war mit mein Vater Krieg. Wir haben uns nur noch gestritten, wenn wir telefoniert haben. Meine Schwiegermutter wollte mir helfen. Aber ich hab' sie immer was Falsches erzählt und bin dann doch immer ins Casino zurück."*

d) Kontrollverlust

Die Befragten sollten sodann beschreiben, ob das exzessive Spielen zum Kontrollverlust über die eigene Persönlichkeit führte.

Herr M.: *„Während des Spielens verpeil' ich völlig den Raum und die Zeit um mich herum. Ich merk' da so gar nichts mehr um mich rum."*

Herr M.: *„Ich musste mich vor niemandem rechtfertigen, außer vor mir selbst, das hab' ich nicht konsequent getan. Ich bin ein Träumer, ich habe es immer mit* *den Gewinnen gerechtfertigt. Ich liebe das Spiel. Es ist richtig klasse. Und der Vorteil ist, dass man es erlernen kann, anhand eines Systems; das ist der grundsätzliche Unterschied zum Glücksspiel. Aber hab' ich Ihnen ja schon erklärt.*

Beim Poker steht das Geld im Vordergrund. Gewinn oder Verlust hat über mein Leben entschieden. Damit hab' ich meinen Lebensunterhalt verdient, wenige schaffen das. Ich war der Illusion verfallen, das zu schaffen, obwohl ich wusste, dass es nur von kurzer Zeit sein würde, man kann nicht für 20/30 Jahre spielen.

Beim Rollenspiel geht es um Anerkennung und nicht um Geld. Ich verstehe nicht, wie ich mich je vom Pokern hab' abbringen lassen. Da kriegt man Anerkennung ohne soziale Kontakte. Da kommen dann immer wieder meine schizoiden Züge durch. Meine Tendenz zu Rückzügen ist weniger ein in Schüben auftretendes Verhalten, sondern vielmehr eine ständig vorhandene Wesensart. Meiner Meinung nach stehen meine schizoiden Tendenzen in direktem Zusammenhang mit meinem Suchtproblem, welcher Art auch immer. Ich bin mir nicht ganz sicher, was in diesem Fall zuerst da war.

Poker ist ein totaler Nerdsport! Im Forum macht man sich lustig untereinander. Aber in meinem Keller habe ich keine Menschen um mich rum gehabt, da wo ich zocke. Irgendwie ein armseliges Leben."

Herr *D.: „Ich hatte Ihnen ja schon erzählt, dass ich oft 20 Stunden am Stück gespielt habe. Dabei hab' ich dann aber auch alles andere vergessen. Ist mir ja peinlich vor Ihnen, aber ich bin noch nicht mal aufs Klo gegangen und hab einfach heimlich laufen lassen. Konnt' ja nicht die Automaten allein lassen. Hat aber auch keiner gemerkt.*"

Frau *S.: „Ich war wie blind mit das Spielen. Ich bin einfach immer ins Casino gelaufen und habe mich da für viele Stunden – hab' ich nie gemerkt, wie lang ich da gesessen hab' – an die Automaten gesetzt. Ich habe dann immer gespielt, bis zum letzten Cent. Ich habe nur geraucht, nichts gegessen und Kaffee getrunken. Ich hab' dann große Schulden gehabt vom Spielen, aber ich musste immer wieder rein gehen. Hab' mir Gedanken gemacht, dass das so nicht weiter gehen kann, aber konnte keinen Punkt machen. War in Spirale.*"

e) Angegriffenheit beim Spielen

Die Frage, ob die Betroffenen unter der Spielleidenschaft litten, beantworteten sie wie folgt:

Herr *M.: „Leiden gehört zum Pokern dazu wegen der Isolierung; das ist schon ein krankhaftes Verhalten, was Spieler angeht. Das ist ein schizoider Kompromiss. Du hast zwar keinen Freundeskreis, aber anstatt dessen funktionelle Kontakte.*

Das Schlimmste ist der gesellschaftliche Verlust durch die Isolierung. Wenn hatte ich nur Kontakt zu Community-Mitgliedern. Da war so die Befriedigung meiner sozialen Kontakte. Bei den Rollenspielen hast du voll den Status erlangt. Als bester Spieler hast du voll Anerkennung von den anderen bekommen. In Foren tauscht man Regeln und Tipps aus. Das ist wie im realen Leben, als wenn du ein erfolgreicher Geschäftsmann bist. Dieses Gefühl, welches ich mir im Rahmen der Community geholt hab', hat mich immer voll aufgebaut. Ich hab' mich voll groß gefühlt, Komplimente gekriegt. Da erhältst du voll das Selbstwertgefühl und all das klammheimlich unten in seinem Keller in seinen Schutzmauern. Da ist man Held.“

Herr *M.: „Das Schlimmste am Spielen war die Isolierung. Ich habe in einer WG gewohnt. Ich kenn' noch nicht mal die Nachnamen von meinen Mitbewohnern. Ich hab' da im Zimmer gehockt und nur noch gespielt. Es war eine Überwindung für mich in den Rewe zu gehen, wenn es draußen hell war. Die Sozialphobie war groß. Ich hab' kaum gegessen. Im Grunde wurde ich draußen nicht mehr gesehen, ich war nur drin und vegetierte vor mich hin.“*

f) Abstinenzversuche / Entzug

Interessant war weiterhin, ob es bereits zu Abstinenzversuchen kam und im Zuge dessen Entzugserscheinungen aufgetreten sind.

Herr *M: „Zwischendurch kann ich mal nicht spielen, weil ich zu erschöpft bin, Entscheidungen zu treffen und keine Kraft für negative Ergebnisse hab'. Dann bin ich extrem frustriert. Dann mach' ich den Rechner aus und bin echt stolz, kurz den Tisch geschlossen zu haben, aber das hält nur sehr kurzfristig.“*

Herr *M.: „Vor Jahren hatt' ich kurz den Impuls zum Psychiater zu gehen, weil ich die krasse Isolation verspürt hab' wegen des Spielens. Ich glaubte, ich würde depressiv, ich war einsam. Dies habe ich sehr schnell wieder abgebrochen, da ich das Gefühl gehabt habe, dass der Psychiater mir eh nicht helfen könne. Erst mit der Verhaftung hatte ich dann keine Möglichkeit mehr gehabt zu spielen, allerdings habe ich da zunächst andere Sorgen gehabt. Aber dann als es im MRV Probleme mit dem Casino gab, bin ich ungeduldig und gereizt geworden. Das hat mich sehr viel Energie gekostet. Die wollten mir meine Konten sperren, da ich ja nicht mehr regelmäßig gespielt habe.*

Es gibt Punkte, da will ich spielen und da hält mich auch nichts davon ab, wenn mein Plan ist um 16 Uhr zu spielen und es kommt was dazwischen; krieg' ich schlechte Laune und werd' unzufrieden. Wenn das Netz im MRV nicht klappt, werd' ich aggressiv. Da krieg ich die Krise. Ich kann dann nicht einfach sagen, OK das war's für heute mit Spielen, da komm' ich dann schon auf voll Entzug.

Vielleicht verliere ich mal das Interesse am Spielen, aber nur dann, wenn ich einen Ersatz dafür finden würde. Meine Gedanken drehen sich auch jetzt noch 24 Stunden ums Spielen. Ich bin zwar notgedrungen fast spielfrei – also im Vergleich zu früher – aber verbringe voll viel Zeit damit, darüber nachzudenken, ob ich nicht doch nochmal… Im Moment regiert die Vernunft. Ich habe einfach keine Zeit für dieses Spiel. Aber wenn ich bald abends alleine in meiner eigenen Wohnung sitze, werden die Karten neu gemischt, im wahrsten Sinne des Wortes. Ich hab' einfach noch nicht damit abgeschlossen. Und dann ist es auch noch so easy, es vergeht keine Woche ohne ein Angebot von irgendeinem Partnerunternehmen der Casinos, 30 oder 40 Dollar als Neuanfang geschenkt zu bekommen. Ich müsste noch nicht einmal was investieren. Sie sollten sich wirklich auch mal in die Szene einarbeiten, um live miterleben zu können, wie um den kleinen Mann und sein Portemonnaie gebuhlt wird. Grob geschätzt alle sechs Monate treffen sich die großen Casinos mit den sogenannten ‚sharks', das sind die Topspieler beim Pokern, den Rest nennt man Fische, um darüber zu diskutieren, wie man das Spiel für den Fisch attraktiver gestalten könne. Zum Beispiel gibt es das sogenannte Rushpoker. Ganz normales Texas Holdem Poker, man spielt nach wie vor gegen Menschen und nicht gegen das Casino, aber in einem Tempo, dass es tatsächlich schon einem Rausch ähnelt. Das ganze basiert auf einem extrem simplen, aber enorm effektiven Spielsystem. Auf diese Art lässt sich das Pensum, welches ein Spieler in Las Vegas in einem realen Casino in zehn Jahren gespielt hat, innerhalb eines Monats runterreißen. Wie im Rausch."

Herr *D.: „Sogar hier, wenn ich hier einsitze, muss ich immer an das Spiel denken und laufe dann in meinem Zimmer auf und ab und bin ganz nervös. Wie so'n Tiger im Käfig, renn' ich auf und ab."*

IV. Erkenntnisse der empirischen Untersuchung

Anhand der vorgenommenen empirischen Untersuchung konnten erkenntnisreiche Feststellungen gezogen werden, welche nachstehend dargestellt werden.

1. Untersuchung der tatgerichtlichen Urteile

Nach einer detaillierten Gegenüberstellung der tatgerichtlichen und höchstrichterlichen Rechtsprechung ist ersichtlich, dass die Tatgerichte dem Pathologischen Spielen durchaus Einfluss auf die Schuldfähigkeit des Betroffenen zusprechen.

In neun von 24 Fällen haben die erstinstanzlichen Gerichte dem Angeklagten auf Grund der Pathologischen Spielsucht eine Verminderung der

Schuldfähigkeit gemäß § 21 StGB zugesprochen. In einem einzigen Fall führte dieses Störungsbild des Angeklagten nach Auffassung des Tatgerichts zu einer Schuldunfähigkeit nach § 20 StGB. Die Tatgerichte ordneten wegen der Pathologischen Spielsucht der Angeklagten in fünf Fällen Maßregeln der Besserung und Sicherung, §§ 63 ff. StGB, an. In vier Fällen hat die Spielsucht im Rahmen der Strafzumessung im Sinne des § 46 StGB Berücksichtigung gefunden.

Die erstinstanzlichen Urteile weisen eine sehr differenzierte Bearbeitung der suchtrelevanten Tatsachen auf. Es wird in den Begründungen der Entscheidungen detailliert das Leben mit der Spielsucht und seinen Auswirkungen dargestellt. Jedes der streitgegenständlichen Urteile enthält eine grundlegende Auseinandersetzung und Begründung – wenn auch teilweise nur in Form der Wiedergabe des Sachverständigengutachtens – mit dem Störungsbild.

Die Urteile der Tatgerichte sind dahingehend auffällig, dass die Ablehnungen des Einflusses der Ludomanie auf die Schuldfähigkeit detaillierter begründet wurden, als deren Bejahung. Hierbei wird meist nur auf das Sachverständigengutachten verwiesen.

Es wurden sowohl von dem Angeklagten selbst als auch von der Staatsanwaltschaft, Rechtsmittel gemäß § 333 StPO eingelegt. Von insgesamt zwölf erhobenen Revisionen des Angeklagten waren acht erfolglos, von den sechs eingelegten Rechtsmitteln der Staatsanwaltschaft hingegen nur zwei. In sechs Fällen wurde kein Rechtsmittel gegen das erstinstanzliche Urteil eingelegt, zumindest war kein Hinweis darauf im Rahmen der Recherche ersichtlich. Die Revisionsinstanz hält stets an der bekannten Rechtsprechung für derartige Fälle fest. Es sind diesbezüglich keine Besonderheiten aufgefallen. Darüber hinaus ist zwischen den verschiedenen Senaten des BGH keine unterschiedliche Bewertung der Rechtsprechung der §§ 20, 21 StGB im Zusammenhang mit Fällen der Ludomanie festzustellen. Vom 1. bis zum 5. Senat wurde stetig die restriktive Rechtsprechung fortgeführt.

Im Rahmen der rechtlichen Bewertung der §§ 20, 21 StGB folgt das erstinstanzliche Gericht in 19 Fällen dem Sachverständigengutachten, sofern dieses eingeholt wurde. Lediglich in fünf von diesen Fällen unterlässt das entscheidende Gericht, eine eigene Bewertung der Schuldfähigkeit. Die eigene Begründung der Schuldfähigkeitsfeststellung des Ludomanen erfolgt sodann vorwiegend in Anlehnung an die Erkenntnisse und Diagnosemanuale der Psychowissenschaften. Die Kriterien, welche dafür herangezogen werden, ähneln grundlegend denen des BGH. Es werden keine anderen Kriterien für die Bestimmung verwendet, es wird jedoch eine andere Gewichtung hinsichtlich ihres Vorliegens vorgenommen.

In zehn der 24 Fälle nimmt das Tatgericht eine Merkmalszuordnung unter die vierte Gruppe der „schweren anderen seelischen Störung“ gemäß § 20 StGB vor. In keinem Fall wird die Spielsucht unter die „krankhafte seelische Störung“ im Sinne des ersten Merkmals der §§ 20, 21 StGB subsumiert. In nur drei der vorliegenden Fälle geht das Gericht ausdrücklich auf den „Schweregrad“ der vorliegenden Störung ein.

Bei den angeklagten Personen handelt es sich vorwiegend um männliche Erwachsene deutscher Staatsangehörigkeit. In den meisten Fällen sind die Täter vorbestraft, mitunter sogar einschlägig. Lediglich sieben der Betroffenen kommen aus gefestigten familiären Verhältnissen[710] und nur sieben leben im Zeitpunkt der Tat in einer festen Beziehung. In vier Fällen stammen die Betroffenen aus zerrütteten Verhältnissen[711]. Zwölf der Angeklagten haben eine schulische Bildung und einen beruflichen Abschluss vorzuweisen. Zehn der untersuchten Urteile ist eine im Zeitpunkt der mündlichen Verhandlung aktuelle Berufstätigkeit des Täters zu entnehmen.

Bei einer weit überwiegenden Anzahl von Fällen der Betroffenen (bei 19 von 24 Fällen) ist eine Krankheitsgeschichte der Ludomanie zu verzeichnen. Am Offensichtlichsten sind dabei das Bestehen einer jahrelangen Spielerkarriere und das Anhäufen von beträchtlichen Schulden wegen des Spielens.

Bei den begangenen Straftaten handelt es sich vornehmlich (bei 17 von 24 Fällen) um Vermögens- und Eigentumsdelikte im Wege der Beschaffungskriminalität. Nur in drei Fällen kam es zu Gewaltdelikten. Erwähnenswert sind zudem die fünf Serienstraftaten, die zu immensen finanziellen Schäden in Millionenhöhe führten und sich über einen sehr langen Zeitraum erstreckten. Initiiert wurden die Taten in 16 von insgesamt 24 Fällen durch den Suchtdruck der Ludomanie. Eine Schuldenbegleichung bzw. zur Tilgung anderer Kosten wurde in fünf Urteilen als Motivation ersichtlich.

Hinsichtlich des Nachtatverhaltens ist in zwölf Urteilen ausdrücklich festgestellt worden, dass die Beute zur Fortsetzung des Spiels eingesetzt worden ist, hingegen in nur drei Fall zur Schuldenbegleichung.[712]

Bei der Betrachtung der Prozessaktivität hinsichtlich der einzelnen Beteiligten fiel auf, dass sich die Angeklagten in 16 Fällen zu den vorgeworfenen Taten

710 Es wird hierbei auf die Herkunftsfamilie abgestellt.

711 Zerrüttete Verhältnisse beziehen sich auf den eigenen Beziehungsstatus zum Tatzeitpunkt.

712 Es ist zu verdeutlichen, dass an dieser Stelle zwischen Motivation und Nachtatverhalten differenziert wird.

eingelassen haben. Das Verhalten der Verteidigung stellte sich als eher zurückhaltend dar. In nur sehr wenigen Fällen (sechs von insgesamt 24) machte die Strafverteidigung von den ihr gemäß der StPO zur Verfügung stehenden Verteidigungsmöglichkeiten Gebrauch. Hervorzuheben ist hierbei, dass nur ein Drittel der Beweisanträge zur Hinzuziehung eines Sachverständigen durch das Gericht positiv entschieden wurden. Die entscheidenden Tatgerichte zogen in 15 Fällen von Amts wegen zur Schuldfähigkeitsfeststellung einen Sachverständigen hinzu. Hinsichtlich des Spielverhaltens des Angeklagten hat es in vier Fällen Zeugen vernommen.

2. Durchgeführte Interviews

Die getätigten Interviews ermöglichten es der Verfasserin, einen detaillierten Einblick in die Welt der Ludomanie zu erhalten mit dem Ergebnis, die zwanghafte Sucht des Spielens und des Spielers besser zu verstehen. Überdies kann hierdurch die suchtbedingte Steuerung der Willensbetätigung für einen nicht in den empirischen Wissenschaften Ausgebildeten besser eingeschätzt werden.

Während der Schilderungen war bei den Befragten auf der einen Seite eine immense Euphorie zu spüren, auf der anderen Seite aber auch eine Art der Hilflosigkeit, gegen diese Leidenschaft anzukommen. Auffällig war darüber hinaus die erkennbare Zerrissenheit, auf der einen Seite dem positiven Gefühl nachzueifern, um die Sucht zu befriedigen, und auf andererseits den damit einhergehenden destruktiven Folgen und Leid zu entkommen. Darüber hinaus ist zu erkennen gewesen, dass die Befragten neben dem Pathologischen Spielen eine Leidensgeschichte durchlebt haben. An dieser Stelle sollen weder sozialpädagogische Rechtfertigungen für die Spielsucht geliefert werden, noch soll damit dem Streit, ob das Pathologische Spielen dem „Henne-Ei-Problem“ gerecht wird, nachgegangen werden. Fakt ist lediglich, dass bei allen Befragten eine Entwicklung der Spielleidenschaft festzustellen war, die immer mehr Einfluss auf ihr Handeln nahm.

F. Zusammenstellung und Konsequenzen der Untersuchungen

Die rechtlichen Untersuchungen und psychowissenschaftlichen Grundlagen konnten mit Blick auf die – durchaus unterschiedlichen – Feststellungen der Tat- und Revisionsgerichte bewertet und sodann durch forensische Fallbeispiele und Befragungen Betroffener ergänzt werden. Diese gewonnenen Erkenntnisse werden zur Vorbereitung eines Lösungsvorschlags zusammengefasst und kritisch hinterfragt.

Schwerpunkt der vorgenommenen Betrachtung sind die Kriterien, anhand derer die Schuldfähigkeit von Pathologischen Glücksspielern im Sinne der §§ 20, 21 StGB zu bestimmen ist. Übereinstimmung liegt zwischen den Anforderungen des BGH und den Erkenntnissen der Psychowissenschaften dahingehend vor, dass allein die Diagnose eines psychischen Defektes nicht die forensische Bewertung bedingt.[712] Entscheidend sind nach beiden Herangehensweisen der Grad und das Ausmaß der psychopathologischen Symptome und deren Auswirkungen auf das Verhalten.

Hinsichtlich der Kriterien zur Bestimmung der Schuldfähigkeit im Fall der Ludomanie besteht allerdings zwischen der Rechtsprechung des BGH und den Seinswissenschaften ein folgenschwerer Konflikt.

Zu erwähnen ist indes, dass das vorliegende Ergebnis und die hierauf beruhende kritische Betrachtung ausschließlich auf den im Rahmen der Recherche zugänglichen Materialien beruhen. Auf Grund dessen darf hieraus nicht die grundsätzliche Annahme abgeleitet werden, dass die obergerichtliche Rechtsprechung in Fällen der Spielsucht stets[713] eine Verminderung der Schuldfähigkeit abgelehnt hat. Bei der Ermittlung einschlägiger Entscheidungen gab es indes keinerlei Anhaltspunkte für derartige Entscheidungen oder Beschlüsse nach § 349 Abs. 2 StPO[714] und die ihnen zugrundeliegenden Fälle.

---

712 Siehe: C. II. 2. a) und b); in diesem Sinne auch: *Müller*, Schuldfähigkeit und Sanktionierung, S. 192.

713 Mit einer einzigen Ausnahme im Fall einer Tat im Zuge von Entzugserscheinungen, siehe: BGH, Urt. v. 06.03.2013, Az.: 5 StR 597/12.

714 Von einer kritischen Betrachtungsweise der begründungslosen Beschlussverwerfung nach § 349 Abs. 2 StPO wird an dieser Stelle bewusst verzichtet.

I. Höchstrichterliche Rechtsprechung

Im Rahmen des vorgenommenen Begutachtungsspektrums liegt nur eine Entscheidung des BGH vor, in der einer diagnostizierten Ludomanie gemäß der §§ 20, 21 StGB dekulpierender Charakter beigemessen worden ist.[715]

Die höchstrichterliche Rechtsprechung geht bei der Bestimmung der Schuldfähigkeit sehr dogmatisch vor und beurteilt das Vorliegen der Voraussetzungen der §§ 20, 21 StGB bei einem Pathologischen Spieler nur sehr restriktiv. Entweder müsse bei dem Täter auf Grund der Spielsucht eine „schwere" Persönlichkeitsveränderung zu verzeichnen sein oder es müsse der Fall vorliegen, dass der Täter bei Beschaffungstaten unter starken Entzugserscheinungen gehandelt habe.[716] Der BGH begründet dies grundlegend anhand von generalpräventiven Aspekten. In unserer Gesellschaft herrsche ein sich ausbreitender Exkulpationseifer vor, welcher stetig weitere Entschuldigungsgründe kreiere. Diesem sei massiv entgegenzuwirken – geradezu als zwingende Reaktion auf die Offenheit des Eingangsmerkmals der anderen seelischen Abartigkeit für jedwede psychische Störung.

Als entscheidendes Kriterium für die Erheblichkeit der Auswirkungen des Pathologischen Spielens auf die Steuerungsfähigkeit ist insbesondere die Verwertung der Beute maßgeblich. Die Anforderungen diesbezüglich sind seitens des BGH sehr eng.[717] Es dürfe nicht einmal ein geringer Betrag für anderweitige Güter verwandt werden.

Demzufolge stellen sich die Kriterien des BGH auf beiden Ebenen der Schuldfähigkeitsbestimmung als sehr restriktiv dar. Grundlegend weicht das juristische Schrifttum hiervon nicht ab und stimmt diesen zu.[718]

Dem Ansatz des BGH den Exkulpationseifer zwingend eindämmen zu wollen, ist im Grundsatz noch zuzustimmen. Allerdings kann jene sehr restriktive Judikatur des BGH durchaus kritisch betrachtet werden. Das Erfordernis dieser aufmerksamen Aufarbeitung wird zudem dadurch untermauert, dass das juristische Schrifttum die Anforderungen des BGH ohne – ersichtliche – eigene Argumentation übernimmt.

---

715 Siehe: C. II. 2. a) bb) (2).
716 Siehe: C. II. 2. a) bb).
717 Siehe: C. II. 3. b) aa) (3).
718 Siehe: C. II. 2. a) cc).

1. Fehlende Merkmalszuordnung

Bekanntlich enthält der BGH sich in seinen Entscheidungen einer ausdrücklichen Merkmalszuordnung der Ludomanie gemäß §§ 20, 21 StGB.[719] Zunächst lässt er diese offen und entzieht sich einer abschließenden konkreten Zuordnung. Ungeachtet dessen, ob überhaupt ein schuldvermindernder Grund in Form einer schweren Persönlichkeitsveränderung vorliegt oder eben auch in dem Fall der bestätigten Schuldminderung auf Grund massiver Entzugserscheinungen, enthält sich der BGH einer ausdrücklichen Merkmalszuordnung und Präzisierung der Norm. Grundlegend dürfe nach ständiger Rechtsprechung des BGH eine Merkmalszuordnung für die Anwendbarkeit der §§ 20, 21 StGB nicht offen bleiben.[720] Die bloße Diagnose im Sinne eines der Klassifikationssysteme DSM-5 oder ICD-10 ersetze nicht die Feststellung der Merkmale des § 20 StGB. Die Zuordnung der Eingangsmerkmale müsse seitens des Tatrichters ausdrücklich bestimmt werden. Es dürfe nicht zweifelhaft bleiben, auf welchem Merkmal der §§ 20, 21 StGB die Schuldfähigkeit begründet werden soll.[721] Für den Fall, dass die Einordnung der festgestellten Diagnose schwierig sein möge, weil zum Beispiel keines in reiner Form vorläge, sei das Tatgericht gehalten, zum einen konkrete Feststellungen zu den handlungsleitenden Auswirkungen der Störung zum Zeitpunkt der Tat zu treffen und zum anderen auf der Grundlage einer umfassenden Würdigung von Persönlichkeit, Lebensgeschichte, Lebensumständen und Verhalten des Angeklagten und der Anlasstat in nachprüfbarer Weise darzulegen, worin der Zustand des Beschuldigen bestehe.[722]

Im Fall der Pathologischen Spielsucht kann weder das Tatgericht noch der BGH klar bestimmen, welchem Merkmal der §§ 20, 21 StGB die Störung zugeordnet werden kann. Begründet ist dies, wie bereits bekannt.damit, dass die Feststellung der Ursache der Spielsucht, also ob sie auf einem organischen oder nicht-organischen Grund beruht, alleinig dem sachkundigen Sachverständigen obliegt und demgemäß eine nicht vom Tatrichter zu beantwortende Frage darstellt.[723] Aus Sicht des BGH ist es bei stoffgebundenen Süchten irrelevant, welchem Merkmal die Störung zugeordnet würde.[724] Das Phänomen als solches

719 Siehe: C. II. 2. a) bb).

720 Siehe: BGH, Urt. v. 12.11.2004, Az.: 2 StR 367/04; LK-StGB-*Schöch*, § 20 Rn. 40; *Fischer*, StGB, § 20 Rn. 6.

721 Vgl. BGH, Urt. v. 28.04.1988, Az.: 4 StR 33/88.

722 Vgl. BGHSt 49, 347, 355; BGHR § 21 seelische Abartigkeit 6; 3 StR 232/08.

723 Siehe: C. II. 2. a) aa) (1) und (2).

724 Vgl. MüKo-StGB-*Streng*, § 20 Rn. 36; Schönke/Schröder-*Perron/Weißer*, § 20 Rn. 13.

sei ausreichend. Dieser Ansatz ist auf den Fall der Ludomanie zu transferieren. Die Ludomanie gilt heutzutage als eigenständiges, psychisches Krankheitsbild und öffnet demgemäß als taugliches Eingangsmerkmal – ungeachtet der konkreten Zuordnung – die Tore für eine Schuldfähigkeitsfeststellung. Unverzichtbar bleibt allerdings, dass der Tatrichter die für das jeweilige Merkmal bestimmenden Tatsachen – egal, ob sie aus seiner eigenen Sachkunde herrühren oder auf den Erkenntnissen des Sachverständigen basieren – ausdrücklich mitteilen muss.

2. Inhaltsleere Begründungen

Des Weiteren sind die inhaltsleeren Begründungen zu bewerten. In den Urteilen des BGH heißt es beispielhaft:

- „Dafür fehlen hier ausreichende Tatsachenfeststellungen."[725]
- „Die [...] Annahme schwerster Persönlichkeitsveränderung des Angeklagten findet [...] im Urteil keine ausreichende Grundlage."[726]
- „Entsprechende Feststellungen hat das Landgericht aber nicht getroffen."[727]
- „[...]sind aus den zutreffenden Gründen der Antragsschrift [...] unbegründet i.S.d. § 349 Abs. 2 StPO".[728]
- „Die angenommene erheblich verminderte Schuldfähigkeit auf Grund ‚pathologischer Spielsucht' ist bisher nicht hinreichend dargelegt."[729]
- „Das war hier nach den bisherigen Feststellungen offensichtlich nicht der Fall."[730]

Der BGH beschränkt sich lediglich auf die Negation, dass die Kriterien nicht erfüllt seien, ohne dies auch nur ansatzweise zu begründen. Es fehlen allerdings darüber hinausgehende konkrete Kriterien und Aussagen, wann nach Ansicht des BGH eine schwere Persönlichkeitsveränderung im Falle der Ludomanie zu bejahen ist.

Der Beschluss des BGH vom 09.01.2014, Az.: 5 StR 557/13, in dem zur Beurteilung der Schuldfähigkeit lediglich ergänzend auf den Beitrag von „*U. Schneider* in FS *Tolksdorf*, 2014, S. 407, 410 ff." verwiesen wird, ist ein weiteres Beispiel

---

725 BGH, Beschl. v. 09.10.2012, Az.: 2 StR 297/12.
726 BGH, Urt. v. 16.06.2005, Az.: 5 StR 140/05.
727 BGH, Urt. v. 05.05.1999, Az.: 2 StR 529/83.
728 BGH, Urt. v. 10.03.1999, Az.: 3 StR 1/99.
729 BGH, Urt. v. 21.04.1993, Az.: 2 StR 54/93.
730 BGH, Urt. v. 07.01.1993, Az.: 4 StR 597/92.

für die floskelhafte Ablehnung der verminderten Schuldfähigkeit.[731] Ob sich der BGH in dem zu entscheidenden Fall überhaupt mit der Bestimmung der Schuldfähigkeit beschäftigt hat, ist dem Leser des Urteils nicht ersichtlich. Es wird lediglich auf einen Beitrag verwiesen. Insbesondere ist nicht zu erkennen, welche Kriterien der BGH für die Beurteilung der Schuldfähigkeit für maßgeblich erachtet. Das Urteil des BGH vom 15.02.2005, Az.: 1 StR 562/04 enthält ebenso lediglich einen kurzen Verweis auf eine vorangegangene Entscheidung des 5. Strafsenats.[732] Eine eigene Positionierung samt Argumentation und Fallbezug fehlt.

Die in den Urteilen enthaltenden Hinweise für ein nachfolgendes Verfahren begnügen sich zudem lediglich mit der floskelartigen Formulierung der restriktiven Anwendung des § 21 StGB im Zusammenhang mit der Spielsucht.[733] § 358 Abs. 1 StPO entfaltet grundsätzlich die Bindungswirkung des Tatgerichtes an die Aufhebungsansicht des Revisionsgerichtes, worunter auch die Auffassung des Revisionsgerichtes, dass die Feststellungen des Tatrichters unzulänglich seien, zu subsumieren ist.[734] Den Tatrichtern ist es jedoch nicht möglich, den höchstrichterlichen „Floskeln" Inhalt zu entnehmen, an den sie nach § 358 StPO gebunden wären. Selbstverständlich ist diese Beschlussverwerfungs- bzw. Begründungspraxis des BGH im Sinne von § 349 Abs. 2 StPO nicht unbekannt und bereits zu Genüge diskutiert worden.[735] In Fällen der Ludomanie wird diese jedoch in nicht zufriedenstellender Weise fortgeführt. Durch das erneute Aufzeigen dieser praktizierten Rechtsprechungspraxis wird angestrebt, dass sich der BGH künftig ausdrücklich dazu äußert, welche Voraussetzungen für eine schwere Persönlichkeitsveränderung im Fall der Ludomanie vorliegen müssen und die leeren Worthülsen füllt.

3. Vergleich zur stofflichen Sucht

Der BGH bedient sich in den hier untersuchten Entscheidungen wiederholt des bloßen Vergleichs zu der Rechtsprechung im Zusammenhang mit stofflichen Süchten ohne auf die suchtspezifischen Ausprägungen der Ludomanie

731 Siehe: C. II. 2. a) bb) (3).

732 Siehe: C. II. 2. a) bb) (3).

733 BGH, Urt. v. 16.06.2005, Az.: 5 StR 140/05; BGH, Urt. v. 21.04.1993, Az.: 2 StR 54/93; BGH, Urt. v. 08.11.1988, Az.: 1 StR 544/88.

734 Vgl. *Meyer-Goßner*, StPO, § 358 Rn. 6.

735 Dazu: *Barton*, StRR 2014, 404 ff. (m.w.N.); *ders.*, in: FS Kühne, S. 139 ff.; *Hamm/Pauly*, Die Revision in Strafsachen, Rn. 1714.

einzugehen.[736] Im Ergebnis ist zu begrüßen, dass der BGH mit dem Vergleich zu den stoffgebundenen Süchten dem Pathologischen Spielen inzident einen gleichwertigen Krankheitswert beimisst. Allerdings konstruiert der BGH auf der anderen Seite ein Erfordernis der schweren Persönlichkeitsveränderung bzw. der Entzugserscheinungen bei Beschaffungskriminalität, wodurch eine strenge, tatsächlich nicht erreichbare Restriktion geschaffen wird. Dieser inhaltlich bislang nicht begründete Verweis ist unbefriedigend, unbestimmt und sollte nicht „blindlings" transferiert werden. Bestärkend kann an dieser Stelle herangezogen werden, dass der 5. Senat des BGH in seinem Urteil vom 06.06.1989[737] darauf hinwies, dass die Verlaufsform der Sucht und die suchtbedingte Einengung von Denk- und Vorstellungsvermögen in eine Gesamtwürdigung einzubeziehen seien und die Ausführungen für die Anwendbarkeit des § 21 StGB bei Cannabismissbrauch nicht ohne weiteres auf die Heroinabhängigkeit übertragbar seien. Hieraus ist insbesondere der Rückschluss zu ziehen, dass für den Fall einer anderweitigen Suchtform – stoffliche und nichtstoffliche Sucht – keine unreflektierte Übertragung stattfinden darf und insbesondere im forensischen Bereich eine differentielle Betrachtung unumgänglich ist. Demgemäß wäre es wünschenswert, wenn der BGH den Verweis suchtspezifischer begründen, sich detaillierter zu den aufgezeigten Parallelen äußern und sich nicht mit einem bloßen Verweis begnügen würde.

4. Zweck des Rechtsmittels

Die bestehende Rechtsprechung ist überdies im Hinblick auf den Zweck des Rechtsmittels der Revision, dessen Ergebnis sie darstellt, zu betrachten.[738] Dieser besteht darin, dass der Rechtschutz des Betroffenen in Anlehnung der Anforderungen aus Art. 19 Abs. 4 GG erhöht werden soll. Die Revision zielt zunächst auf die Wahrung der Rechtseinheit ab. Gewährleistet werden soll so die Sicherstellung einer möglichst einheitlichen Anwendung des formellen und

---

736 Siehe: C. II. 2. a) bb).

737 BGH, Urt. v. 06.06.1989, Az.: 5 StR 175/89.

738 Auf die grundsätzliche Kritik des Rechtsmittels der Revision gemäß § 333 StPO und die Meinungsstreitigkeiten hinsichtlich ihres Zweckes wird an dieser Stelle bewusst verzichtet. Dies würde den Rahmen der vorliegenden Abhandlung sprengen. Es sei lediglich darauf verwiesen. Siehe: *Barton*, StV 2004, 332 ff.; SK-StPO-*Frisch*, Vorbem. § 333 Rn. 14 f.; Löwe/Rosenberg-*Franke*, StPO, Vorbem. § 333 Rn. 7; *Langer* in: FS Meyer-Goßner, S. 497 ff.; *Riess* in: FS Fezer, S. 455, 457; *Knauer*, NStZ 2016, 1 ff.; *Nack* in: FS Riess, S. 361 ff.; *Schlothauer*, StV 2004, 340, 344 f.; BVerG, Beschl. v. 09.08.1979, Az.: 2 BvR 831/76.

des materiellen Rechts.[739] Weiteres Ziel ist die Herbeiführung einer gerechten Entscheidung im Einzelfall.[740] Zusätzlich ist den Revisionsgerichten die Aufgabe der Rechtsfortbildung übertragen. Die Fortbildung des Rechts basiert auf neuen Entwicklungen und geänderten Anforderungen an die Strafrechtspflege und sollte sich demgemäß an eine entsprechende Auslegung der geltenden Gesetze anschließen.[741]

Es ist zunächst die unreflektierte Konstanz der Rechtsprechung zu hinterfragen. Die Rechtsprechung des BGH im Zusammenhang mit dem Pathologischen Glücksspielen ist seit dem Beschluss des 1. Senates vom 08.11.1988 stetig und wird seither von allen Senaten fortgeführt.[742] Im Ergebnis findet sich in der Rechtsprechung des BGH kein einziger Fall mit vollständiger Exkulpation. Zudem verneinen bzw. bezweifeln die vorliegenden Entscheidungen in Fällen des Pathologischen Spielens durchweg fußend auf einer mangelnden schweren Persönlichkeitsveränderung eine Dekulpation der Schuldfähigkeit gemäß § 21 StGB.[743] Sämtliche Strafsenate des BGH urteilen in Fällen der Ludomanie anhand derselben restriktiven Anforderungen. Dies begründen diese damit, dass entweder gar kein Fall einer Pathologischen Glücksspielsucht vorliege[744], der Schweregrad mangels schwerster Persönlichkeitsveränderung nicht zu bejahen sei[745] oder es an den Auswirkungen der Störungen bei Begehung der Tat mangele[746].

---

739 KK-StPO-*Gericke*, Vorbem. § 333 Rn. 2.

740 *Meyer-Goßner*, StPO, Vorbem. § 333 Rn. 4.

741 Gercke/Julius/Temming/Zöller-*Temming*, StPO, Vorbem. § 333 Rn. 4.; vgl. grundsätzliche Bedeutung des § 132 Abs. 4 GVG.

742 Es sei nach vorne verwiesen C. II. 2. a) bb).

743 Anders entscheiden die Tatgerichte: E. V. 1.

744 BGH, Urt. v. 10.03.1999, Az.: 3 StR 1/99; BGH, Urt. v. 17.04.1996, Az.: 3 StR 34/96; BGH, Urt. v. 03.11. 1994, Az.: 1 StR 423/94.

745 BGH, Urt. v. 09.08.2016, Az.: 1 StR 121/16; BGH, Urt. 14.10.2015, Az.: 5 StR 273/15; BGH, Urt. v. 07.11.2013, Az.: 5 StR 377/13; BGH, Urt. v. 17.09.2013, Az.: 3 StR 209/13; BGH, Beschl. v. 09.10.2012, Az.: 2 StR 297/12; BGH, Urt. v. 12.01.2005, Az.: 2 StR 138/04; BGH, Urt. v. 22.07.2003, Az.: 4 StR 199/03; BGH, Urt. v. 05.05.1999, Az.: 2 StR 529/98; BGH, Urt. v. 07.01.1993, Az.: 4 StR 597/92; BGH, Urt. v. 25.10.1988, Az.: 1 StR 552/88.

746 BGH, Urt. v. 07.11. 2013, Az.: 5 StR 377/13; BGH, Urt. v. 17.09.2013, Az.: 3 StR 209/13; BGH, Beschl. v. 09.10.2012, Az.: 2 StR 297/12; BGH, Urt. v. 08.06.2011, Az.: 1 StR 122/11; BGH, Beschl. v. 15.09.2005, Az.: 3 StR 299/05; BGH, Urt. v. 16.06.2005, Az.:5 StR 140/05; BGH, Urt. v. 12.01.2005, Az.: 2 StR 138/04; BGH, Urt. v. 25.04.2004, Az.: 5 StR 411/04; BGH, Urt. v. 22.07.2003, Az.: 4 StR 199/03; BGH, Beschl. v. 24.01.1991, Az.: 4 StR 580/90.

Der BGH bestätigte in seinem Urteil vom 06.03.2013, Az.: 5 StR 597/12, dass der Angeklagte auf Grund gravierender Entzugserscheinungen in seiner Steuerungsfähigkeit eingeschränkt gewesen sei.[747] Dies ist als einziger Fall zu verzeichnen, in dem der BGH die Norm des § 21 StGB im Zusammenhang mit der Ludomanie bejaht hat.

Hinsichtlich der bestehenden Konstanz der Rechtsprechung und der daraus resultierenden Rechtseinheit droht allerdings eine mögliche Kollision bzw. ein Ungleichgewicht mit der sogenannten Einzelfallgerechtigkeit. Der bedeutsame deutsche Strafverteidiger *Max Alsberg* konstatierte schon 1913 hinsichtlich der Wahrung der Einzelfallgerechtigkeit im Zuge der Revision: „Am größten Unrecht kann sie versagen und beim größten Recht zur Aufhebung des Urteils führen".[748] Im Sinne der Einzelfallgerechtigkeit soll stets geprüft werden, ob Rechtsnormen mit Bezugnahme auf den zu entscheidenden Fall korrekt und interessengerecht angewendet wurden.[749]

Im Fall der Ludomanie hat sich der BGH zwar mit den einzelnen Fällen beschäftigt und diese abgeurteilt. Dies geschah allerdings, wie bereits dargestellt, ausschließlich in einer inhaltsleeren, floskelartigen Weise. Demzufolge ist die tatsächliche Berücksichtigung des Einzelfalles mangels Überprüfbarkeit nicht hinreichend zu rekonstruieren.

Des Weiteren muss im Rahmen dieser kritischen Auseinandersetzung mithin der Aspekt der Rechtsfortbildung berücksichtigt werden. Es gehört zu den anerkannten Aufgaben des BGH sich auf Grund von neuen Entwicklungen und geänderten Anforderungen an die Strafrechtspflege durch entsprechende Auslegung der geltenden Gesetze anzupassen.[750] Hieraus ergibt sich die Notwendigkeit der Fortbildung des Rechtes durch Revisionsentscheidungen. Die Rechtsprechung muss im Laufe der Zeit hinterfragt und gegebenenfalls angepasst werden. Untermauernd kann das Zitat eines routinierten Revisionsrechtlers herangezogen werden: „Recht muss dynamisch sein und darf nicht statisch sein".[751]

---

747 Siehe: C. II. 2. a) bb) (2).

748 *Alsberg*, Justizirrtum und Wiederaufnahme, S. 34.

749 *Rosenau* in: FS Widmaier, S. 521, 535; *Schünemann*, JA 1982, 71, 73.

750 Gemäß § 132 Abs. 4 GVG.

751 So *Neuhaus* in der anschließenden Diskussionsrunde zu seinem Vortrag „Die Revision aus der Sicht der anwaltlichen Praxis" (nachzulesen *Neuhaus* in: Barton, Strafverteidigung 2020 S. 119 ff.) am 07.06.2019, Symposium-Strafverteidigung 2020, Bielefeld.

Die Rechtsprechung hinsichtlich der Schuldfähigkeit von Pathologischen Glücksspielern kann nicht beharrlich gleichbleibend seit 1980 fortgeführt werden. Es ist zu berücksichtigen, dass sich seitdem sowohl die gesetzlichen Grundlagen als auch die gesellschaftliche Situation verändert haben. Das Angebot des Glücksspielmarktes ist seither immens gewachsen. Zudem ist das Angebot des Onlinemarktes zu bedenken, welches jederzeit und überall wahrgenommen werden kann. Jedwede Kontrolle und Überwachung sind demgemäß nicht praktikabel. Der BGH sollte derartige Veränderungen im Rahmen des Revisionsverfahrens künftig berücksichtigen und seine ihm gegebenen Kompetenzen ausschöpfen. Ungeachtet dessen hat der BGH hierbei a priori die verfassungsrechtlichen Vorgaben zu beachten und kann sich nur in diesem Rahmen bewegen, beispielhaft sei Art. 3 Abs. 1 GG zu erwähnen.

Neben den soeben anerkannten Revisionszwecken ist zudem ein weiterer übergreifender Zweck der Revision anzudenken. Abzustellen ist auf eine mögliche Qualitätssicherung durch Disziplinierung der Tatgerichte durch die Dokumentation der Hauptverhandlung.[752] Die Kontroll- und Disziplinierungsfunktion bezieht sich sowohl auf die Anwendung des materiellen Strafrechts als auch auf das für das Streben nach materieller Gerechtigkeit zentrale Prinzip der Verfahrensgerechtigkeit, also der Einhaltung der Normen über das Verfahren durch alle Beteiligten.[753] „Die Kontroll- und Disziplinierungsfunktion[754] ist damit ein übergreifender multifaktorieller Zweck, in den sich die unter Einzelfallgerechtigkeit und Wahrung der Rechtseinheit teilweise geführten Überlegungen unproblematisch einfügen. Denn beides muss berücksichtigt werden, um sicher zu gehen, dass die Instanzgerichte bei der richtigen Rechtsanwendung einer Kontrolle unterliegen."[755] Übertragen auf die Rechtsprechung in Fällen der Ludomanie kann eine derartige Disziplinierung der Tatgerichte durch den BGH allerdings nur dann nutzbringend erfolgen, wenn konkrete Maßstäbe und Richtlinien formuliert werden. Wie bereits beschrieben, mangelt es hieran. Eine Disziplinierung, welche lediglich in der restriktiven Interpretation des § 21 StGB zu sehen sein könnte, ohne dabei jedoch konkrete Richtmaße zu formulieren, läuft ins Leere. Vielmehr wird durch die aktuelle Rechtsprechungspraxis des BGH eine Disziplinierung ins Gegensätzliche pervertiert; die

752 So auch: *Lindemann* in: Barton, Strafverteidigung 2020, S. 114, 117 f.

753 *Barton*, StV 2004, 332, 340.

754 Es sei angemerkt, dass das Disziplinierungsargument nach *Knauer* sich vorwiegend auf die Einhaltung des Verfahrensrechts zwecks formeller Gerechtigkeit bezieht.

755 *Knauer*, NStZ 2016, 1, 10.

hohen Hürden einer Schuldminderung führen zu einer Resignation der Tatgerichte, die Rechtstatsachenwirklichkeit der Ludomanie dekulpierend in die Urteile einfließen zu lassen.

II. Psychowissenschaftliche Erkenntnisse

Entgegen den allgemeinen – am Strafzweck orientierten – Überlegungen des BGH (Stichwort: Generalprävention) richtet sich der Blick der Psychowissenschaften auf den Täter und befasst sich konkret mit dem Krankheitsbild des Individuums.

Nach den vorherrschenden Erkenntnissen der Psychowissenschaften stellt die verminderte Schuldfähigkeit eines Ludomanen im Zusammenhang mit einer direkten Beschaffungskriminalität den Regelfall dar. Unerlässlich ist hierbei allerdings, dass die Spielsucht in psychopathologische Bedingungen eingebettet ist.[756]

Die zur Bestimmung des psychopathologischen Wertes der Spielsucht heranzuziehenden Kriterien orientieren sich an der jeweiligen fachlichen Ausrichtung des Gutachters. Einige Vertreter aus den Psychowissenschaften stellen bekanntlich als entscheidendes Kriterium für die Bestimmung der Steuerungsfähigkeit auf die Motivationslage des Betroffenen bei der Tat ab.[757] Das andere Lager fordert ebenso wie auch der BGH eine schwere Persönlichkeitsveränderung. Es wird daher lediglich die Strukturveränderung des Delinquenten als maßgebendes Kriterium herangezogen.[758]

Auf die Motivation des Täters zielen die Vertreter ab, welche für die Bestimmung des Schweregrades lediglich einen psychopathologischen Krankheitsverlauf fordern. Eine schwere Persönlichkeitsveränderung setzen diese zunächst nicht voraus.[759] Die zu erwägenden Kriterien zur Beurteilung der Steuerungsfähigkeit von Ludomanen ähneln grundlegend denen des BGH. Allerdings differieren die Maßstäbe hinsichtlich ihres Vorliegens im Vergleich gewichtig.[760]

---

756 Siehe: C. II. 3. b) bb) (1) (c).

757 Siehe: C. II. 3. b) bb) (1).

758 Siehe: C. II. 3. b) bb) (2).

759 Vgl. *Rasch*, StV 1991, 126, 130; *ders.*, in: Praxis der forensischen Psychiatrie, S. 25, 33; *Meyer*, MschrKrim 1988, 222 f.; *Meyer/Fabian* in: Wahl, Spielsucht, S. 103, 125 ff.; *Meyer/Fabian/Wetzels*, StV 1990, 464, 468 ff.; *Fabian/Wetzels* in: Egg, Brennpunkte der Rechtspsychologie, S. 374 ff.

760 Vgl. Rechtswissenschaftliche Kriterien C. II 3. b) aa) versus psychowissenschaftliche Kriterien C. II. 3. b) bb).

Die Psychowissenschaften untermauern diese zudem mit konkreten Anhaltspunkten und Ausführungen, was in der Anwendung für die Bestimmung der Steuerungsfähigkeit als praktikabel und griffig bewertet werden kann. Das Pathologische Spielen führe demnach in Fällen der Beschaffungskriminalität „in der Regel" zu einer erheblich verminderten Steuerungsfähigkeit. In anderen Fällen werde ebenso eine schwere Persönlichkeitsveränderung gefordert.[761]

Die Rechtsprechung wird von den Vertretern, welche auf die Motivation abstellen, dahingehend kritisiert, dass es zu sogenannten suchtbedingten „schwersten" Persönlichkeitsveränderungen nur sehr selten komme und diese praktisch nicht vorlägen.[762] Selbst im psychiatrischen Krankenhaus bei schwersten Alkoholikern und Drogenabhängigen mangele es an derartigen Fällen.[763] Ein von der Rechtsprechung geforderter Fall sei demzufolge utopisch.

Die Vertreter der anderen Auffassung stimmen dem BGH hinsichtlich des Erfordernisses einer schweren Persönlichkeitsveränderung zu und lassen diese genügen, um auch die Verminderung der Steuerungsfähigkeit zu belegen. Jedwede Motivation sei hiernach irrelevant.[764] Demzufolge geht auch diese Ansicht sehr restriktiv vor.[765]

Die im Vergleich zur Rechtsprechung generöse Herangehensweise der Psychowissenschaften ist oft unbestimmt und nahezu nicht dogmatisch. Einigkeit besteht in den Seinswissenschaften im Gegensatz zur Rechtsprechung dahingehend, dass bei Beschaffungsdelikten „in der Regel" eine verminderte Schuldfähigkeit angenommen werde, wenn die diagnostizierte Spielsucht zudem in eine psychopathologische Entwicklung eingebettet sei. Die Ludomanie ist allerdings kein klassisches psychologisches Krankheitsbild, wie beispielsweise Schizophrenie, welche allseits als anerkannte psychische Störung eingeordnet wird. Hinzu kommt, dass einzelne Aspekte – wie beispielsweise die Nosologie – nach wie vor umstritten sind und von den verschiedenen Fachrichtungen anders zugeordnet werden.[766] Die unterschiedlichen disziplinären Herangehensweisen

---

761 Vgl. *Rasch*, Praxis der Forensischen Psychologie, S. 25, 33; *Meyer* in: Meyer/Bachmann, Spielsucht, S. 184.

762 Anders: Kröber/Dölling/*Leygraf*/Sass, Handbuch der Forensischen Psychiatrie 2, S. 516, 526; *Lammel*/Felber/Sutarski/Lau, Die forensische Relevanz „abnormer Gewohnheiten", S. 87, 92; *Kröber*, JR 1989, 379, 380 f.; *ders.*, FPPK 2009, 96.

763 *Kellermann*, StV 2005, 287, 290; *Meyer*, MschrKrim 1988, 225.

764 Vgl. *Kröber*, JR 1989, 381; *ders.*, FPPK 2009, 90, 96; *Lammel*/Felber/Sutarski/Lau, Die forensische Relevanz „abnormer Gewohnheiten", S. 87, 93.

765 Siehe: C. II. 3. b) bb) (2).

766 Siehe: B. II. 1. a) aa).

führen daher zu abweichenden Erklärungsmodellen.[767] Die hieraus resultierenden Merkmale, anhand derer die Schuldfähigkeit eines Ludomanen zu bestimmen ist, variieren je nach der Disziplin und Spezialisierung des jeweiligen Gutachters. Begutachtungen sind gemeinhin durch subjektive Bewertungen und Wertbestimmungen des einzelnen Psychologen bzw. Psychiaters verfärbt. Eine Begutachtung ist nie frei von individuellen Weltanschauungen, Moralvorstellungen und Wertestrukturen basierend auf Bildung, Religion oder Gesellschaftsschicht.[768] Dieser Umstand ist grundsätzlich hinzunehmen und nicht revisibel. Des Weiteren ist es auch nach Ansichten der psychiatrischen Forensik nahezu utopisch, die Stufen und Abgrenzungen der unterschiedlichen Grade einer Persönlichkeitsstörung zu bestimmen.[769] Es darf darüber hinaus nicht unberücksichtigt bleiben, dass es zu einem Vermischen der Kriterien der Diagnosestellung und der sich eigentlich darauf anschließenden forensischen Bewertung kommt.

Hinsichtlich der Beurteilung der Schuldfähigkeit des Ludomanen wirkt die Argumentation der psychiatrisch-psychologischen Literatur nicht beständig überzeugend. Auf der einen Seite wird kritisiert, dass das Erscheinungsbild der schweren Persönlichkeitsveränderung bei einem Ludomanen lebensfremd sei, und andererseits fordern dieselben eine solche für bestimmte Delikte.[770] An dieser Stelle ist nochmals darauf abzustellen, dass die Bestimmung des Schweregrades einer derartigen Persönlichkeitsstörung auf einer sehr schmalen Gratwanderung fußt und nicht gesichert diagnostiziert werden kann.[771]

Im Ergebnis führt dies gleichwohl zu Unsicherheiten und Ungleichheiten in den Psychowissenschaften, wie auch konsequentermaßen auf Seite des zu entscheidenden Richters, der sich für seine Entscheidungsfindung den Erkenntnissen der Wissenschaften bedient.

Hervorzuheben ist an dieser Stelle gewiss, dass die Erkenntnisse der psychiatrisch-psychologischen Wissenschaften zum Pathologischen Glücksspiel durchaus verwendbare Ansätze aufweisen, welche unverzichtbar bei der Schuldfähigkeitsfeststellung gemäß §§ 20, 21 StGB Einklang finden sollten.

---

767 Siehe: B. II. 2. a).

768 Vgl. *Rode*, Psychiatrisch-psychologische Sachverständige im Strafprozess, S. 7, 16.

769 Vgl. Kröber/Dölling/*Leygraf*/Sass, Handbuch der Forensischen Psychiatrie 2, S. 516, 541.

770 Vgl. *Rasch*, Praxis der Forensischen Psychologie, S. 25, 33; *Meyer* in: Meyer/Bachmann, Spielsucht, S. 184.

771 Vgl. Kröber/Dölling/*Leygraf*/Sass, Handbuch der Forensischen Psychiatrie 2, S. 516, 541.

III. Sekundäre Rechtsfolgen nach §§ 63 ff. StGB

Hinsichtlich der Anforderungen an die Anordnung der Maßregeln der Besserung und Sicherung gemäß §§ 63 ff. StGB im Falle eines Pathologischen Spielers spiegelt sich erneut die dargestellte Problematik der Divergenz zwischen Rechts- und Psychowissenschaft wider. Die Vertreter der Psychowissenschaften fordern eine Erweiterung des Kreises der Betroffenen für eine Unterbringung nach § 64 StGB[772], wobei der BGH eine Zulässigkeit der Unterbringung aufgrund des Analogieverbots – zu Recht – verneint und die Verantwortung dem Gesetzgeber zuschiebt.[773]

Basierend auf dem immensen Eingriff in die Grundrechte des Betroffenen unterstützt die Verfasserin die straffen Anforderungen hinsichtlich der Anordnung der Maßregeln gemäß §§ 63 ff. StGB im Zusammenhang mit der Ludomanie. Die für die Unterbringung vorausgesetzte abgeurteilte Strafmilderung nach §§ 21, 49 Abs. 1 StGB auf Grund der Spielsucht ist nicht nur als Errungenschaft für den Betroffenen zu sehen. Es könnte auch den negativen Nebeneffekt einer zeitlich unbegrenzten Unterbringung in der Psychiatrie zur Folge haben. Bei der Verhängung des § 63 StGB kommt es bekanntlich nicht auf die Heilung des Täters an, sondern auf die Sicherheit der Allgemeinheit. Auf Grund dessen, dass diese Maßnahme keiner zeitlichen Begrenzung unterliegt, bedarf es an der Stelle einer derartig restriktiven Anwendung. Nichts anderes kann bei der Verhängung des § 66 StGB gelten.

IV. Prozessaktivität der Verfahrensbeteiligten

Die Untersuchung hat ergeben, dass die Prozessaktivität der Beteiligten im Strafverfahren in Bezug auf die Ludomanie als sehr zurückhaltend gewertet werden kann.[774]

Überwiegend wird ein Psychosachverständiger im Sinne des § 72 StPO – von Amts wegen – zur Bestimmung der Schuldfähigkeit hinzugezogen.[775] Weder das Gericht noch die Strafverteidigung hat von den ihnen zur Verfügung stehenden Beweismitteln[776] hinreichend Gebrauch gemacht.[777]

---

772 Siehe: C. III. 2. b) aa) (2) (c).

773 *Meyer*, ZRP 2013, 140, 142; *Meyer* in: Meyer/Bachmann, Spielsucht, S. 187.

774 Siehe: E. II. 4. d).

775 Siehe: E. II. 4. d) cc) Tabelle 22.

776 Mögliche Handlungsempfehlungen folgen unter G. III.

777 Siehe: E. II. 4. d) bb) und cc).

Vornehmlich das Verhalten der Strafverteidigung im Strafprozess stellt sich als sehr passiv dar.[778] Es werden nur wenige Beweisanträge gestellt und nur selten die Qualität und Richtigkeit des Sachverständigengutachtens gerügt. Seitens der Verteidigung hätte zudem die Möglichkeit, einen weiteren Sachverständigen im Sinne des § 244 Abs. 4 S. 2 StPO hinzuziehen, in Betracht gezogen werden können.

Ebenso wenig bedient sich das Gericht aller von der StPO normierten Rechten für seine Entscheidungsfindung.[779] Darüber hinaus hinterfragt das Tatgericht die Einlassung des Angeklagten häufig unzureichend. Bis dato besteht zu einzelnen Problemfeldern, welche durchaus gerügt werden könnten, wie beispielsweise die Auswahl des Sachverständigen, keine obergerichtliche Rechtsprechung.

V. Erstinstanzliche Feststellungen zur Wirklichkeit

Die empirische Untersuchung zeigt, dass die Rechtswirklichkeit in tatgerichtlichen Strafverfahren in Fällen der Ludomanie anders aussieht und nicht mit den Entscheidungen des BGH kompatibel ist.[780] Zwischen den Instanzen herrschen andere Realitäten im Hinblick auf das Störungsbild der Ludomanie. Das Störungsbild des Pathologischen Spielens wird bei der Schuldfähigkeitsbestimmung gemäß §§ 20, 21 StGB seitens der Tatgerichte großzügiger berücksichtigt.[781] Hervorzuheben ist, dass die von den Tatgerichten herangezogenen grundlegenden Kriterien denen des BGH gleichen. Diese differieren indes im Rahmen ihrer Gewichtung.

Die eingangs gestellte Frage, anhand welcher Kriterien und Maßstäbe die Tatgerichte die Schuldfähigkeit eines Ludomanen bewerten, kann dahingehend beantwortet werden, dass die erstinstanzlichen Urteile diesbezüglich vorwiegend in Anlehnung an die Erkenntnisse und Diagnosemanuale der Psychowissenschaften gesprochen werden. Soweit die Tatgerichte nicht bloß das Ergebnis des Sachverständigengutachtens übernehmen, wird mit den Erkenntnissen der Psychowissenschaften argumentiert und hieran angelehnt eine eigene Beurteilung abgegeben. Kritisiert werden kann an dieser Stelle allerdings, dass dies beachtlich selten erfolgt. Zumeist folgen die Tatgerichte „blindlings" den Ausführungen des Sachverständigen zur Schuldfähigkeitsfrage. Die Bestimmung

778 Siehe: E. II. 4. d) bb) Tabelle 21.
779 Vgl. E. III. 4. d) cc) Tabelle 22.
780 Siehe: E. II. 4.
781 Siehe: E. II. 4. e).

der Schuldfähigkeit ist eine Rechtsfrage und die Beantwortung obliegt allein dem Tatrichter. Die bloße Annahme des Sachverständigengutachtens seitens des Tatrichters stellt sich hierbei als unzureichend dar. Wünschenswert – gar notwendig – ist, dass die Tatgerichte in jedem Einzelfall neben dem Anschluss an das Gutachten eigene Bewertungen vornehmen, was wiederum die – hier wiederholt appellierten – grundlegenden Kenntnisse über die Pathologische Spielsucht erfordert.

Ungeachtet dessen, ob es sich um eine bloße Übernahme des Sachverständigengutachtens handelt oder zudem eine eigene rechtliche Bewertung vorliegt, stellen sich die Urteilsbegründungen der Tatgerichte grundlegend als sehr detailliert dar. Der wiederum selbst nicht begründete Vorwurf des BGH hinsichtlich einer unzureichenden Bestimmung der Schuldfähigkeit seitens der Tatgerichte ist daher nicht nachvollziehbar. Es ist nicht ersichtlich, weshalb dem BGH diese Ausführungen nicht genügen. Es existiert kein einziges tatgerichtliches Urteil, in dem ins Blaue hinein von einer Spielsucht und ihrer möglichen Einflussnahme auf die Steuerungsfähigkeit des Angeklagten ausgegangen worden ist. Nach Einsicht in die tatgerichtlichen Urteile ist rückblickend festzustellen, dass der BGH sich im Rahmen seiner Urteilsbegründungen lediglich auf einzelne Aspekte bezogen hat und nicht alle vom entscheidenden Gericht aufgeführten Umstände in seiner Bewertung berücksichtigt oder darauf Bezug genommen hat.

Bei den tatgerichtlichen Urteilen ist generell ersichtlich, an welchen Maßstäben sie die Bestimmung der Schuldfähigkeit bemessen. Der BGH hingegen liefert bekanntlich diesbezüglich keinerlei konkrete Anhaltspunkte.

Anders als der BGH wagen einzelne erstinstanzliche Gerichte eine konkrete Merkmalszuordnung und darüber hinaus die Bestimmung des erforderlichen Schweregrades in Fällen der Ludomanie. Der BGH legt sich hierzu in keinem Fall fest. Es ist an dieser Stelle Aufgabe des BGH, sich solcher Mängel anzunehmen. Hierzu müsste er sich natürlich vorab selbst positionieren. Zu dieser Lücke ist an dieser Stelle lediglich auf das bereits Gesagte zu verweisen.[782]

Auch wenn die Rechtsprechung der Tatgerichte nicht durchweg frei von Mängeln ist, kritisiert der BGH an den falschen Stellen. Dieser könnte sich vornehmlich auf die Rechtsfehler konzentrieren, wodurch der Zweck des Rechtsmittels erfüllt wäre, und nicht lediglich inhaltsleere Kritik ausüben. Der von den Tatgerichten gewählte Ansatzpunkt hinsichtlich der Bestimmung der Schuldfähigkeit von Ludomanen ist durchaus weiterzuverfolgen und

782 Siehe: C. II. 2. a) bb).

auszubauen. Untermauert wird dies durch die aus der empirischen Untersuchung gewonnenen Erkenntnisse, wonach dem Pathologischen Spielen – in Einbettung einer unerlässlich vorgenommenen rechtlichen Subsumtion – in Einzelfällen durchaus ein Einfluss auf die Steuerungsfähigkeit zugesprochen werden kann. Zudem konnten durch die empirische Untersuchung detaillierte Kenntnisse über die Person des Ludomanen und dessen Lebens- und Krankheitsgeschichte gewonnen werden. Hierdurch entsteht der Eindruck, dass die Spielsucht durchaus Auswirkungen auf die Steuerungsfähigkeit haben kann, so dass eine Beschäftigung mit diesem Thema seitens des BGH in Erwägung zu ziehen ist.

G. Lösungsvorschlag

Es steht fest, dass die Kriterien zur Bestimmung der Schuldfähigkeit eines Ludomanen gemäß §§ 20, 21 StGB sowohl in den Instanzen wie auch in den unterschiedlichen Wissenschaften entscheidende Divergenzen aufzeigen.

Es entsteht der Eindruck, dass die obergerichtliche Rechtsprechung der Ludomanie nur eine sehr geringe Bedeutung im Zusammenhang mit §§ 20, 21 StGB beimisst. Die Rechtsprechung des BGH hinsichtlich der Schuldfähigkeit von Ludomanen weist jedoch nach dem Vorstehendem Lücken und Mängel auf. Seitens des BGH werden entscheidenden Elementen bei der Feststellung der Schuldfähigkeit gemäß §§ 20, 21 StGB zu wenig Bedeutung beigemessen.

Die Psychowissenschaften räumen der Ludomanie bei den Schuldfähigkeitsfeststellungen gemäß §§ 20, 21 StGB bei Beschaffungsdelikten in der Regel eine Bedeutung ein.

Das Ergebnis der empirischen Untersuchung hat gezeigt, dass die Tatgerichte die Ludomanie optional schuldmindernd berücksichtigen.

Die eigens gewonnenen Erfahrungen aus den geführten Interviews haben exemplarisch aufgezeigt, dass das Pathologische Spielen eine zu berücksichtigende Auswirkung auf die Schuldfähigkeit im Sinne der §§ 20, 21 StGB haben kann. In den Gesprächen mit den Betroffenen sind nochmals die Willenlosigkeit und die mangelnde Beeinflussung der Willensbetätigung infolge der Spielsucht deutlich zum Ausdruck gekommen. Es ist sehr nachdrücklich beschrieben worden, dass die Ludomanie eine Sucht mit all ihren typischen Seiten, wie zum Beispiel aufkommender Euphorie bei Suchtbefriedigung oder Schamgefühlen nach erneutem Kontrollverlust, darstellt.

Dieses Ungleichgewicht hinsichtlich der Bestimmung der Schuldfähigkeit eines Ludomanen soll überdacht werden.

Nach der vorgenommenen multiperspektivischen Betrachtung der Schuldfähigkeitsbestimmung eines Ludomanen kommt die Verfasserin zu dem Ergebnis, dass es durch die Pathologische Spielsucht durchaus zu Einschränkungen bei der Handlungsfreiheit kommen und diese demgemäß Einfluss auf die Schuldfähigkeit haben kann.

Dies ist zunächst durch die Untersuchung der psychowissenschaftlichen Literatur gezeigt und durch die empirische Studie untermauert worden. Bereits durch die zugänglichen erstinstanzlichen Urteile konnte der Einfluss auf die Schuldfähigkeit bestätigt werden, der auch in den Interviews – zumindest – wiederzuerkennen war. Hinsichtlich eines möglichen Ungleichgewichts zwischen dem Umfang der empirischen Studie und dem anschließenden Resultat für die rechtliche Bewertung der §§ 20, 21 StGB soll nicht der Anspruch erwachsen, eine repräsentative Aussage treffen zu können. Vielmehr soll dadurch ein Anstoß gegeben werden, dass die Ludomanie bei der Schuldfähigkeitsbestimmung gemäß § 21 StGB seitens der Rechtsprechung wohlwollender berücksichtigt wird.

Nachstehend wird zur untersuchungsleitenden Thematik folgende Lösung vorgeschlagen.

I. Schuldfähigkeit eines Ludomanen nach §§ 20, 21 StGB

Der Ludomanie ist nach Ansicht der Verfasserin entgegen der obergerichtlichen Rechtsprechung eine gewichtigere Rolle im Rahmen der Schuldfähigkeitsbestimmung gemäß § 21 StGB zuzusprechen.

Hinsichtlich der Beurteilung der Schuldunfähigkeit eines Pathologischen Spielers im Sinne des § 20 StGB stimmt die Verfasserin den zuvor dargestellten Meinungen zu. Nach derzeitigen Erfahrungen und gemessen an den Feststellungen der behandelten Urteile liegt bislang kein Fall vor, in dem § 20 StGB für einen Ludomanen in Erwägung zu ziehen ist.

Für die Bestimmung der verminderten Schuldfähigkeit gemäß § 21 StGB eines Pathologischen Glücksspielers bedarf es hingegen einer nicht unwesentlichen Modifikation der Rechtsprechungspraxis. Es ist weder der restriktiven Ansicht der BGH-Rechtsprechung zu folgen noch der sehr unbestimmten und weit dehnbaren Herangehensweise der Psychowissenschaften. Zuzustimmen ist, dass allein der Diagnose des Pathologischen Spielens keinerlei forensische Bedeutung beizumessen ist. Es bedarf demgemäß zur Begutachtung der Schuldfähigkeit zwingend weiterreichender Kriterien, die sich von den eigentlichen Diagnosekriterien unterscheiden müssen.

1. Transparenz der Rechtsprechung des BGH

Voran ist allerdings Transparenz in der Rechtsprechung des BGH zu fordern. Dies verlangt zwingend die Möglichkeit einer Einsichtnahme in die verwandte Argumentation nebst herangezogenen Kriterien. Es ist der Rechtsgedanke des § 267 StPO hinsichtlich der Anforderungen an die Urteilsgründe für Verfahren im ersten Rechtszug heranzuziehen. Der Zweck des § 267 StPO ist es, dass Urteile für die maßgeblichen Adressaten, das Revisionsgericht und die Verfahrensbeteiligten, verständlich und überprüfbar sind. Zudem wird durch eine hinreichende Begründung eher mit einer Akzeptanz der Entscheidung auf Seiten des Angeklagten und seiner Verteidigung zu rechnen sein. Das gilt grundsätzlich auch für die Prüfung der Schuldfähigkeit gemäß § 267 Abs. 2 StPO, wonach die Umstände anzuführen sind, die für die Zumessung der Strafe bestimmend gewesen sind.[784] Die Urteilsgründe der Tatgerichte müssen gemäß § 267 StPO klar, geschlossen, erschöpfend und aus sich selbst verständlich sein.[785] Für den Fall, in dem das Revisionsgericht über die Richtigkeit der tatsacheninstanzlichen Urteile entscheidet, ist es im Umkehrschluss ertragreich, wenn dieser Rechtsgedanke fortgeführt wird und demzufolge der BGH sein Urteil eingehend begründet. In Anbetracht der Überbelastung der Gerichte ist an dieser Stelle hervorzuheben, dass es genügen würde, der BGH positionierte sich wenigstens einmal hinsichtlich seiner Anforderungen und begnügte sich nicht damit, die Rechtsprechung der Tatsachengerichte grundsätzlich als nicht ausreichend zu deklarieren. Im Fortgang hätten die Tatgerichte Anhaltspunkte für die Begutachtung von Fällen der Schuldfähigkeit von Ludomanen, die dem BGH für die Bejahung von § 21 StGB gereichen. Zu betonen ist nochmals, dass es sich bei § 21 StGB um eine Rechtsfrage handelt. Infolgedessen führt die Beantwortung dieser im Revisionsverfahren nicht zu einer angängigen Rekonstruktion der Hauptverhandlung oder gar zur unzulässigen Beweiserhebung. Im Ergebnis soll der Rechtsgedanke des § 267 StPO insoweit auf die Rechtsmittelinstanz übertragen werden, dass sich zudem auch das Revisionsgericht selbst dem Transparenzgedanken unterwirft.[786]

2. Großzügige Interpretation des Anwendungsbereiches des § 21 StGB

Nach Ansicht der Verfasserin ist der Anwendungsbereich des § 21 StGB – indes unter Berücksichtigung der Intention des historischen Gesetzgebers – für den Fall der Ludomanie seitens der Rechtsprechung wohlwollender zu interpretieren.

Aufgrund der angeführten restriktiven Rechtsprechung des BGH besteht die Gefahr, dass tatsächliche Fälle der Schuldminderung unberücksichtigt bleiben, obwohl eine Pathologische Spielsucht diagnostiziert ist und auf Grund

---

784 *Meyer-Goßner*, StPO, § 267 Rn. 15; BeckOK-StPO-*Peglau*, § 267 Rn. 38; MüKo-StPO-*Wenske*, § 267 Rn. 292 f.; KK-StPO-*Kuckein/Bartel*, § 267 Rn. 21.

785 Siehe auch: OLG Hamm, Urt. v. 22.04.2010, Az.: III 2b RVs 13/10.

786 Der Rechtsgedanke soll an dieser Stelle lediglich als Anreiz gedacht sein. Auf eine Vertiefung dessen, insbesondere den Weg der Umsetzbarkeit wird in Anbetracht des zu behandelnden Kernthemas bewusst verzichtet.

dessen beachtenswerte Auswirkungen bei der Tatbegehung zu bejahen wären. Ungeachtet des Vorliegens einer suchtbedingten „schweren" Persönlichkeitsveränderung wirkt sich das Vorliegen einer Ludomanie nach Auffassung der Verfasserin massiv auf die Willensbildung des Täters bei Begehung der Tat aus und bedarf demzufolge einer Berücksichtigung im Sinne des § 21 StGB. Eine Vielzahl von einschlägigen Fällen bleibt demgemäß unerkannt und in der Konsequenz dessen durch das entscheidende Gericht auch unbehandelt.

Die Erweiterung des Anwendungsbereiches des § 21 StGB im Fall des Pathologischen Spielers muss durch eine wohlwollende Interpretation der Normen erfolgen. Im Hinblick auf die vollständige Erfüllung des Sinn und Zwecks der Schuldfähigkeitsnormen gemäß §§ 20, 21 StGB wird hierdurch die Anwendung der begünstigenden Regeln erleichtert. Die diesbezüglich gängige höchstrichterliche Rechtsprechung ist demzufolge basierend auf dem gegenwärtigen Erkenntnisstand der psychowissenschaftlichen Lehren und dem gesellschaftlichen Wandel zu erweitern.[787] Dies kann erreicht werden, indem die vom BGH gesteckten Grenzen des geforderten Krankheitswertes auf ein tatsächlich erreichbares Maß reduziert und mildere Kriterien für die Auswirkungen der Ludomanie auf die Steuerungsfähigkeit verlangt werden. Zu diesem Zweck bedarf es einer Verschmelzung der Erkenntnisse der verschiedenen Disziplinen. Hierbei bleibt zwingend zu beachten, dass es durch eine derartige vermittelnde Ansicht zwischen Rechtsprechung und den Psychowissenschaften zu keiner „Psychologisierung" der Rechtsprechung kommen darf.

Der Anwendungsbereich des § 21 StGB ist neben den Taten unter Entzugserscheinungen ebenso auf schwächere Ausprägungen der Spielsucht auszudehnen, ohne dass es hierfür einer „schweren Persönlichkeitsveränderung" bedarf.[788] Zum einen hat der BGH bislang nicht aufgezeigt, unter welchen Umständen eine „schwere" Persönlichkeitsveränderung anzunehmen ist. Zum anderen ist bereits in einem früheren Stadium der geforderten suchtbedingten Persönlichkeitsveränderung eine Auswirkung auf die Steuerungsfähigkeit zu erkennen. Beispielhaft ist hier der Fall zu erwähnen, in dem der Spieler zur Marionette seiner Spielleidenschaft wird. Der Betroffene wird immer mehr in die Spirale gezogen, aus der er nicht ohne Weiteres wieder heraus kommt. Die Intensität des Spielens steigert sich stetig. Der Spielsüchtige gibt seine langfristigen Pläne

---

787 Der Vollständigkeit halber sei erwähnt, dass dadurch keineswegs das Sachverständigengutachten ersetzt werden soll, das weiterhin die Basis der Beurteilung darstellt.

788 In diesem Sinne auch: *Müller*, Schuldfähigkeit und Sanktionierung, S. 195 f., 273, 278 f.

und Ziele auf. Bei auftretenden Konflikten spielt dieser wieder und „überspielt" diese Probleme erneut, um vor diesen zu fliehen und sich aus seinem Alltag wegzuträumen.[789] Den alltäglichen Verpflichtungen stellt sich der Betroffene immer weniger. Er vernachlässigt sowohl die Ausbildung, den Beruf als auch persönliche und familiäre Verpflichtungen. Zudem baut er sich eine kleine eigene Welt rund um das Glücksspiel auf. Er schließt Kontakt zu anderen Spielern, verbringt seinen ganzen Tag in Spielhallen und vergisst Raum und Zeit um sich herum. Das Spiel kostet den Ludomanen immer mehr Geld und Zeit und erfordert immer mehr das Eingehen von höheren Risiken. Der Spieler jagt den erlittenen Verlusten regelrecht nach und bedient sich dabei jeglicher Mittel. Er beginnt Verwandte und Bekannte zu täuschen und zu belügen, um sich Geld zum Weiterspielen zu beschaffen, windet sich vor sich selbst und anderen in Ausreden, um sein Verhalten zu rechtfertigen.[790] Es kommt zu ersten Aufnahmen von Krediten, um Spielschulden zu begleichen oder um weiter spielen zu können. Derartige Fälle bedürfen nach Auffassung der Verfasserin zwingend einer Berücksichtigung im Rahmen der Schuldfähigkeitsfeststellung gemäß § 21 StGB. Der Betroffene ist bereits in diesen Stadien des Spielens in seiner intellektuellen wie auch voluntativen Schuldfähigkeit erheblich eingeschränkt, obwohl der BGH eine von ihm geforderte „schwere" Persönlichkeitsveränderung noch nicht anerkennen würde.

Ebenso sind für die Beurteilung der Auswirkungen auf die Steuerungsfähigkeit gemäß § 21 StGB eines Ludomanen weit gespanntere Kriterien heranzuziehen, als der BGH dies vornimmt. Nach Auffassung der Verfasserin nimmt die Spielsucht den Betroffenen derart ein, dass sein komplettes Handeln hiervon bestimmt wird. Es ist praktisch nicht realisierbar, eine strikte Linie zu ziehen, wofür und warum die Beute gewonnen und verwertet worden ist. Als Beispiel ist an dieser Stelle die Befragte aus der aufgesuchten Justizvollzugsanstalt heranzuziehen.[791] Im Zeitpunkt der Begehung der Tat zielte diese darauf ab, Geld zu erlangen. Wofür dieses primär und chronologisch gesehen ausgegeben worden ist, stellt kein entscheidendes forensisches Kriterium dar. Die Befragte hatte zeitgleich mehrere finanzielle Lücken auszugleichen. Die Befriedigung der Spielsucht, dem Tabak- und Koffeinkonsum nachzugehen und die Kinder, welche auf sie zu Hause warteten, zu ernähren. Es ist nicht ersichtlich, weshalb die Zubilligung von § 21 StGB in einem derartigen Fall verneint werden sollten,

---

789 *Petry*, Glücksspielsucht, S. 18.
790 *Grüsser/Thalemann*, Verhaltenssucht, S. 115.
791 Siehe: E. III. 4. b).

nur weil die Befragte vor der nächsten Spielrunde zunächst ihren anderweitigen Verpflichtungen nachgegangen ist. Zudem ist der Ludomane durch die oben ausgeführten Einschränkungen, welche mit der Spielsucht einhergehen, getrieben. Er versucht zwanghaft, nicht nur die Spielsucht zu finanzieren, sondern auch das zwischenzeitlich verstrickte Lügenkonstrukt aufrecht zu erhalten. Hierzu aufgewandtes Geld (z.B. Rückzahlung von Krediten, Finanzierung von Nahrung) stützt gerade die Annahme einer Schuldminderung und widerspricht dieser nicht. Infolge der Ludomanie überschreiten Betroffene immer höhere moralische Hemmschwellen und begehen – getrieben durch die Sucht – inkriminierte Handlungen.

Bei einer angezeigten Umdeutung des Anwendungsbereichs der Schuldfähigkeit darf jedoch die Intention des historischen Gesetzgebers nicht unbedacht bleiben. Grundsätzlich ist eine zurückhaltende Exkulpierungspraxis gewollt. Dies kollidiert mit dem in unserer Rechtskultur – vom BGH zu Recht erkannten – zunehmend florierendem Exkulpationseifer. Dieser bedarf durchaus der Kontrolle, womit jedoch nicht eine konstante Stagnation befürwortet werden soll. Es bestünde die Gefahr, dass das Strafrechtssystem, welches bekanntlich auf dem Schuldprinzip basiert, grundlegend verändert und zerrüttet würde. Es ist aus generalpräventiven Aspekten wenig hilfreich, den Täter ohne tatsächliche Bedrängnis von der Verantwortung völlig oder zumindest teilweise freizusprechen. Infolgedessen ist es zwingend, dass die Intensität der psychologischen Störung gegenüber der Diagnose eine nicht unerhebliche forensische Relevanz vorweisen muss. Das Ganze stellt zwar eine schmale Gratwanderung dar, welche es jedoch einzugehen gilt.

Durch dementsprechende höchstrichterliche Rechtsprechung können künftig Anhaltspunkte geschaffen werden, die als Heuristik bei der tatrichterlichen Beurteilung der Schuldfähigkeit herangezogen werden können. Die Schuldfähigkeitsbestimmung darf hierdurch in keinem formalisierten, gar stigmatisierten Verfahren münden. Es soll seitens der Tatgerichte zu keiner schematischen oder gar verbindlichen Abarbeitung dieser Kriterien kommen, sondern lediglich eine Auswahl von § 21 StGB erfüllenden Anforderungen im Falle der Ludomanie zur Verfügung gestellt werden. Es dient lediglich als Hilfestellung auf dem Weg zur richterlichen Überzeugungsbildung. Den Tatgerichten soll dadurch eine Art Richtschnur bzw. Leitfaden für die Bestimmung der Schuldfähigkeit eines Ludomanen – basierend auf einer Kombination von rechtlichen wie auch psychowissenschaftlichen Erkenntnissen – bereitgestellt werden. Es bedarf zudem zwingend einer einzelfallbezogenen Rekonstruktion von Tat und Täter seitens des entscheidenden Tatrichters. Es kommt dabei der

Einzelfallgerechtigkeit eine besondere Bedeutung zu, zudem aber auch eine konsequente und einheitliche Rechtsprechung.

Um den entscheidenden Gerichten – bis dahin – die Einbeziehung der Erkenntnisse der psychowissenschaftlichen Lehre im Hinblick auf die Schuldfähigkeitsbestimmung zu ermöglichen, wäre ein interdisziplinäres Symposium zur Erarbeitung einer für die Rechtsprechung und Sachverständigen empfehlenden Grundlage wünschenswert; verbunden mit der Hoffnung, dass sich auch der BGH diesem wissenschaftlich erarbeiteten Handwerkszeug annimmt.

Zur Untermauerung dieses Lösungsvorschlags sollen die Ausführungen von *Barton* zur entgrenzten Revisionsrechtsprechung herangezogen werden.[792] Angestoßen durch die Entscheidung BGHSt 50, 40 lässt *Weßlau*[793] verborgene Tendenzen der BGH-Rechtsprechung dahingehend erkennen, dass ein radikaler Perspektivwechsel stattgefunden hat. *Barton* führt dazu aus, dass sich beim großen Senat ein Perspektivwechsel von der Mikro- zur Makroebene vollzogen hat. Der Große Senat blickt dabei nicht nur retrospektiv auf den zu entscheidenden Fall, sondern berücksichtigt prospektiv, welche Folgen von der Entscheidung zu erwarten sind. *Barton* formuliert die These, dass es in der Revisionsrechtsprechung eine allgemeine Tendenz zur Entgrenzung gäbe, d.h. zur Auflösung der Grenzen zwischen Rechtsanwendung einerseits, bei der nur die gesetzmäßige Behandlung des Einzelfalls zähle, zur Rechtspolitik, Administration und Rechtsgestaltung andererseits. Bedingt sei diese Entwicklung durch einen fortdauernden Prozess, durch den die Strafsenate die ursprüngliche Konzeption der Revision richterrechtlich verändert hätten.[794] Es ginge den Strafsenaten nicht mehr allein darum, das Recht seiner selbst willen anzuwenden, sondern sie verfolgen auch darüber hinaus gehende Zwecke, indem sie die Rechtswirklichkeit mit den Mitteln des Rechts gestalten.[795]

Ungeachtet der zentralen Bedeutung dieser Entscheidung als solcher, ist diese These[796] als Anregung zu sehen, diese auch in die Schuldfähigkeitsbestimmung in Fällen der Ludomanie zu transferieren. Durch die oben dargestellte vom BGH vorgenommene Rechtsgestaltung hat dieser eine Rechtswirklichkeit geschaffen, die von der – ebenfalls bereits dargestellten – tatsächlichen

792 *Barton* in: GS für Weßlau, S. 33, 35.

793 *Weßlau*, StraFO 2007, 1, 3.

794 *Barton* in: GS für Weßlau, S. 33, 35.

795 *Ders.* a.a.O, S. 47.

796 Es sei angemerkt, dass sich die Kritik primär auf die Handhabung des Verfahrensrechts durch den BGH bezog. Die Übertragung auf den Bereich des materiellen Rechts passt nicht in jeglicher Hinsicht.

Wirklichkeit abweicht. Es drängt sich der Eindruck auf, dass der BGH mit der praktizierten restriktiven Anwendung der §§ 20, 21 StGB in Fällen der Ludomanie – über die reine Rechtsanwendung hinausgehend – primär das Eindämmen der möglichen drohenden ausufernden Ex-/Dekulpierungen bezweckt hat. Bedingt durch diese Zweckverfolgung wurden allerdings die Hürden so hoch gesteckt, dass der damit geschaffene Anwendungsbereich bereits im Keim erstickt wird. Selbst nach den Erkenntnissen aus den Psychowissenschaften treten derartige Fälle in der Praxis nur selten auf. Bei unveränderter Fortführung der bisherigen Rechtsprechungspraxis drängt sich die Befürchtung auf, dass auf Grund dieses restriktiven Anwendungsbereichs und der somit als aussichtslos zu erwartenden Revision künftig keine Fälle der Ludomanie mehr bis zum BGH getragen werden. Insofern scheint infolgedessen der erforderliche Rechtsschutz künftig gefährdet zu sein. In Anlehnung an eine Rückbesinnung auf die Idee der klassischen Revision – als Kontrollinstanz der reinen Rechtsanwendung – sollte der BGH fortan folglich auf die normative Gesetzesanwendung der §§ 20, 21 StGB im Fall der Ludomanie abstellen. Eine Symbiose mit der tatsächlichen Rechtswirklichkeit ist hierfür unverzichtbar. Dies wurde im Rahmen dieser Ausarbeitung detailliert dargestellt. Um dieser Forderung gerecht zu werden, bedarf es letztlich der angezeigten erweiterten Interpretation des Anwendungsbereichs des § 21 StGB.

II. § 64 StGB im Fall der Ludomanie

Der Anwendungsbereich des § 64 StGB ist im Zusammenhang mit der Spielsucht aufgrund des Gesetzeswortlauts nicht eröffnet. Im Hinblick auf die gesellschaftlichen Veränderungen im Zusammenhang mit dem Glücksspiel und seines allgegenwärtigen Angebots sollte grundsätzlich eine Erweiterung des Kreises der Betroffenen gemäß § 64 StGB seitens des Gesetzgebers in Betracht gezogen werden.[797] Dies harmoniert zudem mit den aktuellen Entwicklungen und Erkenntnissen der Psychowissenschaften bezüglich stoffungebundener Süchte.

Ungeachtet der mangelnden gesetzlichen Voraussetzung solcher Maßregeln, erscheinen allerdings in der Praxis eher dessen Intention und dessen Zweckerfüllung problematisch. Nach entsprechender Anpassung des normativen Anwendungsbereichs des § 64 StGB sind daher auch die praktischen Voraussetzungen zur Behandlung von Ludomanen zu schaffen. Die Recherchen haben

797 So auch: *Müller*, Schuldfähigkeit und Sanktionierung, S. 227, 274, 278 f.

angedeutet, dass die Betroffenen wegen ihrer Spielsucht eher eine dürftige Behandlung in den Einrichtungen erfahren haben. Dies mag zum einen an der Komorbidität einer weitaus gravierenderen stofflichen Sucht (z.B. Heroin) oder eines anderen psychischen Defizites liegen oder aber auch an der nicht vorhandenen Ausstattung der jeweiligen Einrichtung. Erstrebenswert wäre, wenn die Betroffenen in der jeweiligen Einrichtung eine auf die Ludomanie angepasste Therapie erhalten würden.[798] Aktuelle Erkenntnisse zu den Behandlungsangeboten und ihrer Effizienz sind den Forschungen von *Schmidt, Albrecht* und *Hand* zu entnehmen.[799] Die grundsätzliche Beurteilung dessen soll allerdings an dieser Stelle – trotz eines kurzen persönlichen und nachhaltigen Einblicks in diese Institutionen – nicht vorgenommen werden, da sie einer Spekulation und nahezu fachübergreifenden Anmaßung gleicht.

III. Gesteigerte Prozessaktivität

Es soll allerdings vorsorglich bereits zu einem früheren Zeitpunkt eingegriffen und nicht allein auf eine Veränderung der Rechtsprechung des BGH gehofft werden. Es wird mithin eine gesteigerte Prozessaktivität angeregt. Bevor das Urteil gesprochen wird, können bereits frühzeitig entscheidende Weichen für die Bestimmung der Schuldfähigkeit gestellt werden.

Von hinreichenden Kenntnissen im Bereich der prozessualen Möglichkeiten bei dem entscheidenden Gericht, der Staatsanwaltschaft und der Strafverteidigung ist auszugehen. Wünschenswert wäre allerdings, wenn dieses unterstellte Wissen im Strafverfahren in Fällen der Ludomanie zu mehr Aktivität der Prozessbeteiligten führen würde.

Um dem Erfordernis nach mehr Aktivität gerecht zu werden, wäre demgemäß vorerst ein besserer Aus- und Fortbildungsstand bei allen Parteien des Strafprozesses in Sachen forensischer Psychiatrie und Psychologie notwendig.[800] „Je besser Verteidiger ausgebildet sind, desto eher dürfte die Qualität der Verteidigung im Allgemeinen gewährleistet sein – und nicht nur Mindeststandards."[801] Die praktizierte Juristenausbildung bedarf bekanntlich einer – immer

798 Ähnlich: *Müller*, Schuldfähigkeit und Sanktionierung, S. 234, 280 f.

799 Da die Behandlung außerhalb des Kernthemas liegt, sei nur darauf verwiesen: *Schmidt/Albrecht/Hand* in: FS Becker, S. 399 ff.

800 So auch: *Neuhaus*, HRRS 2011, 435, 438.

801 *Barton* in: Bild und Selbstbild der Strafverteidigung, S. 317, 334.

wieder geforderten – Reformierung[802] von einer konservativen Ausbildung, bei der beispielhaft der abermalige Meinungsstreit zur Abgrenzung Raub/räuberische Erpressung entschlackt wird, hin zu einer Lehre, in der mehr die praktische Tätigkeit des Juristen in den Fokus gestellt wird.

Beispielhaft für eine gesteigerte Prozessaktivität ist zu erwähnen, dass sich das Gericht bezüglich der Schuldfähigkeitsbestimmung neben dem Sachverständigenbeweis auch anderer Mittel der StPO bedienen kann, wie zum Beispiel der im Zusammenhang mit einem Ludomanen beachtlich selten herangezogenen Zeugenvernehmungen. Infolgedessen wäre es für das entscheidende Gericht möglich, eine eigene Bewertung der Schuldfähigkeit – nebst dem vorliegenden Sachverständigengutachten – vorzunehmen. Für eine kooperative Aufgabenverteilung und Zusammenarbeit zwischen Sachverständigen und Richtern ist allerdings ein beiderseitiges Verständnis der Methoden und der angewendeten Fachbegriffe erforderlich.[803]

Sobald ein Sachverständiger in den Strafprozess eingeschaltet ist, stellt dies für die Strafverteidigung eine besondere Herausforderung dar und bedarf einer aufmerksamen Herangehensweise. Durch die Einschaltung eines Sachverständigen droht die Ersetzung der Überzeugungsbildung des Richters durch den Sachverständigen.[804] Die Nachprüfung von Sachverständigengutachten erfolgt in der Regel, gemessen an den revisionsrechtlichen Mindestanforderungen, seitens der Tatgerichte nur floskelhaft und oberflächlich. In der Praxis wird den Gutachten meist gefolgt.[805] Der Fall, in dem der Richter einen Sachverständigen hinzugezogen hat und dieser den Akteninhalt quasi bestätigt, sollte stets für die Strafverteidigung ein gewichtiger Anstoß sein, aktiv zu werden und die Tätigkeit des Sachverständigen kritisch zu überprüfen. Hierdurch soll insbesondere ein beim Tatrichter irreparabel entstehender Perseveranz-Effekt vermieden werden. Keineswegs darf es dazu führen, dass die Verteidigung die Rolle der passiven Prozesswahrnehmung einnimmt. Sie hat stets rege als Interessenvertretung zu agieren und sollte die ihr eingeräumten Einflussmöglichkeiten als Mittel der Methodik der Strafverteidigung wahrnehmen. Hiernach hat der

---

802 Siehe beispielhaft: *Barton/Jost* in: Barton/Hähnchen/Jost, Anwaltsorientierung im Studium: S. 57 ff.; *Barton/Jost* in: Barton/Jost/Lindemann/Schumacher, Anwaltsorientierung im rechtswissenschaftlichen Studium, S. 9.

803 So auch: *Offe* in: Barton: Beziehungsgewalt und Verfahren, S. 291; ähnlich: *Müller*, Schuldfähigkeit und Sanktionierung, S. 204 f.

804 *Dahs*, Handbuch des Strafverteidigers, Rn. 219.

805 So auch: *Offe* in: Barton, Beziehungsgewalt und Verfahren, S. 290.

Verteidiger jedwede „Verteidigungswerkzeuge“[806] in seiner Arbeitsweise zu berücksichtigen und diese danach auszurichten, den Beschuldigten mit rechtlichen Mitteln in dem Erreichen seines Zieles zu unterstützen und beizustehen, so dass dieser nicht oder so gering wie möglich betraft wird.[807] *Dahs* spricht sogar von „speziellen Waffen der Verteidigung“, welche im richtigen Augenblick eingesetzt werden müssen.[808]

Nachfolgend werden lediglich stichpunktartig Möglichkeiten aufgezählt, die der Strafverteidigung nach gesetzlichen Grundlagen zur Verfügung stehen.

Zur Vorbereitung der Hauptverhandlung hat die Verteidigung zu überprüfen, ob in dem vorliegenden Fall etwaige – auch vom Tatgericht bislang nicht in Betracht gezogene – psychowissenschaftliche Fragen auftreten könnten, für deren Beantwortung die Sachkunde des Gerichtes nicht ausreichend ist und im Wege des Beweisantragrechtes im Sinne des § 219 Abs. 1 S. 1 StPO derartige Anträge gestellt werden müssen. Zudem sollte der Strafverteidiger bereits vorliegende schriftliche Stellungnahmen des Sachverständigen prüfen. Der Vorzug von frühen Anträgen basiert insbesondere auf sozialpsychologischen Erkenntnissen, wie beispielwiese dem Inertia-Effekt.[809] Sozialpsychologische Experimente zeigen immer wieder, dass zur Kenntnis genommene Informationen auf Seiten des Richters, im Rahmen der Entscheidung nicht unberücksichtigt bleiben.[810]

Bei der Auswahl des Sachverständigen geht es darum, dass die Verteidigung sich frühzeitig beteiligt. Sie darf das Feld nicht der Staatsanwaltschaft überlassen, sondern muss – nach Möglichkeit – den Dialog über das „Ob“, „Wie“, „Wen“ der Beauftragung selbst initiieren.[811] Wie bereits dargestellt, stellt die richtige Auswahl des Sachverständigen eine wesentliche Weichenstellung für das inhaltliche Ergebnis des zu erwartenden Gutachtens dar.[812] *Rode* spricht in diesem Zusammenhang – passender Weise – von „Glück oder Pech im forensischen Lotteriespiel“[813]. Bei der Auswahl, stehen weder dem Angeklagten noch

806 *Barton*, Einführung in die Strafverteidigung, § 9 Rn. 204 ff.

807 *Naucke*, Strafrecht, S. 29.

808 *Dahs*, Handbuch des Strafverteidigers, Rn. 794.

809 Vgl. auch: *Barton*, Einführung in die Strafverteidigung, S. 278, 279; *ders.*, StraFo 1993, 11, 15 ff.

810 Vgl. *Lindemann* in: Barton, Wider die wildwüchsige Entwicklung des Ermittlungsverfahrens, S. 128.

811 *Deckers* in: MAH Strafverteidigung, § 81 Rn. 51.

812 Beispielhaft: *Deckers* in: Dudeck/Kaspar/Lindemann, Verantwortung und Zurechnung im Spiegel von Strafrecht und Psychiatrie, S. 211.

813 *Rode*, Psychiatrisch-psychologische Sachverständige im Strafprozess, S. 7, 8.

seinem Verteidiger – entgegen jedweder erkennbaren Sinnhaftigkeit – gesetzliche Grundlagen zur Verfügung. Im Referentenentwurf vom 27.05.2016 des Gesetzes zur effektiveren und praxistauglicheren Ausgestaltung des Strafverfahrens (beschlossen am 17.08.2017)[814] wurde ein neuer § 73 Abs. 3 StPO vorgeschlagen, welcher vor der Auswahl des Sachverständigen eine Gelegenheit zur Stellungnahme durch den Beschuldigten vorsehen sollte. Dieser Entwurf blieb allerdings fruchtlos und wurde vom Bundestag bei der Verabschiedung des Gesetzes nicht berücksichtigt. Demzufolge bleibt es bei der alten Rechtslage, bei der dem Angeklagten wie auch seinem Verteidiger bei der Auswahl des Sachverständigen normativ keine Handlungsmöglichkeiten zur Verfügung stehen. Hierin besteht grundsätzlich die Gefahr einer Verkürzung der Rechtspositionen des Beschuldigten. Nach Nr. 70 Richtlinien für das Strafverfahren und das Bußgeldverfahren (fortan: RiStBV) ist der Verteidiger grundsätzlich vor Bestellung des Sachverständigen anzuhören. Demgemäß ist der Betroffene selbst an der Auswahl nicht beteiligt. Sein Verteidiger ist allerdings gemäß Nr. 70 RiStBV gegenüber der Staatsanwaltschaft zur Stellungnahme berechtigt. Basierend auf dem Rechtsstaatsprinzip gemäß Art. 2 Abs. 1 in Verbindung mit Art. 20 Abs. 3 GG und zur Gewährleistung der damit einhergehenden Ansprüche eines fairen Verfahrens, in dem das Recht der „Waffengleichheit herrscht" und rechtliches Gehör gewährleistet wird, sollte daher darauf geachtet werden, dass auch der Angeklagte beziehungsweise sein Verteidiger den Sachverständigen akzeptieren kann. In der Praxis wird davon allerdings selten Gebrauch gemacht. Auf Grund dessen, sollte sich der Strafverteidiger um eine frühzeitige Kontaktaufnahme mit der Staatsanwaltschaft bemühen und auf eine Anhörung nach Nr. 70 Abs. 1 RiStBV drängen. Zudem kann hier mit dem Anspruch auf rechtliches Gehör argumentiert werden.

In der Hauptverhandlung besteht für den Strafverteidiger die Möglichkeit, Beweisanträge im Sinne der §§ 244 Abs. 3 S. 1 in Verbindung mit Abs. 4, S. 1, 2; 245 Abs. 2 StPO zu stellen. Im Zuge des Antrags auf Einholung eines Sachverständigengutachtens muss der Verteidiger beachten, auf welche Merkmale der ersten Stufe des § 20 StGB der Auftrag abzielen soll. Die Verteidigung muss hierbei das Risiko abwägen, ob sie sich mit dem erhofften Strafmilderungseffekt zugleich eine zeitlich unbegrenzte Unterbringungsanordnung nach § 63 StGB

---

814 Online einsehbar unter: https://www.bmjv.de/SharedDocs/Gesetzgebungsverfahren/Dokumente/RefE_Gesetz_zur_effektiveren_und_praxistauglicheren_Ausgestaltung_des_Strafverfahrens.pdf?__blob=publicationFile&v=2 (letzter Abruf: 04.06.2022).

einhandeln könnte.[815] Daneben hat der Strafverteidiger die Möglichkeit, den Sachverständigen zu befragen (§ 240 Abs. 2 StPO).

Die Verteidigung kann sodann im Sinne des § 220 Abs. 1 S. 1 StPO selbst einen Sachverständigen im Sinne eines präsenten Beweismittels laden.[816] Es ist allerdings zu beachten, dass damit praktische Probleme, zum Beispiel der Erfüllung der finanziellen Voraussetzung, verbunden sind.[817]

Es besteht für die Strafverteidigung die Möglichkeit, den Sachverständigen auf Grund von Befangenheit gemäß § 74 im Zusammenhang mit § 22 Nr. 1–4 StPO abzulehnen. Denkbar ist weiterhin, die Unbefangenheit des Gerichtes (§§ 22, 24 StPO) für den Fall der jeweiligen Auswahl auf eine bestimmte und damit meist ergebnisvorwegnehmende Fachdisziplin zu bezweifeln. Die Kenntnis über die Differenzen zwischen den verschiedenen Sachverständigenschulen und damit einhergehenden Interpretationen der §§ 20, 21 StGB dürfte dem Richter bei seiner Auswahl nicht unbekannt sein und mit einer bestimmten Erwartungshaltung einhergehen.

Den Fokus sollte die Strafverteidigung indessen auf die Kontrolle des Sachverständigen bei der Erstellung des Gutachtens und auf die Qualität dessen setzen.[818] Die StPO postuliert keine verbindlichen Anforderungen an die Qualität der Sachverständigengutachten. Allerdings können diese zum Beispiel anhand der bereits erwähnten Mindeststandards der Schuldfähigkeitsgutachten überprüft werden. Zu betonen ist an dieser Stelle, dass dort die Gefahr immenser Fehlerquellen besteht, die es zu bemängeln gilt.

Die Strafverteidigung sollte stets den Mandanten über sämtliche positiven, wie aber auch negativen Konsequenzen in Kenntnis setzen. Hier sind neben der bereits aufgezeigten Gefahr der unbegrenzten Unterbringung nach § 63 StGB beispielsweise auch solche einer möglichen Auswirkung auf die Berufszulassung im Sinne der Beamteneigenschaft zu bedenken. Die Kunst der Verteidigung fordert möglichst die §§ 20, 21 StGB als „nicht ausschließbar" zu erstreiten. Demzufolge wäre die Anordnung nach § 63 StGB nicht möglich, jedoch eine Strafmilderung für den Angeklagten zu erzielen.

---

815 *Deckers* in: Dudeck/Kaspar/Lindemann, Verantwortung und Zurechnung im Spiegel von Strafrecht und Psychiatrie, S. 209.

816 *Meyer-Goßner,* StPO, § 220 Rn. 1; *ders.,* § 245 Rn. 16 ff.

817 *Detter,* NStZ 1998, 57, 58 f.

818 Zum grundsätzlichen Aufbau und Inhalt eines Sachverständigengutachten siehe: *Mayr* in: Bayerlein, Praxishandbuch Sachverständigenrecht, § 29 Rn. 30 ff., § 28 Rn. 27 ff.

Eine weitere Praxisempfehlung kann dahingehend formuliert werden, dass die Strafverteidigung im Rahmen des Gutachtenauftrages nicht nur auf die Spielsucht setzt, sondern auch darauf achtet, ob eine komorbide Störung vorliegt, um eine höhere Chance auf die Zubilligung des § 21 StGB zu haben.

Trotz der Aufforderung einer großzügigeren Interpretation des § 21 StGB bei der Schuldfähigkeitsbestimmung eines Ludomanen mahnt die Verfasserin, die Einlassung, der Mandant leide unter einer Spielsucht, nicht als wohlfeiles Verteidigungswerkzeug zu missbrauchen.

Literaturverzeichnis

Alberti, Gisela Kellermann, Bert (Hrsg.)	Psychosoziale Aspekte der Glücksspielsucht, 1999 (zit.: *Bearbeiter* in: Alberti/Kellermann, Psychosoziale Aspekte der Glücksspielsucht)
Alsberg, Max	Justizirrtum und Wiederaufnahme, 1913
American Psychiatric Association	Diagnostic and statistical manual of mental disorders: DSM-5, 5. Aufl. 2013 (zit.: American Psychiatric Association, DSM-5)
Arnold, Wilhelm Eysenck, Hans Jürgen Meili, Richard (Hrsg.)	Lexikon der Psychologie, 1972 (zit.: *Bearbeiter* in: Arnold u.a., Lexikon der Psychologie)
Atteslander, Peter	Methoden der empirischen Sozialforschung, 13. Aufl. 2010
Barth, Volker	Sucht und Komorbidität: Grundlagen für die stationäre Therapie, 2011 (zit.: *Barth*, Sucht und Komorbidität)
Barton, Stephan	Der psychowissenschaftliche Sachverständige im Strafverfahren, 1983
Barton, Stephan	Sachverständiger und Verteidiger, StV 1983, S. 73–81
Barton, Stephan	Der Zeitpunkt des Beweisantrages unter Berücksichtigung des Inertia-Effektes, StraFo 1993, S. 11–19
Barton, Stephan	Kennzeichen und Effekte der modernen Revisionsrechtsprechung, StV 2004, S. 332–340
Barton, Stephan (Hrsg.)	Beziehungsgewalt und Verfahren: Strafprozess, Mediation, Gewaltschutzgesetz und Schuldfähigkeitsbeurteilung im interdisziplinären Diskurs, 2004 (zit.: *Bearbeiter* in: Barton, Beziehungsgewalt und Verfahren)
Barton, Stephan	Einführung in die Strafverteidigung, 2. Aufl. 2013

Barton, Stephan — Beschlussverwerfung durch den Bundesgerichtshof – effektiver Rechtsschutz?, in: Festschrift für Kühne, 2013, S. 139–153.
(zit.: *Barton* in: FS Kühne)

Barton, Stephan — Schonung der Ressourcen der Justiz oder effektiver Rechtsschutz?, StRR 2014, 404–410.

Barton, Stephan — Wider die wildwüchsige Entwicklung des Ermittlungsverfahrens, 2015

Barton, Stephan — „Entgrenzte Revisionsrechtsprechung" in: Herzog, Felix/ Schlothauer, Reinhold/Wohlers, Wolfgang/ Wolter, Jürgen (Hrsg.), Gedächtnisschrift für Weßlau, Edda, 2016

Barton, Stephan — „Mindeststandards der Strafverteidigung" in: Strafverteidigervereingungen (Hrsg.), Bild und Selbstbild der Strafverteidigung, 2016, S. 317 ff.

Barton, Stephan (Hrsg.) — Strafverteidigung 2020, Aktuelle Probleme, grundsätzliche Fragen – und ein Blick in die Zukunft, 2020
(zit.: *Bearbeiter* in: Barton, Strafverteidigung 2020)

Barton, Stephan
Hähnchen, Susanne
Jost, Fritz
(Hrsg.) — Anwaltsorientierung im Studium: Aktuelle Herausforderungen und neue Perspektiven 12. Soldan-Tagung am 25. und 26. Juni 2015 in Bielefeld, 2016
(zit.: *Bearbeiter* in: Barton/Hähnchen/Jost, Anwaltsorientierung im Studium)

Barton, Stephan
Jost, Fritz
Lindemann, Michael
Schumacher, Thorsten
(Hrsg.) — Anwaltsorientierung im rechtswissenschaftlichen Studium: Bestandsaufnahme universitärer Ausbildungskonzepte in Deutschland, 2000
(zit.: *Bearbeiter* in: Barton/Jost/Lindemann/Schumacher, Anwaltsorientierung im rechtswissenschaftlichem Studium)

Batthyány, Dominik
Pritz, Alfred
(Hrsg.) — Rausch ohne Drogen: Substanzungebundene Süchte, 2009
(zit.: *Bearbeiter* in: Batthyány/Pritz, Rausch ohne Drogen)

Bauer, Michael
Maier, Wolfgang
Schneider, Frank
Kapfhammer, Hans-Peter — Das neue DSM-5 Klassifikationssystem, Nervenarzt 2014, S. 531–532

Baur, Nina Blasius, Jörg	Handbuch: Methoden der empirischen Sozialforschung, 2. Aufl. 2019
Bayerlein, Walter (Hrsg.)	Praxishandbuch Sachverständigenrecht, 5. Aufl. 2015 (zit.: *Bearbeiter* in: Bayerlein, Praxishandbuch Sachverständigenrecht)
Becker, Tilman	Häufigkeit der Glücksspielsucht in Deutschland, einsehbar unter: https://gluecksspiel.uni-hohenheim.de
Belz, Axel	Das Glücksspiel im Strafrecht, 1983
Bernhardt, Madeleine	Probleme der Verständigung zwischen Richter und psychologischem Gutachter im deutschen Strafverfahren, 2011 (zugl.: Diss. Univ. Köln, 2010)
Bluhme, Hermann	Etymologisches Wörterbuch des deutschen Grundwortschatzes, 2005
Boetticher, Axel Nedopil, Norbert Bosinksi, Hartmut Saß, Henning	Mindestanforderungen für Schuldfähigkeitsgutachten, NStZ 2005, S. 57–73
Böning, Jobst Meyer, Gerhard Hayer, Tobias	Glücksspielsucht, Nervenarzt 2013, S. 563–568
Boor, Wolfgang (Hrsg.)	Der Krankheitsbegriff und seine strafrechtlichen Folgen: neue Diskussionen um die „schwere andere seelische Abartigkeit", § 20 StGB, 2003 (zit.: *Bearbeiter* in: Boor, Der Krankheitsbegriff und seine strafrechtlichen Folgen)
Bork Stephan Foerster, Klaus	Psychiatrische Begutachtung bei problematischem Spielverhalten, Sucht 2004, S. 368–373
Bottke, Winfried	Anmerkung zum BGH, Urt. v. 25.11.2004 – 5 StR 411/04: Persönlichkeitsveränderung bei „Spielsucht", NStZ 2005, S. 327–329
Bresser, Peter Hans	Ist Spielsucht eine Erkrankung im Sinne des § 169 VVG?, Versicherungsmedizin 1989, S. 186–188
Brockhaus Enzyklopädie	Enzyklopädie, Deutsches Wörterbuch Wissenschaftlicher Rat und Mitarbeiter der Dudenredaktion (Hrsg.), 2013 (zit.: *Brockhaus* Enzyklopädie)

Bühringer, Gerhard Türk, Dilek	Geldspielautomaten: Freizeitvergnügen oder Krankheitsverursacher?, 2000
Bürger-Prinz, Hans	Über den Zwang, Nervenarzt 1944, S. 1–6
Creifelds, Carl (Begr.) Weber, Klaus u.a. (Hrsg.)	Rechtswörterbuch, 23. Aufl. 2019
Dahs, Hans	Handbuch des Strafverteidigers, 8. Aufl. 2015
Dannecker, Gerhard	Das Verbot unbestimmter Strafen, Der Bestimmtheitsgrundsatz im Bereich der Deliktsfolgen, in: Heinrich, Manfred (Hrsg.), Festschrift Roxin, Claus zum 80. Geburtstag am 15. Mai 2011, 2011 (zit.: *Dannecker* in: FS Roxin)
Detter, Klaus	Zum Maßregelvollzug, NStZ 2014, S. 22–31
Detter, Klaus	Der Sachverständige im Strafverfahren – eine Bestandsaufnahme, NStZ 1998, S. 57–64
Detter, Klaus	Zum Strafzumessungs- und Maßregelrecht, NStZ 2006, S. 146–151
Diegmann, Heinz Hoffmann, Christof Ohlmann, Wolfgang	Praxishandbuch für das gesamte Spielrecht, 2008
Diekmann, Andreas	Empirische Sozialforschung, Grundlagen, Methoden, Anwendungen, 7. Aufl. 2013
Dietlein, Johannes Hecker, Manfred Ruttig, Markus (Hrsg.)	Glücksspielrecht: Glücksspielstaatsvertrag, §§ 33c ff. GewO, SpielV, RennwLottG, 2. Aufl. 2013 (zit.: Dietlein/Hecker/Ruttig-*Bearbeiter*, Glücksspielrecht)
Dilling, Horst Mombour, Werner Schmidt, Martin H.	Internationale Klassifikation psychischer Störungen, ICD-10 Kapitel V (F), Klinisch-diagnostische Leitlinien, 10. Aufl. 2015 (zit.: *Dilling/Mombour/Schmidt*, ICD-10)
Dilling, Horst Freyberger, Harald-J. (Hrsg.)	Taschenführer zur ICD-10-Klassifikation psychischer Störungen, 8. Aufl. 2016 (zit.: *Dilling*, Taschenführer ICD-10)

Dölling, Dieter Duttge, Gunnar König, Stefan Rössner, Dieter (Hrsg.)	Gesamtes Strafrecht StGB/StPO/Nebengesetze, 4. Aufl. 2017 (zit.: Dölling/Duttke/König/Rössner-*Bearbeiter*)
Dostojewskij, Fjodor	Der Spieler, Aus dem Russischen von Swetlana Geier, 2. Aufl. 2012
Dudeck, Manuela Kaspar, Johannes Lindemann, Michael (Hrsg.)	Verantwortung und Zurechnung im Spiegel von Strafrecht und Psychiatrie, 2014 (zit.: *Bearbeiter* in: Dudeck, Verantwortung und Zurechnung im Spiegel von Strafrecht und Psychiatrie)
Dudenverlag	Duden, Das Herkunftswörterbuch, Etymologie der deutschen Sprache, Band 7, 5. Aufl. 2014 (zit.: Duden)
Egg, Rudolf (Hrsg.)	Brennpunkte der Rechtspsychologie, Polizei, Justiz, Drogen, 1991 (zit.: *Bearbeiter* in: Egg, Brennpunkte der Rechtspsychologie)
Ehret, Anna M. Berking, Matthias	DSM-IV und DSM-5: Was hat sich tatsächlich verändert?, Verhaltenstherapie 2013, S. 258–266
Eisenberg, Ulrich	Beweisrecht der StPO, 10. Aufl. 2017
Epping, Volker Hillgruber, Christian (Hrsg.)	Beck'scher Online-Kommentar, Grundgesetz, 49. Edition 2021 (zit.: BeckOK-GG-*Bearbeiter*)
Falkai, Peter Wittchen, Hans-Ulrich, u.a. (Hrsg.)	Diagnostisches und Statistisches Manual psychischer Störungen DSM-5, 2. Aufl. 2018 (zit.: *Falkai/Wittchen u.a.*, DSM-5)
Fiedler, Ingo	Glücksspiele, Eine verhaltens- und gesundheitsökonomische Analyse mit rechtspolitischen Empfehlungen, 2016
Fischer, Thomas	Kommentar zum Strafgesetzbuch und Nebengesetze, 67. Aufl. 2020

Fleischmann, Heribert, u.a.	Kommentare zu Rumpf und Kiefer (2011) – DSM-5: Die Aufhebung der Unterscheidung von Abhängigkeit und Missbrauch und die Öffnung für Verhaltenssüchte, Sucht 2011, S. 49–57
Flick, Uwe Kardorff, Ernst von Steinke, Ines (Hrsg.)	Qualitative Sozialforschung, Ein Handbuch, 12. Aufl. 2017 (zit.: *Flick*, Qualitative Sozialforschung)
Frank, Gerhard (Hrsg.)	Über den Aufbau des Schuldbegriffs, in: Festschrift für die Juristische Fakultät der Universität Giessen, 1907 (zit.: *Frank* in: FS für die Juristische Fakultät der Universität Giessen)
Freud, Siegmund	Gesammelte Werke: 14. Werke aus den Jahren 1925–1931, 5. Aufl. 1955
Frister, Helmut	Strafrecht, Allgemeiner Teil, 8. Aufl. 2018
Frister, Helmut	Der Strafrechtsdogmatische Begriff der Schuld, JuS 2013, S. 1057–1068
Fröhlich, Werner D.	Wörterbuch Psychologie, 27. Aufl. 2010
Füchtenschnieder, Ilona Witt, Horst (Hrsg.)	Sehnsucht nach dem Glück Adoleszenz und Glücksspielsucht, 1998 (zit.: *Bearbeiter* in: Füchtenschnieder/Witt, Sehnsucht nach dem Glück)
Füchtenschnieder, Ilona Hurrelmann, Klaus	Glücksspiel in Europa, Vom Nutzen und Schaden des Glücksspiels im europäischen Vergleich, 2001 (zit.: *Füchtenschnieder/Hurrelmann*, Glücksspiel in Europa)
Gebhardt, Ihno Grüsser-Sinopoli, Sabine Miriam (Hrsg.)	Glücksspiel in Deutschland: Ökonomie, Recht, Sucht, 2008 (zit.: *Bearbeiter* in: Gebhardt/Grüsser-Sinopoli, Glücksspiel in Deutschland)
Gebsattel, Viktor Emil Freiherr von	Prolegomena einer medizinischen Anthropologie: ausgewählte Aufsätze, 1954

Gercke, Björn Julius, Karl-Peter Temming, Dieter Zöller, Mark Alexander (Hrsg.)	Strafprozessordnung, 6. Aufl. 2019 (zit.: Gercke/Julius/Temming/Zöller-*Bearbeiter*, StPO)
Giese, Hans	Psychopathologie der Sexualität, 1962
Götze, Alfred Mitzka, Walther (Hrsg.)	Trübners Deutsches Wörterbuch, sechster Band, erschienen 1939–1943, (Nachdruck 2012, abrufbar unter: https://doi.org/10.1515/9783110905144) (zit.: *Trübners*, Deutsches Wörterbuch)
Graf, Jürgen-Peter (Hrsg.)	Beck'scher Online-Kommentare, StPO mit RiStBV und MiStra, 41. Edition 2021 (zit.: BeckOK-StPO-*Bearbeiter*)
Grasnick, Walter	Über Schuld, Strafe und Sprache: Systematische Studien zu den Grundlagen der Punktstrafen- und Spielraumtheorie, 1987
Grünberger, Michael	„Rechtstheorie statt Methodenlehre in: Hähnchen, Susanne (Hrsg.), Eine Methodenlehre oder viele Methoden?, Zweites Bielefelder Kolloquium zur Methodenlehre zwischen Handwerk und Wissenschaft, 2020. (zit.: *Grünberger* in: Hähnchen, Eine Methodenlehre oder viele Methoden?)
Grüsser, Sabine Miriam Albrecht, Ulrike	Rien ne va plus – wenn Glücksspiele Leiden schaffen, 2007
Grüsser, Sabine Miriam Plöntzke, Babett Albrecht, Ulrike	Pathologisches Glücksspiel – eine empirische Untersuchung des Verlangens nach einem stoffungebundenen Suchtmittel, Nervenarzt 2005, S. 592–596
Grüsser, Sabine Miriam Poppelreuter, Stefan Heinz, Andreas Albrecht, Ulrike Saß, Henning	Verhaltenssucht: Eine eigenständige diagnostische Einheit?, Nervenarzt 2007, S. 997–1002 (zit.: *Grüsser* u.a., Nervenarzt 2007)
Grüsser, Sabine Miriam Thalemann, Carolin N.	Verhaltenssucht – Diagnostik, Therapie, Forschung, 2006

Habermeyer, Elmar Saß, Henning	Die Mindeststandards der Schuldfähigkeitsbegutachtung aus psychiatrischer Sicht, Forens Psychiatr Psychol Kriminol (FPPK) 2007, S. 10–14
Häcker, Hartmut O. (Hrsg.) Dorsch, Friedrich (Begr.)	Psychologisches Wörterbuch, 14. Aufl. 2004
Hamann, Hanjo	Der blinde Fleck der deutschen Rechtswissenschaft – Zur digitalen Verfügbarkeit instanzgerichtlicher Rechtsprechung, JZ 2021, S. 656–665.
Hamm, Rainer Pauly, Jürgen (Hrsg.)	Die Revision in Strafsachen, 8. Aufl. 2021
Hand, Ilver	Negative und positive Verstärkung bei pathologischem Glücksspielen: Ihre mögliche Bedeutung für die Theorie und Therapie von Zwangsspektrumsstörungen, Verhaltenstherapie 2004, S. 133–144
Hannich, Rolf (Hrsg.)	Karlsruher Kommentar, Strafprozessordnung mit GVG, EGGVG und EMRK, 8. Aufl. 2019 (zit.: KK-StPO-*Bearbeiter*)
Heintschel-Heinegg, Bernd von (Hrsg.)	Beck'scher Online-Kommentar, StGB, 51. Edition 2021 (zit.: BeckOK-StGB-*Bearbeiter*)
Heinz, Andreas Friedel, Eva	DSM-5: wichtige Änderungen im Bereich der Suchterkrankungen, Nervenarzt 2014, S. 571–577
Helfferich, Cornelia	Die Qualität qualitativer Daten: Manual für die Durchführung qualitativer Interviews, 4. Aufl. 2011
Hilger, Hans Gössel, Karl Heinz (Hrsg.)	Löwe-Rosenberg, Die Strafprozessordnung und das Gerichtsverfassungsgesetz: StPO, Band 8: §§ 374–448, 27. Aufl. 2009 (zit. Löwe/Rosenberg-*Bearbeiter*, StPO)
Hippel, Eike von	Zur Bekämpfung der Spielsucht, ZRP 2001, S. 558–563
Hübner, Klaus	Glücksspiel, Beschaffungskriminalität und Schuldfähigkeit – eine Erwiderung, MschrKrim 1989, S. 236–237

Huizinga, Johan	Homo Ludens – Versuch einer Bestimmung des Spielelementes der Kultur, 1593
Jakobs, Günther	Strafrecht, Allgemeiner Teil, Die Grundlagen und die Zurechnungslehre, 2. Aufl. 1993 (Nachdruck 2011 online abrufbar unter: https://doi.org/10.1515/9783110906424)
Jeschek, Hans-Heinrich Weigend, Thomas	Lehrbuch des Strafrechts, Allgemeiner Teil 5. Aufl. 1996
Joecks, Wolfgang Miebach, Klaus (Hrsg.)	Münchener Kommentar, Strafgesetzbuch, Band 1, §§ 1–37, 3. Aufl. 2017 (zit.: MüKo-StGB-*Bearbeiter*)
Joecks, Wolfgang Miebach, Klaus (Hrsg.)	Münchener Kommentar, Strafgesetzbuch, Band 2, §§ 38–79b, 3. Aufl. 2017 (zit.: MüKo-StGB-*Bearbeiter*)
Jordan, Stefan Wendt, Gunna	Lexikon Psychologie – Hundert Grundbegriffe, 2010
Kellermann, Bert	Anmerkung zum AG München, Urt. v. 21.11.1994, – 1129 Ds 465 Js 173 881/91: Glücksspielsucht als seelische Abartigkeit, NStZ 1996, S. 334–336
Kellermann, Bert	Glücksspielsucht und Beschaffungsdelinquenz, StV 2005, S. 287–295
Kellermann, Bert	Glücksspielsucht – ein überflüssiges Suchtproblem, Hamburger Ärzteblatt (häb) 2004, S. 462–466
Kiefer, Falk Fauth-Bühler, Mira Heinz, Andreas Mann, Karl	Neurobiologische Grundlagen der Verhaltenssüchte, Nervenarzt 2013, S. 557–562 (zit.: *Kiefer u.a.*, Nervenarzt 2013)
Kindhäuser, Urs Hilgendorf, Eric	Strafgesetzbuch, 8. Aufl. 2020
Kindhäuser, Urs Zimmerman, Till	Strafrecht, Allgemeiner Teil, 9. Aufl. 2020
Kindhäuser, Urs Neumann, Ulfrid Paeffgen, Hans-Ulrich Albrecht, Hans-Jörg (Hrsg.)	Nomos Kommentar, Strafgesetzbuch, Band 1: §§ 1–145d StGB, 5. Aufl. 2017 (zit.: NK-StGB-*Bearbeiter*)

Knauer, Christoph — Vom Wesen und Zweck der Revision, NStZ 2016, S. 1–20

Knauer, Wolfgang; Kudlich, Klaus; Schneider, Hartmut (Hrsg.) — Münchener Kommentar, Strafprozessordnung, Band 2, §§ 151–332, 2016 (zit.: MüKo-StPO-*Bearbeiter*)

Knecht, Thomas — Ludomanie – Pathologisches Spielen Eine nicht-stoffgebundene Suchterkrankung aus psychiatrischer Sicht, Kriminalistik 1992, S. 661–663

Köbler, Gerhard — Juristisches Wörterbuch: für Studium und Ausbildung, 16. Aufl. 2016

Konrad, Norbert — Psychiatrische Richtungen und Schuldfähigkeit, 1996

Koriath, Heinz — Zum Streit um den Schuldbegriff – Eine Skizze, GA 2011, S. 618–629

Krausz, Michael (Hrsg.) — Kompendium Sucht, 2004 (zit.: *Bearbeiter* in: Krausz)

Krey, Volker; Esser, Robert — Deutsches Strafrecht, Allgemeiner Teil, 6. Aufl. 2016

Kröber, Hans-Ludwig — Spielsucht und Schuldfähigkeit – Zur Notwendigkeit differenzierter Psychopathologie bei Straffälligen Spielern, Forensia 1987, S. 113–124

Kröber, Hans-Ludwig — Pathologisches Glücksspielen: Persönlichkeitsmerkmale und forensische Aspekte, Forens Psychiatr Psychol Kriminol (FPPK) 2009, S. 90–98

Kröber, Hans-Ludwig — Pathologisches Glücksspielen: Definitionen, Erklärungsmodelle und forensische Aspekte, Nervenarzt 1985, S. 593–602

Kröber, Hans-Ludwig; Leygraf, Norbert; Dölling, Dieter; Sass, Henning — Handbuch der forensischen Psychiatrie, Band 1, Psychopathologische Grundlagen und Praxis der Forensischen Psychiatrie im Strafrecht, 2007 (zit.: *Kröber/Dölling/Leygraf/Sass*, Handbuch der Forensischen Psychiatrie 1)

Kröber, Hans-Ludwig; Leygraf, Norbert; Dölling, Dieter; Sass, Henning — Handbuch der forensischen Psychiatrie, Band 2, Psychopathologische Grundlagen und Praxis der Forensischen Psychiatrie im Strafrecht, 2010 *(zit.: Kröber/Dölling/Leygraf/Sass*, Handbuch der Forensischen Psychiatrie 2)

Kromrey, Helmut Roose, Jochen Strübing, Jörg	Empirische Sozialforschung: Modelle und Methoden der standarisierten Datenerhebung und Datenauswertung mit Annotationen aus qualitativ-interpretativer Perspektive, 13. Aufl. 2016
Krümpelmann, Justus	Die Neugestaltung der Vorschriften über die Schuldfähigkeit durch das Zweite Strafrechtsreformgesetz vom 4. Juli 1969, ZStW 1976, S. 6–27
Küsters, Ivonne	Narrative Interviews, Grundlagen und Anwendungen, 2. Aufl. 2009
Lackner, Karl Kühl, Kristian (Hrsg.)	Strafgesetzbuch, 29. Aufl. 2018 (zit.: *Lackner/Kühl*, StGB)
Lammel, Matthias Felber, Werner Sutarski, Stephan (Hrsg.) Lau, Steffen (Hrsg.)	Die forensische Relevanz „abnormer Gewohnheiten“, 2008
Langer, Winrich	Zu den Zielen der Revision in Strafsachen, in: Eser, Albin (Hrsg.), Festschrift für Lutz Meyer-Gossner zum 65. Geburtstag, 2001 (zit.: *Langer* in: FS Meyer-Goßner)
Lauer, Alfons	Staat und Spielbanken, Rechtsfragen des Staatshandelns in einem Spannungsverhältnis zwischen Erwerbswirtschaft und Gefahrenabwehr, 1993
Laufhütte, Heinrich Wilhelm Rissing-van Saan, Ruth Tiedemann, Klaus (Hrsg.)	Leipziger Kommentar, StGB Band 1: Einleitung, §§ 1 bis 31, 13. Aufl. 2018 (zit.: LK-StGB-*Bearbeiter*)
Leferenz, Heinz	Die Neugestaltung der Vorschriften über die Schuldfähigkeit durch das zweite Strafrechtsreformgesetz vom 4. Juli 1969, ZStW 1988, S. 40–45
Leygraf, Norbert	Impulskontrollstörungen/Verhaltenssüchte, Forens Psychiatr Psychol Kriminol (FPPK) 2016, S. 153–154
Maisch, Herbert	Der psychologische Sachverständige im Strafprozeß, StraFO 1989, S. 27–29

Maisch, Herbert Schorsch, Eberhard	Zur Problematik der Kompetenzabgrenzung von psychologischen und psychiatrischen Sachverständigen bei Schuldfähigkeitsfragen, StV 1983, S. 32–38
Mann, Karl Fauth-Bühler, Mira Seiferth, Nina Heinz, Andreas	Konzept der Verhaltenssüchte und Grenzen des Suchtbegriffs, Nervenarzt 2013, S. 548–556 (zit.: *Mann u.a.*, Nervenarzt 2013)
Meier, Bernd-Dieter	Strafrechtliche Sanktionen, 5. Aufl. 2019
Mergen, Armand	Spielsucht, in: Hamm, Rainer (Hrsg.), Festschrift für Werner Sarstedt zum 70. Geburtstag, 1981 (zit.: *Mergen* in: FS Sarstedt)
Meyer, Gerhard	Geldspielautomaten und Gewinnmöglichkeiten – Objekte pathologischen Glücksspiels, 1984
Meyer, Gerhard	Abhängigkeit vom Glücksspiel, Z. f. Klin. Psych. Psychopath. Psychoter, 1986, S. 140–156
Meyer, Gerhard	Die Beurteilung der Schuldfähigkeit bei Abhängigkeit vom Glücksspiel, MschrKrim 1988, S. 213–227
Meyer, Gerhard	Diskussion: „Glücksspiel, Beschaffungskriminalität und Schuldfähigkeit“ – Anmerkung zu der Erwiderung von Klaus Hübner, in: MschrKrim 1988, 236 f., MschrKrim 1989, S. 295–296
Meyer, Gerhard	Unterbringung bei Spielsucht, ZRP 2013, S. 140–143
Meyer, Gerhard Bachmann, Meinolf (Hrsg.)	Spielsucht – Ursachen, Therapie und Prävention von glücksspielbezogenen Suchtverhalten, 4. Aufl. 2017 (zit.: *Bearbeiter* in: Meyer/Bachmann, Spielsucht)
Meyer, Gerhard Fabian, Thomas Wetzels, Peter	Kriminalpsychologische Aspekte und die forensisch-psychologische Wertung des pathologischen Glücksspiels, StV 1990, S. 464–469
Meyer, Joachim-Ernst	Psychiatrische Diagnosen und ihre Bedeutung für die Schuldfähigkeit im Sinne der §§ 20, 21 StGB, ZStW 1988, S. 46–56
Meyer-Gossner, Lutz (Hrsg.) Schmitt, Bertram	Strafprozessordnung: Gerichtsverfassungsgesetz, Nebengesetze und ergänzende Bestimmungen, 64. Aufl. 2021 (zit.: *Meyer-Goßner*, StPO)

Meyers, Hermann Julius (Hrsg.)	Meyers Konversationslexikon, Sirup bis Turkmene, 1897 (zit.: *Meyers* Konversationslexikon)
Müller, Christian H.	Schuldfähigkeit und Sanktionierung bei Straftaten Glücksspielsüchtiger, 2015 (zugl.: Diss. Univ. Erlangen-Nürnberg 2015) (zit.: *Müller,* Schuldfähigkeit und Sanktionierung)
Musalek, Michael Mechtcherriakov, Sergei Yazdi, Kurosch	Nicht substanzgebundene Suchterkrankungen, Neuropyschiatr 2014, S. 218–221
Nack, Armin	Gewährleistung der Rechtskultur durch das Revisionsrecht, in: Hanack, Ernst-Walter u.a. (Hrsg.), Festschrift Peter Riess zum 70. Geburtstag am 4. Juni 2002, 2004 (zit.: *Nack* in: FS Riess)
Naucke, Wolfgang	Strafrecht, eine Einführung, 10. Aufl. 2002
Nedopil, Norbert	Forensische Psychiatrie: Klinik, Begutachtung und Behandlung zwischen Psychiatrie und Recht, 5. Aufl. 2017
Nedopil, Norbert	Prognosen in der Forensischen Psychiatrie – Ein Handbuch für die Praxis, 2005
Nedopil, Norbert Dittmann, Volker Kiesewetter, Martin	Qualitätsanforderungen an psychiatrische Gutachten, ZStrR 2005, S. 127–143
Neuhaus, Ralf	Buchbesprechung: Tondorf/Tondorf, Der Psycho-Sachverständige im Strafverfahren, HRRS 2011, S. 435–438
Paul, Hermann	Deutsches Wörterbuch Henne, Helmut/Objartel, Georg/Kämper, Heidrun (Hrsg.), 1896 (Nachdruck 2016 online abrufbar unter: https://doi.org/10.1515/9783111546629)
Payk, Theo R.	Dissozialität – Psychiatrische und forensische Aspekt, 1995
Peters, Uwe Hendrik	Lexikon Psychiatrie, Psychotherapie, medizinische Psychologie, 7. Aufl. 2017
Petry, Jörg	Psychotherapie der Glücksspielsucht, 1996

Petry, Jörg	Diagnostik und Behandlung der Glücksspielsucht, Psychotherapeut 1998, S. 53–64
Petry, Jörg	Glücksspielsucht – Entstehung, Diagnostik und Behandlung, 2003
Petry, Jörg Füchtenschnieder-Petry, Ilona Vogelgesang, Monika Brück, Thomas	Pathologisches Glücksspielen, Band 6, Deutsche Hauptstelle für Suchtfragen (Hrsg.), 2013
Poppelreuter, Stefan	Arbeitssucht, 1997
Poppelreuther, Stefan Gross, Werner (Hrsg.)	Nicht nur Drogen machen süchtig – Entstehung und Behandlung von Stoffgebundenen Süchten, 2000 (zit.: *Bearbeiter* in: Poppelreuther/Groß, Nicht nur Drogen machen süchtig)
Premper, Volker Schulz, Wolfgang	Komorbidität bei Pathologischem Glücksspiel, Sucht 2008, S. 131–140
Przyborski, Aglaja Wohlrab-Sahr, Monika	Qualitative Sozialforschung. Ein Arbeitsbuch, 4. Aufl. 2014
Psychotherapeuten Kammer NRW	Veränderungen im DSM V – Der neue Suchtbegriff, online abrufbar: https://www.PTK-nrw.de/index.php
Rasch, Wilfried	Über Spieler, in: Festschrift Bürger-Prinz, Hans zum 65. Geburtstag, 1962 (zit.: *Rasch* in: FS Bürger-Prinz)
Rasch, Wilfried	Die psychiatrisch-psychologische Beurteilung der sogenannten schweren anderen seelischen Abartigkeit, StV 1991, S. 126–131
Rasch, Wilfried	Die Auswahl des richtigen Psycho-Sachverständigen im Strafverfahren, NStZ 1992, S. 257–273
Rasch, Wilfried	Pathologisches Glücksspiel und Schuldfähigkeit, Praxis der forensischen Psychologie 1992, S. 25–34
Rasch, Wilfried Konrad, Norbert	Forensische Psychiatrie – Rechtsgrundlage, Begutachtung und Praxis, 5. Aufl. 2019
Rasch, Wilfried Volbert, Renate	Ist der Damm gebrochen? Zur Entwicklung der Anwendung der §§ 20, 21 StGB seit dem 1.1.1997, MschrKrim 1985, S. 137–147

Rauch, Hans-Joachim	Brauchen wir noch eine Forensische Psychiatrie, Eine unsystematische Betrachtung, in: Kerner, Hans-Jürgen (Hrsg.), Festschrift für Heinz Leferenz zum 70. Geburtstag, 1983 (zit.: *Rauch* in: FS Leferenz)
Rauch, Hans-Joachim	Nochmals gutachterliche Kompetenz bei der Klärung der Schuldfähigkeit oder: der Streit zwischen Psychiatrie und Psychologie, NStZ 1984, S. 497–504
Riess, Peter	Zum Verhältnis von Tatrichter und Revisionsrichter, in: Weßlau, Edda u.a. (Hrsg.), Festschrift für Gerhard Fezer zum 70. Geburtstag am 29. Oktober 2008, 2008 (zit.: *Riess* in: FS Fezer)
Rode, Irmgard	Psychiatrisch-psychologische Sachverständige im Strafprozess: Glück oder Pech im forensischen Lotteriespiel; XXVI. Symposium am 15. und 16. März 1997 in Maria Laach, 1998
Rode, Irmgard Legnaro, Aldo	Psychiatrische Sachverständige im Strafverfahren: subjektive Aspekte der Begutachtung, 1994
Roggenwallner, Bernd	Spielen – eine Sucht, StRR 2008, S. 456–459
Romanczuk-Seiferth, Nina Mörsen, Chantal Heinz, Andreas	Pathologisches Glücksspiel und Delinquenz, Forens Psychiatr Psychol Kriminol (FPPK) 2016, S. 155–163
Rosenau, Henning	Die Revision – Qualitätskontrolle und Qualitätssicherung im Strafverfahren, in: Schöch, Heinz (Hrsg.), Festschrift Widmaier, Gunter, zum 70. Geburtstag, 2008 (zit.: *Rosenau* in: FS Widmaier)
Roxin, Claus	Strafrecht, Allgemeiner Teil, Band 1: Grundlagen. Der Aufbau der Verbrechenslehre, 4. Aufl. 2006
Roxin, Claus	Strafprozessrecht, 17. Aufl. 2019
Rudolphi, Hans-Joachim (Begr.) u.a. Wolter, Jürgen (Hrsg.)	Systematischer Kommentar, Strafprozessordnung und Gerichtsverfassungsgesetz, Band 7, §§ 333–373a StPO, 4. Aufl. 2014 (zit.: SK-StPO-*Bearbeiter*)

Rudolphi, Hans-Joachim (Begr.) u.a. Wolter, Jürgen (Hrsg.)	Systematischer Kommentar, Strafgesetzbuch, Band 1, §§ 1–37, 9. Aufl. 2017 (zit.: SK-StGB-*Bearbeiter*)
Rudolphi, Hans-Joachim (Begr.) u.a. Wolter, Jürgen (Hrsg.)	Systematischer Kommentar, Strafgesetzbuch, Band 2, §§ 38–79b, 9. Aufl. 2016 (zit.: SK-StGB-*Bearbeiter*)
Rumpf, Hans-Jürgen Kiefer, Falk	DSM-5: Die Aufhebung der Unterscheidung von Abhängigkeit und Missbrauch und die Öffnung der Verhaltenssüchte, Sucht 2011, S. 45–48
Sarstedt, Werner	Auswahl und Leitung des Sachverständigen im Strafprozeß (§§ 73, 78 StPO), NJW 1968, S. 177–182
Saß, Henning Wiegand, Christian	Exzessives Glücksspielen als Krankheit? Kritische Bemerkungen zur Inflation der Süchte, Nervenarzt 1990, S. 435–437
Satzger, Helmut Schluckebier, Wilhelm Widmaier, Gunter (Hrsg.)	StGB - Strafgesetzbuch Kommentar 5. Aufl. 2020 (zit.: Satzger/Schluckebier/Widmaier-*Kaspar*, StGB)
Satzger, Helmut Schluckebier, Wilhelm (Hrsg.)	Strafprozessordnung mit GVG und EMRK, 4. Aufl. 2020
Schiemann, Anja	Unbestimmte Schuldfähigkeitsfeststellungen: Verstoß der §§ 20, 21 StGB gegen den Bestimmtheitsgrundsatz nach Art. 103 II GG, 2012
Schiller, Friedrich	Über die ästhetische Erziehung des Menschen, 1949
Schilling, Friedhelm (Hrsg.) Haase, Henning Bönner, Karl-Heinz	Spielen an Automaten Ergebnisse, Analysen, Kontroversen, 1995
Schlothauer, Reinhold	Rechtsgestaltung durch höchstrichterliche Rechtsprechung – Beschlussverwerfung gem. § 349 Abs. 2 StPO, StV 2004, S. 340–345
Schmidt, Alexander F.	Psychologische Schuldfähigkeitsbegutachtung bei sogenannter schwerer anderer seelischen Abartigkeit, Eine Begutachtungsheuristik auf empirischer Grundlage, 2008

Schmidt, Lucia	Psychische Krankheit als soziales Problem: das Beispiel „Pathologisches Glücksspiel“ (zugl.: Diss. Univ. Bielefeld, 1998)
Schneider, Frank Frister, Helmut Olzen, Dirk (Hrsg.)	Begutachtung psychischer Störungen, 3. Aufl. 2015 (zit.: *Bearbeiter* in: Schneider/Frister/Olzen, Begutachtung psychischer Störungen)
Schneider, Kurt	Klinische Psychopathologie, 10. Aufl. 1993
Schneider, Ralf	Die Suchtfibel, Informationen zur Abhängigkeit von Alkohol und Medikamenten für Betroffene, Angehörige und Interessierte, 17. Aufl. 2013
Schneider, Ursula	Wohin mit spielsüchtigen Straftätern?, in: Dencker, Friedrich/Galke, Gregor/Voßkuhle, Andreas (Hrsg.), Festschrift Klaus Tolksdorf, 2014 (zit.: *Schneider* in: FS Tolksdorf)
Schneider, Ursula	Glücksspielsucht in der Rechtsprechung des Bundesgerichtshofs, Forens Psychiatr Psychol Kriminol (FPPK), 2016, S. 164–172
Schöch, Heinz	Anmerkung zum BGH, Urt. v. 25. 11.2004 – 5 StR 411/04: Keine Unterbringung in einer Entziehungsanstalt bei „Spielsucht“, JR 2005, S. 294–297
Schönke, Adolf Schröder, Horst (Hrsg.)	Strafgesetzbuch, 30. Aufl. 2019 (zit.: Schönke/Schröder-*Bearbeiter*, StGB)
Schramm, Edward	Anmerkung zum BGH, Urt. v. 25.11.2004 – 5 StR 411/04: Keine Unterbringung in einer Entziehungsanstalt bei „Spielsucht“, JZ 2005, S. 416–420
Schreiber, Lothar Hans	Bedeutung und Auswirkungen der neugefaßten Bestimmungen über die Schuldfähigkeit, NStZ 1981, S. 46–52
Schreiber, Lothar Hans	Zur Problematik der Schuldfähigkeit unter besonderer Berücksichtigung der körpereigenen Opioide, Kriminalistik 1993, S. 469–474

Schumacher, Willi — Die Beurteilung der Schuldfähigkeit bei nicht-stoffgebundenen Abhängigkeiten (Spielleidenschaft; Fetischismen, Hörigkeit), in: Hamm, Rainer (Hrsg.), Festschrift Sarstedt zu 70. Geburtstag, 1981 (zit.: *Schumacher* in: FS für Sarstedt)

Schünemann, Bernd — Grundlagen der Revision im Strafprozeß (1. Teil), JA 1982, S. 71–77

Schütte, Franz — Glücksspiel und Narzißmus der pathologische Spieler aus soziologischer und tiefenpsychologischer Sicht, 1985

Sigusch, Volkmar — Über die methodische Armut der Schulpsychiatrie und ihren unverstellten Blick auf die Dinge, MschrKrim 1981, S. 229–234

Stoll, Philipp — Anmerkung zum Urt. v. LG München 23.10.1995, – 15 Ns 1129 Ds 465 Js 173881/91, NStZ 1997, 282–238

Strafverteidigervereinigungen, Organisationsbüro — Bild und Selbstbild der Strafverteidigung, Texte und Ergebnisse des 40. Strafverteidigertages Frankfurt am Main, 4.–6. März 2016, 2016 (zit.: *Bearbeiter* in: Bild und Selbstbild der Strafverteidigung)

Streng, Franz — Komorbidität, Schuld(un)fähigkeit und Maßregelanordnung, StV 2004, S. 614–620

Streng, Franz — Strafrechtliche Sanktionen – Die Strafzumessung und ihre Grundlagen, 3. Aufl. 2012

Täschner, Karl-Ludwig — Welcher Sachverständige ist für die Beurteilung des Geisteszustandes von Sexualdelinquenten zuständig, MschrKrim 1980, S. 108–115

Tewes, Uwe; Wildgrube, Klaus — Psychologie Lexikon, 2. Aufl. 1999

Theune, Werner — Die Beurteilung der Schuldfähigkeit in der Rechtsprechung des Bundesgerichtshofes – 2. Teil, NStZ-RR 2003, S. 225–231

Thomasius, Rainer; Sack, Peter-Michael; Strittmatter, Esther; Kaess, Michael — Substanzgebrauchsstörung und nicht-substanzgebundene Süchte im DSM-5, DZSKJ 2014, S. 115–120

Tondorf, Günter Tondorf, Babette Felix	Psychologische und psychiatrische Sachverständige im Strafverfahren, Verteidigung bei Schuldfähigkeits- und Prognosebegutachtung, 3. Aufl. 2011
Tretter, Felix Müller, Angelica	Psychologische Therapie der Sucht Grundlagen, Diagnostik, Therapie, 2001
Vahle, Jürgen	Anmerkung zum BGH, Urt. v. 25.11.2004 – 5 StR 411/04: Spielsucht und Schuldfähigkeit, Kriminalistik 2006, S. 97
Venzlaff, Ulrich	Ist die Restaurierung eines „engen" Krankheitsbegriffs erforderlich, um kriminalpolitische Gefahren abzuwenden?, ZStW 1988, S. 57–65
Venzlaff, Ulrich Foerster, Klaus Dreßing, Harald (Hrsg.)	Psychiatrische Begutachtung, Ein praktisches Handbuch für Ärzte und Juristen, 6. Aufl. 2015 (zit.: *Bearbeiter* in: Venzlaff/Foerster, Psychiatrische Begutachtung)
Volckart, Bernd Grünebaum, Rolf	Maßregelvollzug, 8. Aufl. 2015
Wahl, Christian (Hrsg.)	Spielsucht: Praktiker und Betroffene berichten über pathologisches Glücksspiel, 1994 (zit.: *Bearbeiter* in: Wahl, Spielsucht)
Wessels, Johannes (Begr.) Beulke, Werner (Hrsg.) Satzger, Helmut (Hrsg.)	Strafrecht, Allgemeiner Teil, Die Straftat und ihr Aufbau, 51. Aufl. 2021
Weßlau, Edda	Konsensprinzip als Leitidee des Strafverfahrens, StraFO 2007, S. 1–7
Widmaier, Gunter (Begr.) Saß, Henning Wittchen, Hans Ulrich Zaudig, Michael Houben, Isabel (Hrsg.)	Diagnostisches und statistisches Manual psychischer Störungen: Textrevision – DSM-IV-TR, 2003 (zit.: *Saß* u.a., DSM IV)
Widmaier, Gunter (Begr.) Müller, Eckhart (Hrsg.)	Münchener Anwaltshandbuch, Strafverteidigung, 2. Aufl. 2014 (zit.: *Bearbeiter* in: MAH Strafverteidigung)

Wiesbeck, Gerhard A.	DSM-5: Die Aufhebung der Unterscheidung von Abhängigkeit und Missbrauch und die Öffnung für Verhaltenssüchte, Sucht 2011, S. 56–57
Wiesbeck, Gerhard A.	Der neue Suchtbegriff nach DSM-5, S. 11 ff., Vortrag auf der atf-Fachtagung, Abhängigkeitserkrankungen am 18. November 2011 in Zürich. (Online verfügbar unter: atf-schweiz.ch/file/download/26/Wiesbeck_DSM-5.pdf)
Wildt, Bert Theodor te	Psychische Wirkungen der neuen digitalen Medien, Forens Psychiatr Psychol Kriminol (FPPK) 2004, S. 574–585
Willenberg, Hans	Das große Spiel, Kriminologische und psychologische Aspekte der Spielbanken in der Bundesrepublik, 1977
Wittchen, Hans-Ulrich Hoyer, Jürgen (Hrsg.)	Klinische Psychologie & Psychotherapie, 2. Aufl. 2011 (zit.: *Bearbeiter* in: Wittchen/Hoyer, Klinische Psychologie & Psychotherapie)
Wöhr, Andrea Wuketich, Marius (Hrsg.)	Multidisziplinäre Betrachtung des vielschichtigen Phänomens Glücksspiel, in: Festschrift zu Ehren des 65. Geburtstags von Becker, Tilman, 2019 (zit.: *Bearbeiter* in: FS Becker)
Wolff, Gabriele	Gutachterliche Kompetenz bei der Klärung der Schuldfähigkeit oder der Streit zwischen Psychiatrie und Psychologie, NStZ 1983, S. 537–546
Wölfing, Klaus Bühler, Mira Lemènager, Tagrid Mann, Karl	Glücksspiel- und Internetsucht – Review und Forschungsagenda, Nervenarzt 2009, S. 1030–1039 (zit.: *Wölfing u.a.*, Nervenarzt 2009)
Wölfing, Klaus Bühler, Mira Lemènager, Tagrid Mörsen, Chantal Mann, Karl	Computerspiel- und Internetsucht und pathologisches Glücksspiel, Nervenarzt 2013, S. 576–583

Zaudig, Michael (Hrsg.) Trautmann, Rolf Dieter Joraschky, Peter Möller, Hans-Jürgen Rupprecht, Rainer Saß, Henning	Therapielexikon Psychiatrie, Psychosomatik & Psychotherapie, 2006 (zit.: *Zaudig*, Therapielexikon)
Zedler, Johan Heinrich	Grosses vollständiges Universal Lexikon aller Wissenschaften und Künste, Band 40, 18. Jahrhundert, Anno 1732, 1995 (zit.: *Zedler*, Universallexikon)
Zollinger, Manfred	Geschichte des Glücksspiels: vom 17. Jahrhundert bis zum Zweiten Weltkrieg, 1997
Zurhold, Heike Kalke, Jens Verthein, Uwe	Glücksspielbezogene Probleme unter den Gefangenen im Hamburger Justizvollzug, Oldenburg, 2011

Verzeichnis der online abrufbaren Quellen

Fn.	Link-Adresse
48	https://www.bzga.de/forschung/studien/abgeschlossene-studien/studien-ab-1997/gluecksspiel/gluecksspielverhalten-und-gluecksspielsucht-in-deutschland-2019-1/
48	https://www.dhs.de/fileadmin/user_upload/pdf/news/PM_Daten_Fakten_2020.pdf
50	https://www.ndr.de/nachrichten/info/Online-Casinos-und-Corona-Fragwuerdige-Gluecksspiel-Werbung,gluecksspiel326.html
51	https://www.smh.com.au/national/alarming-rise-in-online-gambling-has-experts-worried-20200408-p54ics.html
51	https://www.addiction.de/corona-krise-und-gluecksspiel-der-nie-erwartete-shut-down-der-gluecksspielhallen/
51	https://www.openpr.de/news/1081499/Hohes-Suchtpotenzial-bei-Online-Gluecksspiel-Beratung-waehrend-der-Corona-Krise.html
52	https://www.gluecksspielsucht.de/index.php?article_id=1#
52	https://www.pressetext.com/news/briten-politiker-fordern-limit-fuer-web-gluecksspiel.html
52	https://www.repubblica.it/cronaca/2020/04/06/news/il_coronavirus_spegne_slot_e_videolotterie_e_allarme_per_i_malati_d_azzardo-253244051/
52	https://www.ndr.de/nachrichten/niedersachsen/Corona-Pfeiffer-befuerchtet-Zunahme-von-Spielsucht,spielsucht122.html
53	https://gluecksspiel.uni-hohenheim.de

54	https://www.dhs.de/
55	https://www.gluecksspielsucht.de/
56	https://glueg.org
57	https://www.wiso.uni-hamburg.de/fachbereich-sozoek/forschung/gluecksspielforschung/medien/aktuelles/kolloquium.html
110	https://www.ptk-nrw.de/de/mitglieder/publikationen/ptk-newsletter/archiv/ptk-newsletter-sucht/veraenderungen-im-dsmv-der-neue-suchtbegriff.html
120	https://www.gluecksspielsucht.de/index.php?article_id=27
143	https://www.ptk-nrw.de/de/mitglieder/publikationen/ptk-newsletter/archiv/ptk-newsletter-sucht/veraenderungen-im-dsmv-der-neue-suchtbegriff.html
144	atf-schweiz.ch/file/download/26/Wiesbeck_DSM-5.pdf
153	https://icd.who.int/browse11/l-m/en#/http%3a%2f%2fid.who.int%2ficd%2fentity%2f1602669465
155	http://world.kbs.co.kr/service/news_view.htm?lang=g&Seq_Code=76077
156	https://digital.slub-dresden.de/werkansicht/dlf/12755/1
209	https://www.ptk-nrw.de/de/mitglieder/publikationen/ptk-newsletter/archiv/ptk-newsletter-sucht/veraenderungen-im-dsmv-der-neue-suchtbegriff.html
225	https://www.online-casino.de/nachrichten/ist-gluecksspielsucht-genetisch-veranlagt-30901/
247	https://www.gluecksspielsucht.de/materialien/dostojewskis_gluecksspielsucht.pdf
252	https://www.gluecksspielsucht.de/index.php?article_id=13
253	https://www.anonyme-spieler.org/ueber-uns/20-fragen
282	https://www.gluecksspielsucht.de/materialien/EMPFEH1D.pdf
282	https://www.dhs.de/fileadmin/user_upload/pdf/Broschueren/Empfehlungsvereinbarung_Gluecksspiel.pdf
293	https://www.aerzteblatt.de/treffer?mode=s&wo=1&s=Alkohol&typ=1&nid=27497
294	https://www.pharmazeutische-zeitung.de/index.php?id=77148
294	https://www.gesundheitsstadt-berlin.de/parkinson-verhaltensstoerung-durch-dopaminagonisten-tritt-haeufig-auf-12453/
557	https://www.lto.de/recht/hintergruende/h/bgh-hzivilgerichte-muessen-urteile-anonymisiert-veroeffentlichen/
705	https://anabin.kmk.org/no_cache/filter/schulabschluesse-mit-hochschulzugang.html#land_gewaehlt
705	https://anabin.kmk.org/no_cache/filter/hochschulabschluesse.html
814	https://www.bmjv.de/SharedDocs/Gesetzgebungsverfahren/Dokumente/RefE_Gesetz_zur_effektiveren_und_praxistauglicheren_Ausgestaltung_des_Strafverfahrens.pdf?__blob=publicationFile&v=2

www.ingramcontent.com/pod-product-compliance
Ingram Content Group UK Ltd.
Pitfield, Milton Keynes, MK11 3LW, UK
UKHW021842290926
8980IPUK00005B/595

9 783631 866733